职业院校课程改革规划新教材

Qiche Dianqi Shebei Changjian Weixiu Xiangmu Lishi Yitihua Jiaocai

汽车电气设备常见维修项目理实一体化教材

朱自清　主编
朱　军　主审

人民交通出版社
China Communications Press

内 容 提 要

本书是职业院校课程改革规划新教材之一，共分为9章。全书系统地介绍了电源系统、起动系统、点火系统、声光系统、刮水器与洗涤系统、组合仪表与报警装置、空调系统及其他电气设备的结构、工作原理和相关部件的常见维修项目。

本书为职业院校汽车运用与维修专业的教材，也可供相关从业人员学习使用。

图书在版编目（CIP）数据

汽车电气设备常见维修项目理实一体化教材 / 朱自清主编. --北京：人民交通出版社，2012.7

ISBN 978-7-114-09698-3

Ⅰ.①汽… Ⅱ.①朱… Ⅲ.①汽车-电气设备-车辆修理-高等职业教育-教材 Ⅳ.①U472.41

中国版本图书馆 CIP 数据核字（2012）第 043661 号

职业院校课程改革规划新教材

书　　名：汽车电气设备常见维修项目理实一体化教材
著 作 者：朱自清
责任编辑：戴广超
出版发行：人民交通出版社
地　　址：（100011）北京市朝阳区安定门外外馆斜街 3 号
网　　址：http://www.ccpress.com.cn
销售电话：（010）59757973
总 经 销：人民交通出版社发行部
经　　销：各地新华书店
印　　刷：北京市密东印刷有限公司
开　　本：880×1230　1/16
印　　张：10.75
字　　数：327 千
版　　次：2012 年 7 月　第 1 版
印　　次：2016 年 6 月　第 3 次印刷
书　　号：ISBN 978-7-114-09698-3
印　　数：5001—7000 册
定　　价：25.00 元

序 言 <<<<<

2007年交通部汽车维修行业协会组织编写了由人民交通出版社出版的“汽车常见维修项目实训教材”，该教材在深入研究了当时汽车维修行业实际工作过程中常见的汽车维修项目后，提出了以汽车维修一线常见汽车维修项目为基础筛选汽车职业教学实训项目的思路，体现了汽车维修职业教学目标与汽车维修一线实践紧密结合的要求，为实现汽车维修职业教育与汽车维修行业零距离对接的要求提供了有价值的经验。该教材由山东德州汽车摩托车专修学院（现为德州交通中等专业学校）承担编写工作，教材采用了拍摄实际操作过程中系列照片的方式编写，这种表达方式很好的展现了实训教学过程中的操作工艺流程，使得实训教学内容的细节能够清晰的彰显出来，成为当时第一套图文并茂的汽车职业教育实训教学教材，该教材一经出版就引起了全国汽车职业学校的广泛关注，很多省市的汽车专业学校都将其选为汽车专业的实训教材或参考教材。

近年来随着汽车维修职业教育教学的发展，许多一线的老师和同学们对这套教材提出了希望能够实现“做中学、学中做”即知识和技能学做合一的改进建议。在广泛征求了使用过该教材的汽车职业院校师生的意见后，人民交通出版社决定将这本教材重新组织编写成一本理实一体化的汽车专业教材，定名为“汽车常见维修项目理实一体化教材”。

改编后的教材首先继承了原教材中实训教学的基本编写形式，重点加入了发动机、底盘和电气三大部分的理论知识内容，在编写汽车理论知识时采取了适度够用的原则，对中等职业汽车专业理论知识教材进行了适当的剪裁和修改，并加入了大量生动的汽车知识图片来增强教材的图形感染力，使得这本教材更适合中等职业学校的学生阅读。在实训教学内容的改编过程中，本书编写单位常州交通技师学院专门组织编写老师走访了数家典型汽车的4S店，收集了最近几年来主流车型的市场变化和汽车维修项目的详细资料，对原教材中汽车维修项目进行了细微的调整，使之更接近当前汽车消费市场的主流车型，同时根据中等职业汽车专业教学和竞赛的汽车车型变化，选择了一汽丰田卡罗拉轿车（原教材为上汽桑塔纳轿车）做为实训教材指定用车，以便更加适合我国汽车专业学校汽车维修知识和技能教学的实际需求。为了实现“做中学、学中做”的教学目标，教材按照汽车的发动机、底盘和电气三大部分分册，再将各部分的子系统分章节编写，每章先给出需用知识，然后再列出从维修一线选出的与这部分子系统相关联的常见维修项目作为技能训练内容，这种编写体例将汽车维修知识和技能进行了相对独立的编写，教学中可以按照项目导入的方法先引入常见汽车维修项目直接进行技能训练，然后再学习相关的理论知识，实现“做中学”的目标。也可以先进行相关专业知识的学习，然后再进行对应汽车维修技能的实训，达到“学中做”目的。尝试这样的编写体例是为了满足不同教学方式的需要，以便更好的适应当前我国汽车维修专业实际教学组织的需要，使得理论教学和实践训练水平不同的教师都能较好的完成汽车专业理实一体化教学的组织和实施工作。

教材主要内容包括中等职业学校汽车维修专业教学中最重要的三门专业课程的理论知识内容和汽车维修实践中最常见最基本的几十项汽车维护和检修作业内容，这些知识和技能是每一名汽车维修技工必须熟练掌握的最重要的知识和最基础的技能，是每一位从汽车专业学校毕业的学生初次面对汽车维修一线实际工作时不可或缺的“看家”本领。希望这本教材能够为汽车维修专业教学找到一个基本的教学“底线”要求，使得汽车维修教学的成本降到最低，而教学的实用效果达到最佳的目的。希望此教材能有助于汽车专业教学中理实一体化教学的实施和探究，能够为汽车专业教学改革起到积极地推动作用。也希望广大师生对教材使用中的问题给予指导和批评。最后感谢常州交通技师学院领导和汽车系全体老师为教材的编写所付出的辛勤努力。

朱 军

2012年4月

目录

第一章 绪 论

一、汽车电气设备的发展概况

汽车问世一百多年来，它的应用与发展给整个世界带来了巨大的变化。汽车电气设备是汽车的重要组成部分，随着汽车技术的进步汽车电气设备的结构与性能也在不断改进，特别是电子技术在汽车上的广泛应用，在解决汽车节能降耗、行车安全、减少排放污染等方面起着越来越重要的作用。

汽车电气设备在很长一段时间内其技术发展主要表现在机械方面，随着电子技术的进步，电子技术在汽车上的应用和发展代表了汽车技术发展的主流和趋势。

20世纪60年代以后，汽车上开始大量采用电子设备，主要标志是交流发电机的采用。利用二极管整流技术，将交流电变为直流电，减小了发电机的质量和体积，提高了发电机的可靠性。之后，又用电子电压调节器替代了传统的触点式电压调节器，使发电机的输出电压更加稳定，并减少了维护的工作量。

进入20世纪70年代，电子技术应用于点火系统中，出现了电子控制高能点火系统。电子控制点火提前，使点火能量有很大提高，点火提前控制也更加精确，从而提高了汽车的动力性，降低了汽车的排放污染。为进一步降低汽车的排放污染和提高汽车整体性能，随后又出现了电子控制燃油喷射系统（EFI）、电子控制自动变速器（ECT）、防抱死制动系统（ABS）等。

20世纪80年代以后，汽车用的电子装置越来越多，如驾驶辅助装置、安全警报装置、通信和娱乐装置等。特别是计算机技术的发展，更给汽车电子控制技术带来了一场技术革命，电控技术应用于汽车的各个部分，使汽车的整体性能得到了大幅度的提高。

二、汽车电气设备的组成与特点

1 汽车电气设备的组成

汽车电气设备由电源系统、用电设备和配电装置三部分组成，各部分设备如图1-1所示。

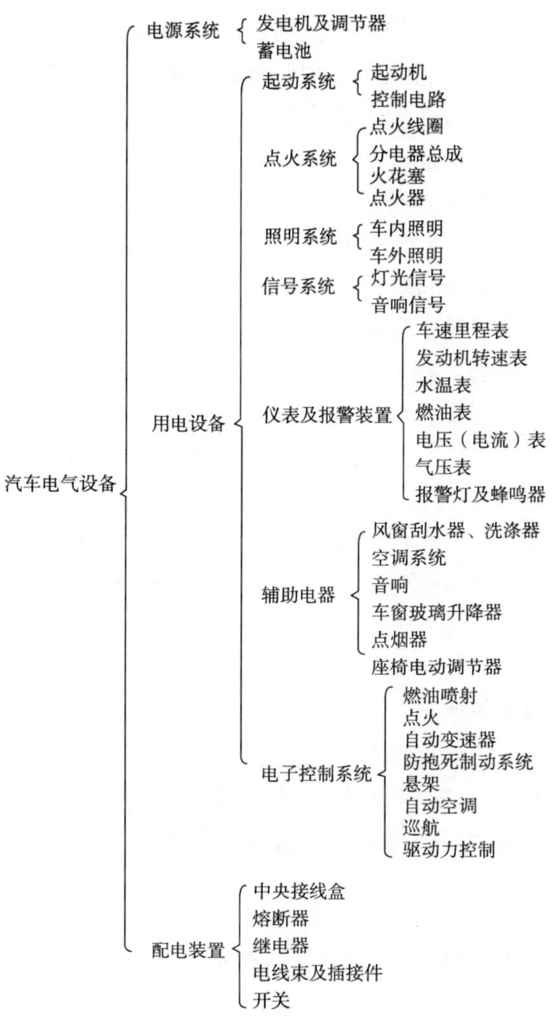

图1-1 汽车电气设备的组成

1. 电源系统

电源系统包括蓄电池、发电机及调节器。发电机与蓄电池并联工作，发动机不工作时由蓄电池供电，发动机起动后，转由发电机供电。在发电机给用电设备供电的同时，也给蓄电池充电。发电机配有调节器，其主要作用是在发电机转速变化时，自动保持发电机输出电压稳定。

2. 用电设备

（1）起动系统。主要包括起动机及其控制电路，用来起动发动机。

（2）点火系统。点火系统的任务是产生高压电火花，点燃汽油发动机汽缸内的可燃混合气。主要有传统点火系统和电子点火系统之分，主要包括点火线圈、点火器、分电器总成、火花塞等。

（3）照明系统。包括车内外各种照明灯及其控制装置，主要用来保证夜间行车安全。

（4）信号系统。包括喇叭、蜂鸣器、闪光器及各种行车信号标志灯等，主要用来保证车辆运行时的人车安全。

（5）仪表及报警装置。用来监测发动机及汽车的工作情况，使驾驶员通过仪表及报警装置，及时发现发动机及汽车各种参数的异常情况，确保汽车正常运行，主要包括电压（电流）表、机油压力表、水温表、燃油表、车速及里程表、发动机转速表、气压表及各种报警灯等。

（6）辅助电气设备。包括电动刮水器、空调系统、车窗玻璃电动升降器、电动座椅、防盗系统、收录机等。辅助电气设备有日益增多的趋势，主要向舒适、娱乐、保障安全等方面发展。车辆的豪华程度越高，辅助电气设备就越多。

（7）电子控制系统。汽车电子控制系统主要指利用微机控制的各个系统，包括电子控制燃油喷射系统（EFI）、电子控制点火系统（ESA）、电子控制自动变速器（ECT）、防抱死制动系统（ABS）、电子控制悬架系统（EMS）、自动空调等，电控系统的采用可以使汽车上的各个系统均处于最佳工作状态。

3. 配电装置

配电装置包括中央接线盒、熔断器、继电器、电线束及插接件、开关等，使全车电路构成一个统一的整体。

2 汽车电气设备的特点

1. 低压

汽车采用低压直流电，现代汽车的标称电压有12V和24V两种。目前汽油车普遍采用12V电源系统。

2. 直流

汽车上采用直流电气设备，其主要原因是发动机靠电力起动机起动，而起动机的电源是蓄电池，当蓄电池的电能消耗完后必须用直流电进行充电，所以汽车电系为直流系统。

3. 单线制

单线制即从电源到用电设备使用一根导线连接，而另一根导线则由汽车车身或发动机机体代替。作为电器回路的连接方式，单线制不仅节约导线，使线路简化、清晰，而且也便于安装和检修。现代汽车普遍采用单线制，但在某些汽车上，有些不能形成可靠的电器回路的地方，或多或少的存在着双线制。

4. 负极搭铁

采用单线制时，蓄电池的一个电极接到车身上，俗称“搭铁”。蓄电池的负极与车身相连，就称为负极搭铁；反之，若蓄电池的正极与车身相接，则称为正极搭铁。按国家标准GB 2261–7《汽车拖拉机用电设备技术条件》规定，国产汽车电气系统统一规定为负极搭铁。

三、汽车电气设备故障规律及诊断方法

由于汽车特殊的工作环境，汽车电气设备故障占有一定的比例。常见的故障有电路故障和机械故障。电路故障一般有断路、短路、接触不良、漏电等。

汽车电器故障诊断通常有传统的人工经验诊断和现代的电子仪器设备诊断两大类。为了便于诊断故障，进行检测维修，无论采用哪种方法，一般先应向汽车用户详细了解电气设备的使用情况，如：使用时间、工作状况、故障现象、生产厂家、是否是原装件等，然后根据汽车用户的反映，初步掌握所要维修的汽车电气设备的基本情况，进一步分析研究其故障现象和产生故障的原因，为下一步故障检测、判断与排除做好准备工作。

第二章 电源系统

第一节 需用知识

一、蓄电池

1 蓄电池的作用

汽车蓄电池是一种储能装置，属于低压直流电源，它不是直接储存电能，而是将电能转变成化学能储存起来，当蓄电池连接外部电路时，化学能转变成电能，从蓄电池的正极流出经导线到负载，再经导线流回蓄电池负极完成回路放电。

当发动机运转时，利用小部分动力驱动发电机以产生电能，再充入蓄电池，把电能变成化学能储存。现代汽车一般使用12V蓄电池，大型柴油车则常用两个12V蓄电池串联形成24V电源系统。

汽车蓄电池的作用如下：

① 起动发动机时供给起动机所需的电流；

② 当发电机发出的电压低于蓄电池电压或发电机不工作时，供给全车电器所需的电流；

③ 平衡汽车电系的电压，使电压恒定。

2 蓄电池的结构

蓄电池的结构如图2-1所示，由壳体、盖板、极板组、隔板与极柱等组成。

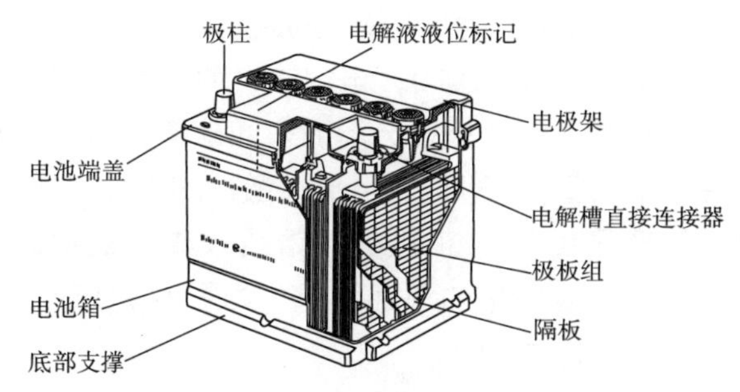

图2-1 蓄电池的结构

蓄电池中的电解液为稀硫酸($H_2SO_4+H_2O$)，电解液必须保持高出极板10~12mm，高度不足时，添加蒸馏水至外壳标示的最高线，如图2-2所示。

图2-2 电解液液面高度的检查

蓄电池电解液的密度与蓄电池充电状态有直接关系：完全充电时，其密度应为1.28g/cm^3；充电到一半时，其密度应为1.20g/cm^3；完全放电时，其密度应为1.12g/cm^3。蓄电池电解液密度可用电解液检测仪（也称密度计）测量。电解液检测仪由一个带有吸液球的玻璃管组成，玻璃管内有一个带刻度的浮子。

从蓄电池中抽吸电解液并检查浮子在液体中的浸入深度，通过刻度可以读取电解液密度值，如图2-3所示。

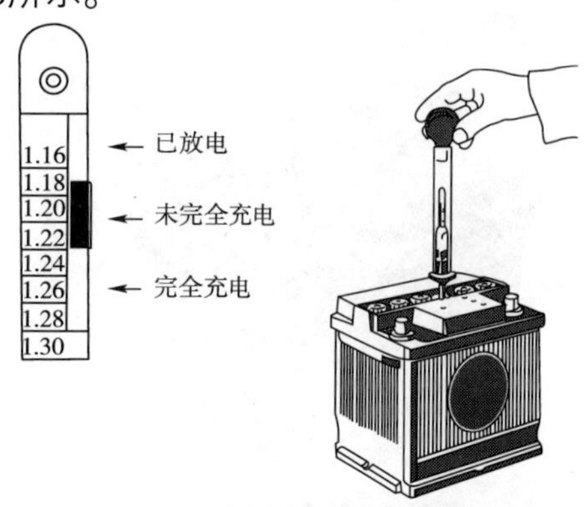

图2-3 蓄电池电解液密度的检查

现代汽车越来越多地采用免维护(Maintenance Free，MF)蓄电池，所谓免维护蓄电池是在蓄电池使用期间不需要添加蒸馏水，当充电指示器显示电解液面高度不足时，蓄电池即应更换。

免保养蓄电池的特点如下：

① 电解液液面的降低极慢。传统蓄电池的栅架以锑为主要成分，而免维护蓄电池以钙铅合金代替锑合金，钙铅合金极板的充电电流比锑合金小，可减少蓄电池内部的发热量，故可减缓电解液中水分的减少速度。

② 外壳底部的肋条高度降低，增加电解液容量。水分减少的速度慢，加上电解液容量较大，故免维护蓄电池有足够的电解液，使用时间很长。当充电指示器显示电解液面过低时，通常蓄电池已达到需要更换的时候了。

③ 自放电率降低。免维护蓄电池使用钙铅合金（或低锑）栅架，可使自放电率明显降低。

④ 蓄电池极柱、固定架等的腐蚀情形大为降低。因免维护蓄电池的排出气体很少，故对蓄电池顶部及附近零件的腐蚀程度大为降低。

⑤ 免维护蓄电池的钙铅合金栅架，其导电性良好，比传统相同规格的蓄电池冷车起动能力约高20%。

⑥ 免维护蓄电池在盖板上均设有密度与液面观察窗，俗称电眼（图2-4），以显示蓄电池的充电情况及电解液面高度情况。当蓄电池液面及充电正常时，绿色浮球在中央最高点，从视窗中在黑色区可看到绿色圆圈，如图2-5a)所示；当蓄电池液面正常，但充电不足时，绿色浮球在球室下方，从视窗中看不到绿色圆圈，整个是黑色，如图2-5b)所示，应对蓄电池进行补充充电；当蓄电池液面过低时，视窗中看到的是透明色，表示蓄电池需换新，如图2-5c)所示。观察窗只能显示电解液密度是1.150g/cm^{3}或更高，要实际获得正确的读数，必须使用密度计测量。

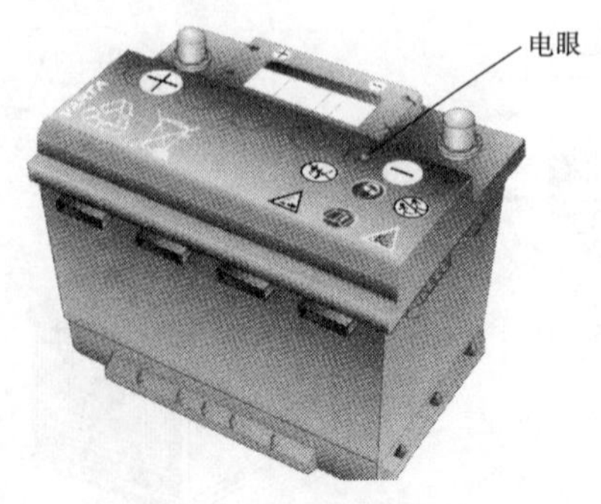

图2-4 蓄电池电眼位置

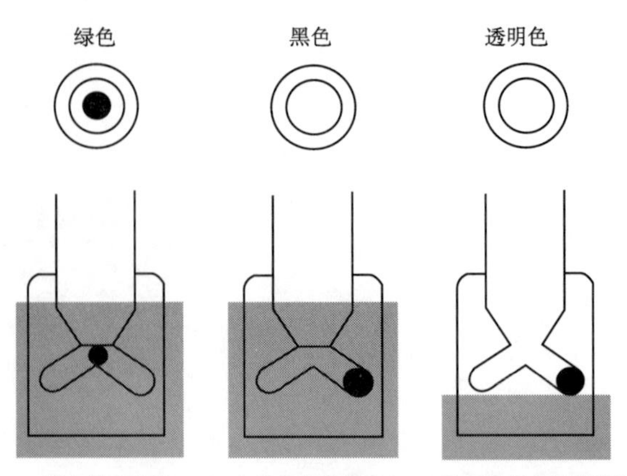

图2-5 观察窗的作用

3 蓄电池的工作原理

蓄电池的放电与充电（储能）是一个可逆的过程。放电时，正极板的活性物质二氧化铅(PbO_2)、负极板上的活性物质铅（Pb）与电解液稀硫酸（H_2SO_4）反应生成硫酸铅（$PbSO_4$）和水（H_2O），同时释放电能；反之，充电时，在外电能的作用下，硫酸铅在正极板上被还原成二氧化铅（PbO_2），在负极板上被还原成纯铅（Pb），同时生成硫酸（H_2SO_4）。其化学反应方程式为：

$$PbO_2 + 2H_2SO_4 + Pb \underset{\text{充电}}{\overset{\text{放电}}{\rightleftharpoons}} 2PbSO_4 + 2H_2O$$

（1）当放电时，正极板中的Pb与电解液中的硫酸根(SO_4^{-2})结合成硫酸铅($PbSO_4$)，氧离子与电解液中的氢离子结合成水(H_2O)；负极板中的海绵状铅(Pb)与电解液中的硫酸离子结合也成为硫酸铅($PbSO_4$)。放电的结果，正负极板都变成相同结构的硫酸铅，而电解液中的硫酸成分减少，水的成分增加，如图2-6所示。其放电化学反应式如下：

正极板 电解液 负极板 正极板 电解液 负极板

$PbO_2 + 2H_2SO_4 + Pb \rightarrow PbSO_4 + 2H_2O + PbSO_4$

（2）当充电时，原来正极板中的硫酸铅分解成Pb^{+2}及硫酸根(SO_4^{-2})，电解液中的水也分解成氢离子及氧离子，从极板分解而来的硫酸根(SO_4^{-2})与电解液中的氢离子(H^+)结合成硫酸(H_2SO_4)，电解液中的氧离子(O^{-2})与正极板的铅结合成过氧化铅；负极板也恢复原来的海绵状铅，如图2-7所示，其充电化学反应式如下：

正极板 电解液 负极板 正极板 电解液 负极板

$PbSO_4 + H_2O + PbSO_4 \rightarrow PbO_2 + H_2SO_4 + Pb$

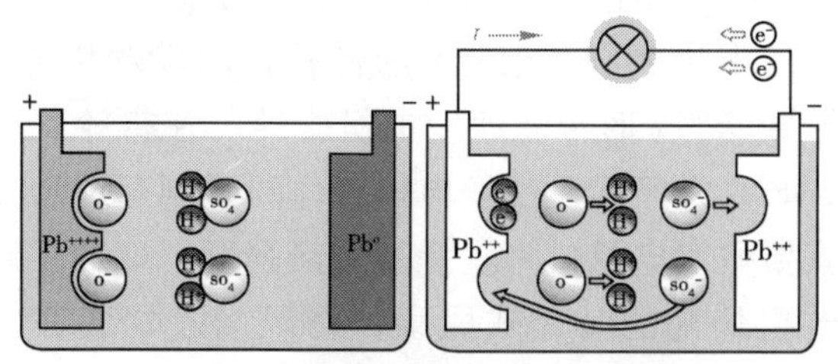

图2-6 蓄电池放电过程的化学变化

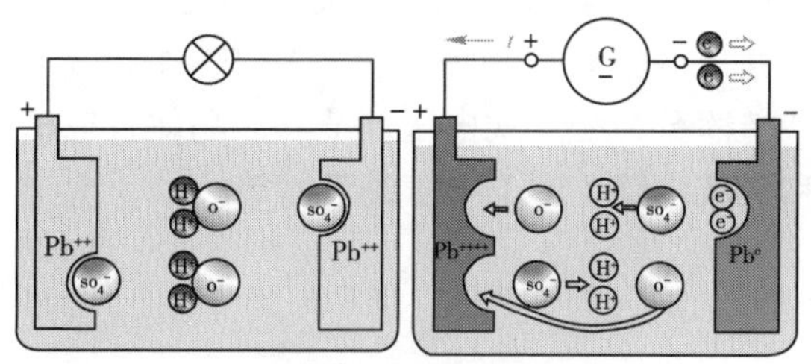

图2-7 蓄电池充电过程的化学变化

4 蓄电池的型号

以型号“6—QAW—100”为例来说明蓄电池的型号表示方法及含义。

第一部分：表示串联的单格电池数，用阿拉伯数字表示。其额定电压为这个数字的两倍。

第二部分：表示蓄电池的类型和特征，用汉语拼音字母表示。第一个字母表示蓄电池的类型代号，Q表示起动型蓄电池，T表示拖动型蓄电池。第二、三个字母表示蓄电池的特征代号，如：A—干荷电式，W—免维护型，J—胶体电解液等。

第三部分：表示蓄电池的额定容量和特殊性能，我国目前采用20h放电率的额定容量，单位是A・h（安培・小时），用数字表示，特殊性能用字母表示。

因此“6—QAW—100”表示由6个单格电池串连而成，额定电压12V，额定容量为100A・h的起动型干电荷免维护蓄电池。

二、充电系

1 充电系统作用和组成

起动发动机时，需利用蓄电池供应起动机及点火系统等各种电器所需的电流，发动机起动后，必须由充电系统来提供点火系统及其他电器的用电，并补充蓄电池在起动发动机时所消耗的电能，这样发动机才能维持运转，熄火后才能再起动。

充电系统就是将发动机一部分机械能转变为电能的装置。充电系统最重要的部件是产生电能的发电机，其次为控制发电机最高输出的调节器，另外还需有指示充电系统工作是否正常的指示灯或电流表，以及连接各电器间的导电线等，如图2–8所示。

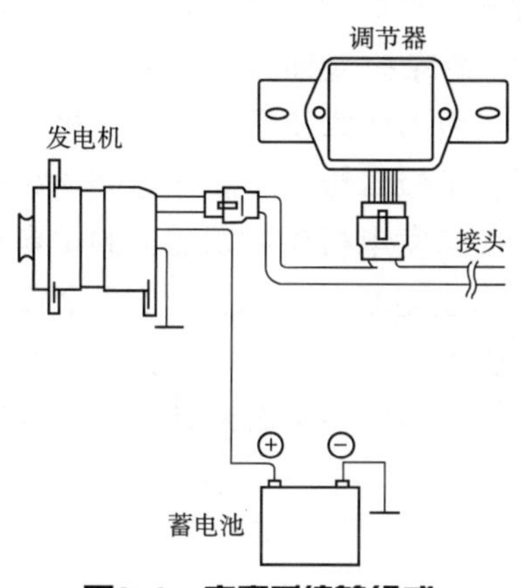

图2-8 充电系统的组成

交流发电机的功能：

① 在车辆行驶时，供应点火系统、空调、音响及其他电器用电。

② 补充蓄电池在起动时损耗的电能（即对蓄电池充电）。

2 交流发电机的结构

交流发电机如图2–9所示，由定子、转子、整流器、前端盖、电刷、后端盖和风扇等组成。交流发电机目前常采用集成电路（IC）电压调节器。

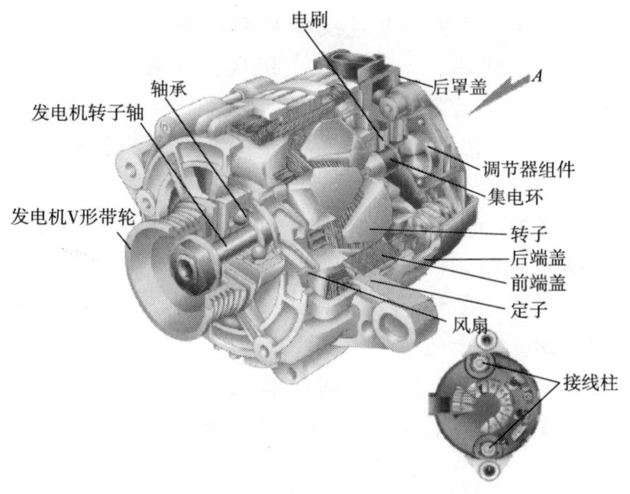

图2-9 交流发电机的构造

转子用来建立交流发电机的磁场，它由压装在转子轴上的两块爪形磁极、两个磁场绕组和两个集电环组成。

定子用来产生三相交流电动势。定子总成安装在前、后端盖之间，定子铁芯由内圆带槽的硅钢片叠成，在槽内安装三相定子绕组。三相绕组按星形连接，其首端分别与整流器的二极管连接，尾端连在一起，称为中性点。

整流器用来将三相定子绕组中产生的三相交流电动势整流为直流电。整流器由6个硅二极管组成三相桥式全波整流电路。6个硅二极管分别安装在2个彼此绝缘的元件板上，其中3个二极管的外壳为负极，引出线为正极，称为正极二极管，并由红色标记。正极二极管压装在与壳体绝缘的元件板上，元件板与发电机电刷端盖上的“电枢”接线柱相连，作为发电机的正极。另外3个二极管的外壳为正极，引出线为负极，称为负极二极管，由黑色标记。负极二极管压装在前端盖上，与后端盖上的搭铁接线柱相连，作为发电机的负极。

发电机的前端装有V形带轮，由发动机曲轴V形带轮通过V形带驱动发电机旋转。在带轮的后面装有叶片式风扇，使发电机工作时强制通风散热。有些新型发电机，为了提高散热强度，取消了装在发电机外部的叶片式风扇，将风扇叶片装在转子上，实现转子风扇一体化，不但减小了发电机的体积，而且提高了发电机功率。

电压调节器保证在发电机转速变化时保持发电机输出的端电压为恒定值（13.5～14.5V）。电压调节器分为触点式电压调节器、晶体管电压调节器和集成电路（IC）电压调节器等。

第二节　常见维修项目

任务一　检查和更换蓄电池

一、技术标准与要求

（1）丰田卡罗拉轿车采用12V整体干荷式免维护蓄电池，其额定容量为54A·h，最大允许放电电流为256A。

（2）使用高率放电计测量蓄电池端电压时，若负载电流为110A，则最小电压不得低于9.6V。

（3）蓄电池电缆线拆装顺序为：拆卸时，先拆负极电缆线，后拆正极电缆线；安装时，先装正极电缆线，后装负极电缆线。

（4）蓄电池应固定牢靠，否则剧烈振动将影响其使用寿命。

（5）电解液具有强腐蚀性，避免接触皮肤或溅落到眼睛内。

（6）在蓄电池附近，禁止明火、火花和吸烟，防止蓄电池发生爆炸。

（7）湿式蓄电池通过其上观察窗（俗称“电眼”），检查蓄电池电解液液位和工作状态。

二、实训时间：20min

三、实训教学目标

（1）了解检查和更换蓄电池的重要性。

（2）熟悉蓄电池的基本结构与工作原理。

（3）掌握检查和更换蓄电池的操作技能。

四、实训器材

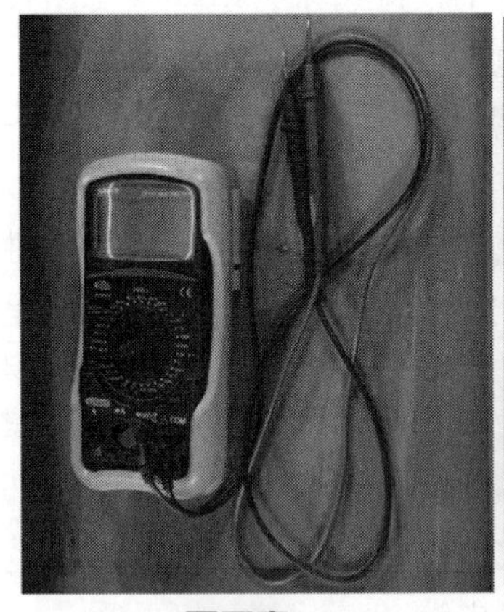

万用表

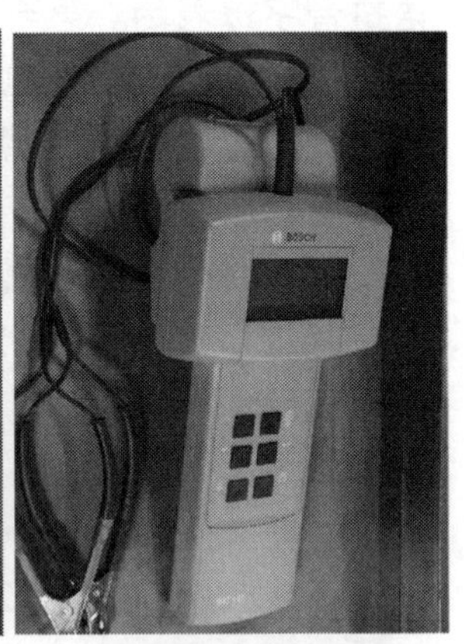

博世蓄电池测试仪

其他工具及器材：ϕ10mm短套筒、ϕ10mm长套筒、接杆、棘轮扳手、砂布、翼子板护裙及驾驶室内三件套等。

五、教学组织

（1）教学组织形式：

每辆车安排4名学生参与实训，两名学生为一组。一组操作，一组观察学习。

（2）学生站位分工和要求：

两名学生一组，按照1号、2号进行编号，1号为主，2号为辅。

（3）实训教师职责：

讲解操作步骤和注意事项；下达“操作开始”口令；工位间巡视、检查、指导和纠正错误。

（4）学生职责变换：

两名学生实行职责变换制度，即第一遍1号为主，2号为辅；第二遍2号为主，1号为辅。

六、操作步骤

第一步 事前准备

1 车辆进入工位前，参训学生将工位区域清理干净，排除障碍物，准备好相关的工具、物品等。

提示：培养良好的工作习惯，做好事前准备，有利于安全操作和提高工作效率。

2 将车辆停驻在举升机平台的中央位置。

提示：车辆停驻于举升机平台的中央位置，为车辆的安全举升做好准备。

3 1号打开门锁。

提示：用遥控钥匙打开电动门锁，为进入驾驶室操作做好准备。

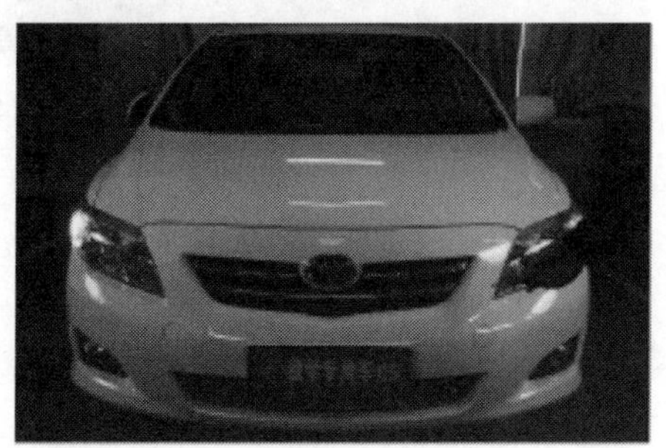

4 1号和2号同时安装车轮挡块。

提示：为保证车辆在工位上可靠停驻，防止出现溜滑事故，要安装车轮挡块。

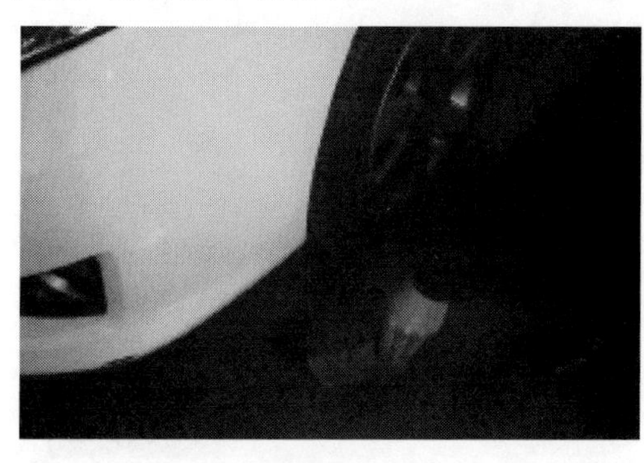

5 2号安装尾气收集管。

提示：为防止尾气污染环境，保护人体健康，要安装尾气收集管。

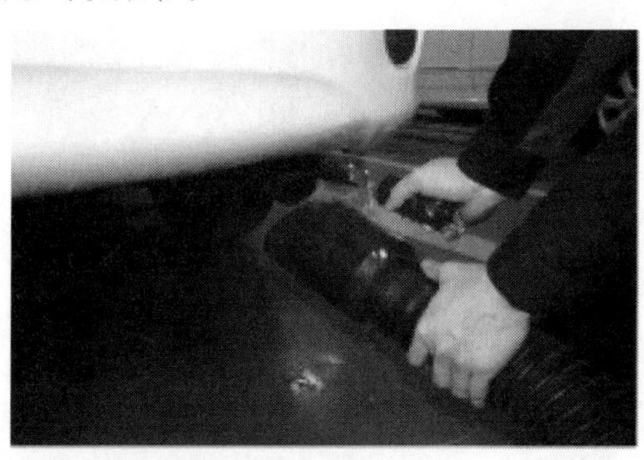

6 2号打开车门。

提示：左手拉车门把手打开车门后，带好三件套，准备进入车辆。

7 2号拉起发动机罩释放杆。

提示：拉起发动机罩释放杆时，用力不要过猛，否则容易导致释放杆盖损坏。

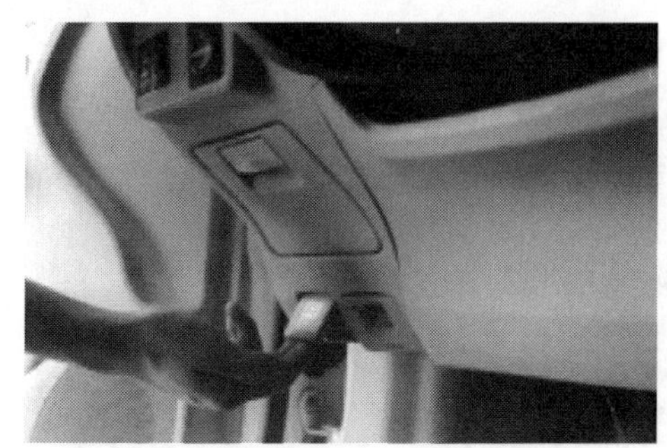

8　2号安装地板垫。

提示：铺设地板垫的主要目的是便于清除维修人员带入驾驶室内的脏物与杂物，保持驾驶室内地板清洁。

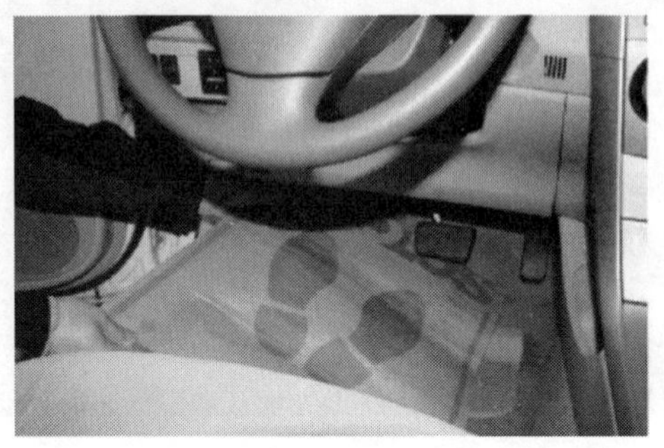

9　2号安装座椅套。

提示：安装座椅套时，用力要均匀，拉齐座椅套，使之整齐、美观。

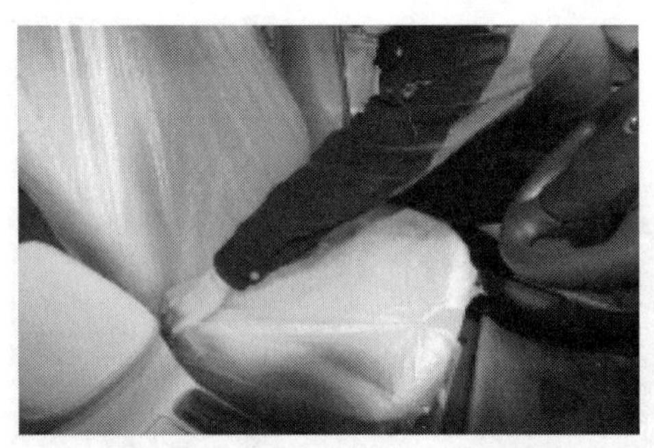

10　2号安装转向盘套。

提示：转向盘套是由薄塑料制成的，极易破损。安装转向盘套时，不要生拉硬拽，否则会造成转向盘套破损。

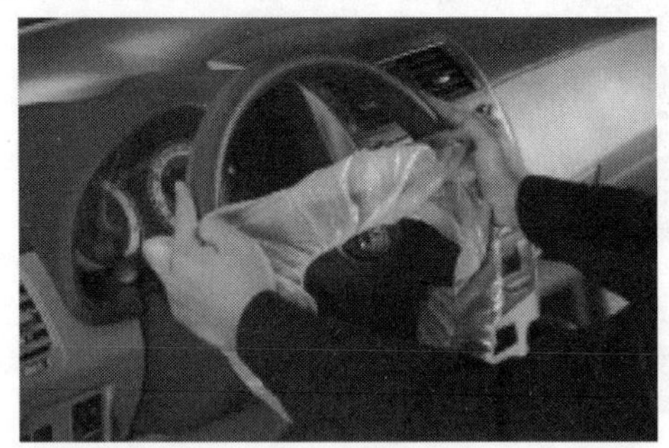

11　2号将点火开关旋至“ON”，打开主驾驶侧电动车窗。

提示：打开主驾驶侧电动车窗，是为了车内通风以及当钥匙掉在车里时可以打开车门。

12　2号将变速杆置于P挡。

提示：发动机带挡操作属于违规操作，危险性极大。因此，发动机起动前应将变速杆置于P挡。

13　2号拉紧驻车制动杆。

提示：为保证车辆在工位上的可靠停驻，防止出现溜滑，造成安全事故，因此，要拉紧驻车制动杆。

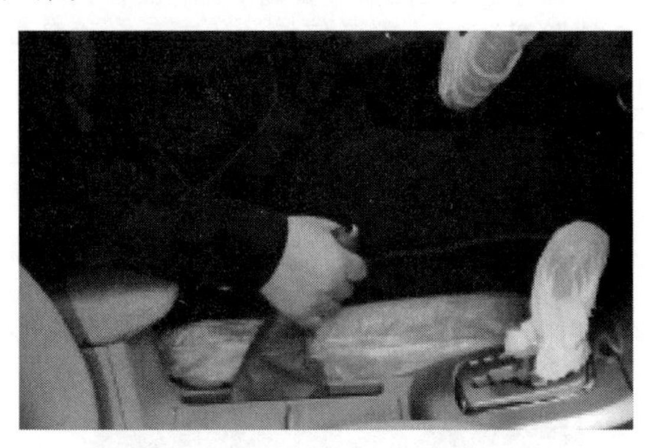

第二步　拆卸蓄电池电缆

1　1号确认点火开关处于关闭状态。

提示：点火开关处于关闭状态，可以防止断开蓄电池与汽车电器系统的连接时，产生的电动势损坏电器元件和电控单元（ECU）。

2　1号确认灯光、空调、音响等开关处于关闭状态。

提示：对于高档车系（如奔驰、宝马等）而言，在断开蓄电池与汽车电气系统的连接前，应提取音响及防盗系统的密码。否则，音响系统及防盗系统将被锁定。

3 1号确认蓄电池的负极接线柱。

提示：区分蓄电池正、负极接线柱的方法：

（1）接线柱直径不同。正极接线柱直径较大，负极接线柱直径略小些。

（2）接线柱标志不同。正极接线柱附近壳体上标注“+”；负极接线柱附近壳体上标注“–”。

4 2号将ϕ10mm短套筒、接杆、棘轮扳手组合后传递给1号。

5 1号使用ϕ10mm短套筒、接杆、棘轮扳手，拧松蓄电池正、负极接线柱连接电缆夹的固定螺栓。然后将工具传递给2号。

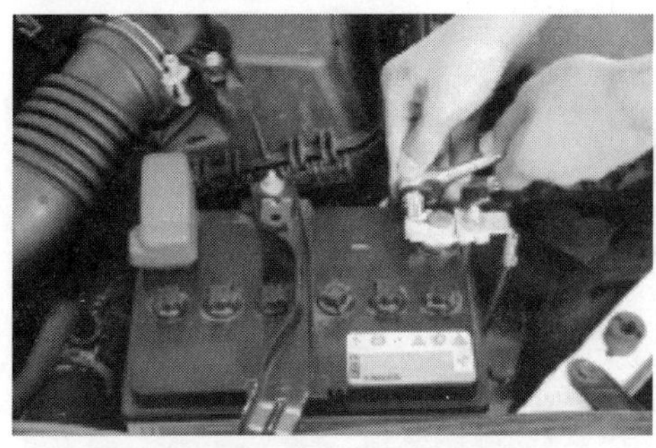

6 1号用手从蓄电池负极接线柱上取下电缆，并使之可靠地离开负极接线柱。

提示：拆卸蓄电池电缆时，应按照先拆卸负极电缆，后拆正极电缆的要求进行。否则，容易引起正极电缆搭铁，导致电控单元因瞬时高压电而损坏。

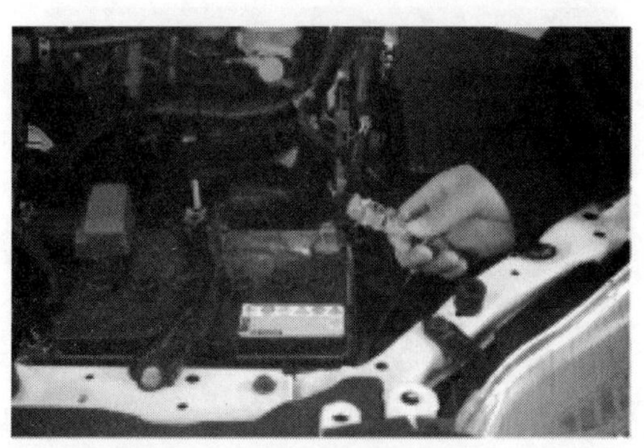

7 1号从蓄电池正极接线柱上取下连接电缆，并使之可靠离开正极接线柱。

第三步 拆卸蓄电池

1 1号使用2号传递来的ϕ10mm长套筒、接杆、棘轮扳手，分别拧松蓄电池固定支架上的1个固定螺栓与1个固定螺母。

2 2号接收工具，擦拭后摆放到工具车上。

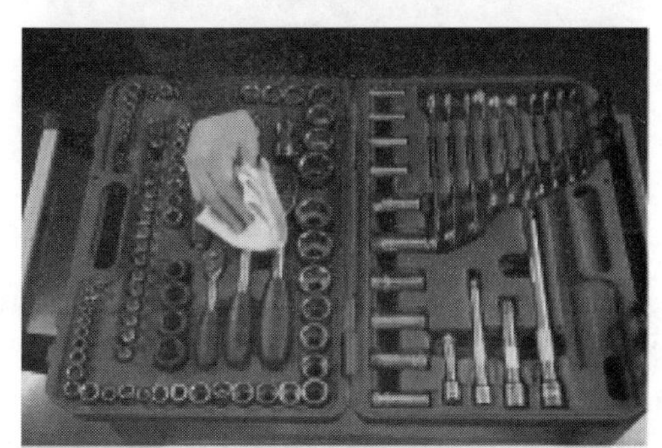

3　1号用手旋下固定螺栓，然后取出固定支架。2号将螺栓、压板摆放到零件车上。

提示：固定支架压在蓄电池的表面，拧紧固定支架上的固定螺栓，可将蓄电池固定。

4　1号外移蓄电池，将蓄电池的护底板从固定底座的卡槽中脱出。之后，双手插入蓄电池的底面，从固定底座上搬出蓄电池并放置到操作台上。

提示：蓄电池在拆卸、搬运及安装过程中，应小心谨慎、轻搬轻放，严禁反转和掉落到地面上。

第四步　检查蓄电池的外观

1　1号检查蓄电池的壳体是否有破裂漏液现象。

提示：

（1）如果蓄电池的壳体存在裂纹，应采取粘补或更换蓄电池的措施。

（2）蓄电池壳体因破裂而引起漏液，将导致蓄电池额定容量减少。

2　1号检查蓄电池表面是否清洁，如有脏污，应清理干净。

提示：蓄电池表面的脏污，容易引起蓄电池外部自放电。因此，应保持蓄电池表面清洁无脏污。

3　1号检查蓄电池的正负极接线柱上是否有腐蚀物，必要时使用砂布擦磨清理接线柱。

提示：蓄电池接线柱上的腐蚀物，使极柱与电缆夹之间接触不良，导致蓄电池输出电阻过大，电压降低，起动机运转无力，发动机起动困难。

4　1号检查蓄电池的各透气孔是否有堵塞现象。

提示：各透气孔应通畅无堵塞，如果蓄电池上的透气孔有堵塞，应用针把透气孔导通，否则应更换蓄电池孔盖。

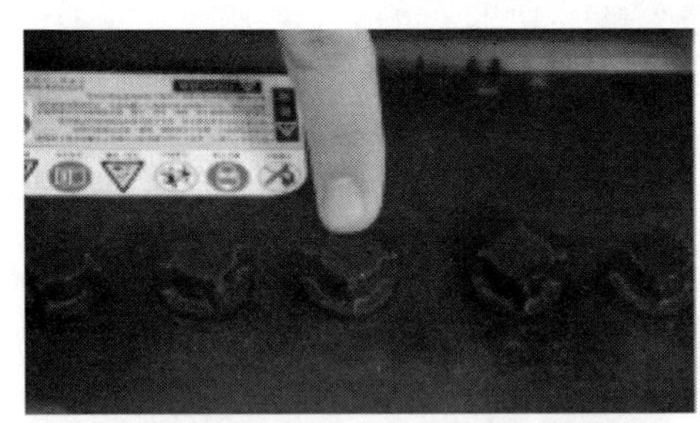

第五步　检查蓄电池的性能

1　1号将万用表调至DVC×20V挡位。

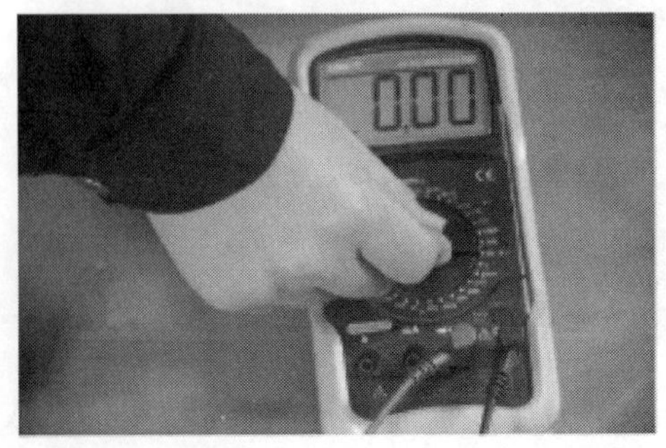

2 1号将万用表的"+"表笔接蓄电池"+"接线柱；"-"表笔接蓄电池"-"接线柱。

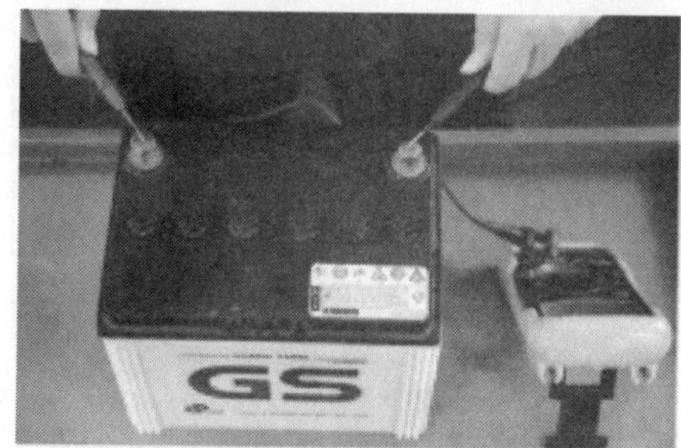

3 1号读取蓄电池电压值。

提示：如果蓄电池电压值不低于12V，为正常；如果电压值低于12V，表明蓄电池已放电，需要进行充电。

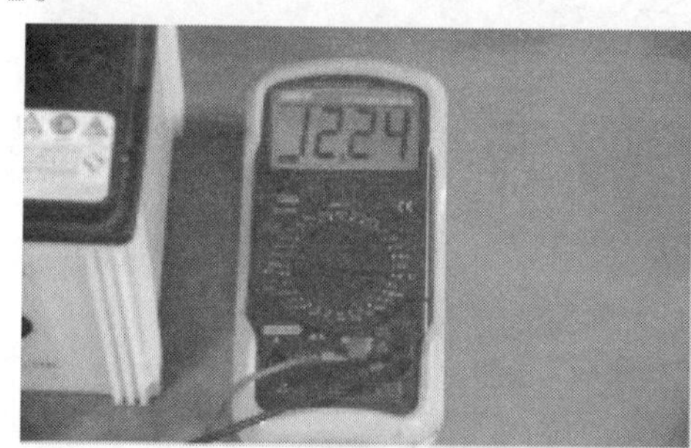

4 1号观察蓄电池液面高度。

提示：对于透明塑料壳体的蓄电池，通常在壳体上标有两条液位线，电解液液面高度要求应在此两条线之间。

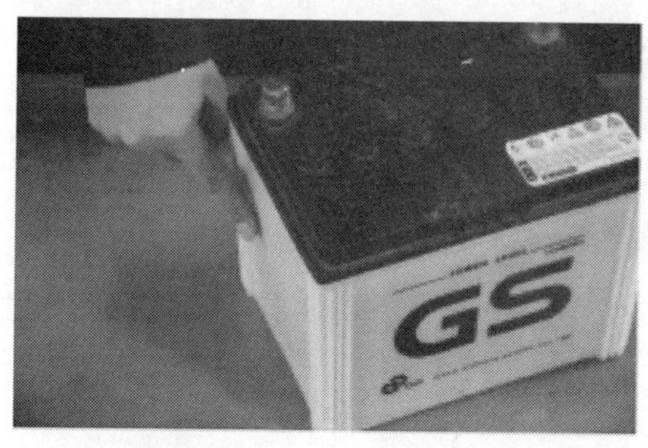

5 1号将蓄电池测试仪的红色线夹夹持在蓄电池的"+"接线柱上，黑色线夹夹持在蓄电池的"-"接线柱上。

提示：保证蓄电池测试仪的线夹与蓄电池的接线柱夹持牢靠。否则，测试时会产生火花，引起蓄电池爆炸。

6 2号用蓄电池测试仪进行测试蓄电池的电压，观察蓄电池电压是否正常。

提示：

（1）接好蓄电池的负极，可根据屏幕上的指示进行操作。

（2）选择第四条，蓄电池稳态电压测试，按下确定键就可进入下一步菜单。

7 此时蓄电池测试仪上的屏幕将立刻显示出蓄电池测试状况。

提示：

（1）蓄电池电压的显示。

（2）蓄电池起动容量的状态。

（3）蓄电池测试状态的显示。

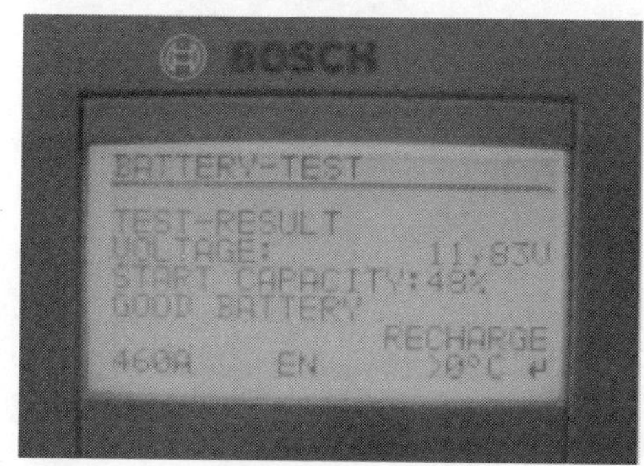

8 1号用冰点仪测量电解液密，来检查蓄电池的放电程度。旋开各个电解液盖子，并用吸管吸出蓄电池中适量的电解液，滴少量电解液在冰点仪前端镜片来观察其刻度值。

提示：

（1）冬季气温高于-20℃地区，充足电时电解液相对密度应为1.27g/cm^3。

（2）冬季气温高于0℃地区，充足电时电解液相对密度应为1.24g/cm^3。

（3）在检测完后应用干净的布擦拭镜片上的电解液。

（4）吸管中多余的电解液应处理到垃圾桶内，不能再回收到蓄电池内，并将吸管用水清洗干净。

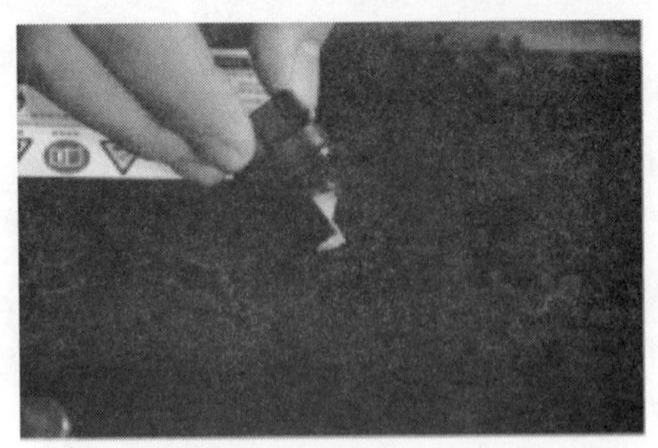

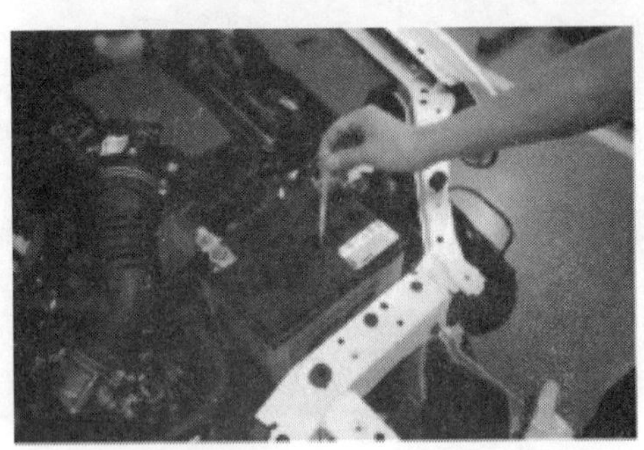

第六步　安装蓄电池

1　1号检查蓄电池底座是否已严重锈蚀、腐蚀及变形。

提示： 如果蓄电池底座已严重损坏，应更换新件。

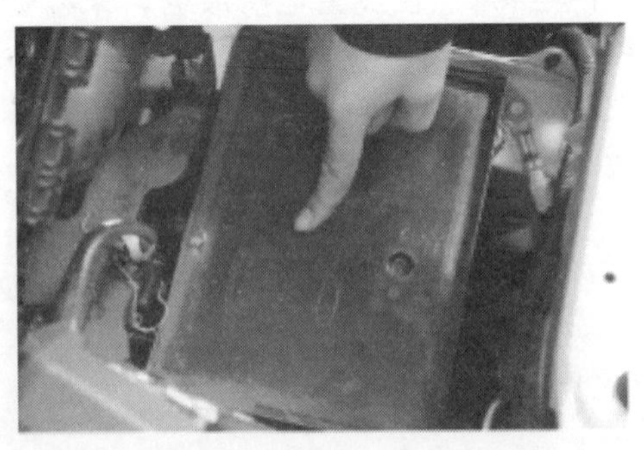

2　1号将蓄电池平放到底座上，然后向里平推，使蓄电池的保护板插入底座的卡槽中。

提示： 蓄电池壳体下部有内、外侧保护板。内侧保护板插入底座的卡槽内；外侧保护板被固定支架压紧，这样蓄电池便被可靠地固定在底座上。

3　2号将固定支架和固定螺栓传递给1号。

4　1号将压板内端压在蓄电池的保护板上，然后对齐螺栓孔，将螺栓穿过压板旋入底座上的螺栓孔。

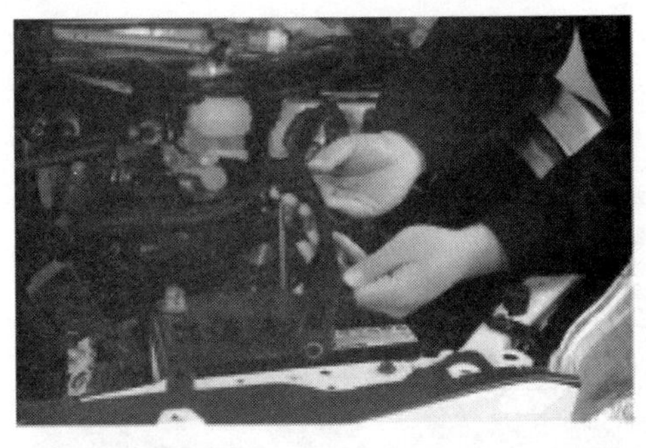

5　1号使用2号传递来的ϕ10mm长套筒、接杆、棘轮扳手，拧紧固定支架上的固定螺栓。固定螺栓规定力矩为22N·m。

提示： 压板固定螺栓要按照规定力矩拧紧，否则，蓄电池受到颠簸振动，将会缩短蓄电池使用寿命。

6　1号察看压板是否可靠地压紧在蓄电池的保护板上。

提示：如果压板压紧位置不当，应松开固定螺栓重新调整。

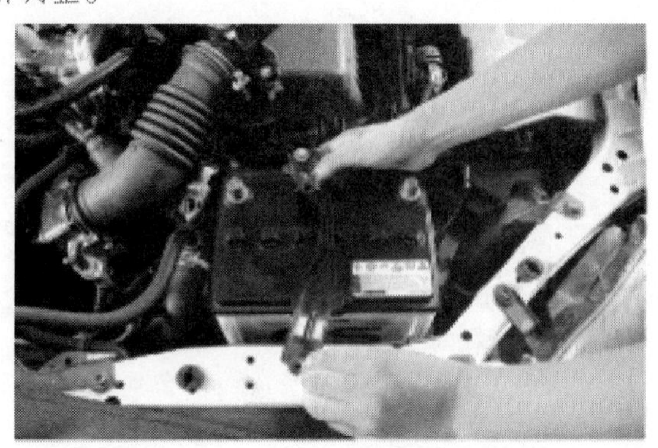

第七步　安装蓄电池电缆线

1　1号使用砂布，去除电缆夹内接触面上的污物。

提示：电缆夹与蓄电池极柱间，应保持良好接触。否则，将增加蓄电池的输出电阻，使输出电压下降，导致起动机转速低，发动机起动困难。

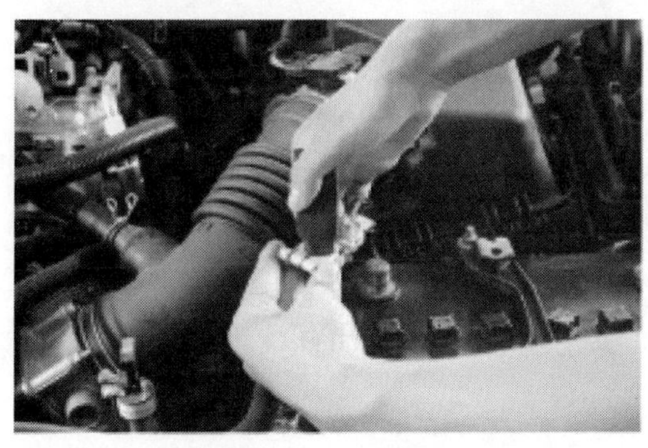

2　1号将正极电缆夹安装到蓄电池的“+”接线柱上。并使用ϕ10mm套筒、接杆、棘轮扳手，拧紧正极电缆夹固定螺栓。螺栓紧固力矩为5N·m。

提示：

（1）安装蓄电池电缆时，按照先安装正极电缆、后安装负极电缆的要求进行。避免正极电缆搭铁而产生电动势损坏电气设备和电控单元。

（2）电缆夹固定螺栓要按照规定力矩拧紧。否则，电缆夹松动，蓄电池输出电压降低。

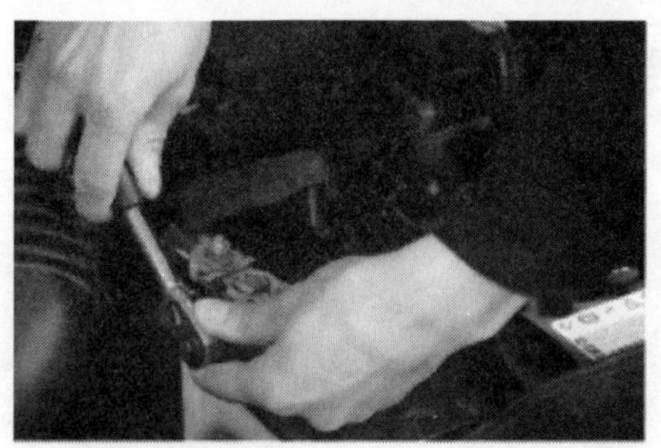

3　1号按照与安装正极电缆相同要求，将负极电缆夹安装到蓄电池的“−”极柱上，最后将电缆夹固定螺栓拧紧到规定值。

4　2号进入驾驶室，打开点火开关，起动发动机，检查发动机的起动和运转情况。若情况正常，关闭点火开关，停止发动机运转。至此，检查或更换蓄电池操作完毕。

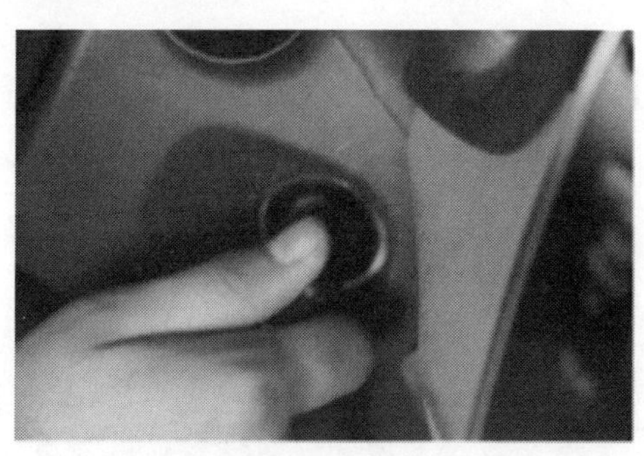

第八步　整理工位

1号、2号共同拆除护裙、驾驶室内保护罩，清洁工具和量具，清洁地面卫生。

提示：作业项目完成后，要做好工位的清扫、整理工作，培养良好的工作习惯。

七、考核标准

考核标准表

考核时间	序号	考核项目	满分	评分标准	得分
20min	1	作业前整理工位	6	整理遗漏酌情扣分	
	2	可靠驻车并置变速器与空挡位置	4	操作不当扣4分	
	3	打开并支撑机舱盖	4	操作不当扣4分	
	4	粘贴翼子板护裙	4	操作不当扣4分	
	5	安装驾驶室内保护罩	4	操作不当扣4分	
	6	拆除蓄电池电缆	6	操作错误扣6分	
	7	拆除蓄电池	8	操作错误扣8分	
	8	蓄电池外观检查	10	操作错误扣10分	
	9	检查蓄电池断路电压	10	操作不当扣10分	
	10	检查蓄电池放电性能	10	操作不当扣10分	
	11	检查蓄电池密度情况	10	操作不当扣10分	
	12	安装蓄电池	9	操作不当扣7分	
	13	安装蓄电池电缆	7	操作不当酌情扣分	
	14	作业后整理工位	5	整理遗漏酌情扣分	
	15	遵守相关安全规范	因违规操作造成人身伤害和设备事故的，总分按0分计		
分数合计			100		

任务二　检查和更换发电机

一、技术标准与要求

（1）安装丰田卡罗拉轿车配套使用的发电机。

（2）发电机技术参数：

额定电压（V）	14.8	调节器形式	集成电路
磁场绕组电阻（Ω）（20℃）	2.3~2.7	调节电压（V）	12.7~14.8
新电刷高度（mm）	11.5	安装方式	单挂脚
电刷极限高度（mm）	4.5	搭铁形式	内搭铁

（3）不允许采用试火方法检查发电机是否发电。

（4）在发动机停机情况下，不允许点火开关长时间保持“ON”位置。

（5）发电机与蓄电池间的电缆要连接可靠。

（6）蓄电池正负极接线应正确，并与发电机的搭铁极性相一致。

（7）发电机V形带的挠度和性能正常。新V形带挠度为7.5~8.6mm；旧V形带挠度为8.0~10.0mm。如传动异响，应更换V形带。

（8）发电机上部固定螺栓力矩为19N·m，发电机下部固定螺栓力矩为43N·m。

二、实训时间：40min

三、实训教学目标

（1）了解检查和更换发电机的重要性。

（2）熟悉发电机的基本结构与工作原理。

（3）掌握检查和更换发电机的操作技能。

四、实训器材

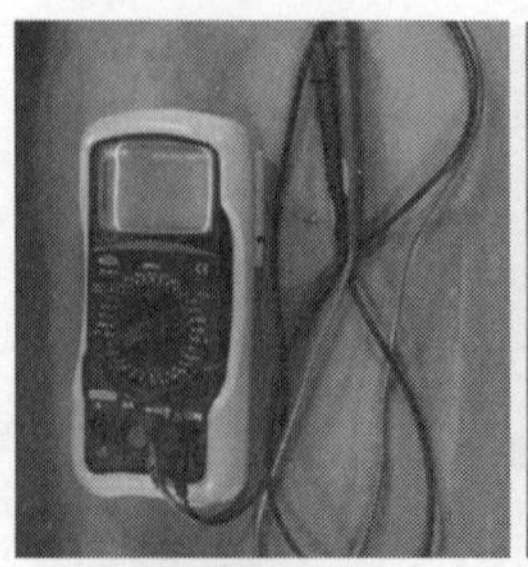
万用表

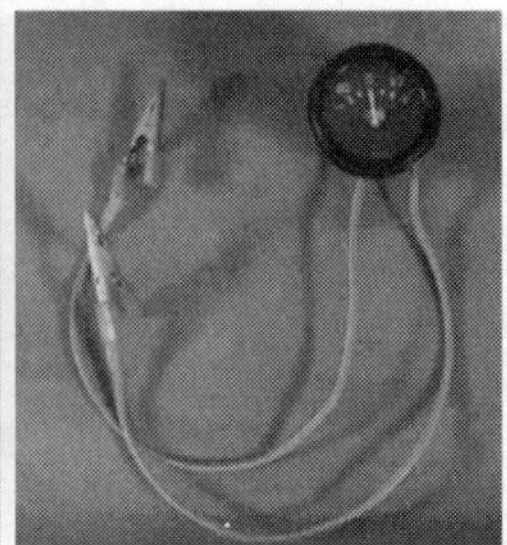
电流表

其他工具及器材：ϕ12mm套筒、ϕ14mm套筒、接杆、棘轮扳手、扭力扳手、一字螺丝刀、砂布、翼子板护裙及驾驶室内三件套等。

五、教学组织

（1）教学组织形式：

每辆车安排4名学生参与实训，两名学生为一组。一组操作，一组观察学习。

（2）学生站位分工和要求：

两名学生一组，按照1号、2号进行编号，1号为主，2号为辅。

（3）实训教师职责：

讲解操作步骤和注意事项；下达“操作开始”口令；工位间巡视、检查、指导和纠正错误。

（4）学生职责变换：

两名学生实行职责变换制度，即第一遍1号为主，2号为辅；第二遍2号为主，1号为辅。

六、操作步骤

第一步　事前准备

1　车辆进入工位前，参训学生将工位区域清理干净，排除障碍物，准备好相关的工具、物品等。

提示：培养良好的工作习惯，做好事前准备，有利于安全操作和提高工作效率。

2　将车辆停驻在举升机平台的中央位置。

提示：车辆停驻于举升机平台的中央位置，为车辆的安全举升做好准备。

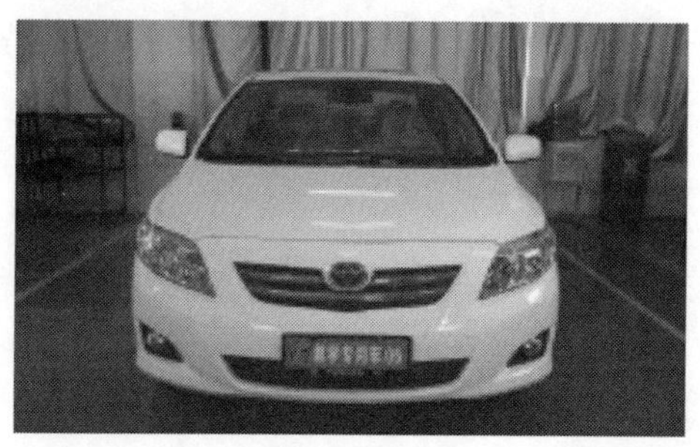

3　1号打开门锁。

提示：用遥控钥匙打开电动门锁，为进入驾驶室操作做好准备。

4　1号和2号共同安装车轮挡块。

提示：为保证车辆在工位上可靠停驻，防止出现溜滑事故，要安装车轮挡块。

5　2号安装尾气收集管。

提示：为防止尾气污染环境、保护人体健康，要安装尾气收集管。

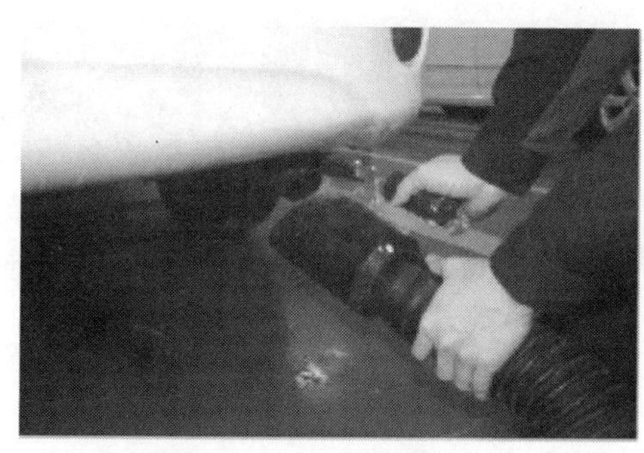

6　2号打开车门。

提示：左手拉车门把手打开车门后，带好三件套，准备进入车辆。

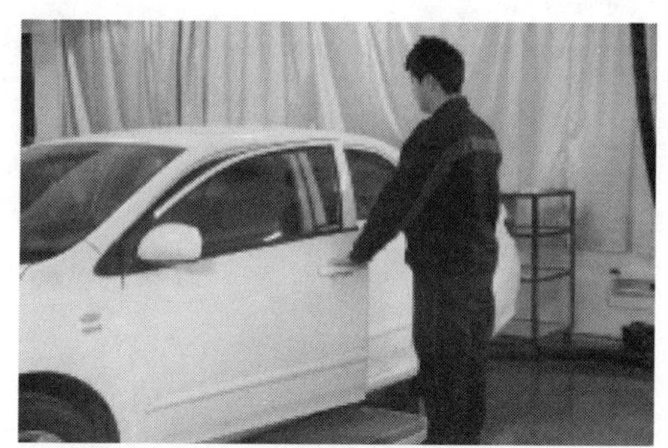

7 2号拉起发动机罩释放杆。

提示：拉起发动机罩释放杆时，用力不要过猛，否则容易导致释放杆盖损坏。

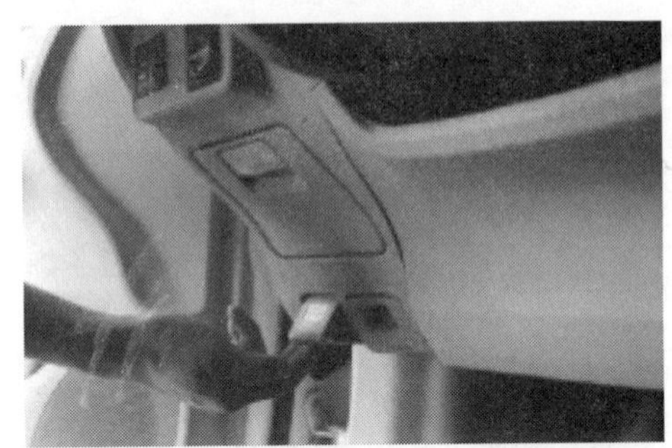

8 2号安装地板垫。

提示：铺设地板垫的主要目的是便于清除维修人员带入驾驶室内的脏物与杂物，保持驾驶室内地板清洁。

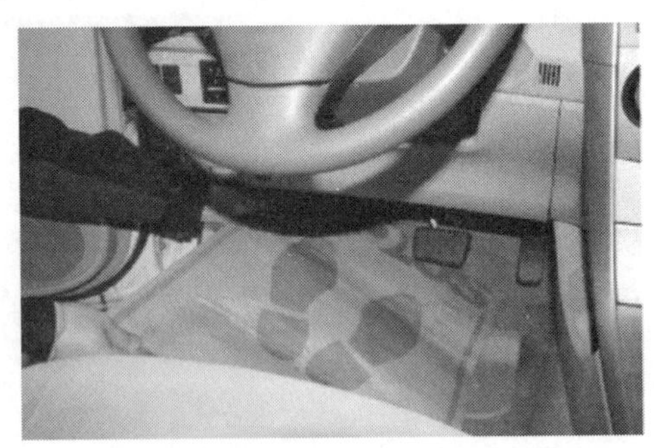

9 2号安装座椅套。

提示：安装座椅套时，用力要均匀，拉齐座椅套，使之整齐、美观。

10 2号安装转向盘套。

提示：转向盘套是由薄塑料制成的，极易破损。安装转向盘套时，不要生拉硬拽，否则会造成转向盘套破损。

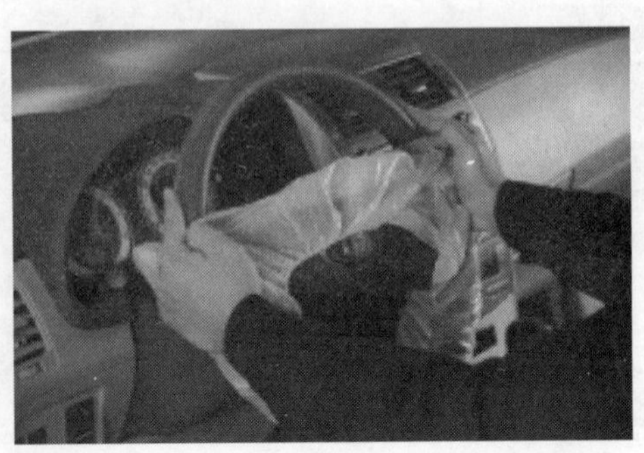

11 2号将点火开关旋至“ON”，打开主驾驶侧电动车窗。

提示：打开主驾驶侧电动车窗，是为了车内通风以及当钥匙掉在车里时可以打开车门。

12 2号将变速杆置于P挡。

提示：发动机带挡操作属于违规操作，危险性极大。因此，发动机起动前应将变速杆置于P挡。

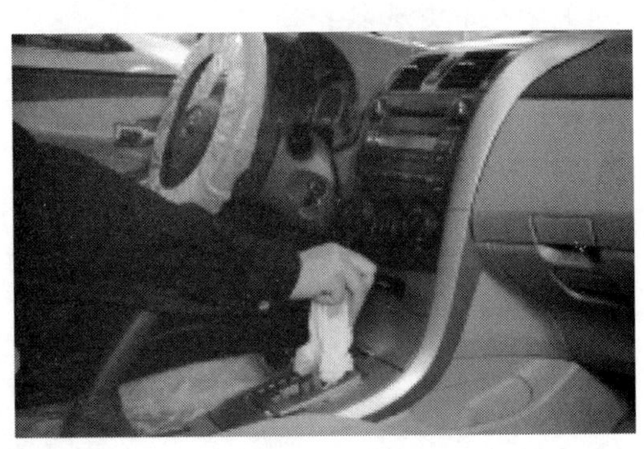

13 2号拉紧驻车制动杆。

提示：为保证车辆在工位上的可靠停驻，防止出现溜滑，造成安全事故，因此，要拉紧驻车制动杆。

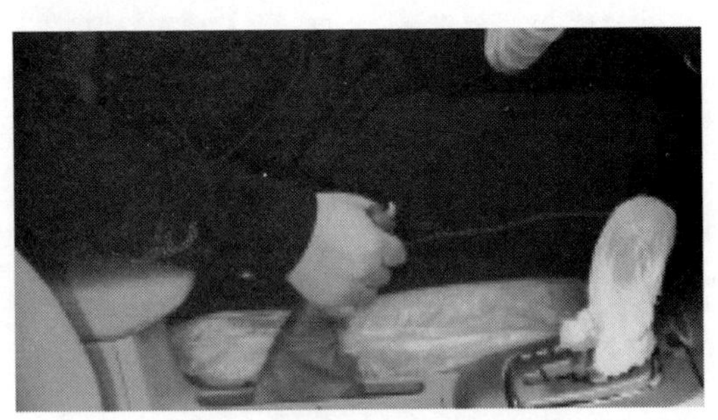

第二步　检查充电指示灯状况

1 1号用拇指下压发动机V形带轮与张紧装置之间的V形带，检查V形带的挠度是否正常。

提示：

（1）V形带的正常挠度为：新V形带2mm，旧V形带5mm。如果V形带过松，将降低发电机的发电量。应视情更换V形带或V形带张紧器。

（2）如果产生传动异响，应更换V形带。

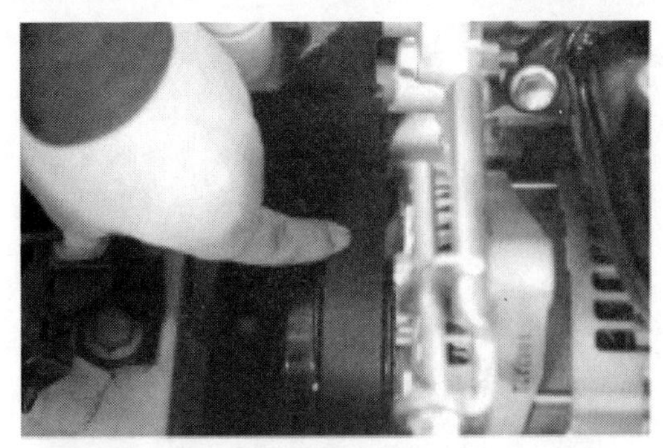

2　1号进入驾驶室，确认驻车制动杆已拉紧，变速杆位于P挡。

提示：确保发动机起动安全，防止出现溜车、窜车，避免发生意外事故。

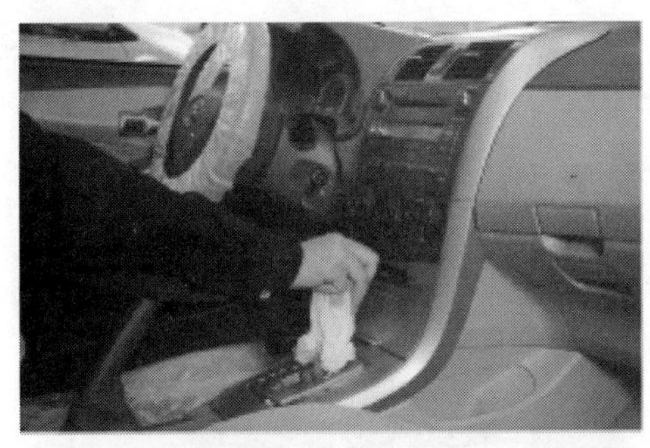

3　1号打开点火开关，起动发动机并保持运转3～5min后，关闭点火开关，停止发动机运转。

提示：保持发动机运转一段时间，目的是预热发动机，便于进行接下来的发电机性能检查。

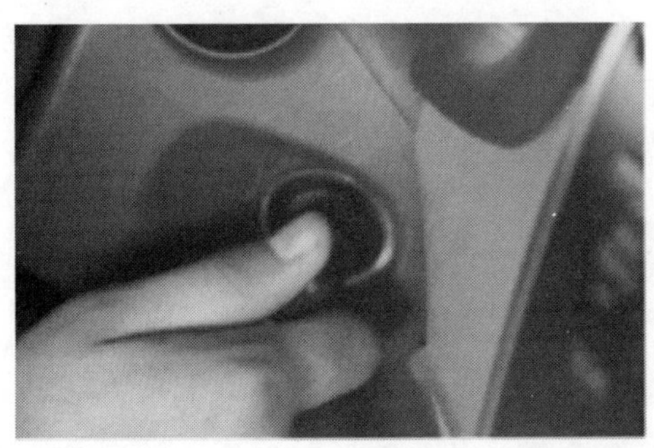

4　发动机预热完毕。1号转动点火开关位于“ON”位置，此时位于组合仪表中的充电指示灯应点亮。

提示：此时充电指示灯点亮，说明点火开关至充电指示灯间的电路正常，无短路、断路及指示灯泡损坏故障。

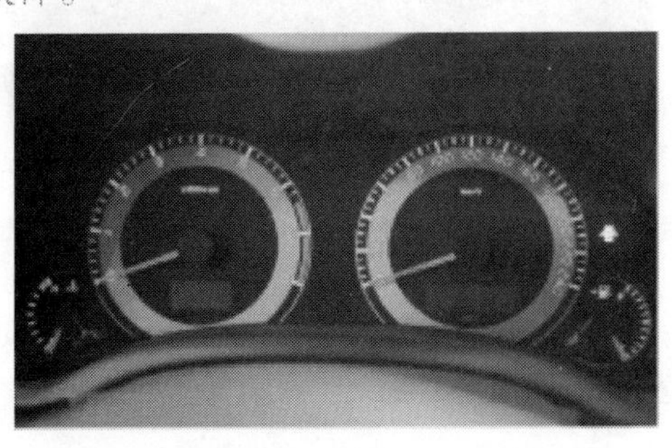

5　1号再次起动发动机，并逐渐升高发动机转速，当发动机转速达到600～800r/min(发电机转速1200～2000r/min)时，充电指示灯应自动熄灭。

提示：此时如果充电指示灯自动熄灭，证明充电指示灯电路正常，发电机发电。但发电机发电量的大小，还需使用万用表进行检查。

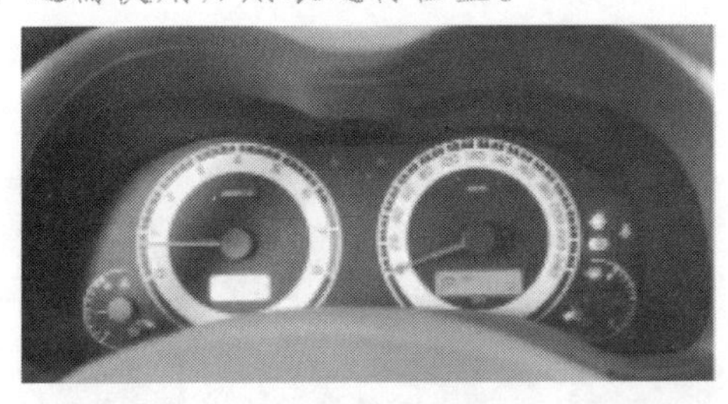

第三步　检查发电机输出电压

1　1号将数字式万用表调至DC×20V挡位后，将“+”表笔接蓄电池正极柱；“−”表笔搭铁。

提示：

（1）万用表的DC×20V挡位，可测量20V以下的直流电压。

（2）注意万用表的表笔极性应与蓄电池的接线柱极性相一致。

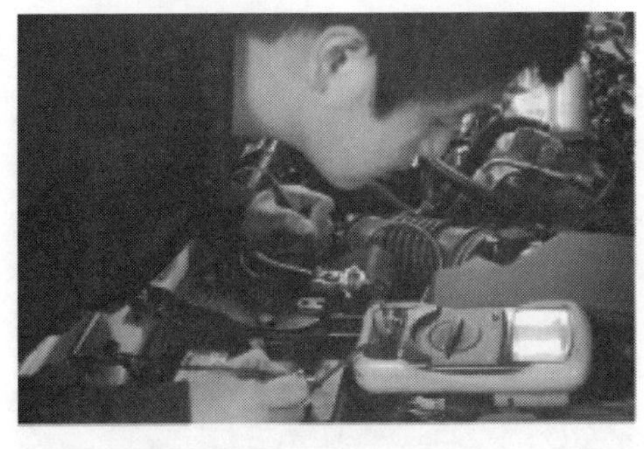

2　1号按下万用表开关按钮，显示屏上显示电压，即为蓄电池空载电压，正常值为12～12.6V。

提示：记住此时的电压值，便于进行比较，确定发电机发电状况。

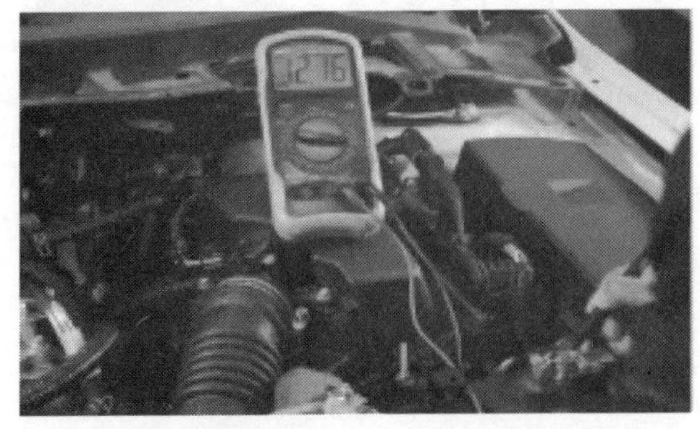

3　2号起动发动机，逐渐升高发动机转速。当发动机转速高于怠速转速（700～800r/min）

时，1号观察万用表，指示电压值应高于蓄电池的空载电压值，并且随发动机转速升高而稳定在某一调节电压值上不再变化。

提示：

（1）万用表指示电压值，如果高于蓄电池空载电压，且随发动机转速的升高而继续增大，证明发电机能够发电，而电压调节器有故障。

（2）万用表指示值，如果随发动机转速的升高而保持或低于蓄电池的空载电压，证明发电机或调节器有故障，应进一步检查、最终确定故障部位。

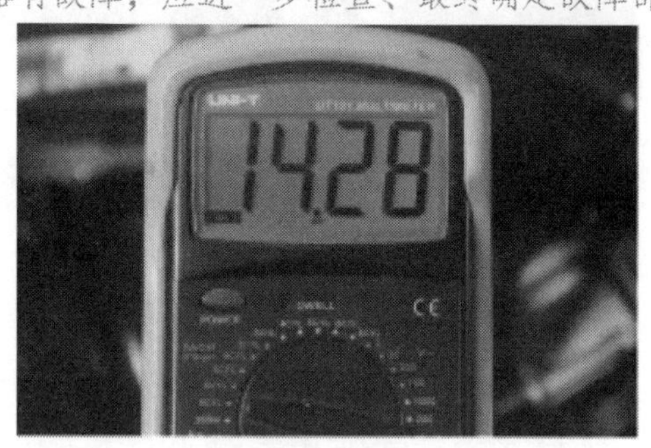

第四步　检查发电机输出电流

1　1号拆下发电机+B接线柱上的连接导线后，将电流表的一鳄鱼夹夹持在发电机输出端子（+B）接线柱上，将另一鳄鱼夹夹持在连接导线上。这样便将电流表与发电机的电流输出电路连接起来。

2　将电压表的正极“+”引线连接至蓄电池的正极“+”端子，将电压表“–”引线搭铁。

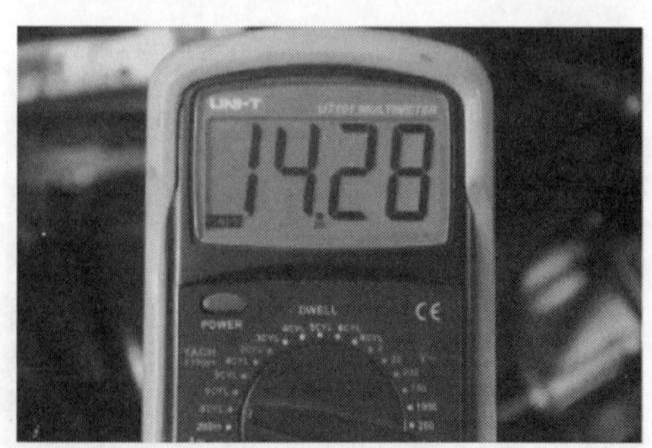

3　2号起动发动机，并将发动机转速升高到2000r/min，检查电流表与电压表的读数。

提示：

（1）标准电流：10A或更小；标准电压：13.2～14.8V。如果不符合规定，则更换发电机。

（2）如果蓄电池没有充满电，则电流表读数有时会大于标准安培数。

4　2号打开远光前照灯、暖风或空调（夏季）开关。

提示：检验发电机负载运行性能。

5　2号继续保持发动机2000r/min运转，1号观察电流表显示数值应大于30A。1号最后取下电流表传递给2号并放入仪器箱中。

提示：

（1）如果电流值小于30A，则说明发电机功率不足，应检修或更换发电机。

（2）如果蓄电池已充满电，电流表读数有时会小于标准安培数。在此情况下，运行刮水器电动机和车窗除雾器增加负载，然后再检查充电电路。

第五步　拆卸蓄电池负极电缆

1　2号将ϕ10mm短套筒、棘轮扳手组合后传递给1号。

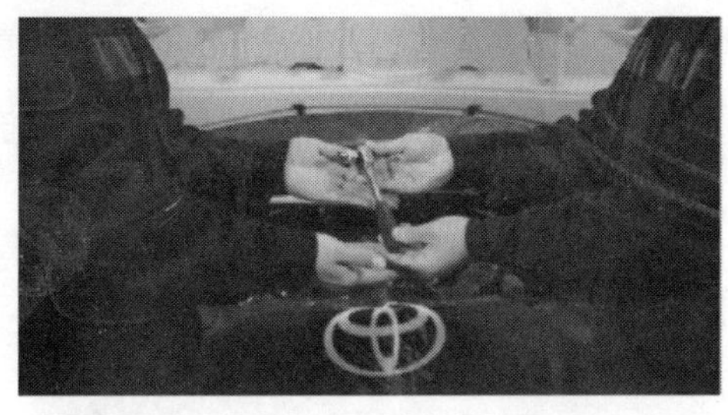

2　1号使用工具拧松蓄电池负极电缆的固定螺栓，然后从接线柱上取下电缆，并使电缆可靠地离开蓄电池负极接线柱。

提示：

（1）拆卸蓄电池负极电缆时，应保持点火开关出于“OFF”状态。

（2）断开蓄电池与电气系统的连接电路，目的是防止在拆卸发电机的过程中，因导线搭铁产生电动势而损害电控单元（ECU）和用电设备。

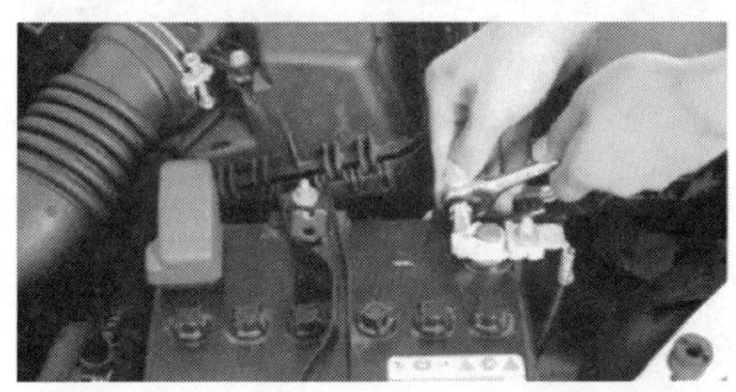

第六步　拆卸发动机装饰罩

1　1号用手取下散热器上空气导流板。

提示：导流板是由橡胶材料制成的，取下装饰板时，双手握住装饰板的前后端，同时用力但不要过猛，防止折断。

2　1号将导流板传递给2号。2号将其放在零件车上。

3　1号拆卸发动机装饰罩传递给2号。2号将其摆放在零件车上。

第七步　拆卸发电机

1　1号拆下发电机上+B接线柱的绝缘盖。

提示：绝缘盖是为了防止+B接线上的导线与其他金属件接触，避免发生事故。

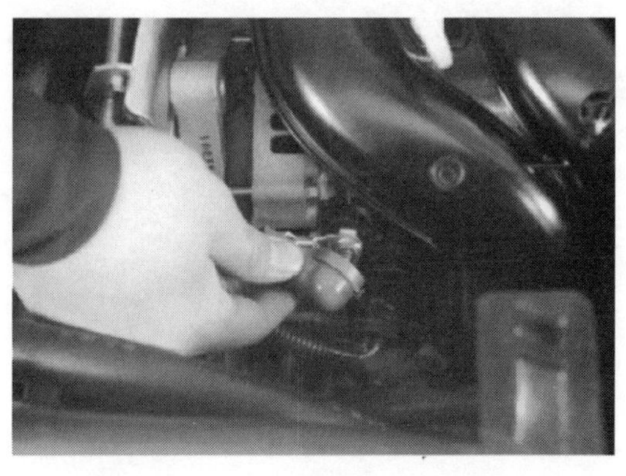

2　1号使用2号传递来的ϕ12mm套筒、棘轮扳手，拧松发电机后端盖上的+B接线柱固定螺母。取出螺母后，将导线脱离+B接线柱。

提示：

（1）+B接线柱上的导线是发电机与蓄电池之间的电流通道。发电机可向所有用电设备（起动机除外）供电，同时还向蓄电池充电。

（2）拆卸导线时，要扶稳发电机，避免发电机滑落受到损伤。

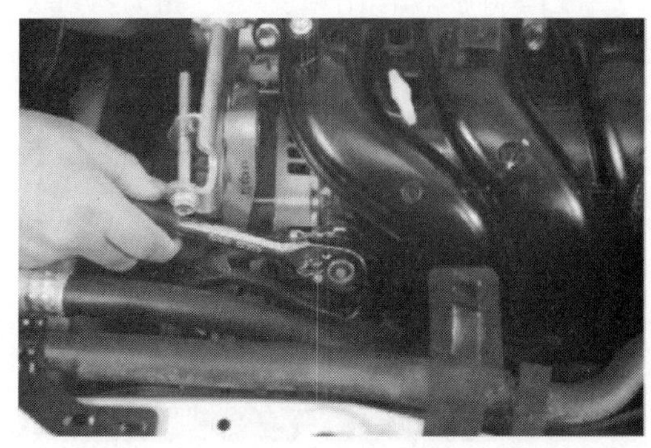

3　1号从线束卡夹支架上取出线束。

4　1号拔下发电机输出电源的插头。

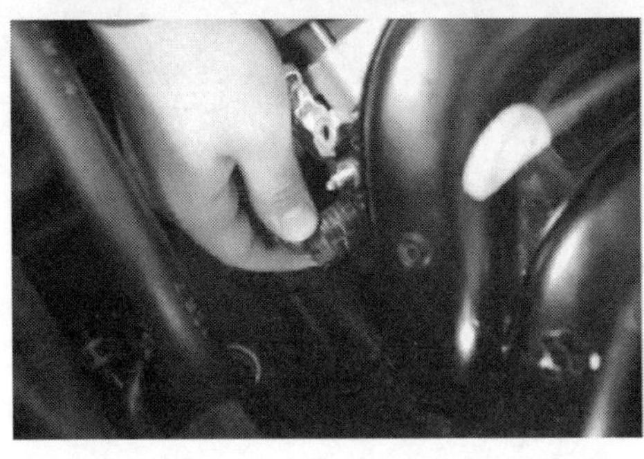

5　2号将ϕ 12mm短套筒、棘轮扳手组合后传递给1号。

6　1号拧松发电机上固定螺栓。

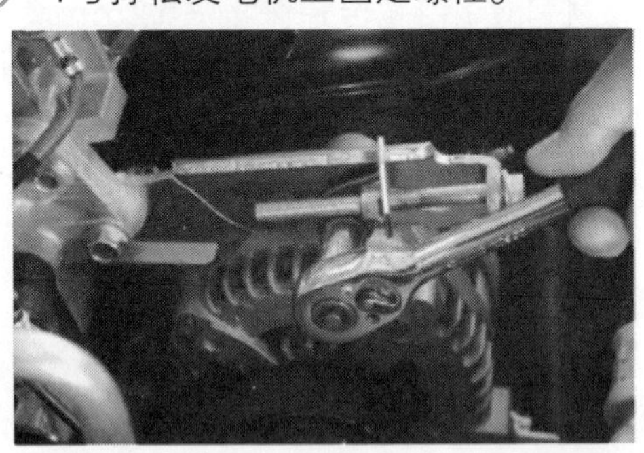

7　2号将ϕ 14mm短套筒、扭力扳手组合后传递给1号。

8　1号用预紧力扳手拧松发电机下固定螺栓。

提示：在操作时应注意用手扶住预紧力扳手，防止滑脱。

9　2号将ϕ 12mm短套筒、棘轮扳手组合后传递给1号。

10　1号拧松发电机V形带调整螺栓。

提示：松掉ϕ 12mm螺栓后，下按发电机，以便能顺利取出发动机V形带。

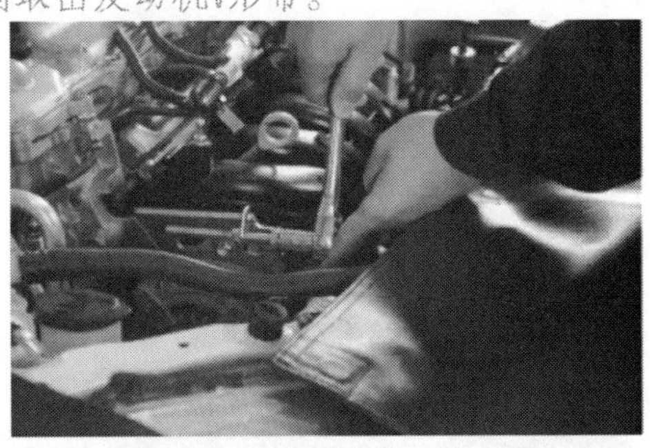

11　1号将V形带从发电机V形带轮、动力转向油泵V形带轮、曲轴V形带轮上取下来。

提示：

（1）取下传动带时，操作人员的双手要干净。禁止将油脂、油液及水等黏附到V形带上。

（2）如果取下传动带时较困难，可先将V形带从张紧轮或导向轮上脱出，这样便会更容易些。

（3）拆下发动机V形带时做好转向标记。

12 1号使用ϕ12mm短套筒、棘轮扳手组合后传递给2号。1号拧松发电机支架上的固定螺栓后，将工具递还2号。

13 2号将木柄锤传递给1号。

14 1号将木柄锤插入发电机和支架间的空隙中，撬动发电机。

提示：发电机和支撑架之间的配合很紧密，即使发电机的紧固螺栓已全部拆下，直接用手取出发电机也是很困难的。使用木质撬棒松动发电机，可降低取出发电机的难度。

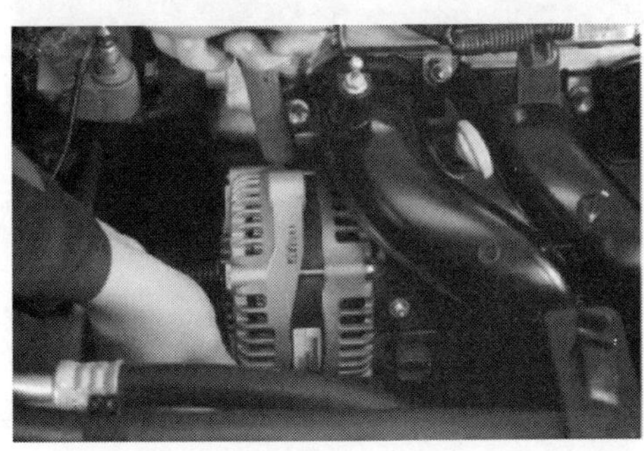

15 1号将发电机传递给2号。2号将其摆放到零件车上。

提示：在拆卸、传递和摆放发电机的过程中，应轻拿轻放、严禁碰摔。否则，容易损坏发电机。

第八步 检查发动机V形带

1 1号将发动机V形带的工作面稍作弯曲，目视检查工作面是否有裂纹。如有明显裂纹，则更换V形带。

提示：如果V形带存在明显的裂纹，则证明已达到使用极限，继续使用就容易出现打滑、折断，影响发电机、水泵和动力转向油泵的正常工作。

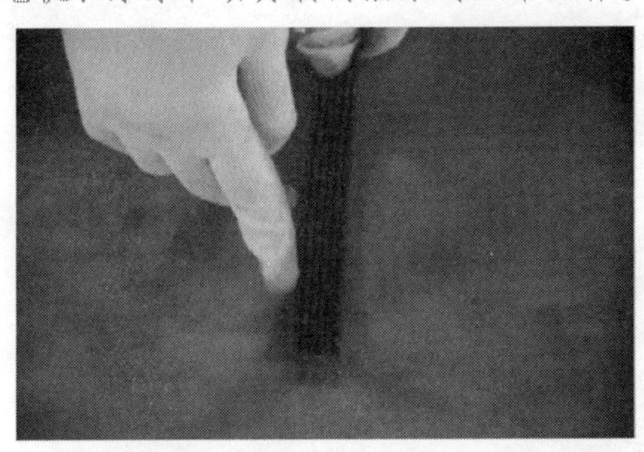

2 1号目视检查发动机V形带外表面是否有橡胶层开裂、断层现象。如有，则更换V形带。

提示：V形带的外表面如果出现开裂或断折层，说明V形带已经老化，不宜继续使用，应予以更换新品。

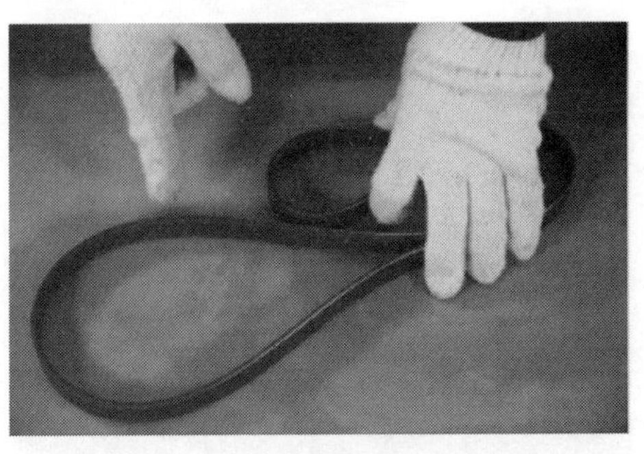

第九步 安装发电机

1 2号将发电机传递给1号。1号将发电机安装在汽缸体上的支架上，使发电机支撑臂的螺栓孔与其支架的螺栓孔对齐。

提示：发电机下支撑架臂与支架之间配合间隙较小。因此，安装发电机时比较困难，应放正且左右摆动才能将发电机安装到位。

2　2号将ϕ 12mm短套筒、棘轮扳手组合后传递给1号。

3　1号拧紧发电机支架上的固定螺栓。

4　2号将ϕ 14mm预紧力扳手传递给1号。

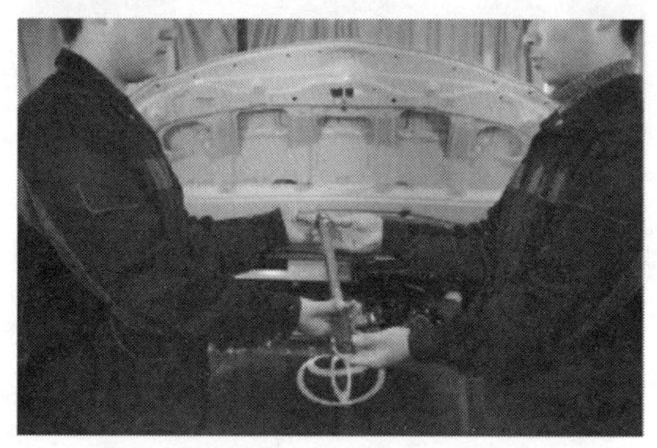

5　1号将预紧力扳手拧紧发电机下固定螺栓，拧紧力矩为43N·m。

提示：在操作时应注意用手扶住预紧力扳手，防止滑脱。

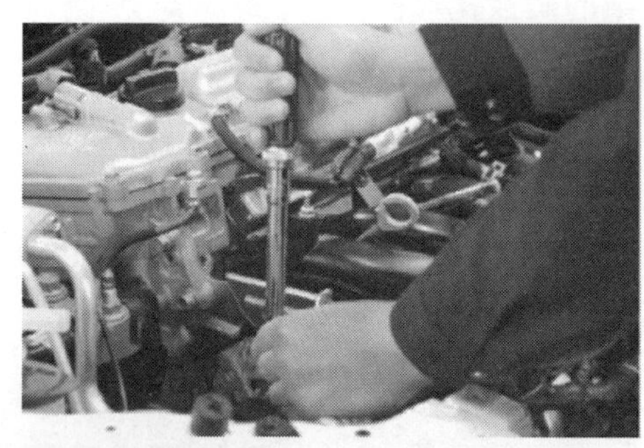

6　2号将ϕ 12mm短套筒、棘轮扳手组合后传递给1号。1号拧紧发电机上固定螺栓，拧紧力矩为19N·m。

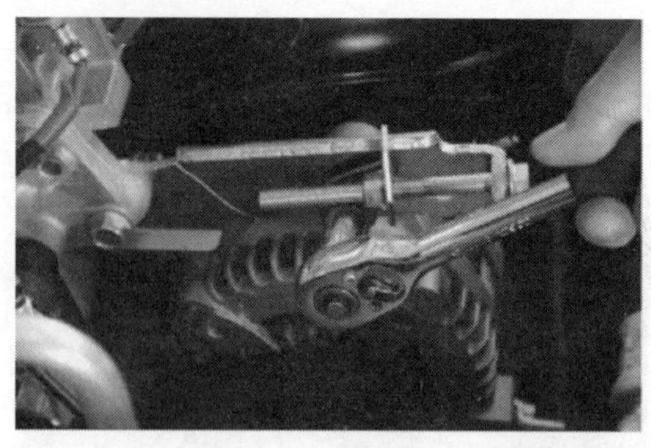

7　2号将ϕ 12mm短套筒、棘轮扳手组合后传递给1号。1号调整发电机V形带调整螺栓。

提示：在操作时应注意用手扶住预紧力扳手，防止滑脱。

8　2号将发动机V形带传递给1号。

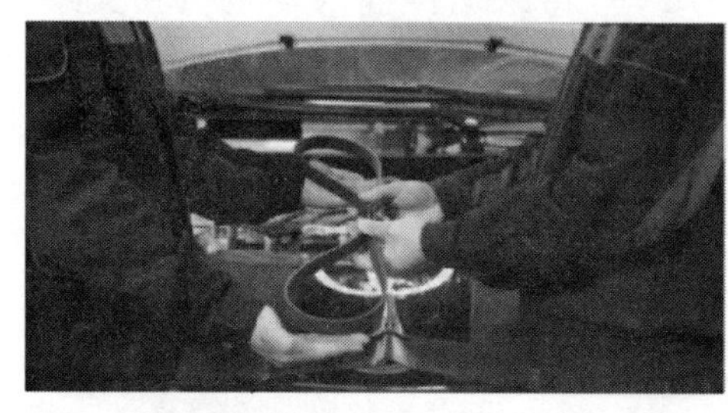

9　1号安装发动机V形带。

提示：

（1）安装V形带时，操作人员的双手要干净。禁止将油脂、油液及水等黏附到V形带。否则，将导致传动打滑。

（2）V形带安装后，要对V形带走向和安装情况进行确认，以免返工费时和损坏V形带。

10　1号检查发动机V形带的偏移量和张紧度，如果不符合要求返回步骤7再次调整。

提示：用拇指按压V形带时，新V形带挠度

7.5～8.6mm；旧V形带挠度8.0～10.0mm为正常；新V形带张紧度637～735N、旧V形带张紧度392~588N为正常。如传动异响，应更换V形带。

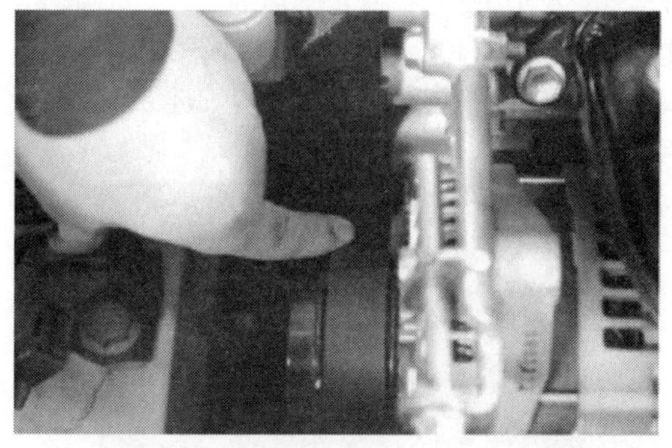

11 1号安装发电机输出电源的插头。

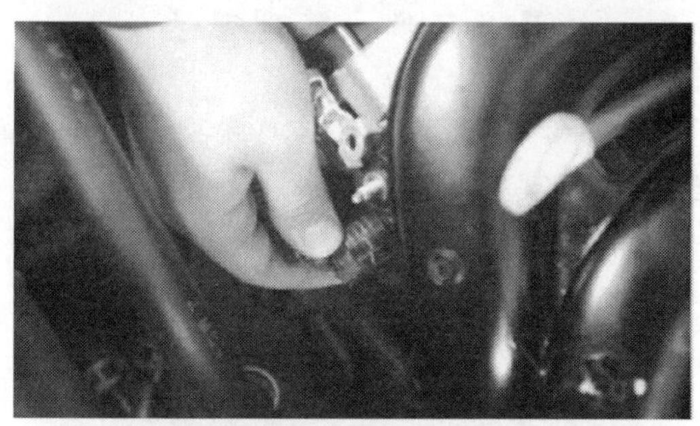

12 1号将线束安装在线束卡夹支架上。

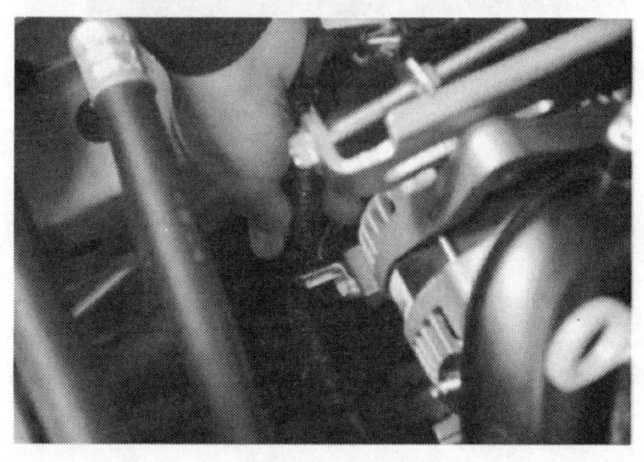

13 1号使用2号传递来的ϕ12mm套筒、棘轮扳手，拧紧发电机后端盖上的+B接线柱固定螺母。

提示：

（1）+B接线柱上的导线是发电机与蓄电池之间的电流通道。发电机可向所有用电设备（起动机除外）供电，同时还向蓄电池充电。

（2）安装导线时，要扶稳发电机，避免发电机滑落受到损伤。

14 1号使用2号传递来的ϕ12mm套筒、扭力扳手，拧紧发电机后端盖上的+B接线柱固定螺母。

提示：拧紧力矩为9.8N·m，并安装好螺母绝缘罩。

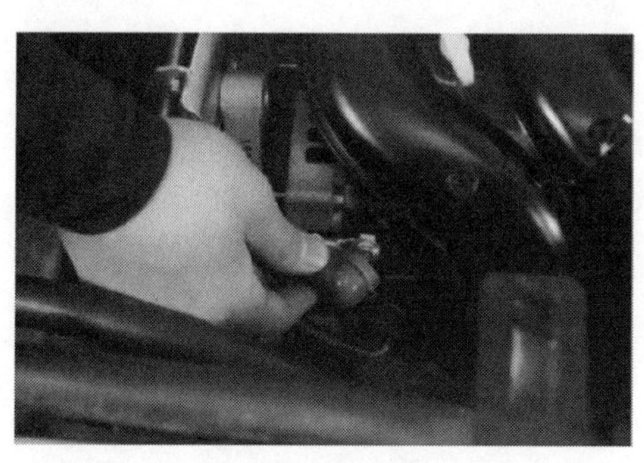

第十步 安装发动机装饰罩

1 2号将导流板传递给1号。

2 1号用手安装散热器上空气导流板。

提示：导流板是由橡胶材料制成的，安装导流板时，双手握住装饰板的前后端，同时用力但不要过猛，防止折断。

3 2号将发动机装饰罩传递给1号，1号将其安装在发动机汽缸体上。

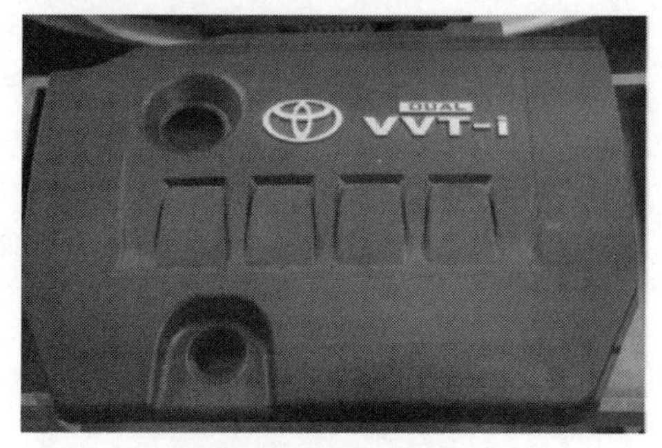

第十一步　安装蓄电池负极电缆

1　1号使用砂布，去除电缆夹内接触面上的污物。

提示：电缆夹与蓄电池极柱间，应保持良好接触。否则，将增加蓄电池的输出电阻，使输出电压下降，导致起动机转速低，发动机起动困难。

2　1号将负极电缆夹安装到蓄电池的“–”接线柱上。并使用ϕ10mm套筒、接杆、棘轮扳手，拧紧负极电缆夹固定螺栓。螺栓拧紧力矩为5N・m。

提示：电缆夹固定螺栓的拧紧力应适当。若力矩过小，会造成线路虚接；若力矩过大，固定螺栓容易滑扣。

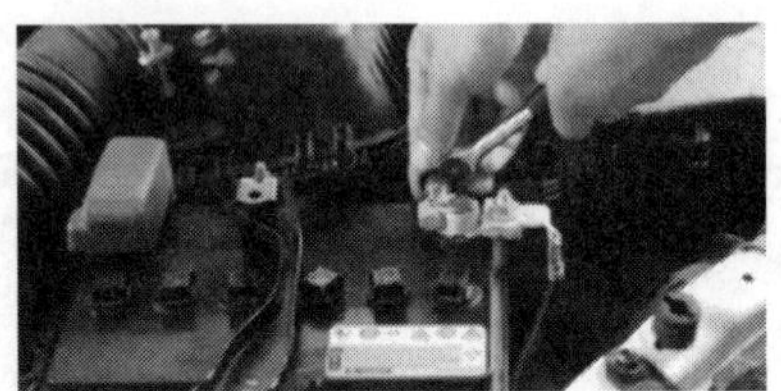

第十二步　检查发电机的运转情况

1号进入驾驶室，打开点火开关，起动发动机，检查发动机的起动和运转情况。若情况正常，关闭点火开关，停止发动机运转。至此，检查或更换蓄电池操作完毕。

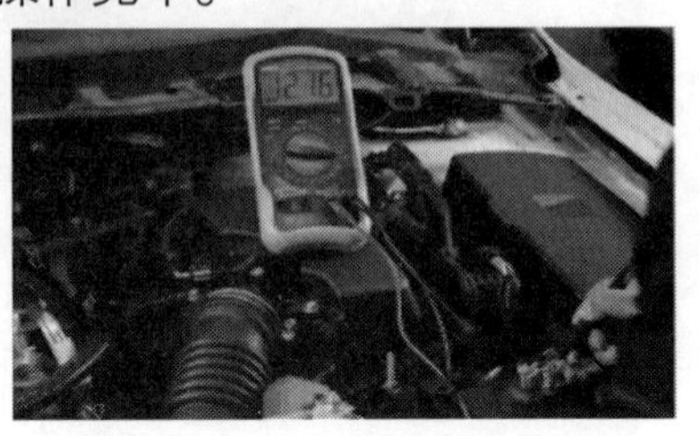

第十三步　整理工位

1号、2号共同拆除护裙、驾驶室内保护罩，清洁工具和量具等，清洁地面卫生。

提示：作业项目完成后，要做好工位的清扫、整理工作，培养良好的工作习惯。

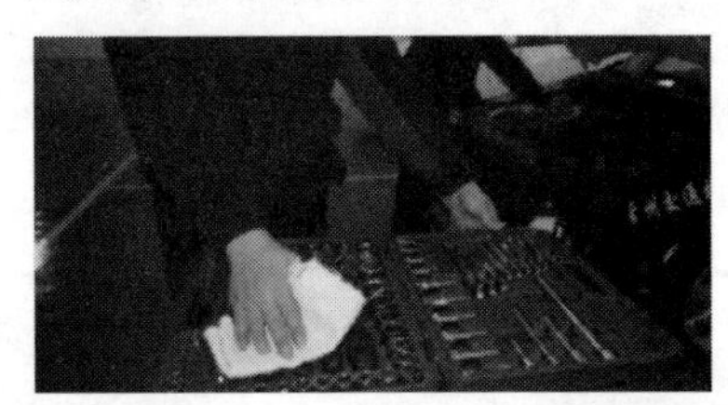

七、考核标准

考核标准表

考核时间	序　号	考核项目	满　分	评分标准	得　分
40min	1	作业前整理工位	3	整理遗漏酌情扣分	
	2	检查驻车制动杆和变速器挡位	2	检查遗漏扣2分	
	3	粘贴翼子板护裙	3	操作不当扣3分	
	4	安装驾驶室内保护罩	3	操作不当扣3分	
	5	检查发动机V形带的挠度	4	操作不当扣4分	
	6	检查充电指示灯的状态	6	操作不当扣6分	
	7	测量蓄电池电压	6	操作不当扣9分	
	8	测量发电机的输出电压	9	操作不当扣9分	
	9	正确使用万用表	5	操作不当扣5分	
	10	根据输出电压分析发电机故障	7	分析错误扣7分	
	11	连接电流表	5	操作不当扣5分	
	12	检查发电机的空载电流	9	操作不当扣9分	
	13	检查发电机的负载电流	9	操作不当扣9分	
	14	拆装蓄电池的负极电缆	5	操作不当扣8分	
	15	拆装发电机连接导线	4	操作不当扣4分	
	16	拆装发电机	6	操作不当扣6分	
	17	拆装发动机V形带	3	操作不当扣3分	
	18	发电机装车后的性能检查	8	操作不当扣8分	
	19	作业后整理工位	3	整理遗漏酌情扣分	
	20	遵守相关安全规范	因违规操作造成人身伤害和设备事故的，总分按0分计		
分数合计			100		

第三章 起动系统

第一节 需用知识

一、起动系统的作用和组成

汽油发动机或柴油发动机正常工作都必须经"进气→压缩→作功→排气"四个行程，因此开始启动发动机完成进气行程和压缩行程必须先靠外力摇转曲轴，常用的外力有人力和电力两种。人力起动简单，但不方便，劳动强度大，目前只有在部分汽车上作为后备方式而保留着。电力起动操作方便，起动迅速可靠，重复能力强，所以在当代汽车上被广泛应用。

汽车的起动系统是由蓄电池、点火开关、电磁开关、起动机和导线等元件组成。图3-1为起动系统的示意图，实线部分为起动机电路，虚线部分为起动开关控制线路。

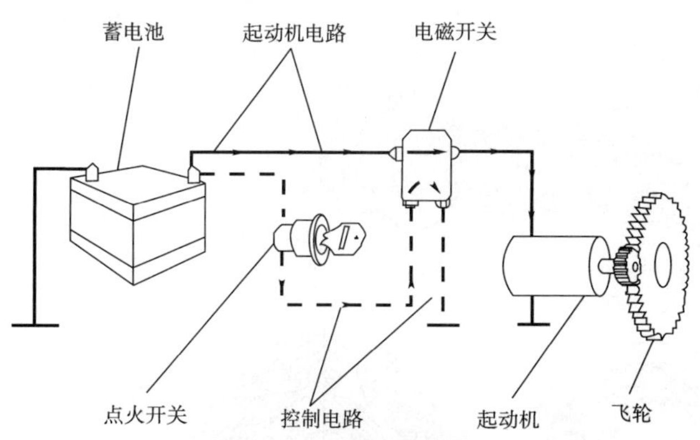

图3-1 起动系统示意图

起动机需要蓄电池供应较大的电流（50～300A），一般使用点火开关以较小的电流（3～5A），经电磁开关中线圈产生的磁力来控制起动机，以驱动齿轮与飞轮的接合与分离，即接通和断开起动电路。

二、起动系统主要部件的结构

1 起动机

起动机的功能：利用起动机小齿轮与发动机飞轮啮合，以摇转发动机使其能起动；发动机启动后，小齿轮与飞轮必须立刻分离，以免起动机受损。

起动机是起动系统中的主要组成部分，起动机由直流串励式电动机、离合机构和控制装置三部分组成，如图3-2所示。

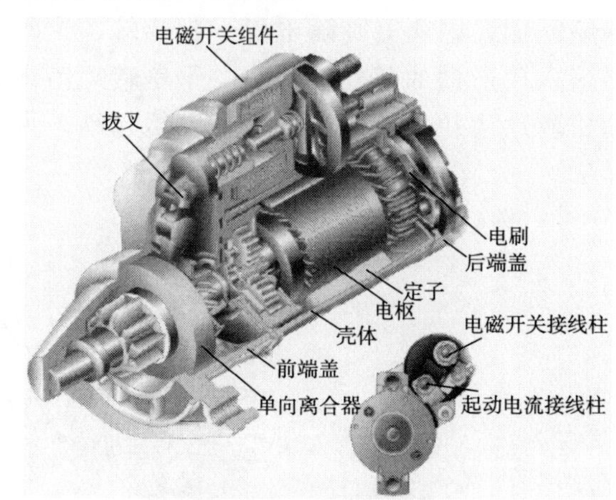

图3-2 起动机的结构

1.直流电动机

电动机的作用是将蓄电池输入的电能转换为机械能，产生电磁转矩。直流电动机主要由电枢、磁极、换向器等主要部件构成。

（1）电枢。电枢是直流电动机的旋转部分，包括电枢 轴、换向器、电枢铁芯、电枢绕组。为了获得足够的转矩，通过电枢绕组的电流一般为200～600A，因此电枢绕组采用较粗的矩形裸铜线绕制成成型绕组。电枢绕组各线圈的端头均焊接在换向器片上，通过换向器和电刷将蓄电池的电流引进来。

（2）磁极。磁极一般是4个，两对磁极相对交错安装在电动机定子内壳上，低碳钢板制成的机壳也是磁路的一部分。也有用6个磁极的起动机。

（3）电刷与电刷架。电刷架一般为框式结构，其中正极电刷架与端盖绝缘地固装，负极电刷架直接搭铁。电刷置于电刷架中，电刷由铜粉与石墨粉压制而成，呈棕红色。电刷架上装有弹性较好的盘形弹簧。

（4）轴承。因为起动机工作时间短暂，每次工作时间仅几秒钟，所以一般都是采用青铜石墨轴承或铁基含油轴承。

2.离合机构

离合机构的作用是将电动机的电磁转矩传递给发动机使之起动，同时又能在发动机起动后自动打滑，保护起动机不致飞散损坏。目前，起动机常用的离合机构有滚柱式、摩擦片式和弹簧式3种。

滚柱式离合机构是目前国内外汽车起动机中使用最多的一种。如图3-3所示，它由外座圈、内座圈、滚柱以及柱塞等组成。内座圈毂的花键套筒和起动机轴以花键连接，外座圈与驱动齿轮相连。

外座圈与内座圈之间的间隙宽窄不等，呈楔形槽。当起动机电枢旋转时，转矩由花键套筒传到内座圈上，内座圈则随电枢一起旋转，这时滚柱便滚入楔形槽的窄处被卡住，于是转矩传递给起动机驱动齿轮，带动飞轮使发动机起动，见图3-3a）。当发动机起动后，曲轴转速增高，飞轮齿圈带动驱动齿轮旋转，此时起动机驱动齿轮旋转方向虽未改变，但已由主动齿轮变为从动齿轮，且外座圈的转速大于内座圈的转速，于是使滚柱滚入楔形槽的宽处，使内、外座圈相对打滑，见图3-3b）。这样转矩就不能从起动机驱动齿轮传给电枢，也就防止了电枢超速飞散。

3.控制装置

控制装置的作用是用来接通和断开电动机与蓄电池之间的电路，同时还能接入和切断点火线圈的附加电阻。起动机的控制装置一般是电磁开关，有的还采用了起动继电器。

电磁开关安装在直流电动机壳体上方（图3-4），吸引线圈与保持线圈的匝数相同，绕向也相同。接通起动开关时，吸引线圈中的电流经由起动机的励磁绕组和电枢绕组后搭铁，而保持线圈直接搭铁。此时两个线圈产生较强的相同方向的电磁吸力，吸引可动铁芯向左移动。铁芯的移动通过拨叉将驱动齿轮推向飞轮，同时通过电枢中的较小电流使电枢轴缓慢旋转，这样有利于啮合。当驱动齿轮与飞轮齿圈完全啮合时，可动触点与固定触点也刚好完全闭合。

此时，吸引线圈被短路，只靠保持线圈吸力将可动触点与固定触点保持在接通状态，强大的起动电流通过励磁绕组和电枢绕组使起动机快速转动。

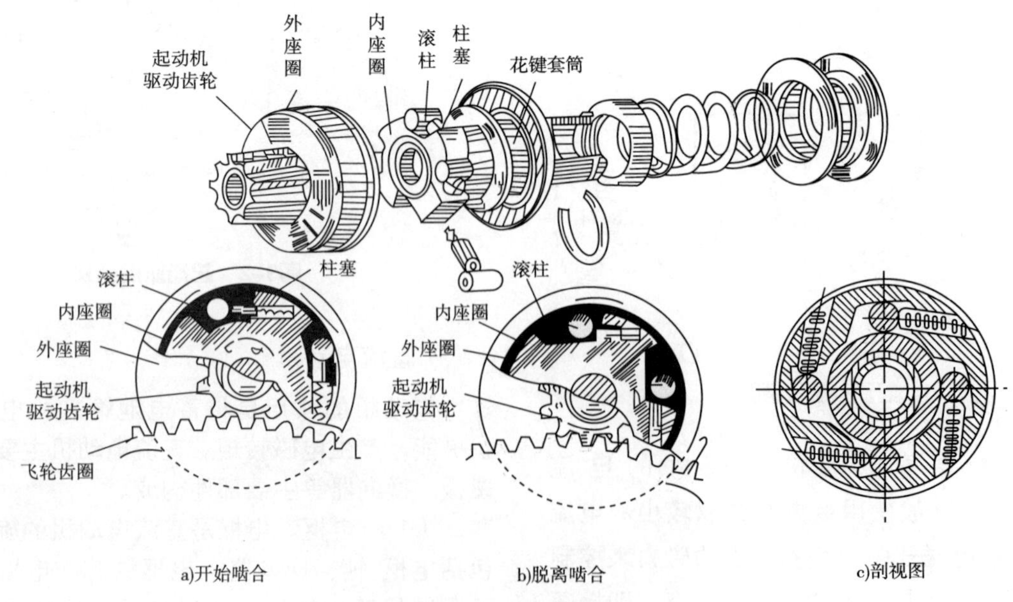

图3-3 滚柱式离合机构

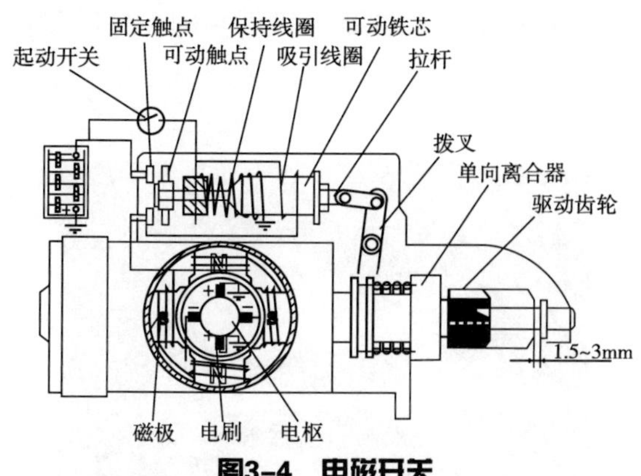

图3-4　电磁开关

发动机起动后，从起动开关到保持线圈的电流被切断，但在断开起动开关的瞬间，两触点仍处在闭合状态，电流从触点到吸引线圈，再经保持线圈搭铁。这时，两个线圈产生的电磁力大小相等，方向相反，相互抵消。铁芯在复位弹簧的作用下返回原位，触点断开，起动机因断电而停转，同时驱动齿轮与飞轮齿圈脱开而回位。

2　点火开关

汽车的点火开关装在转向柱上，通常有5个挡位担任不同的工作，如图3-5所示。

（1）锁止（LOCK）。钥匙在此位置才能拔出，也在此位置锁住转向盘轴，以防汽车无钥匙被移动或被开走。

（2）关闭（OFF）。在此位置全车电路不通，但转向盘可以转动，以便不起动发动机移动汽车使用。

（3）附件（ACC）。在此位置汽车附属电器的电路接通，如点烟器、收音机等，但点火系统不通。不起动发动机听收音机时应开在此位置。

（4）运转（ON）。在此位置时点火系统及汽车各电器均接通，一般汽车行驶均在此位置。

（5）起动（START）。由运转位置顺时针方向扭转钥匙即为起动位置，手放松时，钥匙又可回到运转（ON）位置。在起动位置，点火系统及起动系统接通以起动发动机。

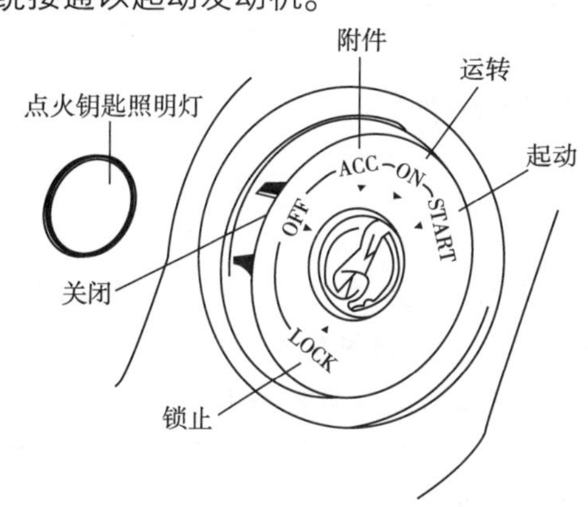

图3-5　点火开关的位置

第二节　常见维修项目

任务一　检查和更换起动机

一、技术标准与要求

（1）安装丰田卡罗拉型轿车配套使用起动机。

（2）拆卸起动机前断开蓄电池负极电缆。

（3）起动机相关螺栓拧紧力矩为：

起动机固定螺栓62N·m；端子30接线柱固定螺母13N·m。

（4）起动系统电路正常，蓄电池电压12V。

二、实训时间：40min

三、实训教学目标

（1）了解检查和更换起动机的重要性。

（2）熟悉起动机的结构和工作原理。

（3）掌握检查和更换起动机的操作技能。

四、实训器材

蓄电池

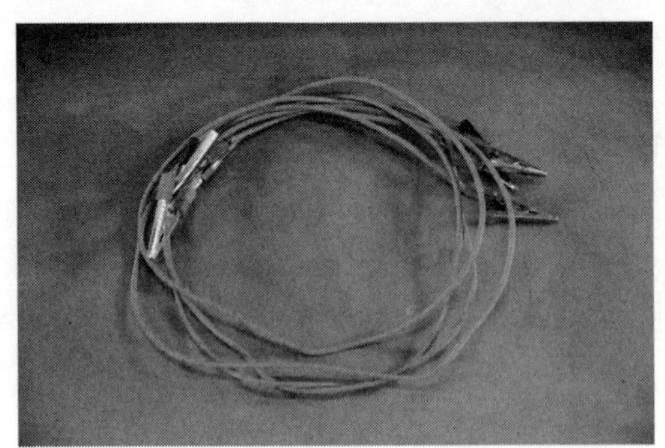

跨接线

其他工具及器材：台虎钳、ϕ14mm套筒、ϕ12mm套筒、接杆、棘轮扳手、砂布、翼子板护裙、驾驶室内保护罩等。

五、教学组织

（1）教学组织形式：

每辆车安排4名学生参与实训，两名学生为一组。一组操作，一组观察学习。

（2）学生站位分工和要求：

两名学生一组，按照1号、2号进行编号，1号为主，2号为辅。

（3）实训教师职责：

讲解操作步骤和注意事项；下达“操作开始”口令；工位间巡视、检查、指导和纠正错误。

（4）学生职责变换：

两名学生实行职责变换制度，即第一遍1号为主，2号为辅；第二遍2号为主，1号为辅。

六、操作步骤

第一步　事前准备

1　车辆进入工位前，参训学生将工位区域清理干净，排除障碍物，准备好相关的工具、物品等。

提示：培养良好的工作习惯，做好事前准备，有利于安全操作和提高工作效率。

2　将车辆停驻在举升机平台的中央位置。

提示：车辆停驻于举升机平台的中央位置，为车辆的安全举升做好准备。

3　1号打开门锁。

提示：用遥控钥匙打开电动门锁，为进入驾驶室操作做好准备。

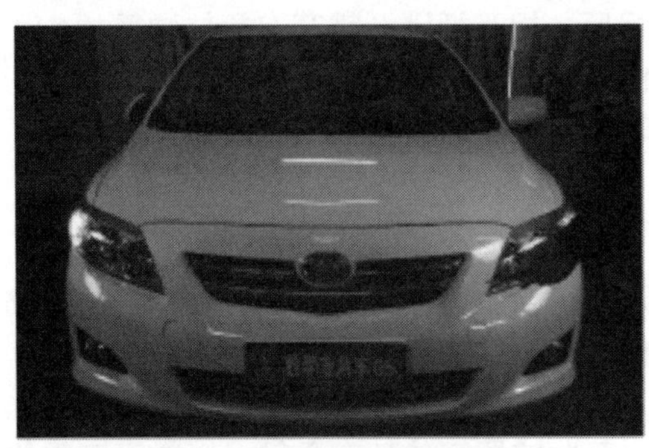

4　1号和2号共同安装车轮挡块。

提示：为保证车辆在工位上可靠停驻，防止出现溜滑，造成安全事故，要安装车轮挡块。

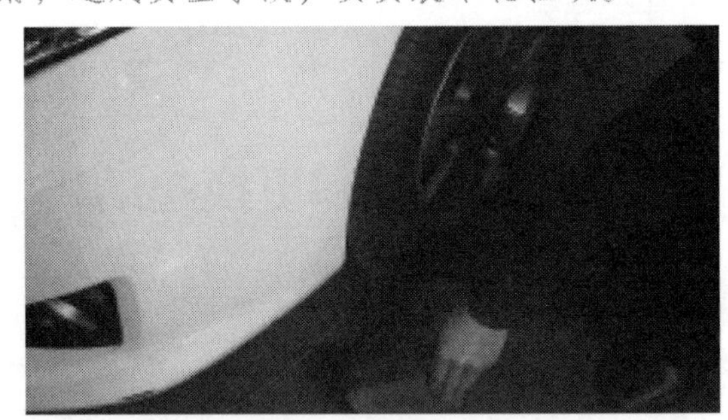

5　2号安装尾气收集管。

提示：为防止尾气污染环境，保护人体健康，要安装尾气收集管。

6 2号打开车门。

提示：左手拉车门把手打开车门，带好三件套，准备进入车辆。

7 2号拉起发动机罩释放杆。

提示：拉起发动机罩释放杆时，用力不要过猛，否则容易导致释放杆盖损坏。

8 2号安装地板垫。

提示：铺设地板垫的主要目的是便于清除维修人员带入驾驶室内的脏物与杂物，保持驾驶室内地板清洁。

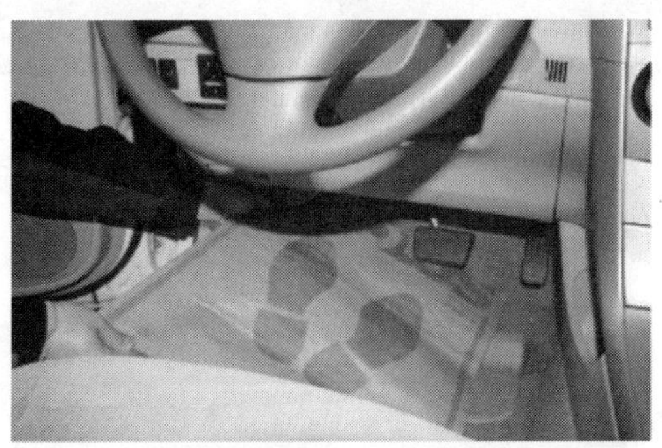

9 2号安装座椅套。

提示：安装座椅套时，用力要均匀，拉齐座椅套，使之整齐、美观。

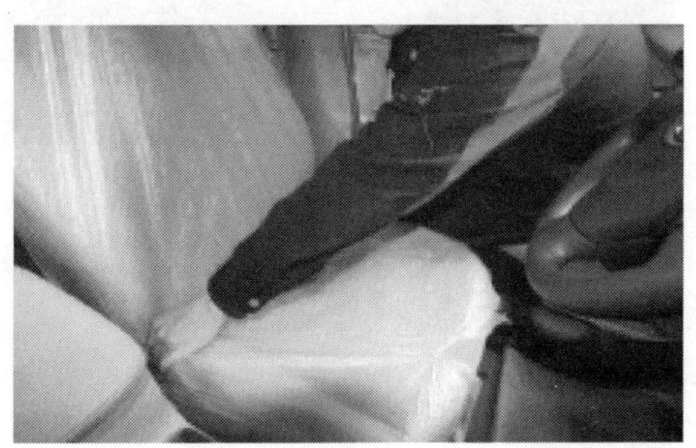

10 2号安装转向盘套。

提示：转向盘套是由薄塑料制成的，极易破损。安装转向盘套时，不要生拉硬拽，否则会造成转向盘套破损。

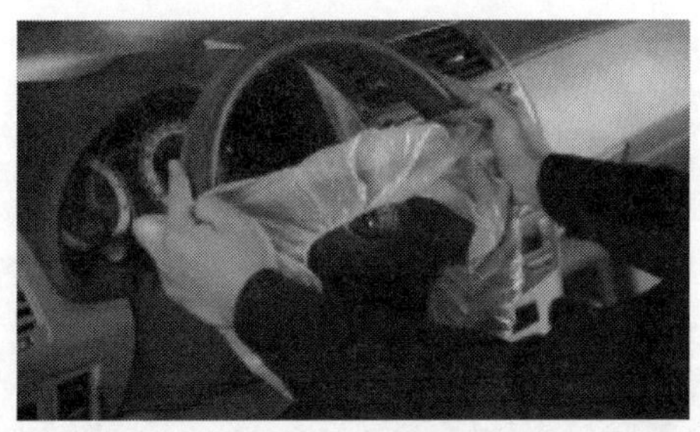

11 2号将点火开关旋至“ON”,打开主驾驶侧电动车窗。

提示：打开主驾驶侧电动车窗，是为了车内通风以及当钥匙掉在车里时可以打开车门。

12 2号将变速杆至于P挡。

提示：发动机带挡操作属于违规操作，危险性极大。因此，发动机起动前应将变速杆至于P挡。

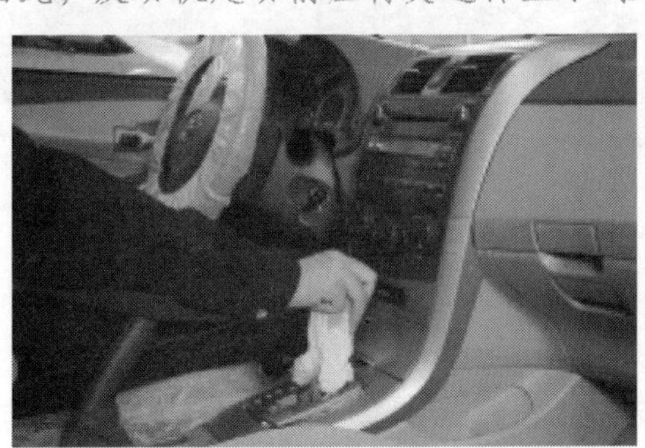

13 2号拉紧驻车制动杆。

提示：为保证车辆在工位上的可靠停驻，防止出现溜滑，造成安全事故，因此，要拉紧驻车制动杆。

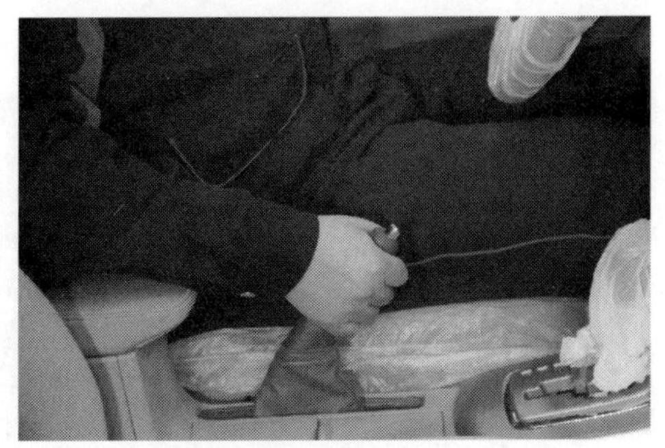

第二步　拆卸蓄电池负极电缆

1　2号将ϕ10mm套筒、接杆、棘轮扳手传递给1号。

2　1号使用工具拧松蓄电池负极电缆的固定螺栓，然后从接线柱上取下负极电缆，并使负极电缆可靠地离开蓄电池接线柱。

提示：

（1）拆卸蓄电池负极电缆时，应保持点火开关处于“OFF”状态。

（2）断开蓄电池与电气系统的连接电路，目的是防止在拆卸发电机的过程中，因导线搭铁产生电动势而损坏电控单元（ECU）和用电设备。

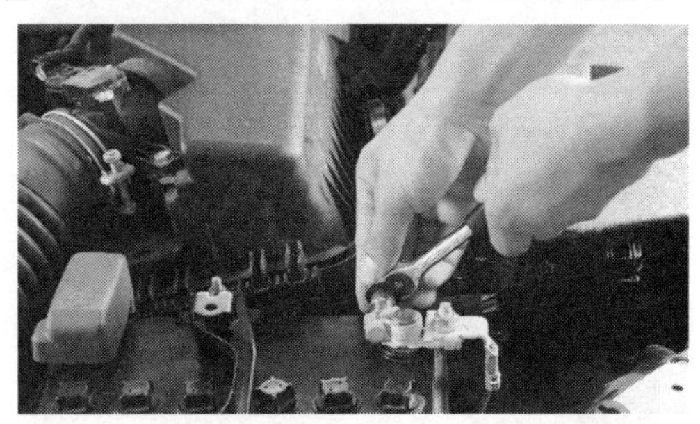

第三步　拆卸起动机

1　2号操纵举升机，将车辆举升到适当高度后，可靠锁止提升臂。

提示：

（1）举升机的操作要领和规范要求请参阅“举升机的使用方法”。

（2）举升车辆时，强调安全确认口令“正常”、“举升车辆”，防止意外情况发生。

2　1号用手拔下起动机端子50接线柱上的导线插头。

提示：起动机电磁开关上的端子50接线柱通过导线与点火开关相通，当点火开关旋置起动挡（START）时，蓄电池中的电流经点火开关流过电磁开关的保持线圈、吸引线圈、端子C及电动机的驱动轮与飞轮齿圈相啮合，起动机低速旋转。

3　1号用手拔下起动机端子30接线柱上的绝缘帽。

4　2号将ϕ12mm套筒、接杆、棘轮扳手组合后传递给1号。

5　1号使用ϕ12mm套筒、接杆、棘轮扳手，拧松起动机上的端子30接线柱固定螺母。然后将工具递还给2号。

提示：端子30接线柱由铜质材料制成，电阻小、导电性能好。

6　1号用手旋下端子30接线柱固定螺母，并从接线柱上脱出导线。最后将固定螺母旋到接线柱上。

提示：端子30接线柱通过导线与蓄电池“+”极相通，为火线。因此，在拆卸起动机之前应断开蓄电池与电器的电路，避免因起动机的火线意外搭铁而损坏汽车电气设备和电控单元。

7　2号扶住起动机的前端盖。1号使用2号传递来的ϕ14mm套筒、接杆、棘轮扳手，彻底拧松起动机的2条固定螺栓。

提示：

（1）螺栓位置隐蔽且空间狭小，应配合灯光照明，同时注意不要碰伤手。

（2）热车情况下拆卸起动机，应注意防止被排气管烫伤。

（3）拆卸起动机时，1号、2号配合进行，防止固定螺栓拧松后，起动机掉落到地面上造成损伤。

8　1号取下起动机的2条固定螺栓。2号接收工具、螺栓并分别摆放到工具车、零件车上。

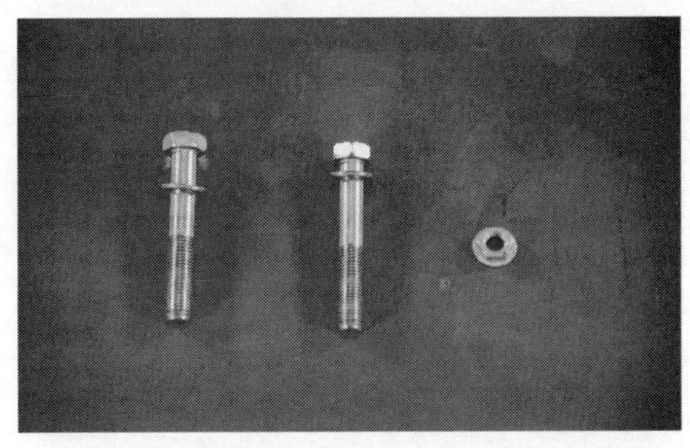

9　2号适当调整起动机安装空间内的位置，取出起动机。

提示：起动机所处位置较隐蔽，且空间狭小。取出时，应适当调整起动机在安装空间中的位置，禁止发生碰撞，以免损伤起动机。

10　1号接收起动机，摆放到零件车上。

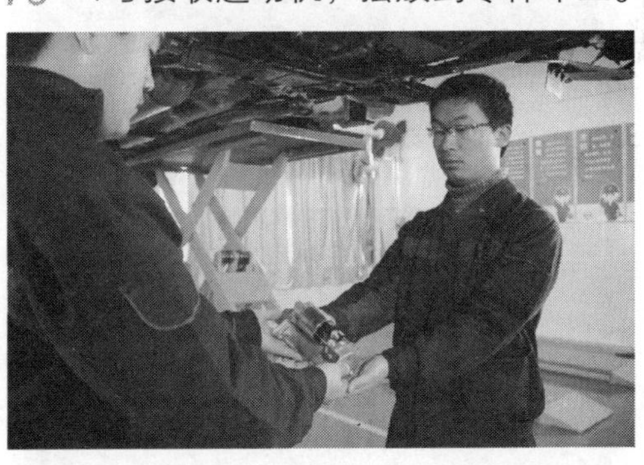

第四步　检查电磁开关的吸引线圈和保持线圈

1　1号将起动机固定在台虎钳上。

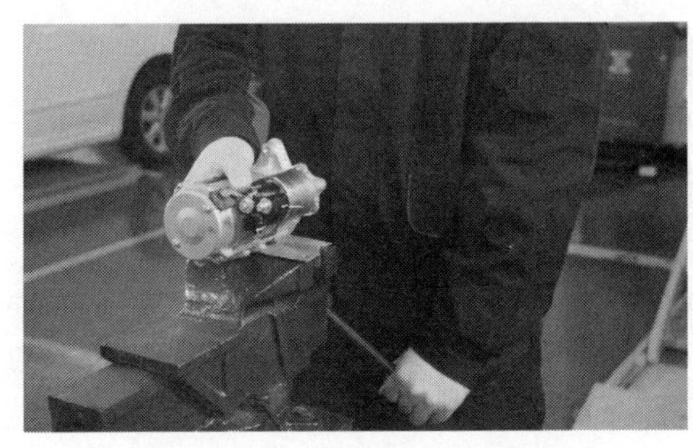

2 1号使用ϕ12mm套筒、棘轮扳手，拧松电磁开关端子C接线柱固定螺栓。

提示：当端子C与端子30接通时，蓄电池中的电流流经电动机的励磁线圈和电枢绕组，此时电动机高速旋转。

3 1号用手旋下端子C接线柱固定螺母后，将导线从接线柱上脱出，并可靠离开接线柱。

提示：

（1）通过导线将电磁开关上的端子C与电动机的励磁线圈、电枢绕组接通。

（2）为防止导线在起动机检查过程中与端子C接触，建议使用绝缘胶布将导线包裹起来。

4 1号使用跨接线，将蓄电池“+”接线柱与电磁开关上的端子50接线柱连接起来

5 1号使用跨接线，将蓄电池“–”接线柱与电磁开关上的端子C接线柱连接起来。

6 1号使用跨接线，将蓄电池“–”接线柱与起动机驱动端盖连接起来。

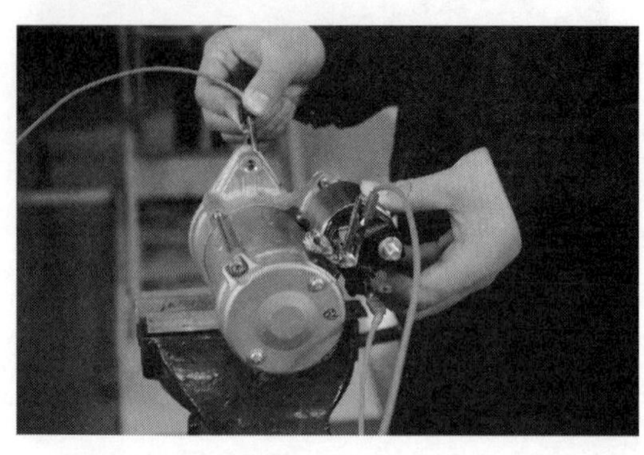

此时电流流经吸引线圈的路线为：蓄电池“+”接线柱→端子50→吸引线圈→端子C→蓄电池“–”接线柱。

同时电流流经保持线圈的路线为：蓄电池“+”接线柱→端子50→保持线圈→蓄电池“–”接线柱。

当电磁开关的保持线圈和吸引线圈中有电流流过时，线圈共同产生的电磁力使活动铁芯向外移动，与活动铁芯相连接的拨叉便拨动驱动齿轮外移伸出。

7 1号观察电动机的驱动齿轮是否伸出。

提示：如果驱动齿轮没有伸出，则证明电磁开关的吸引线圈存在故障，应更换电磁开关。

8 1号断开电磁开关上的端子C跨接线，此时驱动齿轮应保持伸出位置不变。

提示：如果驱动齿轮缩回复位，则说明电磁开关的保持线圈有故障，应更换电磁开关。

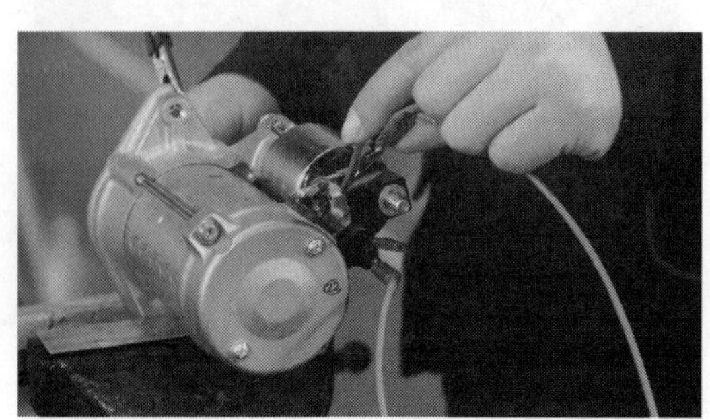

9 1号断开起动机搭铁线，此时驱动齿轮应缩回复位。

提示：如果驱动齿轮不能够迅速回复位，则说明电磁开关的保持线圈有故障，应更换电磁开关。

第五步 起动机空载运行测试

1 1号将导线套装到电磁开关的端子C接线柱上，并用手旋紧固定螺母。

提示：端子C接线柱由铜质材料制成，电阻小，导电性能好，但螺杆上的螺纹强度低，容易损坏，因此要用手对正螺纹后再旋上螺母。

2 1号使用ϕ12mm套筒、棘轮扳手，拧紧端子C固定螺母。固定螺母拧紧力矩为13N・m。

提示：蓄电池壳体下部有内外保护板。内侧保护板插入底座的卡槽内；外侧保护板被固定支架压紧，这样蓄电池便被可靠地固定在底座上。

3 1号使用跨接线将蓄电池的“+”接线柱与起动机电磁开关的端子50接线柱连接起来。

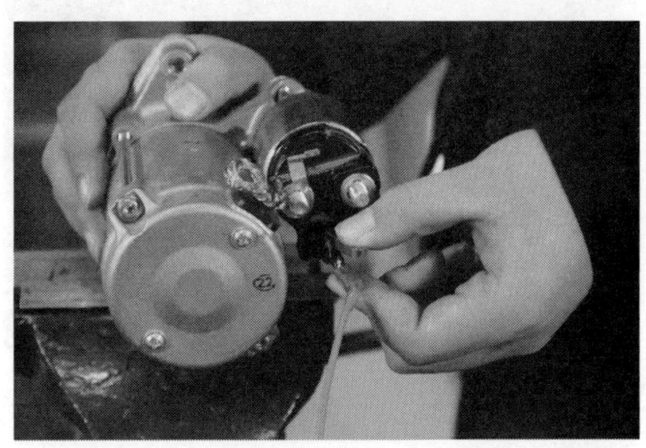

4 1号使用跨接线将蓄电池“+”接线柱与起动机电磁开关的端子30接线柱连接起来。

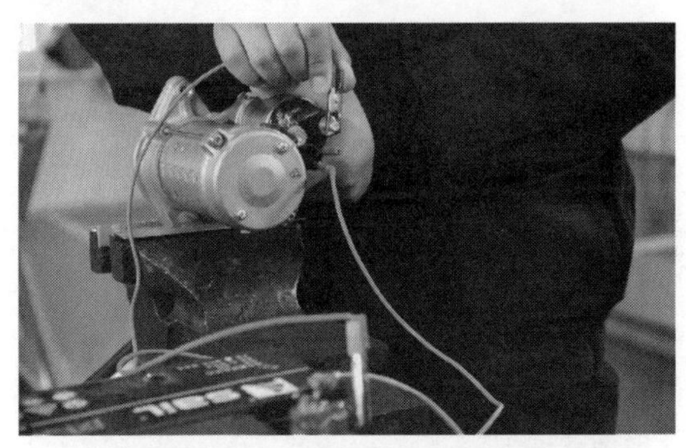

5 2号用手扶住起动机，1号使用跨接线将蓄电池“–”接线柱与起动机壳体连接起来。

提示：

（1）此时起动机的驱动齿轮伸出，同时电动机高速旋转。电动机高速旋转时，应转速均匀且强劲有力，无杂音、碰擦、抖动现象。否则，应拆检起动机。

（2）2号扶住起动机，防止因旋转振动，起动机从台虎钳上掉落受损。

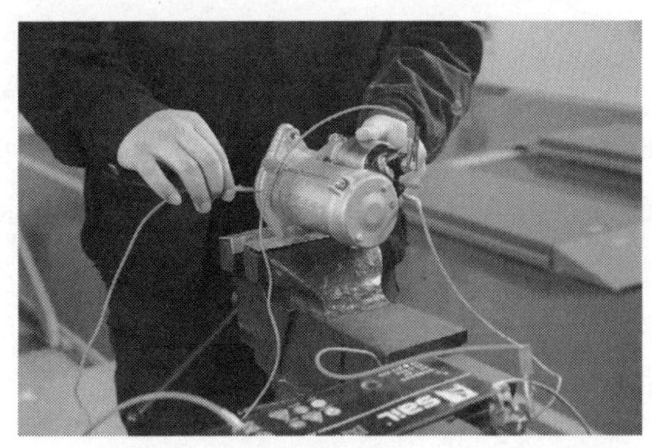

6 1号断开电磁开关的端子50接线柱导线，起动机停止运转，同时驱动齿轮迅速缩回复位。

提示：断开端子50接线柱上的导线后、保持线圈和吸引线圈的电磁力相互抵消，活动铁芯在复位弹簧作用下复位，驱动齿轮缩回复位，同时端子30与端子C电路断开，电动机励磁线圈和电枢中无电流通过，电动机停止运转。

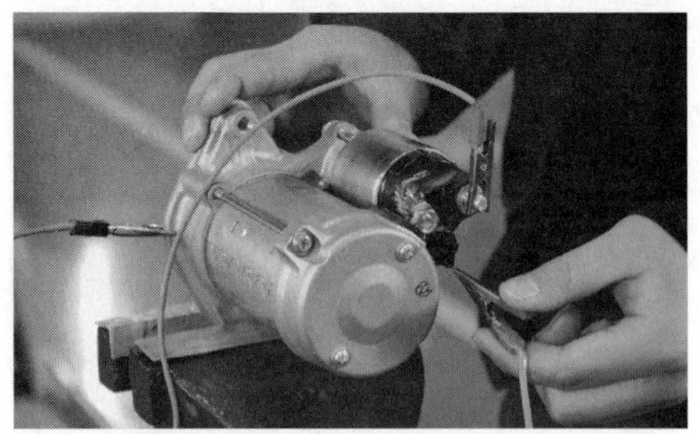

7 起动机检查完毕。1号拆除蓄电池与起动机之间的跨接线。

提示：拆除跨接线时，先拆除蓄电池“-”接线柱导线，再拆除“+”接线柱导线。严禁将导线两端与蓄电池的“+”接线柱和“-”接线柱搭接。否则，将导致蓄电池快速损坏。

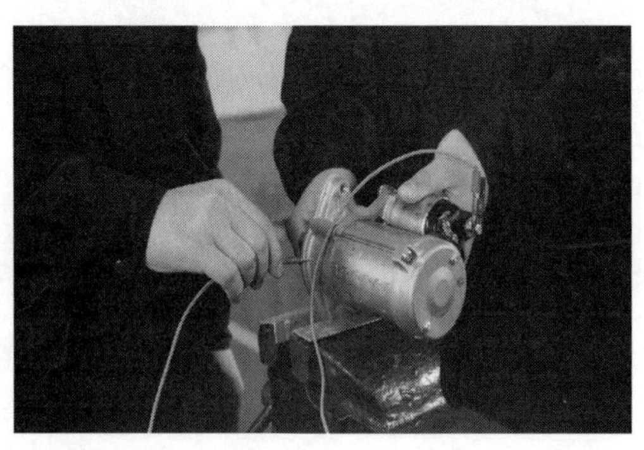

电路连接后，有以下几条电路有电流流过：

（1）保持线圈电流方向：蓄电池“+”接线柱→端子50→保持线圈→搭铁→蓄电池“-”接线柱。

（2）吸引线圈电流方向：蓄电池“+”接线柱→端子50→端子C→励磁线圈→电枢→搭铁→蓄电池“-”接线柱。

（3）在保持线圈和吸引线圈共同产生的电磁力作用下，可动铁芯向右移动，驱动齿轮伸出，同时接触片连接端子30和端子C。此时励磁线圈和电枢中有大电流流过，电动机高速旋转。电流方向：蓄电池“+”接线柱→端子30→端子C→励磁线圈→电枢→搭铁→蓄电池“-”接线柱。

第六步 检查起动机单向离合器

1 1号逆时针转动驱动齿轮，驱动齿轮应被锁止。

提示：如果驱动齿轮逆时针转动时不能够被锁止，应更换驱动齿轮和单向离合器总成。否则，起动发动机时驱动齿轮空转，发动机不能起动。

2 1号顺时针转动驱动齿轮，驱动齿轮应转动自如。

提示：如果顺时针转动驱动齿轮时出现卡滞或转动阻力过大现象，应更换驱动齿轮和单向离合器总成。否则，发动机起动后驱动齿轮不能够顺利与飞轮齿圈脱开，超高速运转容易烧毁电动机线圈。

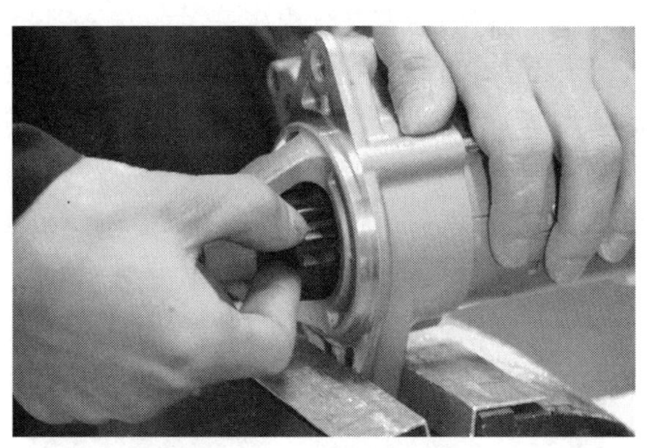

第七步 安装起动机

1 1号将起动机与变速器壳上的螺栓孔对齐后，将2号传递来的2条固定螺栓，用手旋入起动机驱动端盖凸缘的螺纹孔中。

提示：起动机上端固定螺栓，位置隐蔽，空间狭小，安装时要有耐心。可将螺栓插入ϕ14mm套筒内，用手转动套筒旋入，此方法较为实用。

2 2号将ϕ14mm套筒、棘轮扳手组合后传递给1号。

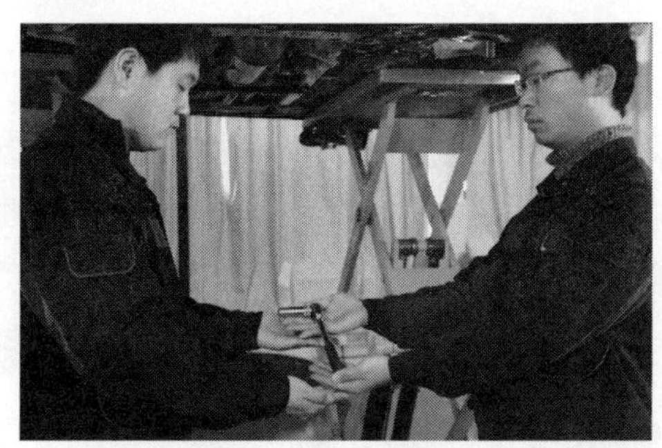

3 1号使用ϕ14mm套筒、棘轮扳手，将起动机的3条固定螺栓按照“多遍紧固”的要求拧紧到规定力矩。螺栓拧紧力矩为62N·m。

提示：安装起动机时，要注意以下几点。

（1）保证起动机驱动端盖凸缘上的接合面与连接板贴合。

（2）螺栓要分多遍拧紧，以免起动机壳体变形破裂。

4 1号将与蓄电池相连的导线，套装到电磁开关的端子30接线柱上。

提示：保证导线接头上下接触面清洁，无锈蚀物和腐蚀物，必要时用砂布清理。如果导线接头脏污，将导致电阻增大，电压降低，起动机运转无力，发动机起动困难甚至难以起动。

5 1号用手旋紧固定螺母。

提示：端子30接线柱系铜制材料支撑，电阻小，导电性能好，但螺杆上的螺纹强度低，容易损伤，因此要用手对正螺纹后再旋上螺母。

6 1号使用2号传递来的ϕ12mm套筒、接杆、棘轮扳手，拧紧端子30接线柱固定螺母。固定螺母拧紧力矩为13N·m。

提示：端子30接线柱固定螺母拧紧力矩应符合规定要求。若力矩过大，则螺栓容易滑扣，若力矩过小，电路续接，容易造成电磁开关触电烧蚀。

7 2号接收工具，擦拭后摆放到工具车上。

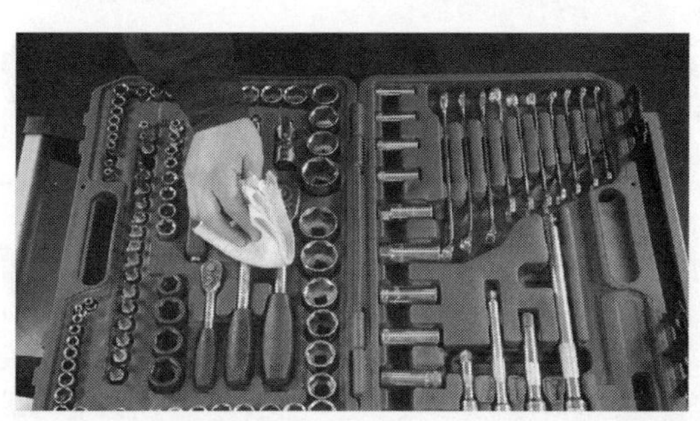

8 1号将来自点火开关的导线插头插到端子50接线柱片上。

提示：确保导线插头与端子50接线柱片可靠接触。如果插头松动，可使用尖嘴钳夹紧。

第八步　安装蓄电池负极电缆

1　2号操纵举升机，将车辆降落到地面上。

提示：

（1）举升机的操作要领和规范要求，请参阅“举升机的使用方法”。

（2）举升车辆是，强调安全确认口令“正常”、“举升车辆”，防止意外情况发生。

2　1号使用砂布除去电缆夹内接触面的污物。

提示：电缆夹与蓄电池极柱间，应保持良好接触。否则，将增大蓄电池的输出电阻，输出电压下降，造成起动机转速低，发动机起动困难。

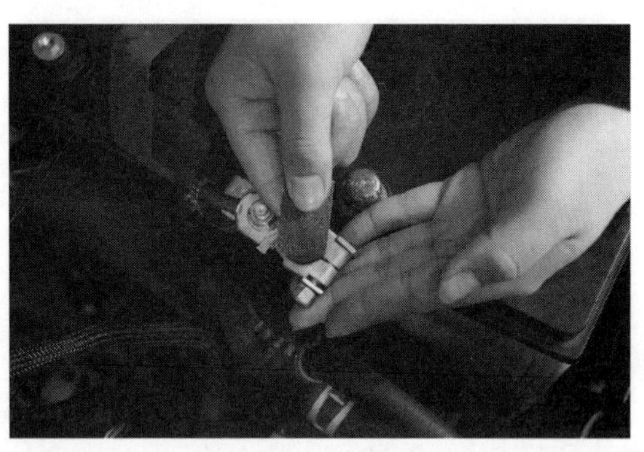

3　1号将负极电缆夹安装到蓄电池的“-”接线柱上。之后，使用ϕ10mm套筒、接杆、棘轮扳手，拧紧负极电缆夹的固定螺栓。螺栓拧紧力矩为5N・m。

提示：电缆夹的固定螺栓要按照规定力矩拧紧。否则，电缆夹可能会松动，造成蓄电池输出电压降低。

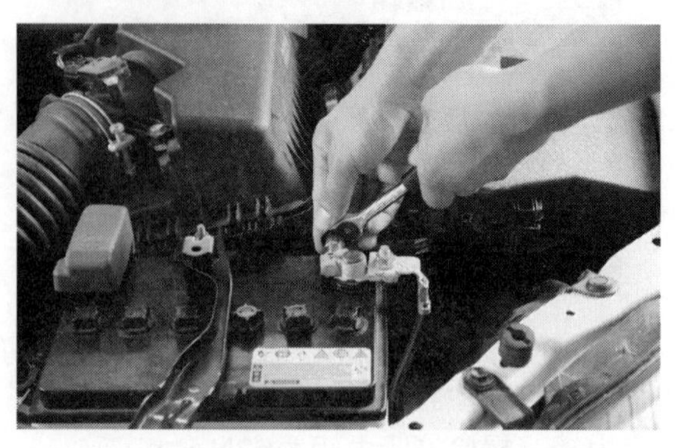

第九步　检查发动机负载起动性能

2号进入驾驶室，打开点火开关，起动发动机，检查起动机的负载起动性能。若性能正常，关闭点火，停止发动机运转。至此，检查或更换起动机操作完毕。

提示：如果点火开关旋至“START”挡时，起动机旋转有力，发动机起动迅速；点火开关退至“ON”挡时，起动机停转迅速，驱动齿轮复位正常。则证明起动机性能良好。否则，重新检修起动机。

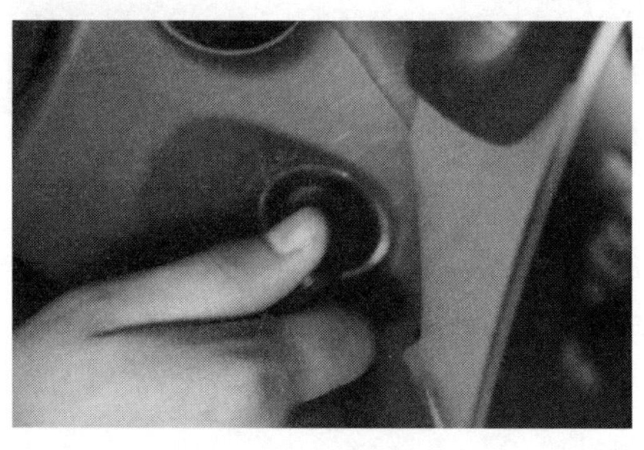

第十步　整理工位

1号、2号共同拆除护裙、驾驶室内保护罩，清洁工具和量具等，清洁地面卫生。

提示：作业项目完成后，要做好工位区域的清扫、整理工作，培养良好的工作习惯。

七、考核标准

考核标准表

考核时间	序号	考核项目	满分	评分标准	得分
40min	1	作业前整理工位	5	整理遗漏酌情扣分	
	2	工位停车	4	停车不当扣4分	
	3	车辆可靠驻车	4	操作不当扣4分	
	4	安装驾驶室内保护罩	4	操作不当扣4分	
	5	拆除蓄电池电缆	3	操作不当扣3分	
	6	拆卸起动机	12	操作错误扣12分	
	7	检查电磁开关的吸引线圈和保持线圈	16	操作错误扣16分	
	8	起动机空载运行测试	10	操作错误扣10分	
	9	检查起动机单项离合器	6	操作错误扣6分	
	10	安装起动机	12	操作不当扣12分	
	11	安装蓄电池负极电缆	3	操作不当扣3分	
	12	检查发动机负载起动性能	4	操作不当扣4分	
	13	举升或降落车辆	7	操作不当扣7分	
	14	仪器维护与使用	5	操作不当扣5分	
	15	作业后整理工位	5	整理遗漏酌情扣分	
	16	遵守相关安全规范	因违规操作造成人身伤害和设备事故的，总分按0分计		
分数合计			100		

任务二 更换点火开关

一、技术标准与要求

（1）安装丰田卡罗拉型轿车配套使用的点火开关。

（2）断开蓄电池负极电缆后，方可拆装点火开关。

（3）拆卸转向盘时，要保持转向车轮处于直线行驶状态。

（4）转向盘固定螺母紧固力矩应符合规定要求。

二、实训时间：30min

三、实训教学目标

（1）了解更换点火开关的必要性。

（2）熟悉点火开关的组成与功能。

（3）掌握更换点火开关的操作技能。

四、实训器材

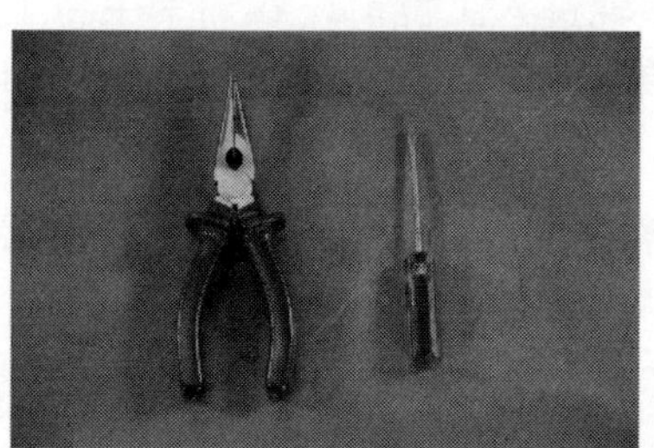

鲤鱼钳，一字螺丝刀

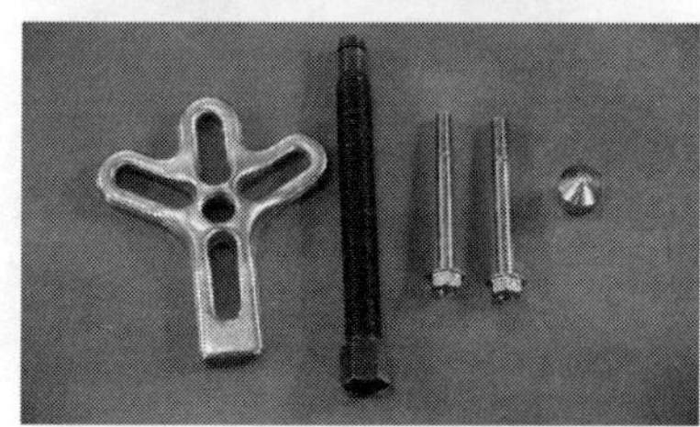

拉力器

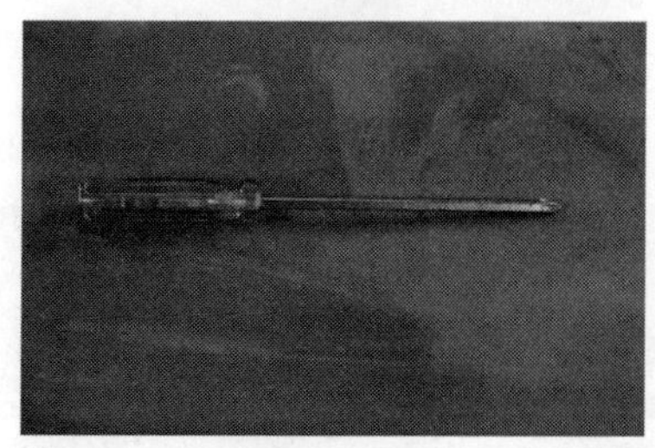

十字螺丝刀

其他工具及器材：ϕ20mm短套筒、T30花键、接杆、棘轮扳手、扭力扳手、驾驶室内保护罩、翼子板护裙等。

五、教学组织

（1）教学组织形式：

每辆车安排4名学生参与实训，两名学生为一组。一组操作，一组观察学习。

（2）学生站位分工和要求：

两名学生一组，按照1号、2号进行编号，1号为主，2号为辅。

（3）实训教师职责：

讲解操作步骤和注意事项；下达“操作开始”口令；工位间巡视、检查、指导和纠正错误。

（4）学生职责变换：

两名学生实行职责变换制度，即第一遍1号为主，2号为辅；第二遍2号为主，1号为辅。

六、操作步骤

第一步　事前准备

1　车辆进入工位前，参训学生将工位区域卫生清理干净，排除障碍物，准备好相关的工具、物品等。

提示：培养良好的工作习惯，做好事前准备，有利于安全操作和提高工作效率。

2　将车辆停驻在举升机平台的中央位置。

提示：车辆停驻于举升机平台的中央位置，为车辆的安全举升做好准备。

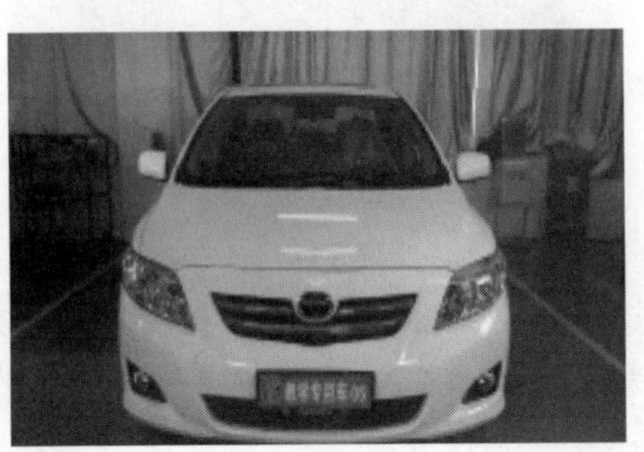

3　1号打开门锁。

提示：用遥控钥匙打开电动门锁，为进入驾驶室操作做好准备。

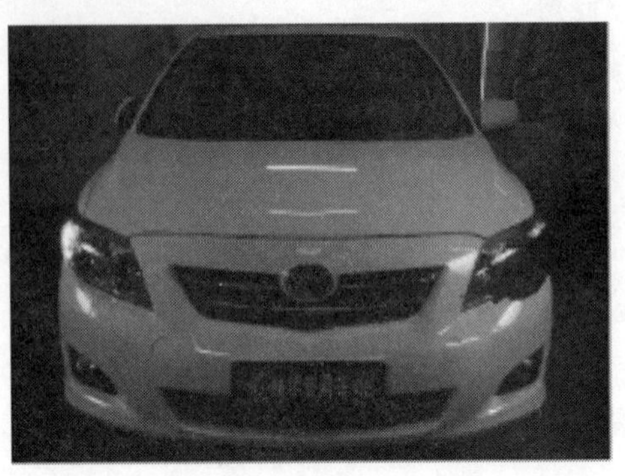

4　1号和2号共同安装车轮挡块。

提示：为保证车辆在工位上可靠停驻，防止出现溜滑，造成安全事故，要安装车轮挡块。

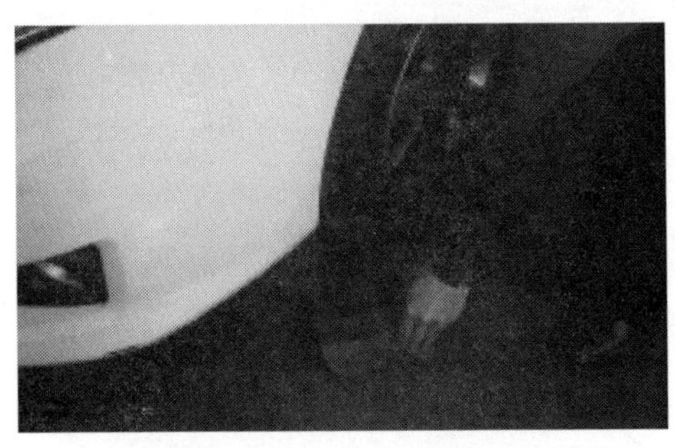

5　2号安装尾气收集管。

提示：为防止尾气污染环境、保护人体健康，要安装尾气收集管。

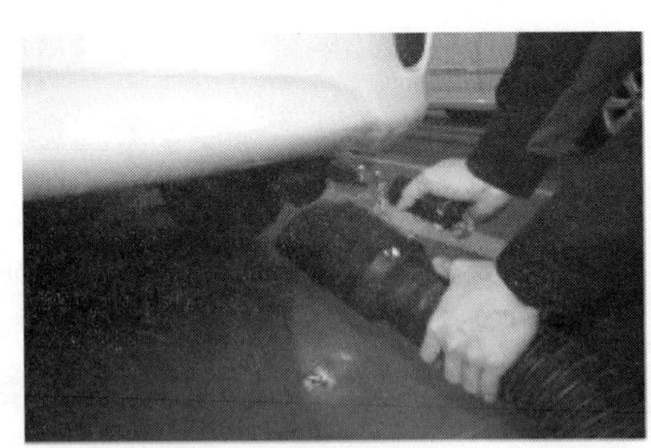

6　2号打开车门。

提示：左手拉车门把手打开车门，带好三件套，准备进入车辆。

7　2号拉起发动机罩释放杆。

提示：拉起发动机释放杆时，用力不要过猛，否则容易导致释放杆盖罩损坏。

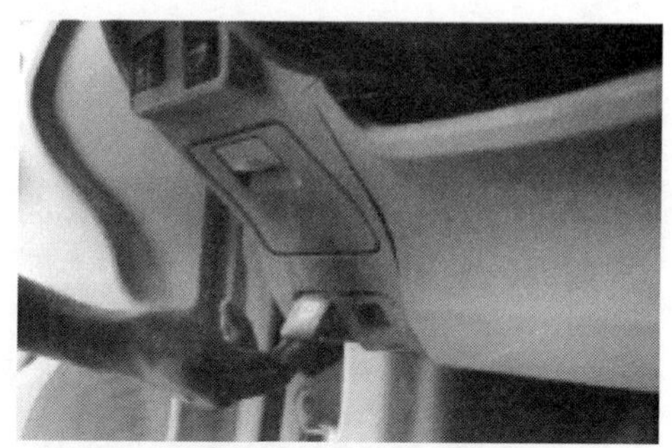

8　2号安装地板垫。

提示：铺设地板垫的主要目的是便于清除维修人员带入驾驶室内的脏物与杂物，保持驾驶室内地板清洁。

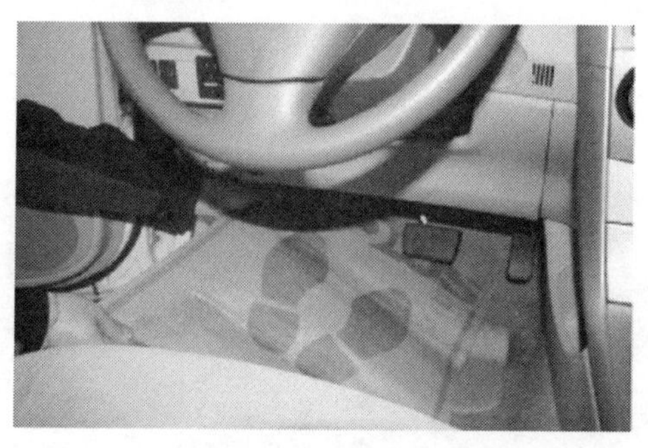

9　2号安装座椅套。

提示：安装座椅套时，用力要均匀，拉齐座椅套，使之整齐、美观。

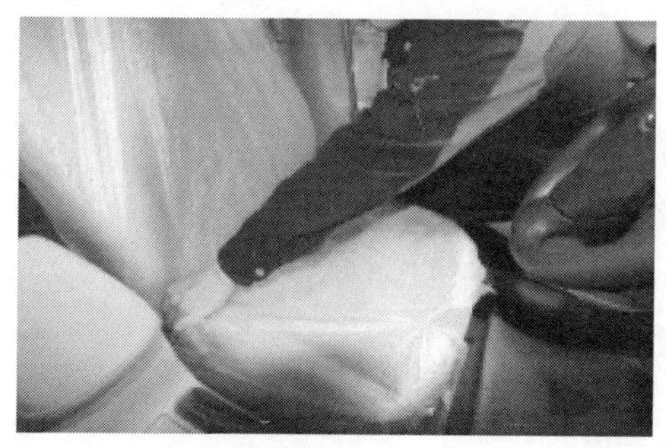

10　2号安装转向盘套。

提示：转向盘套是由薄塑料制成的，极易破损。安装转向盘套时，不要生拉硬拽，否则会造成转向盘套破损。

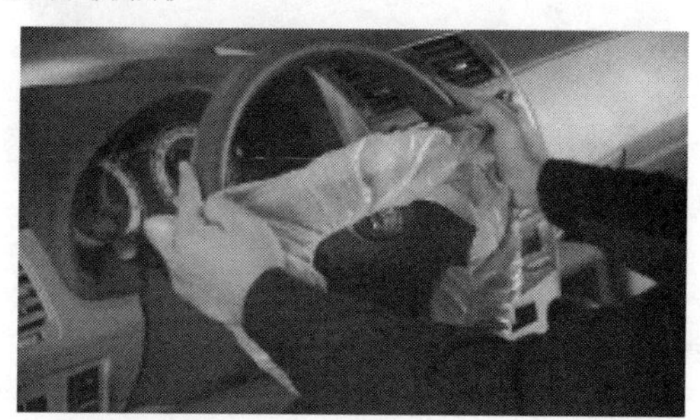

11　2号将点火开关旋至“ON”，打开主驾驶侧电动车窗。

提示：打开主驾驶则电动车窗，是为了车内通风以及当钥匙掉在车里时可以打开车门。

12　2号将换挡杆置于P挡。

提示：发动机带挡操作属于违规操作，危险性极大。因此，发动机起动前应将换挡杆置于P挡。

13　2号拉紧驻车制动杆。

提示：为保证车辆在工位上的可靠停驻，防止出现溜滑，造成安全事故，因此，要拉紧驻车制动杆。

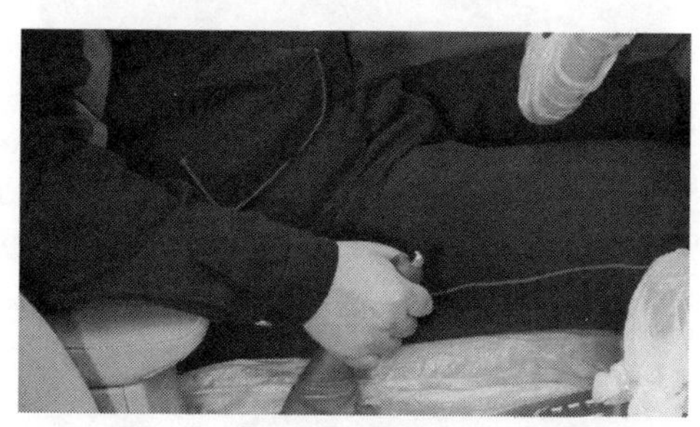

第二步　拆卸蓄电池负极电缆

1　2号将ϕ10mm套筒、接杆、棘轮扳手传递给1号。

2　1号使用工具拧松蓄电池负极电缆的固定螺栓，然后从接线柱上取下负极电缆，并使负极电缆可靠地离开蓄电池接线柱。

提示：
（1）拆卸蓄电池负极电缆时，应保持点火开关处于“OFF”状态。
（2）断开蓄电池与电器系统的连接电路，目的是防止在拆卸点火开关过程中，造成发动机误起动及导线搭铁短路而损坏电器设备。

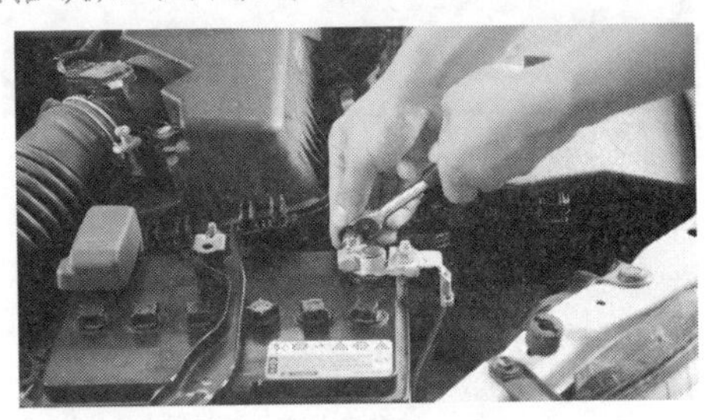

第三步　拆卸仪表台下护板

1　1号拆卸仪表板底罩分总成并传递给2号。

提示：螺钉拆卸后，应摆放在零件车上，以防丢失。

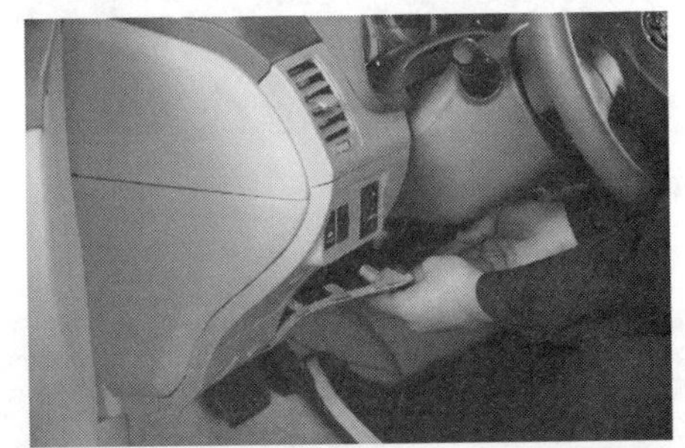

2　1号将仪表板底罩分总成取下并传递给2号。2号将其摆放到零件车上。

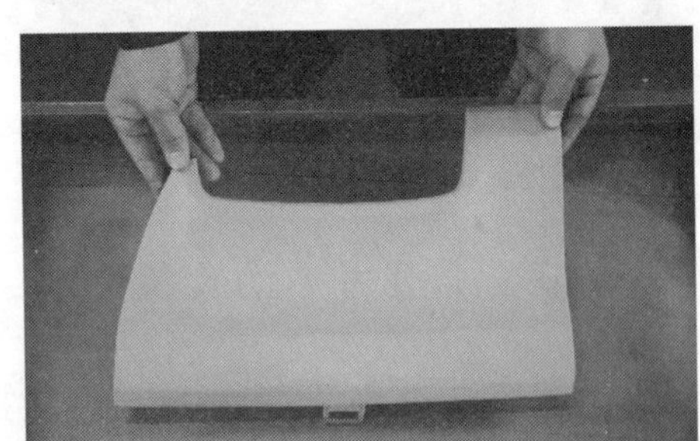

3　2号将十字螺丝刀传递给1号。

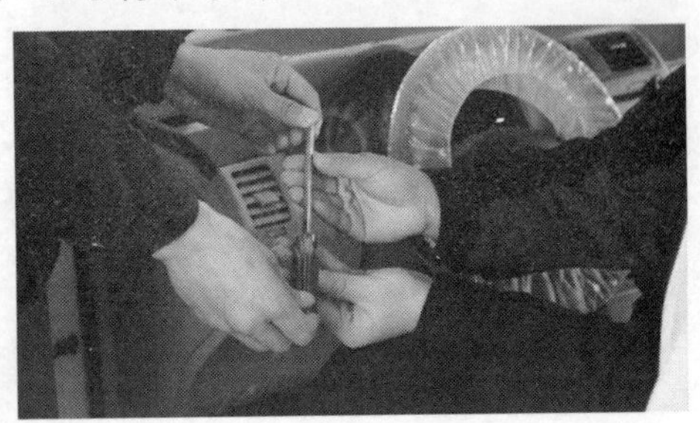

4　1号用十字螺丝刀拆卸仪表板下装饰板分总成上的两条自攻螺丝，并取出仪表板下装饰板分总成。

提示：螺钉拆卸后，应摆放在零件车上，以防丢失。

5　1号将仪表板下装饰板分总成传递给2号，2号将其摆放到零件车上。

提示：将仪表板下装饰板分总成与其固定螺钉摆放在一起，可避免安装时螺钉错乱，有利于提高工作效率。

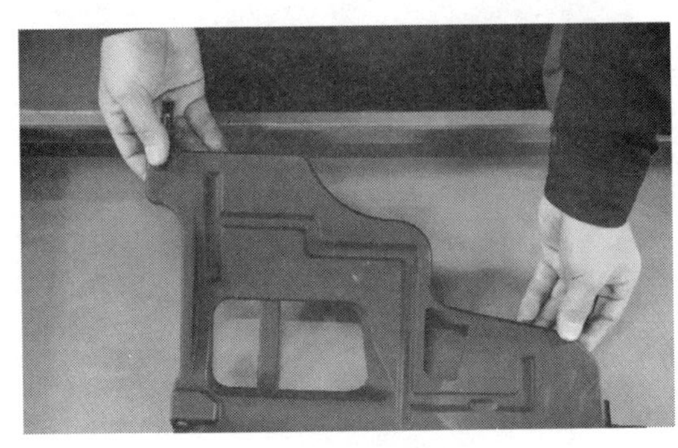

第四步　拆卸转向盘

1　1号调整转向盘至中间位置，保持转向车轮为直线行驶状态。

提示：调整车轮为直线行驶状态，便于确定转向盘的正确安装位置。当汽车直线行驶时，可保持转向盘位于中间位置。

2　1号将转向灯开关调整到中间位置。

提示：转向灯开关有3个位置。向前推开关手柄时，右转向灯闪烁；退回中间位置时，电路断开，信号灯熄灭；向后拉开关手柄时，左转向灯闪烁。

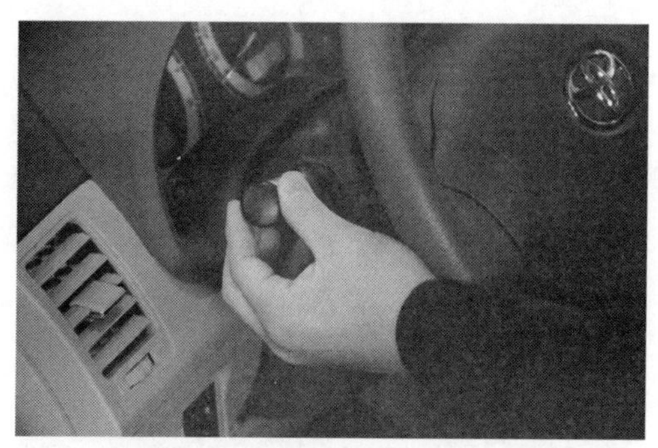

3 1号用一字螺丝刀拆卸方向盘上两个下盖。2号将下盖并摆放到零件车上。

提示：拆卸时应注意防止螺丝刀损伤方向盘的外皮。

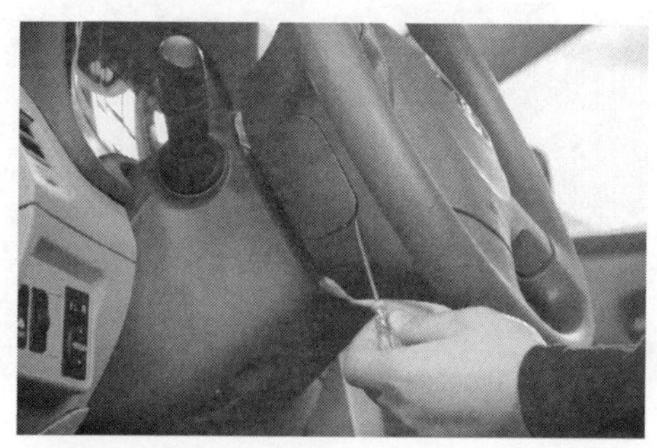

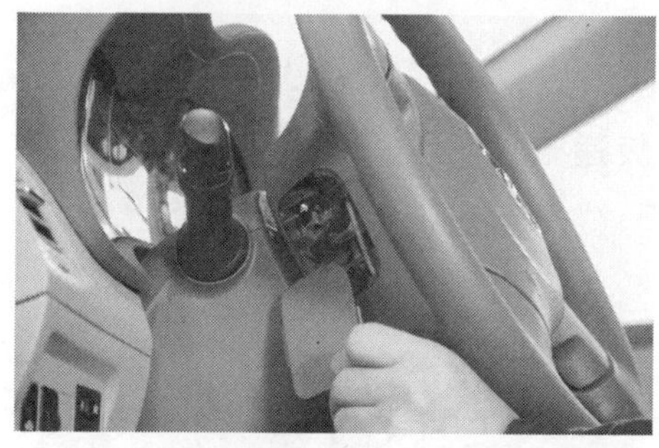

4 2号将T30花键、棘轮扳手及接杆组合后传递给1号。1号使用工具拆卸方向盘装饰盖。

5 1号用手指将方向盘两边的螺丝罩向外提，松下方向盘装饰盖。

提示：用手提螺丝罩时，应注意不要用太大的力，防止塑料件损坏。

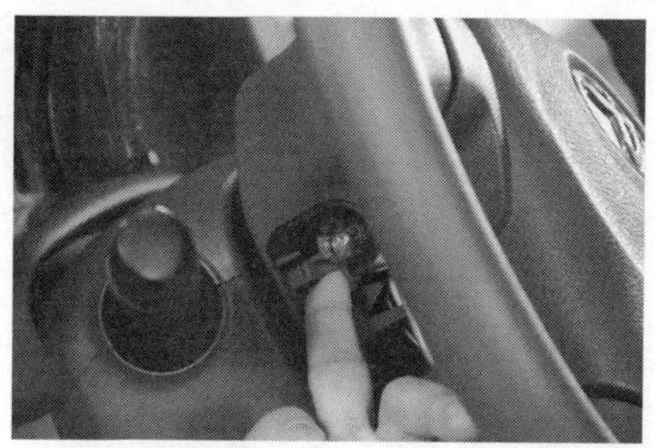

6 1号用手拔下方向盘装饰盖的导线插头。

提示：转向盘下盖上的金属片，通过一条导线与连接盘上的滑环连接起来，滑环与安装在组合开关上的喇叭触点始终接触，喇叭触点和外电路相通。当按下转向盘盖板时，喇叭触点接通，喇叭鸣响，当放松转向盘盖板时，喇叭触点断开，喇叭停止鸣响。

7 2号将一字螺丝刀传递给1号，1号用一字螺丝刀拆除方向盘装饰盖上的安全气囊插头。

8 1号拔出安全气囊插头，把方向盘装饰盖传递给2号。2号将其摆放在零件车上。

提示：在拔安全气囊插头时，将点火开关处于关闭状态，并把蓄电池负极断开，以防止产生故障。

9 2号将ϕ 20mm套筒、接杆、扭力扳手组合后传递给1号。

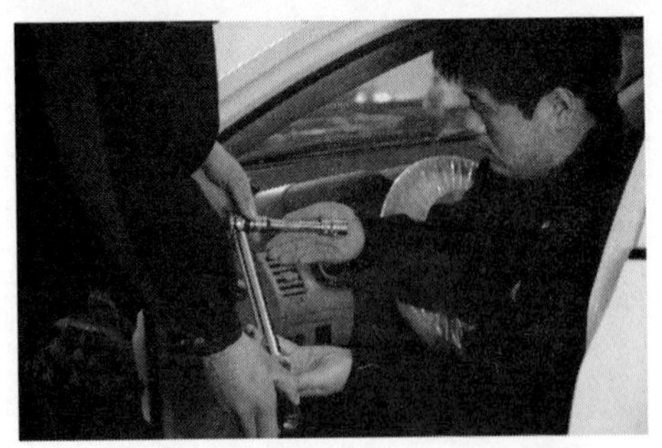

10　2号双手握紧转向盘反向用力，阻止转向盘转动；1号使用工具拧松转向盘固定螺母。2号接收工具并摆放到零件车上，1号用手旋下转向盘固定螺母。

提示：拧松转向盘固定螺母时，需要1号、2号配合进行。

11　2号将拉力器传递给1号，1号将其装在方向盘上的相应位置上。

提示：选用拉力器时应符合规定的要求。

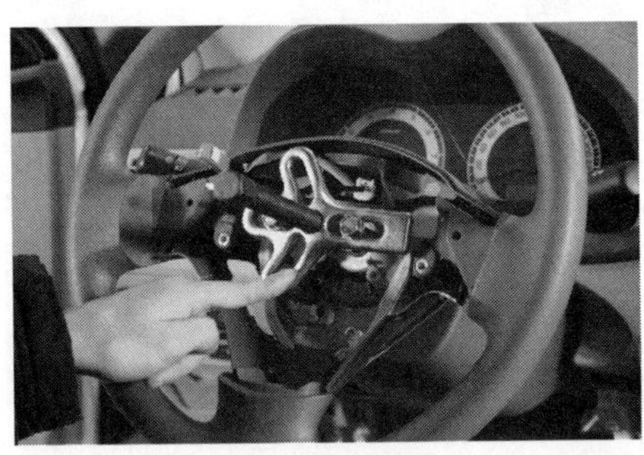

12　2号将ϕ20mm套筒、接杆、棘轮扳手组合后传递给1号。1号将拉力器往下拧，方向盘从转向柱花键中脱出。2号接收工具并放在零件车上。

13　1号确认转向盘位于中间位置后，双手上托转向盘两对称端，将转向盘从转向柱花键中脱出。

提示：如果方向盘与转向柱花键配合较紧，很难取下转向盘时，可采用拉力器进行拆卸。使配合花键松动，便可轻松取下转向盘。

14　2号将方向盘摆放到工具车上。

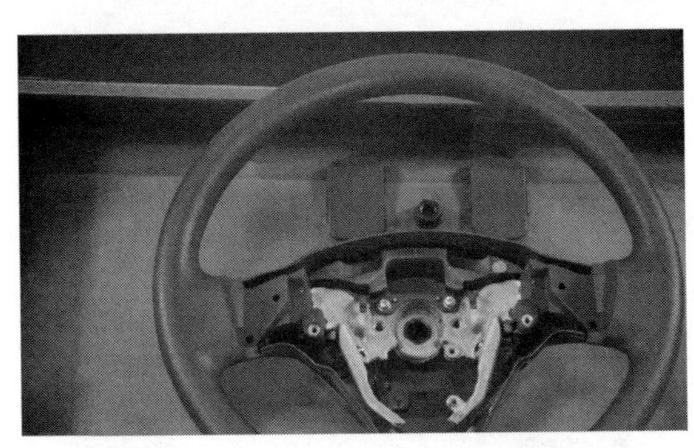

第五步　拆卸组合开关罩盖

1　1号使用一字螺丝刀，拆下转向柱罩下盖，并传递给2号。

提示：零件拆卸后，应摆放在零件车上，以防丢失。

2　1号先拆下仪表板左端装饰板，再拆下仪表板左下装饰板。

提示：零件拆卸后，应摆放在零件车上，以防丢失。

3 2号将仪表板左端装饰板，仪表板左下装饰板摆放在零件车上。

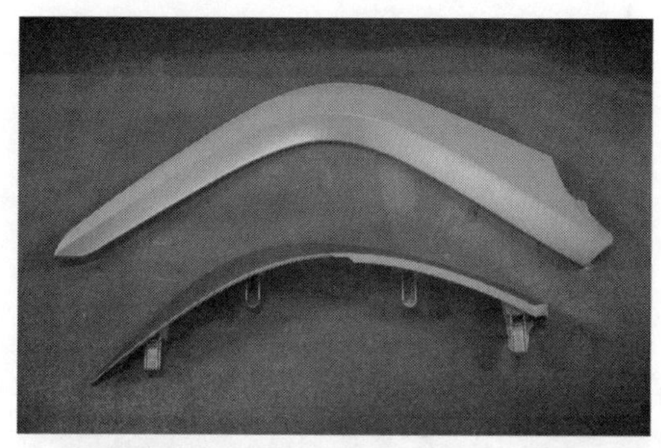

4 1号拆下仪表装饰板总成，并传递给2号。2号将其放在零件车上。

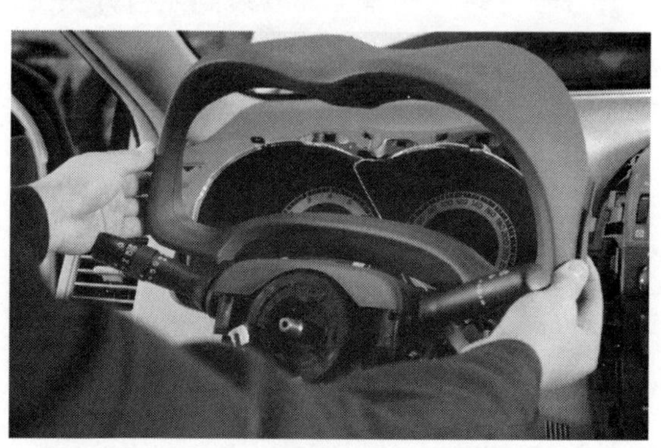

5 1号取下转向柱罩上盖并传递给2号。

提示：取下组合开关上罩盖时，应注意调整角度，禁止生拉硬拽，以免损坏上罩盖。

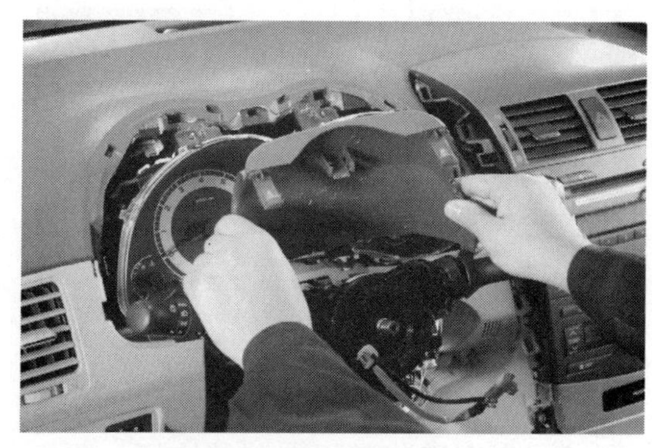

6 2号将转向柱罩盖摆放到零件车上。

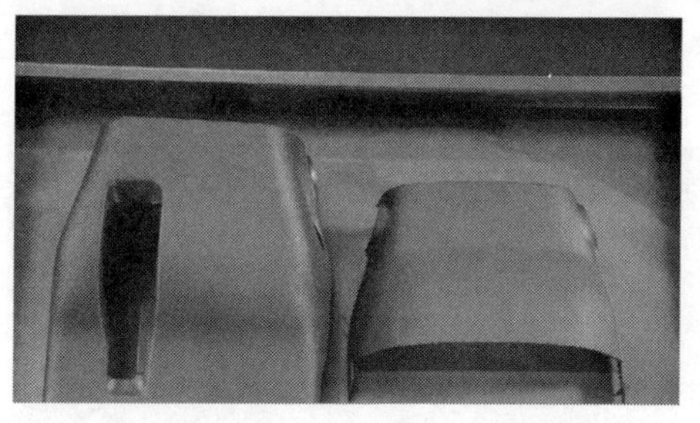

第六步 拆卸点火开关

1 1号拔下点火开关电插头。

提示：点火开关上有四个位置，即LOCK（锁止）、ACC（解锁及附件）、ON（点火）、START（起动）。只有点火开关回到LOCK位置时，才可以拔出钥匙，同时锁定转向盘。

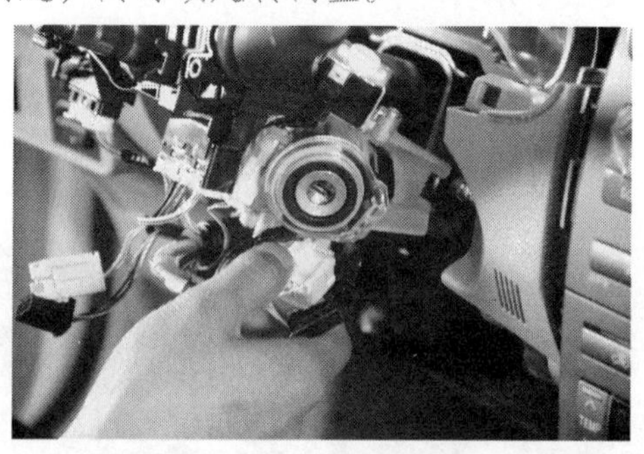

2 1号使用十字螺丝刀，旋出点火开关固定螺栓。

提示：螺钉拆卸后，应摆放在零件车上，以防丢失。

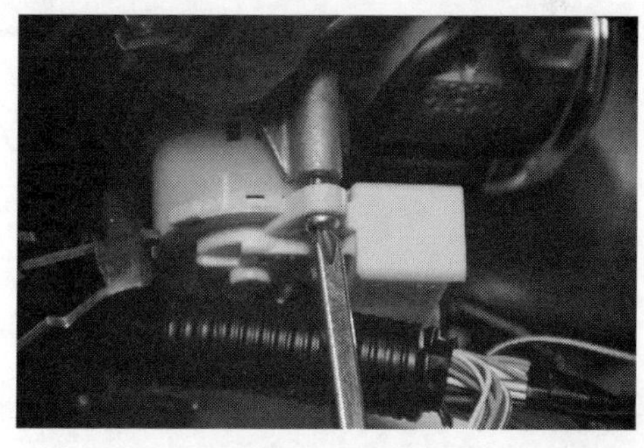

3 1号用手从承孔中取出点火开关。

提示：点火开关安装在锁壳内，其上部为锁芯总成，锁芯插入开关凹槽内。当锁芯转动时开关随之变换位置，接通或断开相应电路。另外，锁芯"LOCK"位置锁定转向盘。

4 2号将转向柱锁壳、点火开关摆放到零件车上。

第七步 安装点火开关

1 1号对齐点火开关的凹槽和锁芯后，将点火开关安放到承孔中。

提示：如果点火开关不能够完全落座，证明点火开关的凹槽没有与锁芯对正。可用钥匙转动锁芯来调整锁芯位置，使点火开关落座。

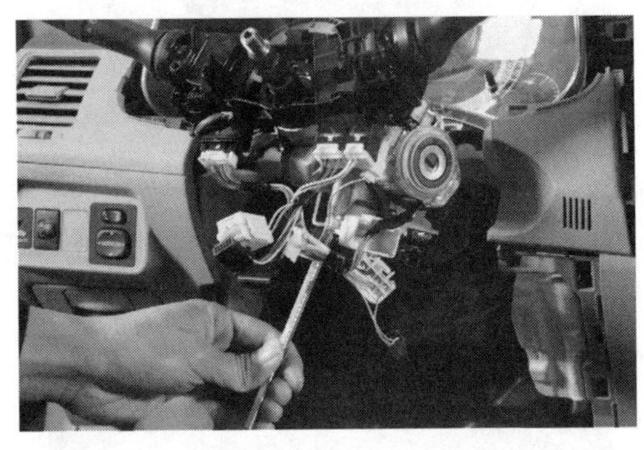

2 1号使用十字螺丝刀，旋紧点火开关的固定螺栓。

提示：点火开关的固定螺栓拧紧力矩应适当，若力矩过大，螺栓容易滑扣。

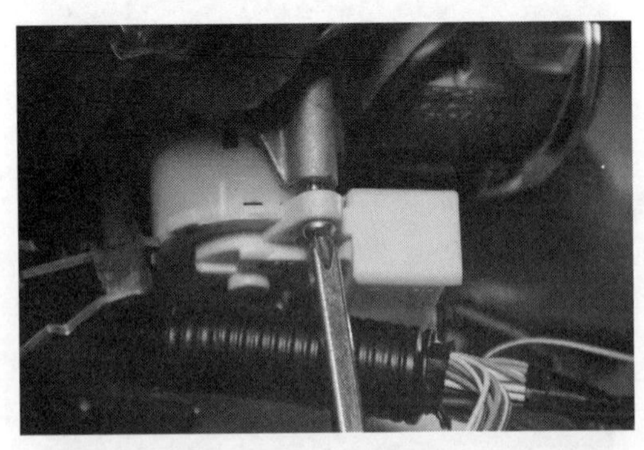

3 1号将电插头安插到点火开关的插座上。

提示：安装电插头时，要注意其安装方向，以免损伤插针和插孔。同时要安装到位，否则将影响点火开关正常工作。

第八步 安装组合开关罩盖

1 2号将转向柱罩上盖传递给1号。

2 1号将转向柱罩上盖安装到组合开关上。

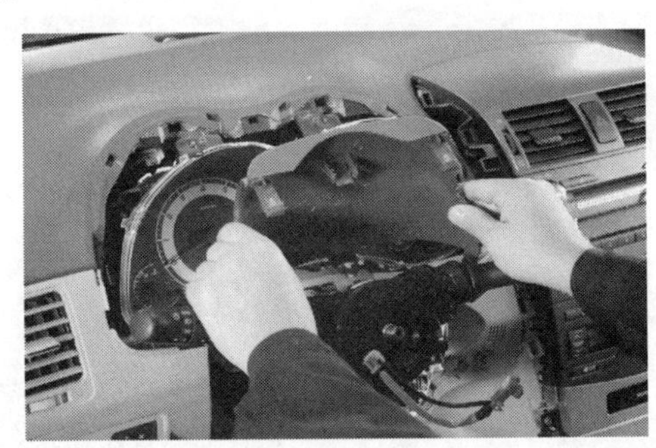

3 1号安装仪表装饰板总成。

提示：仪表装饰板总成为橡胶材料制成的，安装时严禁生拉硬拽，并且要对齐仪表上部的定位销孔，注意调整仪表装饰板总成的安装角度。

4 1号先安装仪表板左端装饰板，再安装仪表板左下装饰板。

提示：仪表装饰板为橡胶材料制成的，安装时严禁生拉硬拽，并且要对齐仪表台上的定位销孔，注意调整仪表装饰板总成的安装角度。

5　1号将仪表装饰板总成、仪表板左端装饰板、仪表板左下装饰板、转向柱下盖安装到组合开关上。

提示：组合开关罩壳为橡胶材料制成的，安装时严禁生拉硬拽，并且要对齐罩壳上的定位销孔，注意调整上罩壳的安装角度。

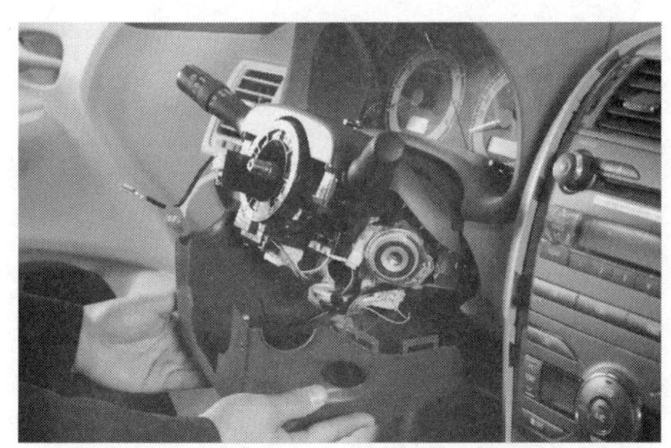

6　1号使用双手上下用适当的力将上下盖安装牢靠。

第九步　安装转向盘

1　2号位于车辆前方，观察两转向车轮是否保持直线行驶状态。

提示：安装转向盘之前，要保持两转向车轮处于直线行驶状态。否则，不能够保证汽车直行时转向盘正直。必要时扳动车轮进行调整。

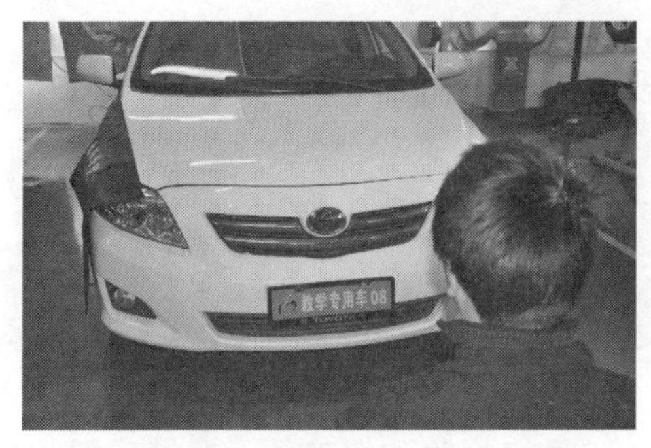

2　1号按照汽车直行方向，将转向盘安装到转向柱上。然后将垫圈套装到转向柱上，然后将固定螺母用手旋到转向柱螺纹杆上。

提示：

（1）转向盘安装到转向柱上之后，可将盖板安放到转向盘上，如果盖板上的车标朝向汽车正前方向，则证明转向盘安装方向正确。否则，重新调整转向盘安装位置。

（2）用手旋上固定螺母，确保对正螺纹。禁止使用工具直接将固定螺母旋到转向柱上，一旦螺纹歪斜，便会造成螺纹损伤，严重者需要更换固定螺母及上转向柱。

3　2号将ϕ20mm套筒、接杆、扭力扳手组合后传递给1号。

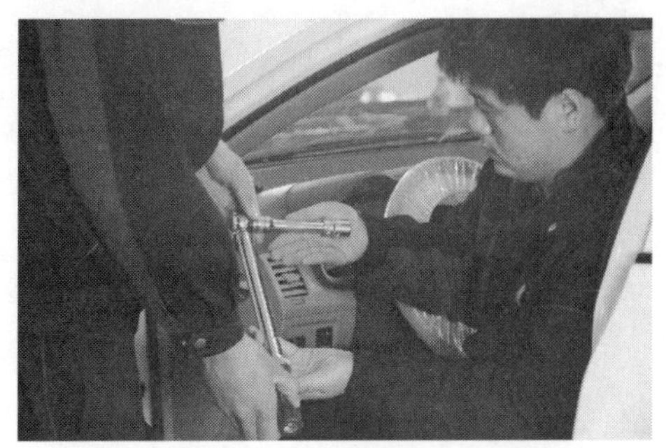

4　2号双手握紧转向盘反向用力，阻止转向盘移动，1号使用工具将转向盘固定螺母力矩拧紧至40N·m。

提示：拧紧转向盘固定螺母时，需要1号、2号配合进行。

5　2号将接收到的工具，擦拭后摆放到零件车上。

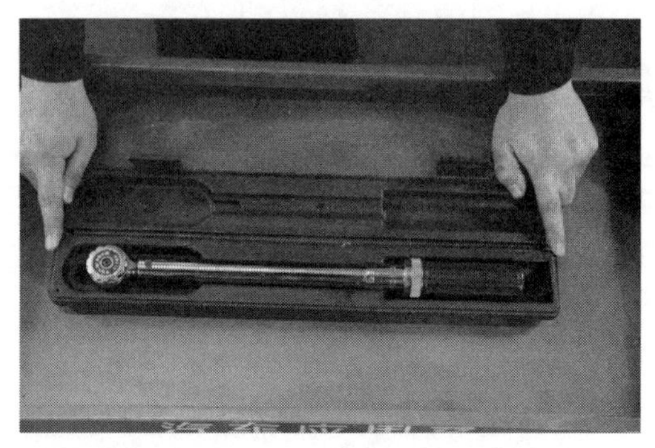

6　2号将转向盘的盖板下盖传递给1号。

7　1号将汽车喇叭的黑色导线插头与盖板下盖上插座相连。

提示：

（1）连接导线与界限平时，应注意提示和标注。黑色导线一端与接触环连接，即黑色导线为汽车喇叭的搭铁线。

（2）保证导线插头与接线片之间良好接触。如果插头松动，可使用尖嘴钳夹紧插头后再与接线片连接。

8　1号将安全气囊插头插入转向盘装饰盖上的插孔内。

提示：安装电插头时，要注意其安装方向，以免损伤插针和插孔。同时要安装到位，否则将影响安全气囊的正常工作。

9　1号对正盖板上的锁扣和下盖上的锁孔后，用力压下盖板，使转向盘装饰盖对准位置。

提示：拔下点火开关的钥匙后，锁块弹出。当转动锁壳时，锁块便嵌入转向柱上的立槽内，使转向柱被锁定。

10　2号将T30花键、棘轮扳手及接杆组合后传递给1号。1号使用工具拆卸转向盘装饰盖。

提示：用手旋上固定螺母，确保对正螺纹。禁止使用工具直接将固定螺母旋到转向柱上，一旦螺纹歪斜，便会造成螺纹损伤，严重者需要更换固定螺母及上转向柱。

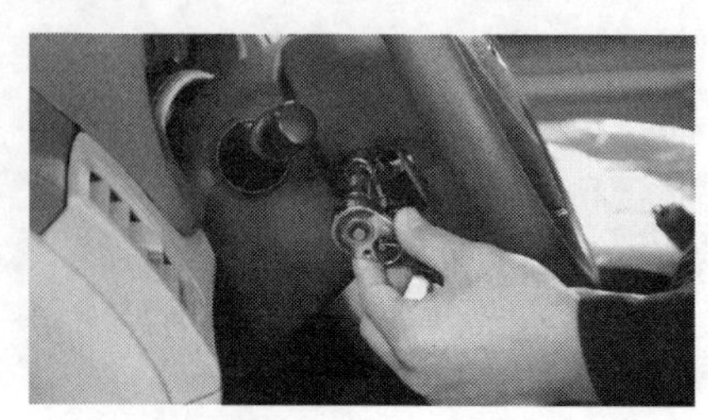

11 2号将转向盘上两个下盖传递给1号。1号将下盖分别安装到转向盘上。

提示：安装时应注意转向盘上下盖的左右位置，防止安装错误。

第十步 安装仪表台下护板

1 2号将仪表板下装饰板分总成传递给1号。

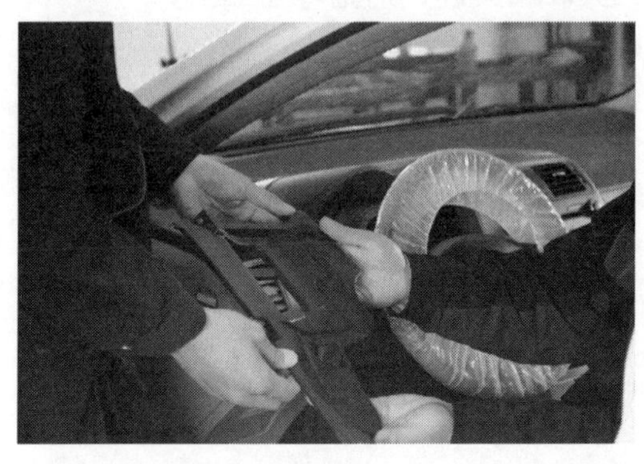

2 1号将仪表板下装饰板分总成安装到仪表台上。

提示：安装时，不要剧烈弯折防护罩。

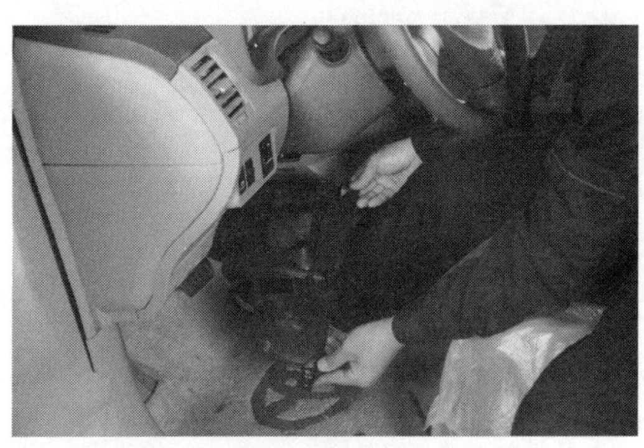

3 1号使用2号传递来的十字螺丝刀，旋紧仪表板下装饰板分总成的两条固定螺钉。

提示：自攻丝螺钉旋紧时，用力不要过大。否则，滑扣后压紧力反而变小。

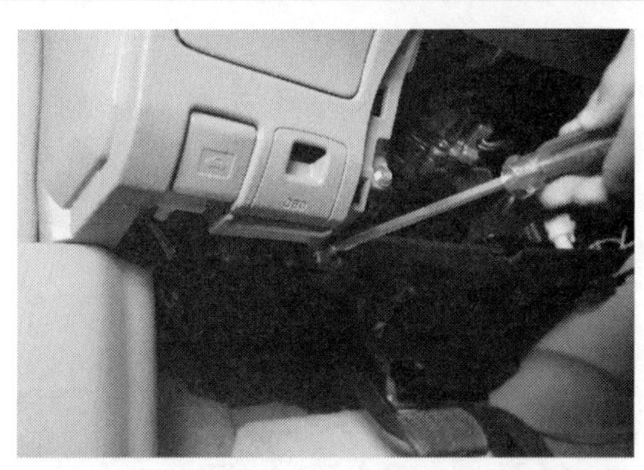

4 1号将2号传递来的仪表板底罩分总成安装到位。

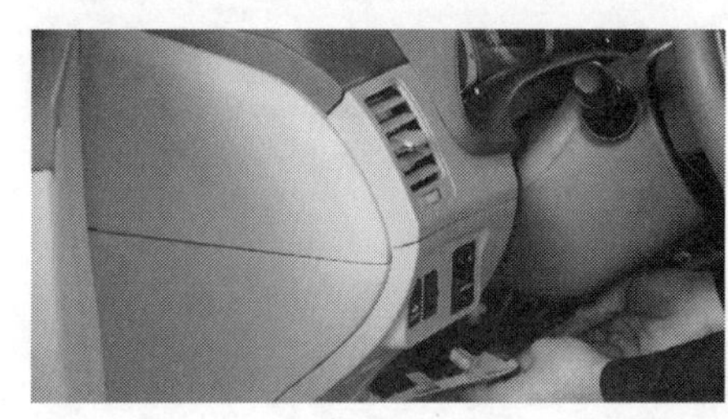

第十一步 安装蓄电池负极电缆

1 1号使用砂布除去电缆夹内接触面的污物。

提示：电缆夹与蓄电池接线柱间，应保持良好接触。否则，将增大蓄电池的输出电阻，输出电压下降，造成起动机转速低，发动机起动困难。

2 1号将负极电缆夹安装到蓄电池的“–”接线柱上之后，使用ϕ10mm套筒、接杆、棘轮扳手，拧紧负极电缆夹的固定螺栓。螺栓拧紧力矩为5N·m。

提示：拔下点火开关的钥匙后，锁块弹出。当转动锁壳时，锁块便嵌入转向柱上的立槽内，使转向柱被锁定。

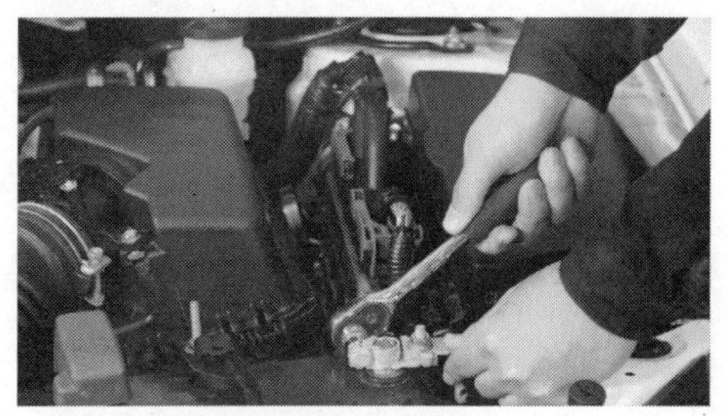

第十二步　点火开关性能检验

1　1号旋转点火开关至“ACC”位置，转向盘应转动自如，收放机播放正常。

2　1号旋转点火开关至“ON”位置，仪表指示灯应点亮。

3　1号旋转点火开关至“START”位置，起动机高速旋转，发动机起动运转。松开钥匙后，点火开关自动退回“ON”位置。

提示：起动发动机前，应确认驻车制动杆已拉紧，变速杆位于空档。

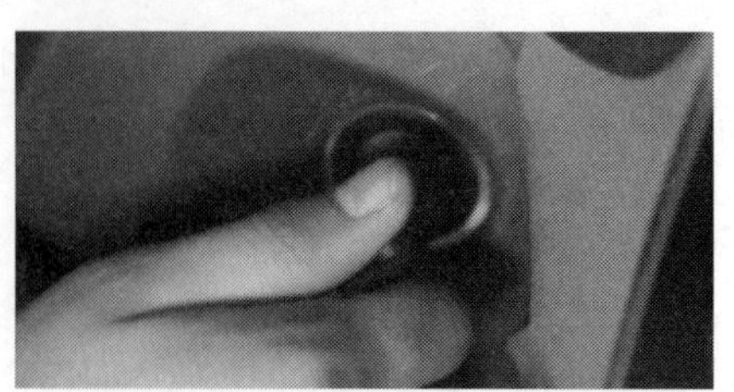

4　1号将点火开关退回至“LOCK”位置，拔下钥匙后，转向盘被锁定。

提示：如果以上各项检查均正常，则说明点火开关性能良好。至此点火开关更换完毕。

第十三步　整理工位

1号、2号共同拆除护裙、驾驶室内保护罩，清洁工具和量具等，清洁地面卫生。

提示：作业项目完成后，要做好工位的清扫、整理工作，培养良好的工作习惯。

七、考核标准

考核标准表

考核时间	序号	考核项目	满分	评分标准	得分
30min	1	作业前整理工位	4	整理遗漏酌情扣分	
	2	粘贴翼子板护裙	4	操作不当扣4分	
	3	安装驾驶室内保护罩	4	操作不当扣4分	
	4	拆装蓄电池负极电缆	7	操作不当扣7分	
	5	拆装仪表台下护板	6	操作不当扣6分	
	6	拆装转向盘	15	操作不当扣15分	
	7	拆转组合开关罩	10	操作不当扣10分	
	8	拆装点火开关	7	操作不当扣7分	
	9	拆装转向盘盖板	10	操作不当扣10分	
	10	连接喇叭导线	3	操作不当扣3分	
	11	连接安全气囊导线	7	操作不当扣7分	
	12	点火开关性能检测	10	检查不当扣15分	
	13	零件摆放	8	操作不当酌情扣分	
	14	作业后整理工位	5	整理遗漏酌情扣分	
	15	遵守相关安全规范	因违规操作造成人身伤害和设备事故的，总分按0分计		
分数合计			100		

第四章　点火系统

第一节　需 用 知 识

按点火方式的不同，点火系统可分为传统点火系统、电子点火系统和计算机控制点火系统。

一、传统点火系统

点火系统的作用是将汽车电源提供的低压电转变为高压电，并按照发动机各缸的点火顺序和点火时刻的要求，适时准确地将高压电送至各缸的火花塞，使火花塞跳火，点燃汽缸内的可燃混合气。

1 传统点火系统的组成

传统点火系的组成如图4–1所示，主要由电源、点火开关、点火线圈、分电器（包括断电器、配电器、电容器和点火提前角调节装置等）、火花塞、附加电阻及附加电阻短接装置、高低压导线等部件组成。

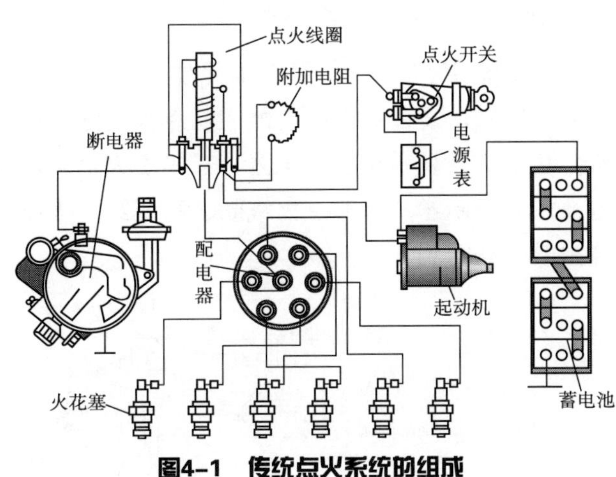

图4–1　传统点火系统的组成

2 传统点火系统的工作原理

在传统点火系统中，蓄电池或发电机供给12V低电压，经点火线圈和断电器转变为高电压，再经配电器分送到各缸火花塞，使电极间产生电火花。

传统点火系统的工作原理如图4–2所示。发动机工作时，断电器轴连同凸轮一起在发动机凸轮轴的驱动下旋转。凸轮转动时，断电器触点交替地闭合和打开。当触点闭合时，接通点火线圈初级绕组的电路，电流从蓄电池正极→电流表→点火开关→点火线圈“+”接线柱→附加电阻R_f→点火线圈初级绕组→断电器触点→搭铁→蓄电池负极。初级电路在点火线圈的铁芯中产生磁场，并因铁芯的作用而加强。当断电器凸轮将活动触点打开时，初级电路被切断，初级电流迅速消失，它所形成的磁场也随之消失，两个绕组中的磁通量发生变化，这样在两个绕组中就会感应出电动势。由于次级绕组的匝数多，在次级绕组中就感应出15～20kV的电动势，足以击穿火花塞的电极间隙，产生电火花点燃可燃混合气。高压电流由点火线圈的次级绕组→附加电阻R_f→点火开关→电流表→蓄电池→搭铁→火花塞的侧电极→火花塞中心电极→配电器的侧接线插孔→分火头→点火线圈次级绕组另一侧，构成回路。发动机工作时，上述过程周而复始地重复进行，若要发动机停止工作，只要断开点火开关，切断初级电路即可。

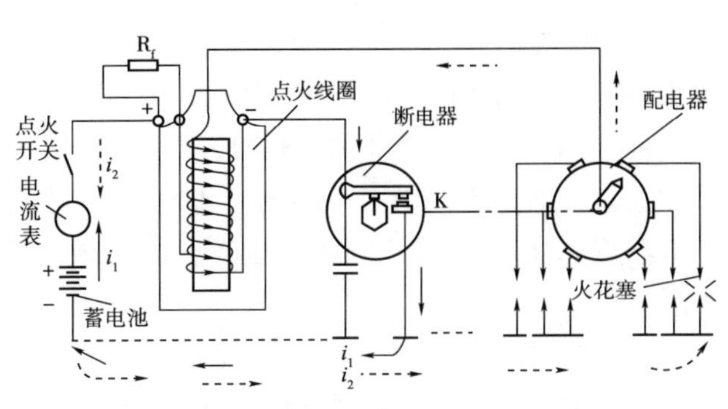

i_1–低压电流；i_2–高压电流

图4–2　传统点火系统的工作原理

二、电子点火系统

传统点火系统因断电器触点会磨损、烧蚀，间隙发生改变，造成点火正时不对、感应高压电降低、不点火及排气污染、寿命短，经常需要保养调整等问题，现代汽车基本上都采用了电子点火系统（也称半导体点火系统），它是利用晶体三极管的开关作用，取代传统点火系统中的断电器触点，以控制通点火线圈初级电路的通断，使点火系统工作。

电子点火系统的工作过程与传统点火系统基本一致。根据信号发生器的原理，电子点火系统可分为磁感应式电子点火系统、霍尔式电子点火系统和光电式电子点火系统。

1 磁感应式电子点火系统

磁感应式电子点火系统又称为磁脉冲式电子点火系统，由磁感应式分电器（内装磁感应式点火信号发生器）、点火控制器、专用点火线圈、火花塞等部件组成，如图4-3所示。

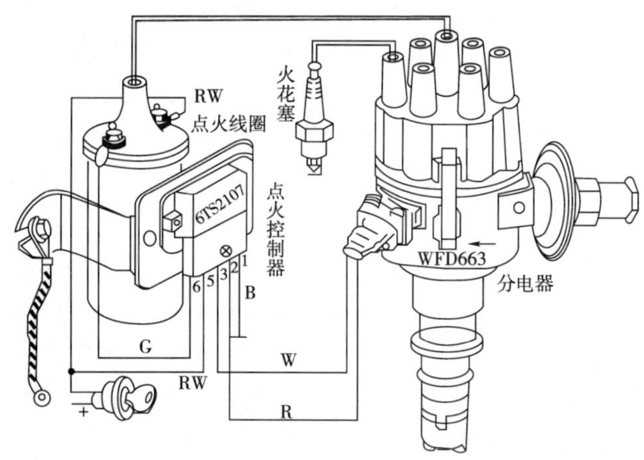

图4-3 磁感应式电子点火系统

（1）磁感应式点火信号发生器。磁感应式点火信号发生器的功用是产生信号电压，输出给点火控制器，通过点火控制器来控制点火系统的工作，其工作原理如图4-4所示。信号发生器在分电器内，主要由转子、感应线圈和永久磁铁等组成。

信号发生器的转子是由分电器轴带动的，转子上的凸齿数与发动机的汽缸数相等，转子每转过一个凸齿，感应线圈中的感应电动势正好变化一个周期，即转子每旋转90° 产生一个交变信号，转子每旋转一周，便产生4个交变信号；该信号输出给点火控制器，通过点火控制器来控制点火系统的工作。

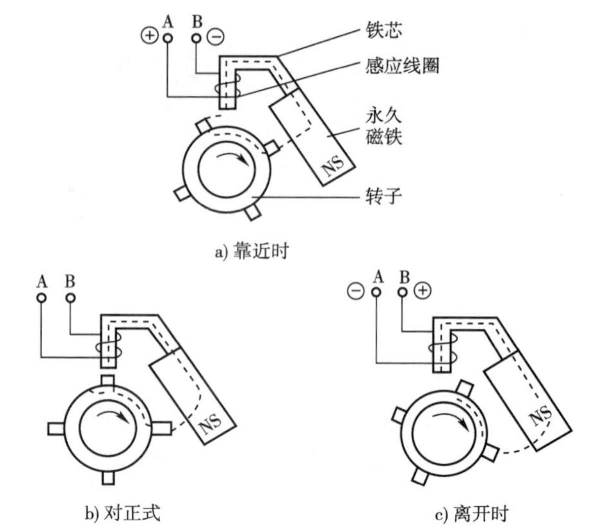

图4-4 磁感应信号发生器工作原理

（2）点火控制器。点火控制器也称为点火模块，其由整形电路、放大电路和开关电路集成而成，如图4-5所示，点火控制器起到了开关的作用，控制点火系统初级电路的通断。

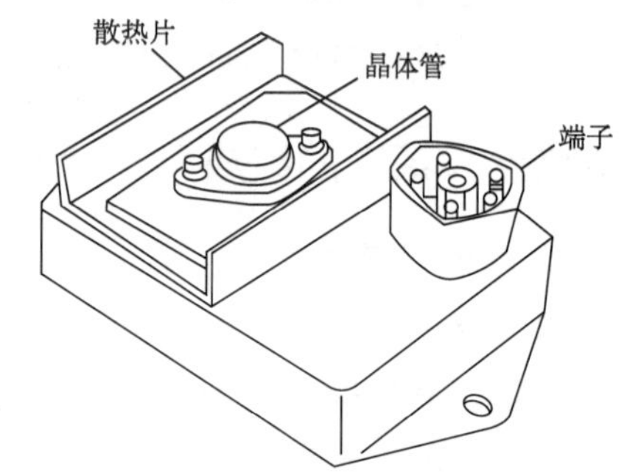

图4-5 点火控制器

2 霍尔式电子点火系统

霍尔式点火系统利用霍尔元件的霍尔效应产生点火信号，通过点火控制器控制点火线圈的通、断。霍尔式点火系统由分电器、霍尔点火信号发生器、点火控制器、高能点火线圈、高压线、火花塞等组成，如图4-6所示。

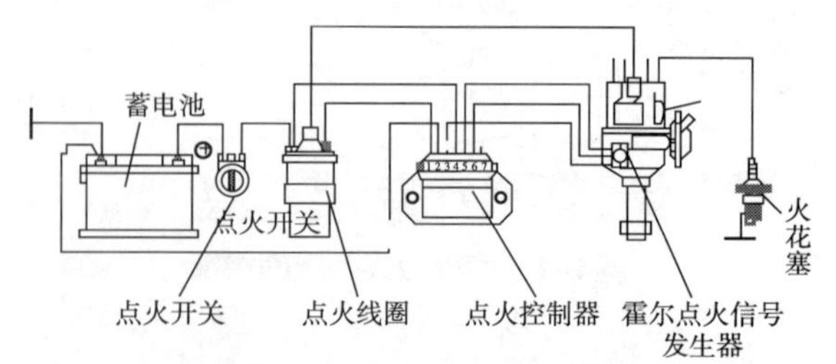

图4-6 霍尔式点火系的组成

霍尔式点火信号传感器结构如图4-7所示。发动机每完成一个工作循环，曲轴转两周，分电器轴及触发叶轮转一周，霍尔元件被交替地隔磁4次，因而随之产生4次霍尔电压。由于霍尔元件产生的霍尔电压为毫伏级，因此霍尔点火信号发生器输出的信号电压是把微弱的霍尔电压经放大、脉冲整形、变换后以矩形脉冲输出的电压。放大及转换信号由霍尔集成电路来完成。

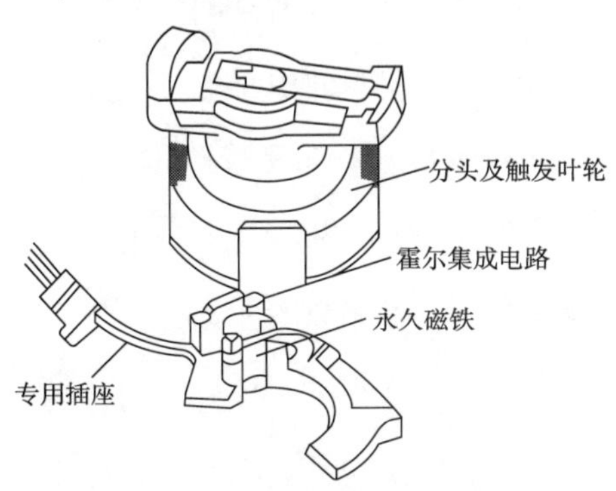

图4-7 霍尔信号发生器的结构

③ 光电式电子点火系统

光电式点火系统如图4-8所示。在分电器内装有遮光盘、光触发器和放大器。

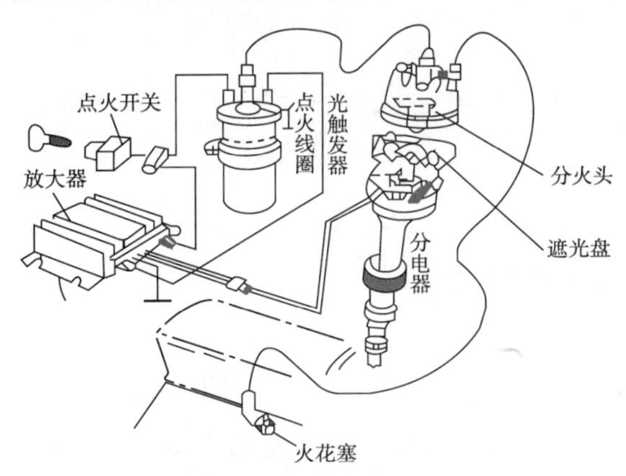

图4-8 光电式点火系统的组成

光电式点火系统的核心元件是光电式信号发生器，主要由光源（发光二极管）、光接收器（光敏三极管）和遮光盘三部分构成，如图4-9所示。

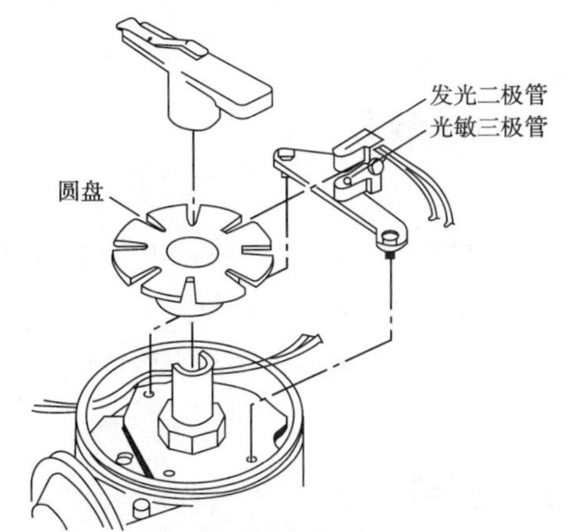

图4-9 光电式信号发生器的结构

其工作原理为：使用一发光二极管（LED）及一感光的光敏三极管以产生电压信号。信号转子为一有槽的圆盘，随分电器轴旋转，当槽对正信号发生器时，LED的光束触及光敏三极管，使其产生电压送出信号；遮光时无信号产生，如图4-10所示。

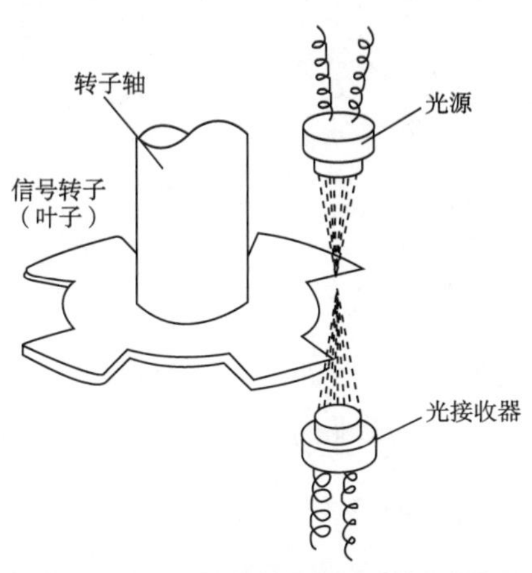

图4-10 光电传感器工作原理示意图

三、计算机控制点火系统

微型计算机控制点火系统（ESA）被广泛应用于现代汽车电控燃油喷射式发动机上，其与电子点火系统不同之处是利用微型计算机接收各传感器信号（主要为曲轴位置传感器或凸轮轴位置传感器信号），以进行点火正时、点火提前及发动机在各种运转状况时的点火时间修正。

计算机控制点火系统的组成示意图如图4-11所示，ECU接收曲轴位置传感器、空气流量计、冷却液温度传感器等的信号，以进行点火时间的控制与修正。计算机控制点火系统各部分的功用见表4-1。

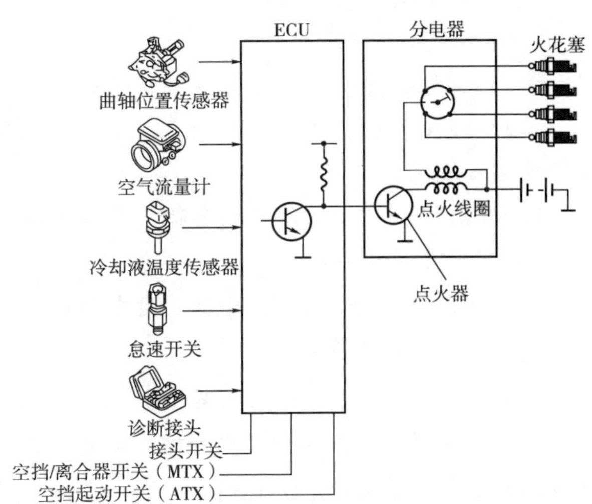

图4-11 计算机控制点火系统的组成示意图

计算机控制点火系统的组成及功用　　表4-1

组成		功能
传感器	空气流量计	检测进气量（负荷）信号输入ECU，点火系统的主控制信号
	进气歧管绝对压力传感器	
	曲轴位置传感器	检测曲轴转角（转速）信号输入ECU，点火系统的主控制信号
	凸轮轴位置传感器	检测凸轮轴转角信号输入ECU，点火系统的主控制信号
	节气门位置传感器	检测节气门开度信号输入ECU，点火系统的主控制信号
	冷却液温度传感器	检测冷却液温度信号输入ECU，点火系统的主控制信号
	起动开关	向ECU输入发动机正在起动中的信号，点火提前角的修正信号
	空调开关（A/C）	向ECU输入空调的工作信号，点火提前角的修正信号
	进气温度传感器	检测进气温度信号输入ECU，点火提前角的修正信号
	空挡起动开关	检测自动变速器P挡或N挡信号输入ECU，点火提前角的修正信号
	爆震传感器	检测发动机的爆震信号输入ECU，点火提前角的修正信号
	发动机负荷信号	检测发动机的负荷信号输入ECU，点火提前角的修正信号
执行器	点火控制器	根据ECU输出的点火控制信号控制点火线圈初级电路的通断，产生次级高压，同时，向ECU反馈点火确认信号
ECU		根据各传感器输入的信号，计算出最佳的点火提前角，并将点火控制信号输送给点火控制器

第二节　常见维修项目

任　务　检查、清洁和更换火花塞

一、技术标准与要求

（1）安装与1ZR型发动机配套使用的火花塞。

（2）1ZR型发动机火花塞检查、更换的时间和行驶里程规定：

10000km或半年（无TWC车辆）检查一次；40000km或两年更换一次。

火花塞检查、更换间隔周期，因车型而异，请参阅该车型的维修手册。

（3）1ZR型发动机旧火花塞中心电极和侧电极的间隙极限值为1.3mm；新火花塞中心电极和侧电极的间隙极限值为1.0～1.1mm。

（4）1ZR型发动机火花塞的紧固力矩为20N·m；

（5）1ZR型发动机火花塞中心电极与壳体间绝缘电阻值为10MΩ以上。

二、实训时间：30min

三、实训教学目标

（1）了解检查、清洁或更换火花塞的重要性。

（2）熟悉火花塞的结构和类型。

（3）掌握检查和更换火花塞的操作技能。

四、实训器材

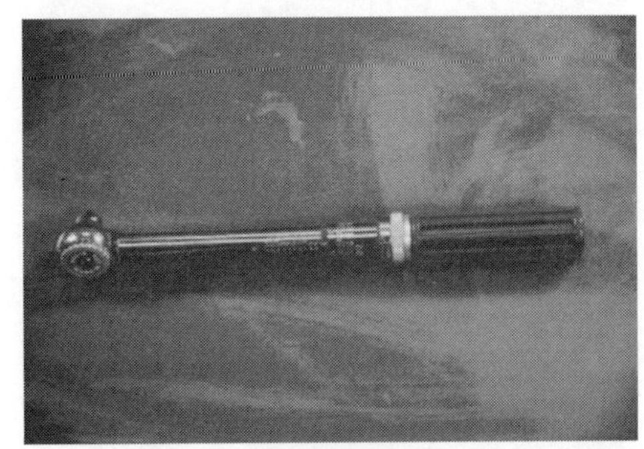

预紧力扳手

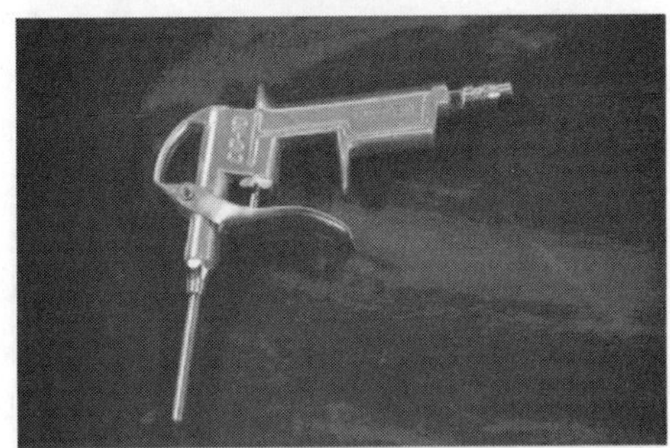

吹气枪

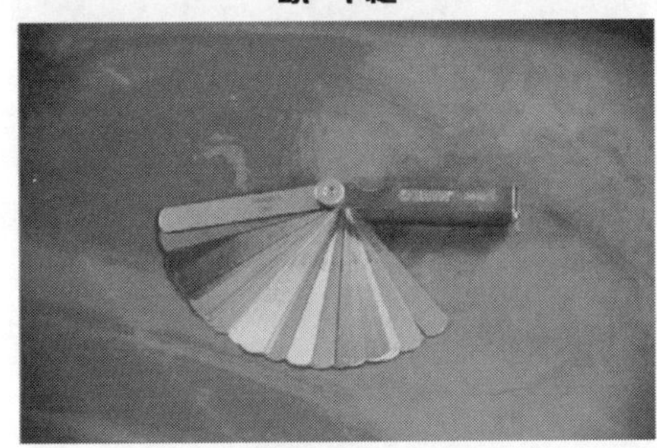

厚薄规

其他工具及器材：丰田卡罗拉型轿车，接杆、棘轮扳手。

五、教学组织

（1）教学组织形式：

每辆车安排4名学生实训，两名学生一组。一组操作，一组观察学习。

（2）学生站位分工和要求：

两名学生一组，按照1号、2号进行编号。1号为主，2号为辅助。

（3）实训教师职责：

讲解操作步骤和注意事项：下达“操作开始”口令；工位间巡视、检查、指导和纠正错误。

（4）学生职责变换：

两名学生实行职责变换制度，即第一遍1号为主，2号辅助；第二遍2号为主，1号辅助。

六、操作步骤

第一步 事前准备

1 车辆进入工位前，参训学生将工位区域清理干净，清除障碍物，准备好相关的工具、物品等。

提示：培养良好的工作习惯，做好事前准备，有利于安全操作和提高工作效率。

2 将车辆停驻在举升机平台的中央位置。

提示：车辆停驻于举升机平台的中央位置，为车辆的安全举升做好准备。

3 1号打开门锁。

提示：用遥控钥匙打开电动门锁，为进入驾驶室操作做好准备。

4 1号和2号共同安装车轮挡块。

提示：为保证车辆在工位上可靠停驻，防止出现溜滑，造成安全事故，要安装车轮挡块。

5 2号安装尾气收集管。

提示：为防止尾气污染环境，保护人体健康，要安装尾气收集管。

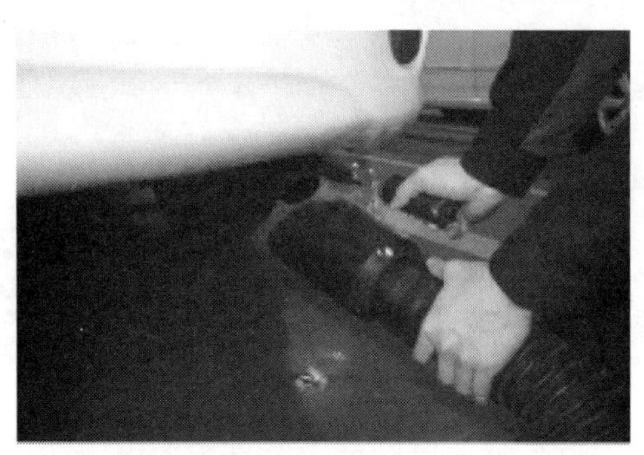

6 2号打开车门。

提示：左手拉车门把手打开车门带好三件套，准备进入车辆。

7 2号拉起发动机罩释放杆。

提示：拉起发动机罩释放杆时，用力不要过猛，否则容易导致释放杆盖损坏。

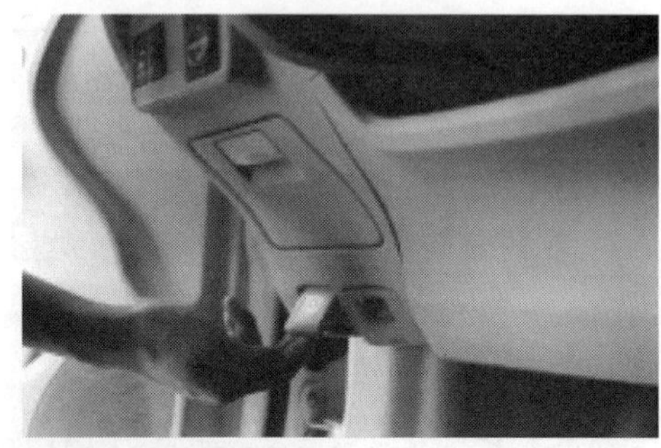

8 2号安装地板垫。

提示：铺设地板垫的主要目的是便于清除维修人员带入驾驶室内的脏物与杂物，保持驾驶室内地板清洁。

9 2号安装座椅套。

提示：安装座椅套时，用力要均匀，拉齐座椅套，使之整齐、美观。

10 2号安装转向盘套。

提示：转向盘套是由薄塑料制成的，极易破损。安装转向盘套时，不要生拉硬拽，否则会造成转向盘套破损。

11 2号将点火开关旋至“ON”,打开主驾驶侧电动车窗。

提示：打开主驾驶侧电动车窗，是为了车内通风以及当钥匙掉在车里时可以打开车门。

12 2号将变速杆置于P挡。

提示：发动机带挡操作属于违规操作，危险性极大。因此，发动机起动前应将变速杆置于P挡。

13　2号拉紧驻车制动杆。

提示：为保证车辆在工位上的可靠停驻，防止出现溜滑，造成安全事故，因此，要拉紧驻车制动杆。

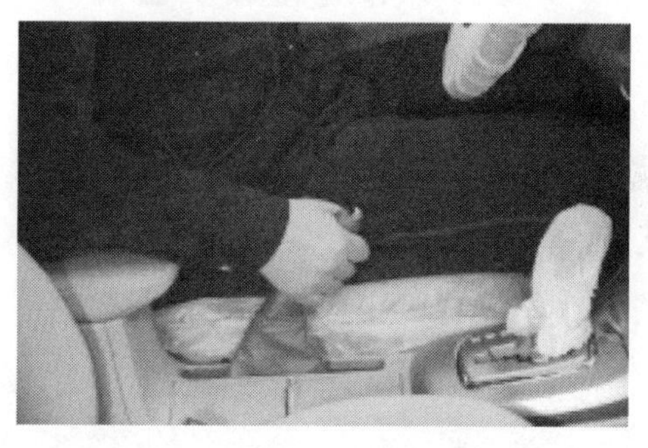

第二步　预热发动机

1　2号进入驾驶室，横向摆动变速杆，确认其处于空挡位置。

提示：发动机起动之前，应将变速杆置于N挡或P挡位置。

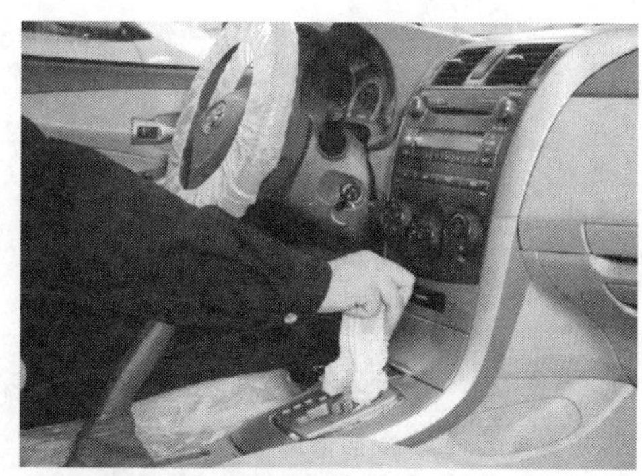

2　1号检查冷却液液面。

提示：如果储液罐中的冷却液液位在“FULL”和“LOW”之间，则冷却液液位是合适的。如果液位低，须加注冷却液。

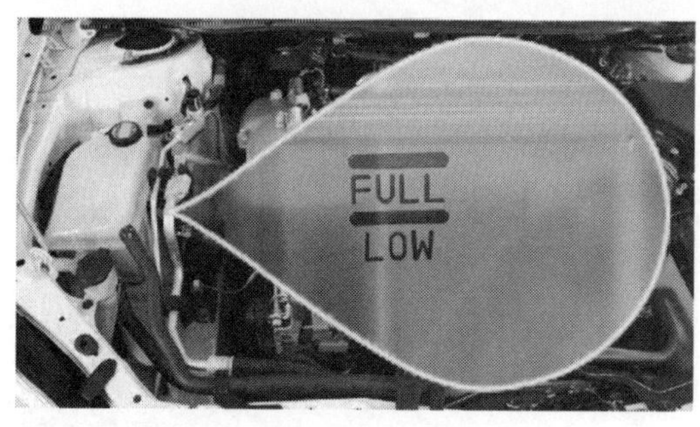

3　1号检查发动机机油液位。

提示：如果机油标尺上的机油液位在3/4之间，则机油液位是合适的。如果液位低，须加机油。

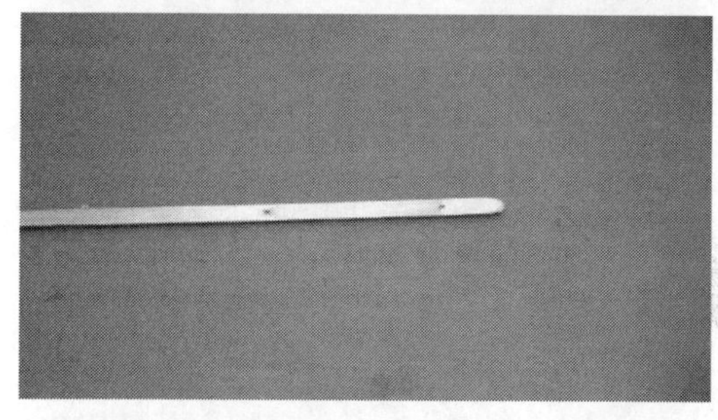

4　2号打开点火开关，起动发动机并保持怠速运转3～5min。其间观察水温表指示数值的变化，当水温达到60～70℃时关闭点火开关，停止发动机运转。

提示：

（1）提高发动机温度使冷却液黏度变小，有利于发动机内的冷却液排放彻底。

（2）起动发动机时，1号、2号配合口令是“起动”和“正常”。注意发动机起动器安全确认。

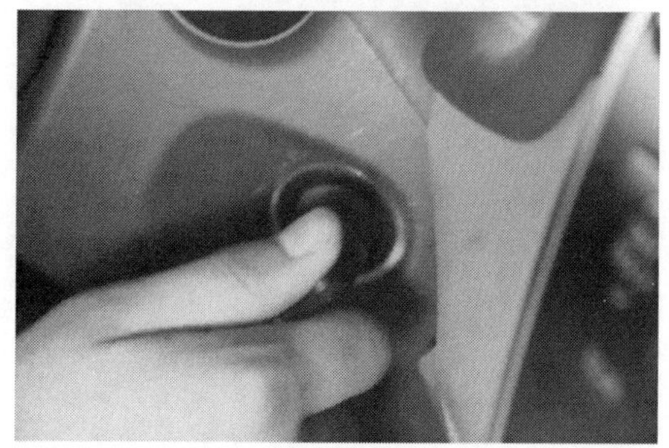

第三步　拆卸发动机装饰罩

1　1号用手取下空气滤清器附近的装饰板。

提示：装饰板是由橡胶材料制成的，通过卡孔、承座与车身上的销轴、空调系统中的储液干燥器相配合。取下装饰板时，双手握住装饰板的前后端，同时用力但不要过猛，防止折断。

2　1号将装饰板传递给2号。

3　2号将装饰板摆放在零件车上。

第四步　清洁发动机上部

1　2号将吹气枪传递给1号。

2　1号使用吹气枪将发动机上部的灰尘、杂物等清理干净。

提示：将发动机上部的尘土、杂物清理干净，是规范操作的基本要求。

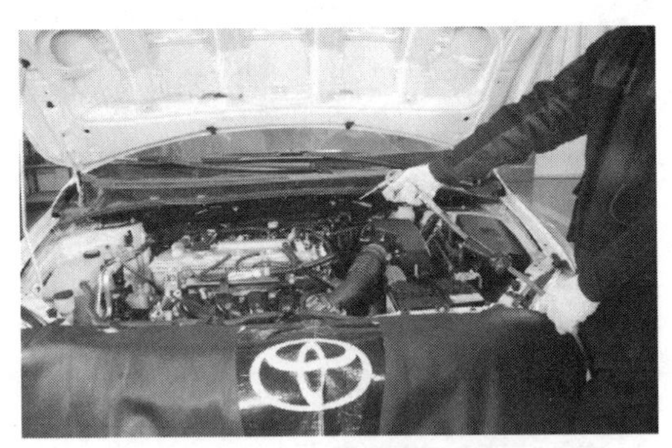

第五步　拔下各缸喷油器插头

1　1号拔下各缸喷油器电插头。

提示：

（1）拔下电插头时，拇指和食指按压卡片，同时用力向上拔即可。禁止使用螺丝刀等类似器具撬动，以免损坏电插头。

（2）拔下喷油器电插头的主要目的是在检测发动机汽缸压力的过程中，禁止喷油器向汽缸内喷射燃油，导致燃油浪费和冲刷汽缸壁。

（3）取下电器元件的电插头时要保持点火开

关处于关闭状态。

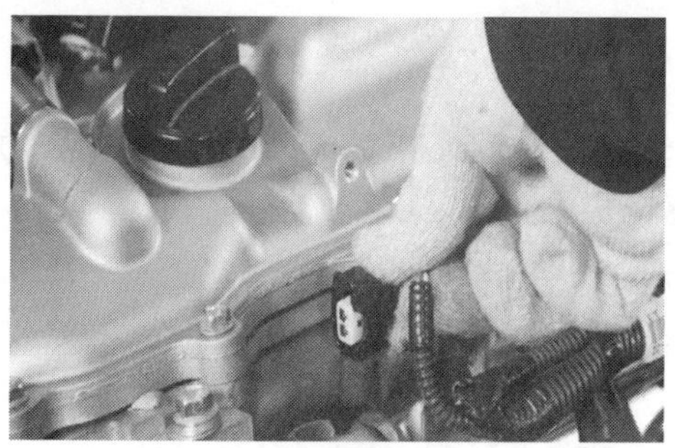

第六步　拆卸点火线圈

1　1号拔下安装在点火线圈上的插头。

提示：

（1）点火线圈根据发动机控制单元ECU进行点火并产生高压电。

（2）插头与插脚间配合较紧，拔出插头时较为困难，要先用手压下限位器，然后用力向外拉。严禁使用器具撬动或外拉时摇晃插头，容易导致空气流量传感器和插头的损坏。

2　2号将10#扳手传递给1号。

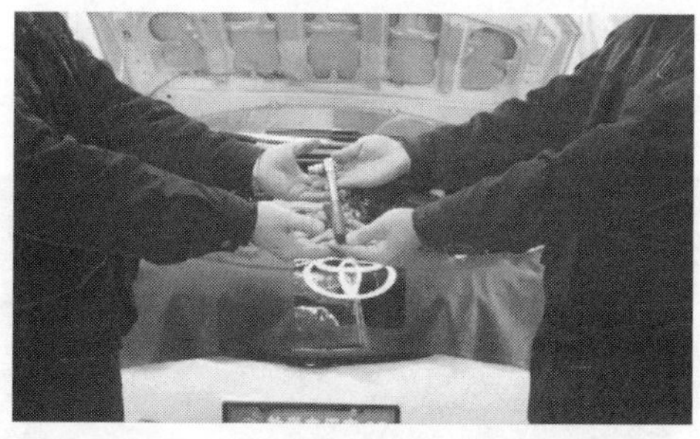

3　1号使用10#扳手拆下点火线圈。

4　1号取下点火线圈。

提示：取下时应做好顺序标记。

5　点火线圈放到零件车上。

提示：应将点火线圈排放整齐。

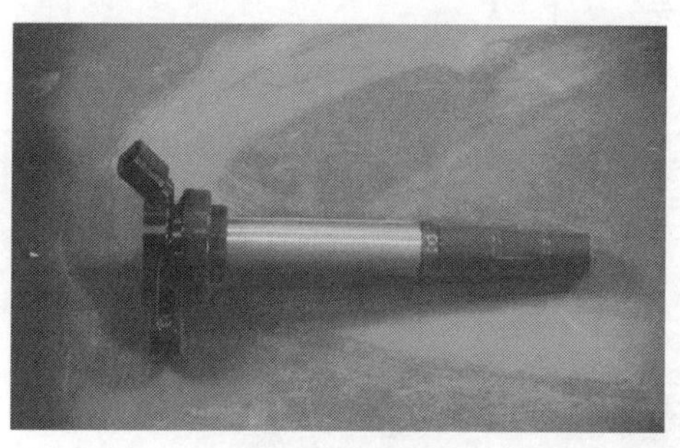

第七步　拆卸火花塞

1　2号将火花塞拆装扳手传递给1号。

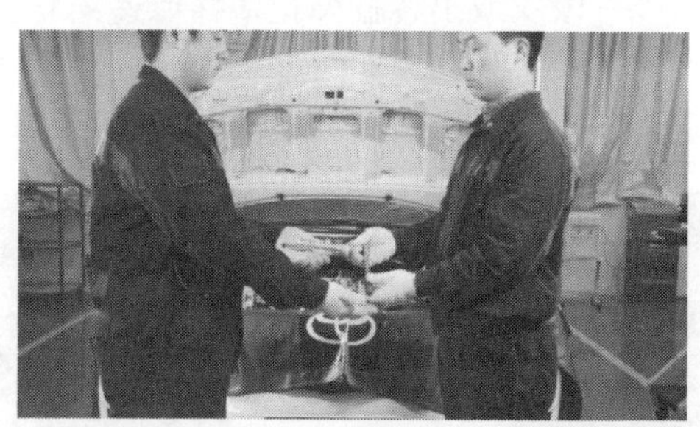

2　1号使用火花塞拆装套筒套装于火花塞的外壳螺方上。

提示：将扳手套装在火花塞上时，要保证套筒和火花塞螺方对正，同时注意工具不要碰伤喷油器的电插头。

3　1号使用火花塞拆装扳手旋松火花塞。

提示：注意旋松火花塞时工具的用力方向，防止损伤螺纹孔中的螺纹。一旦损伤，则更换汽缸盖。

4 1号使用手旋松火花塞。

提示：为防止滑牙，必须用手拧松，培养手感。

5 1号依次取出各缸火花塞并传递给1号。

提示：火花塞扳手的套筒内有橡胶套，用于固定火花塞，便于火花塞带出或放入承孔。

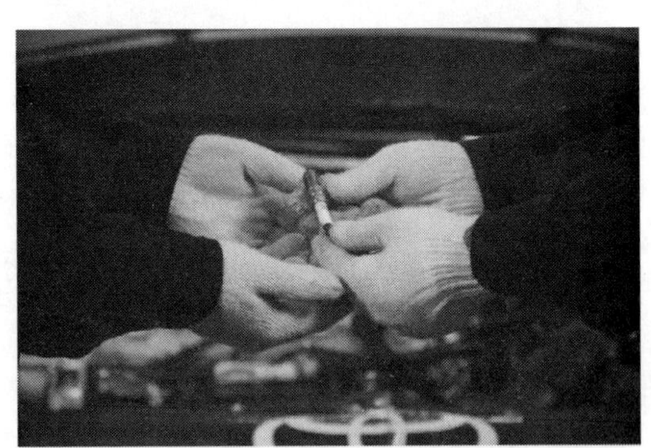

6 将拆下的4个缸的火花塞和点火线圈放到零件车上。

提示：应将点火线圈零件排放整齐。

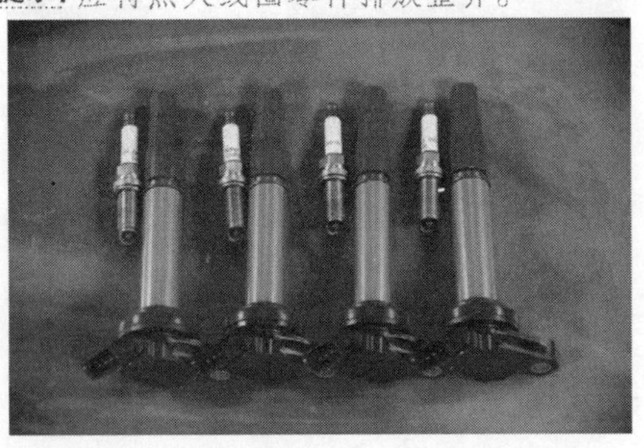

第八步 辨别火花塞电极颜色

1号目视检查火花塞电极的烧蚀情况，并观察火花塞电极的色泽。

提示：火花塞电极的色泽，在一定程度上说明了发动机汽缸内气体的燃烧状况。如电极为灰白色，说明缸内气体燃烧良好；电极为碳黑色，说明缸内气体燃烧状况差，电极上黏附有积炭，说明发动机有烧机油现象存在。

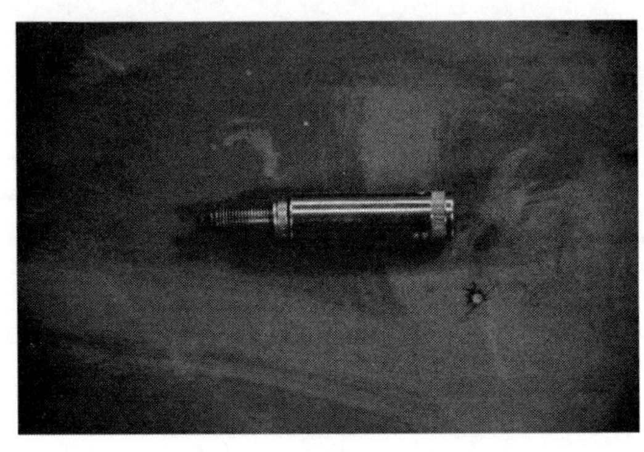

第九步 清洁火花塞

1 1号使用铜丝刷清除火花塞中心电极和侧电极上附着的积炭等污物。

提示：

（1）火花塞电极上的积炭等污物，在发动机工作时，会变成炽热物，容易引发混合气的异常燃烧现象—早燃，该现象对发动机的机件损伤严重，并且影响到发动机的正常使用性能。

（2）火花塞电极上的污物常用的清理方法有两种：用铜丝刷或细纱布；专用火花塞积炭清洗仪。

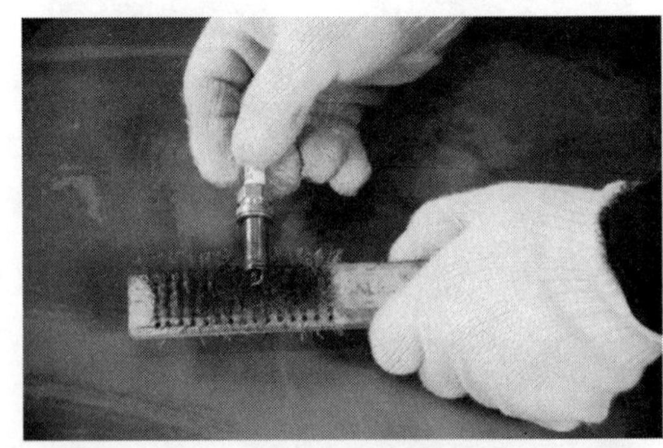

2 1号使用铂金砂条清理电极间的积炭等污物。

提示：电极间的积炭会降低高压电火花的击穿能量，使点火性能下降，降低发动机的起动性能、影响到发动机的动力性和经济性。另外，应分析火花塞产生积炭的原因。

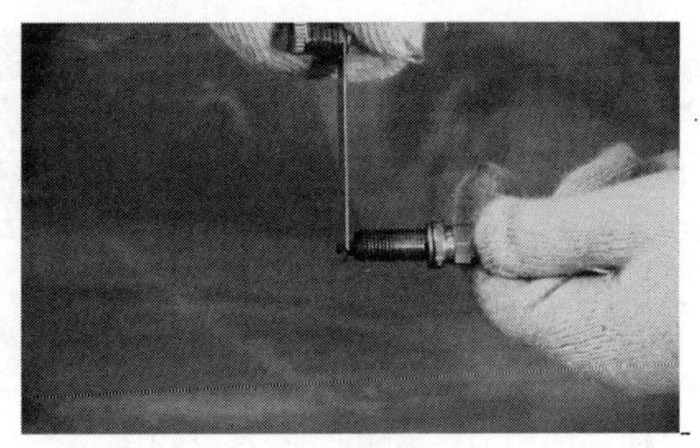

第十步 测量、调整火花塞电极间隙

1 1号使用厚薄规测量中央电极和侧电极之间的间隙值。

提示：使用厚薄规进行电极间隙测量时，选择的规片厚度要适当，以轻轻拉动规片感觉稍有阻力为宜，然后读取规片厚度值，即电极间隙值。

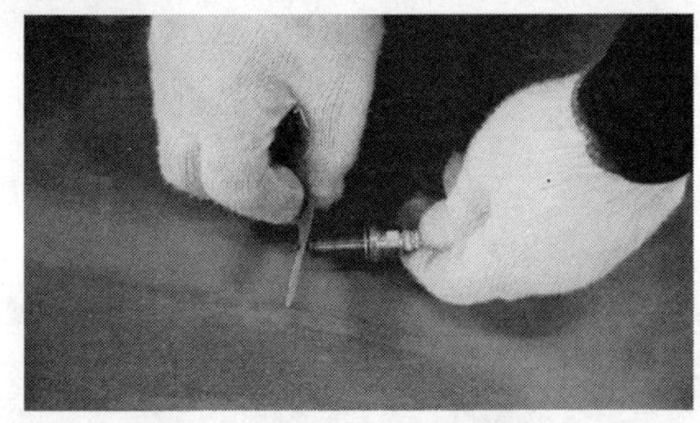

2 1号将火花塞电极间隙调整到规定值。

提示：

（1）调整火花塞电极间隙时，如条件允许使用专用调整工具，或使用尖嘴钳进行调整。有些类型的火化塞不需要调整电机间隙，只需定期更换，如铂金头火花塞、铱金头火花塞等。

（2）发动机用火花塞的电极间的间隙值为：1.0~1.1mm。若间隙过大，需要放电电压高；若间隙过小，需要放电电压低。以上两种情况说明，电极间隙过大或过小均会影响发动机的点火性能。

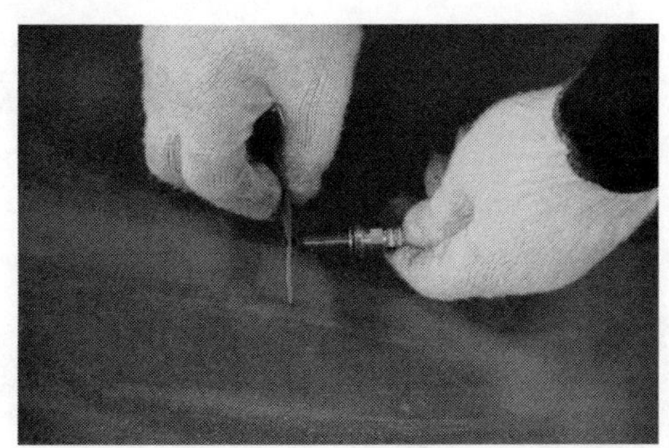

第十一步 检查点火线圈

检查点火线圈。

提示：火花塞套管、螺栓盖、连接弹簧无损坏，否则更换。

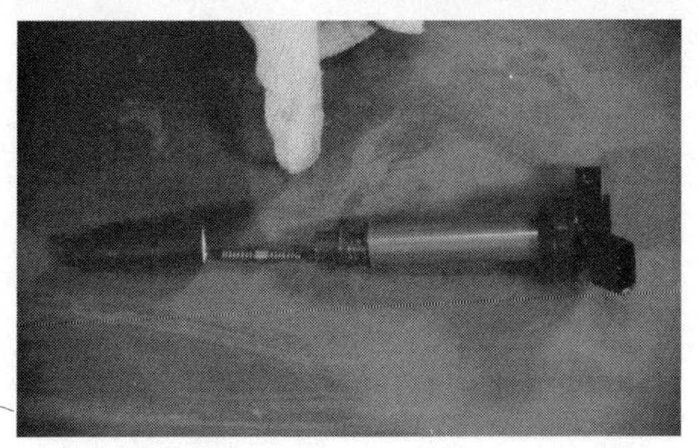

第十二步 安装火花塞

1 2号将火花塞拆装扳手传递给1号。

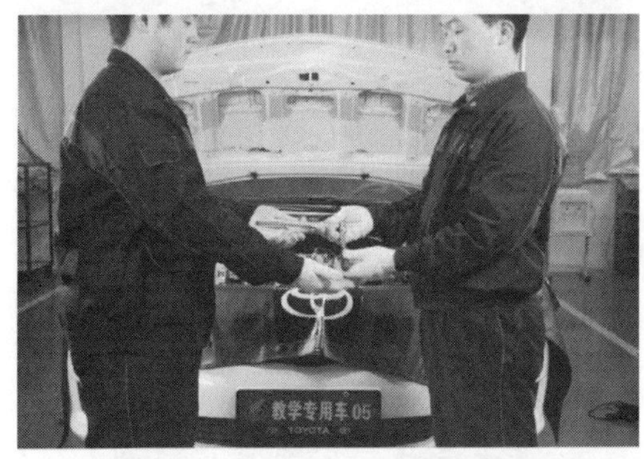

2 1号使用火花塞拆装套筒套装于火花塞的外壳螺方上。

提示：火花塞的检查不再赘述。

3 1号使用手旋紧火花塞。

提示：安装火花塞时，其螺纹是否对正，完全依靠经验或感觉，这一点应在实践中去体会。

4 2号将预紧力扳手传递给1号。

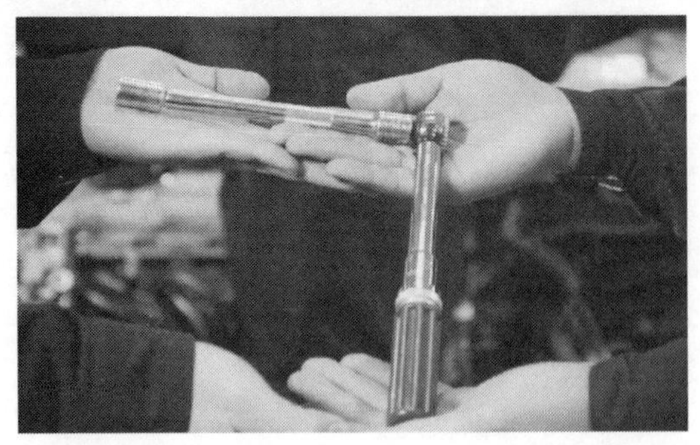

5　用预紧力扳手按规定力矩拧紧火花塞。

提示：火花塞拧紧力矩为20N·m。

第十三步　安装点火线圈

1　2号将点火线圈传递给1号。

2　1号安装点火线圈。

提示：安装时注意方向。

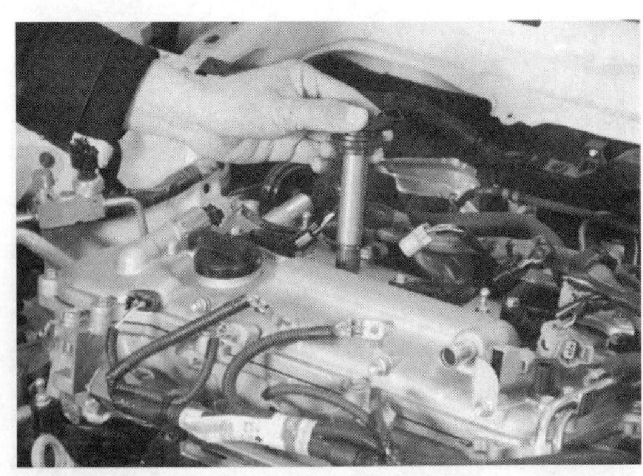

3　2号将10#扳手传递给1号。

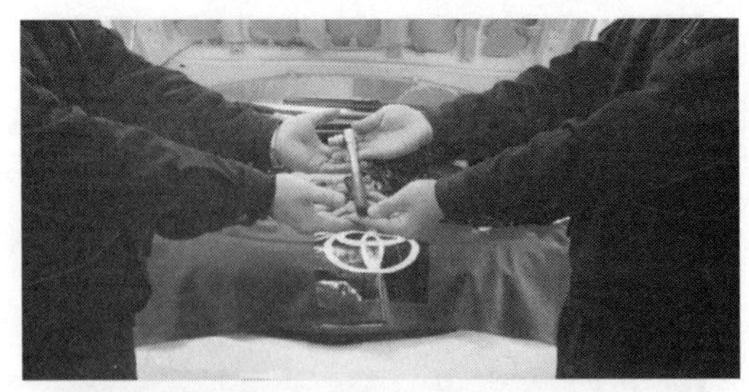

4　1号使用10#扳手拧紧点火线圈。

提示：拧紧力矩为10N·m。

5　连接点火线圈插头。

提示：点火线圈根据发动机控制单元ECU进行点火并产生高压电。

第十四步　连接各缸喷油器插头

1号连接各缸喷油器电插头。

提示：

（1）连接电插头时，拇指和食指按压卡片，同时用力向下按即可，禁止使用螺丝刀等类似器具撬，以免损坏电插头。

（2）第五步中拔下喷油器电插头的主要目的是在检测发动机汽缸压力的过程中，禁止喷油器向汽缸内喷射燃油，导致燃油浪费和冲刷汽缸壁。

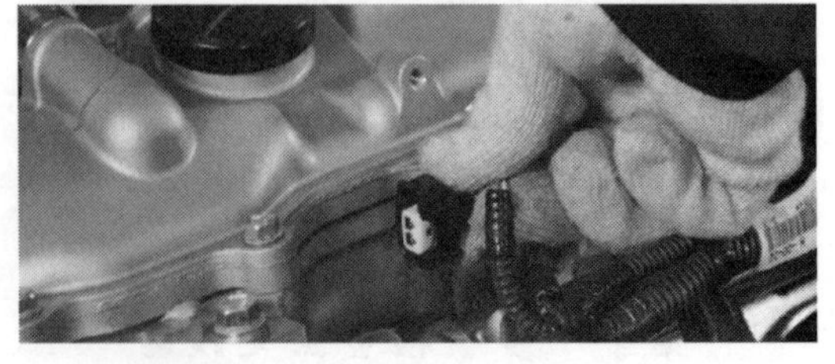

第十五步　安装发动机装饰罩

1　2号将装饰板传递给1号。

2 1号将装饰板安装到车身上。

提示： 装饰板是由橡胶材料制成的，通过卡孔、承座与车身上的销轴、空调系统中的储液干燥器相配合。安装装饰板时，双手握住装饰板的前后端，同时用力但不要过猛，防止折断。

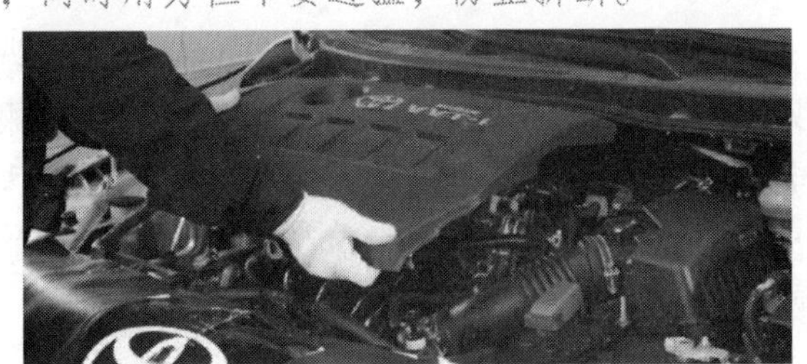

第十六步 整理工位

1号、2号共同拆除护裙；关闭发动机舱盖；擦拭摆放工具；处理废弃物；清洁地面卫生。

提示： 作业项目完成后，要做好工位的清洁、清理、清扫、整理和整顿工作，培养良好的工作习惯。

七、考核标准

考核标准表

考核时间	序号	考核项目	满分	评分标准	得分
30min	1	打开并支撑机舱盖	3	操作不当扣3分	
	2	安装汽车保护罩	3	操作不当扣3分	
	3	检查驻车制动杆	3	检查遗漏扣3分	
	4	检查变速器挡位	3	检查遗漏扣3分	
	5	报发动机水温	3	报告错误扣3分	
	6	拆卸发动机装饰罩	4	操作不当扣4分	
	7	清洁发动机上部	3	操作不当扣3分	
	8	拆下喷油器电插头	5	操作不当扣5分	
	9	拆下点火线圈	5	操作不当扣5分	
	10	拆卸火花塞	6	操作不当扣6分	
	11	清洁火花塞积炭	7	操作不当扣7分	
	12	测量电极间隙	5	报告错误扣5分	
	13	调整电极间隙	4	操作不当扣4分	
	14	测量电极间隙	5	操作不当扣5分	
	15	调整电极间隙	4	操作不当扣4分	
	16	检查火花塞密封垫圈	3	操作不当扣3分	
	17	检查点火线圈	4	操作不当扣4分	
	18	安装火花塞	6	操作不当扣6分	
	19	安装点火线圈	6	操作不当扣6分	
	20	确认点火线圈的顺序	5	操作不当扣5分	
	21	安装喷油器电插头	6	操作不当扣6分	
	22	安装发动机装饰罩	4	操作不当扣4分	
	23	作业后整理工位	3	整理遗漏扣3分	
	24	遵守相关安全规范	因违规操作造成人身伤害和设备事故的，总分按0分计		
分数合计			100		

第五章　声光系统

第一节　需用知识

一、喇叭

汽车喇叭是用来警告路上车辆或行人的警报装置。喇叭主要有电磁式、电子式和压缩空气式三种类型。

1 电磁式喇叭

1.喇叭的工作原理

将一片薄钢板周围固定，中央放置电磁铁，当开关闭合时，电磁铁产生吸力吸引钢板，开关断开时，钢板由本身的弹性弹回，产生振动，即可发出声波。如果使开关连续地闭合、断开，即可使钢板连续振动空气而发出声音，如图5-1所示。

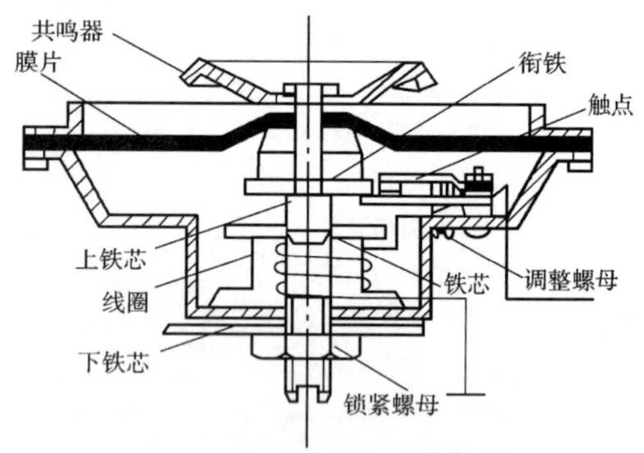

图5-1　电磁式喇叭的作用原理

2.电磁式喇叭的组成

电磁式喇叭一般包括高音喇叭、低音喇叭、喇叭继电器、喇叭按钮、电源、熔断丝等。因喇叭耗电量大，故使用继电器，避免按钮处产生过大的火花，以延长使用寿命。常见的电磁式喇叭为螺旋形喇叭和盆形喇叭。

盆形喇叭：盆形喇叭和喇叭继电器的结构如图5-2所示，盆形喇叭触点闭合后电磁铁（线圈）将膜片拉近，接近后触点断开，电流被断开，如此反复进行引起振动，发出声音。

螺旋形喇叭：螺旋形喇叭是利用螺旋管的共鸣产生较柔软的音色，体积比盆形喇叭大。螺旋形喇叭的基本结构如图5-3所示，它以螺旋管的音响管取代盆形喇叭的共振板，其他的驱动回路、触点机构等均与盆形喇叭相同。

2 电子式喇叭的结构

电子式喇叭的结构如图5-4所示，其发音体采用压电元件，以产生悦耳的声音，电子式喇叭具有省电、噪声低等优点。

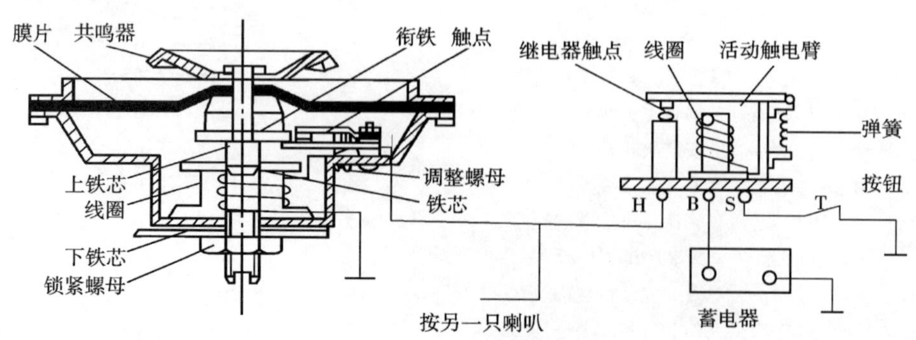

图5-2　盆形喇叭的结构

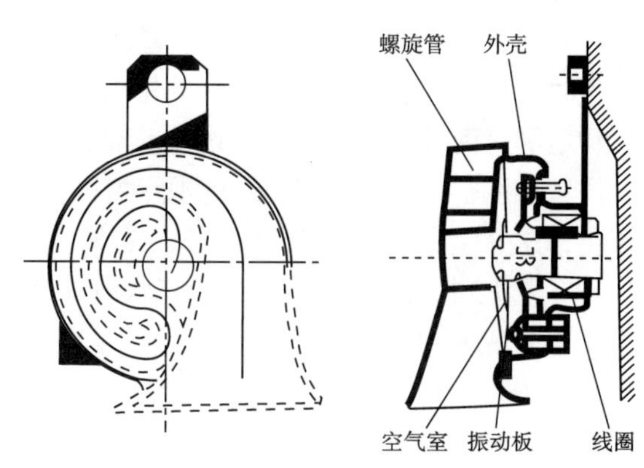

图5-3　螺旋形喇叭的结构

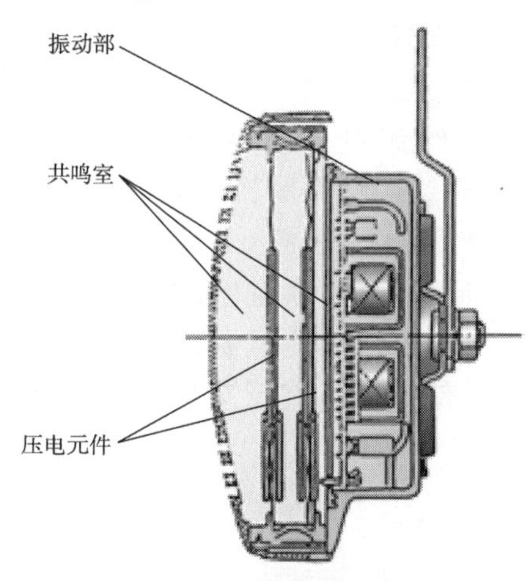

图5-4　电子式喇叭的结构

二、照明与信号系统

为了保证汽车行驶安全，现代汽车上都装备包括车外照明与信号系统（如图5-5）。照明系统用于提供车辆夜间安全行驶必要的照明和车内照明等，信号系统用于提供安全行车所必需的灯光信号。

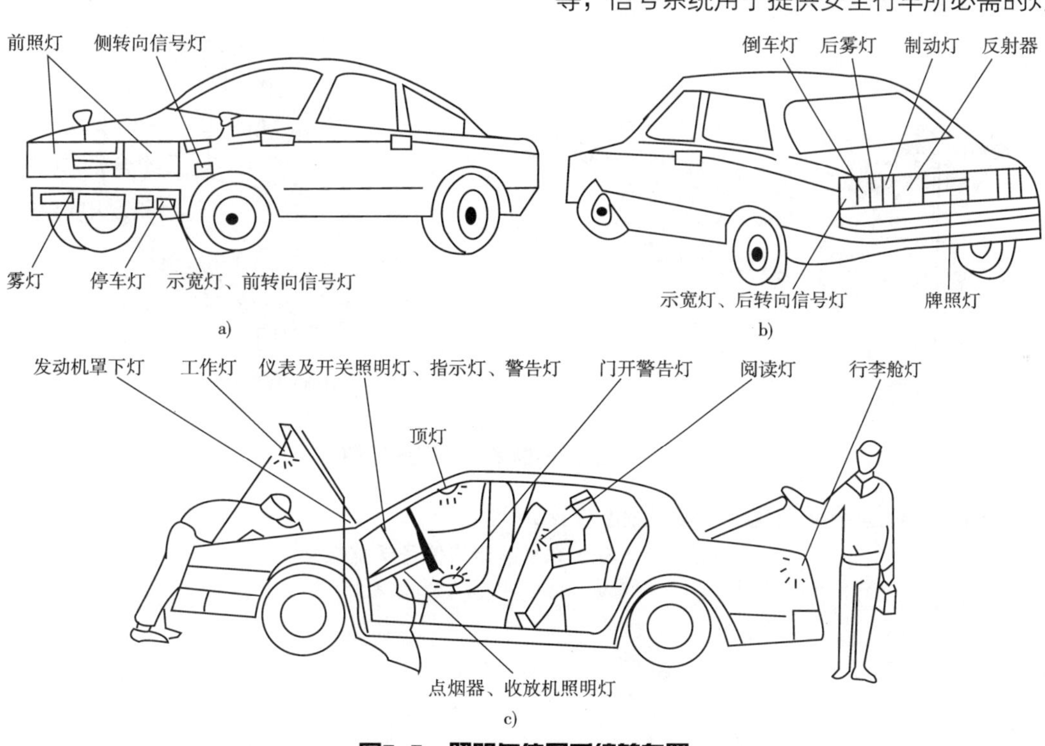

图5-5　照明与信号系统的布置

1 照明系统

（1）前照灯。前照灯也称前大灯或头灯，装于汽车头部两侧，用于夜间行车时的道路照明，灯光为白色，功率一般为30～60W。前照灯包括远光灯和近光灯两种（图5-6），远光灯用于保证车前有明亮而均匀的照明，使驾驶人能辨明100~150m以内道路上的任何障碍物；近光灯在会车和市区内使用，用于保证夜间车前50m内的路面照明，以及避免两车交会时造成驾驶人炫目而发生事故。

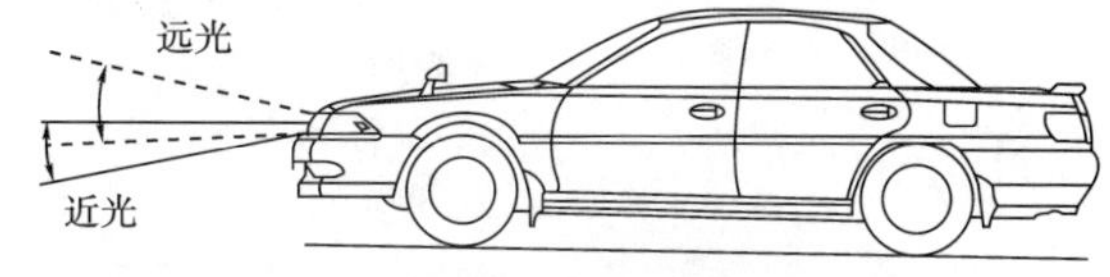

图5-6　远光和近光

前照灯的结构和安装位置如图5-7所示，主要由灯泡、反射镜和配光镜三部分组成。

前照灯灯泡有充气灯泡、卤素灯、氙气灯泡和新型高压（20kV）放电氮灯等几种类型。为了防止炫目，前照灯的灯泡一般采用双灯丝结构，一根为远光灯丝，另一根为近光灯丝。远光灯丝功率较大，位于反射镜焦点；近光灯丝功率较小，位于焦点上方或前方。远光灯丝点亮时，光束照亮较远的路面；近光灯丝点亮时，光束照亮较近的路面。

前照灯反射镜的作用是将灯泡的光线聚合并导向远方。配光镜的作用是将反射镜反射出的平行光束折射，使车前路面和路缘均有很好的照明效果。

前照灯由灯光总开关控制，变光开关控制远近光变换。有的车还有超车灯开关控制远近光变换。

（2）雾灯。雾灯用于雨、雪、雾或尘埃弥漫天气时的行车照明并具有信号灯的作用。雾灯有前雾灯和后雾灯两种。前雾灯装于汽车前部比前照灯稍低的位置（图5–7）。雾灯的光色规定为黄色、橙色或红色，这是因为这些颜色光波较长，透雾性能好。

雾灯由雾灯开关控制，有些汽车的雾灯开关又受灯光总开关控制。

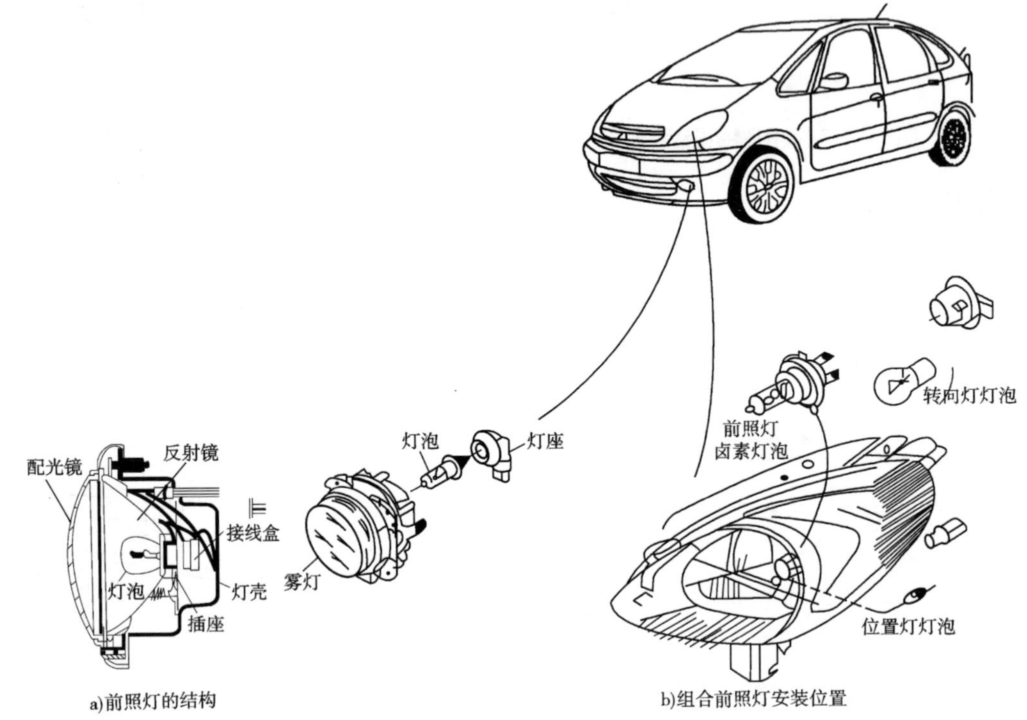

图5–7　前照灯的结构和安装位置

卡罗拉（1.6L）车型照明与信号系统规格见表5–1。

卡罗拉（1.6L）车型照明与信号系统规格　　表5–1

项　目			功　率/W	类　型
车外灯	前照灯	近光（卤素灯泡）	51	HB4卤素灯泡
		近光（氙气灯泡）	35	D4R氙气灯泡
		远光	60	HB3卤素灯泡
	前雾灯		55	H11卤素灯泡
	前示宽灯		5	楔形座灯泡（无色）
	前转向信号灯		21	楔形座灯泡（琥珀色）
	侧转向信号灯		5	楔形座灯泡（琥珀色）
	制动灯		21/5	楔形座灯泡（无色）
	后转向信号灯		21	单头灯泡（无色）
	倒车灯		16	楔形座灯泡（无色）
	后雾灯		21	楔形座灯泡（无色）
	牌照灯		5	楔形座灯泡（无色）
车内灯	梳妆灯		8	楔形座灯泡（无色）
	车内灯		8	双头灯泡
	车顶阅读灯		8	楔形座灯泡（无色）
	行李舱灯		3.8	楔形座灯泡（无色）
	前门门控灯		5	楔形座灯泡（无色）

（3）牌照灯。牌照灯装于汽车尾部的牌照上方，用于夜间照亮汽车牌照。牌照灯由灯光总开关控制，灯光总开关接通，牌照灯就亮。

（4）仪表灯。仪表灯装于汽车仪表板上，用于仪表照明。仪表灯由灯光总开关控制，灯光总开关接通，仪表灯就亮。有些车辆还增加了仪表灯亮度调节装置，以便于驾驶人任意调节仪表灯亮度，获取行车信息和进行正确操作。仪表灯的数量根据仪表设计布置而定。

（5）车顶灯。车顶灯又称车内灯或室内灯，装于驾驶室或车厢顶部，主要用于车内照明，通常由灯光总开关和车顶灯开关共同控制。有的车顶灯还具有门灯的作用，它还受车门开关控制。当车门关闭不严时，车顶灯亮，以提醒驾驶人注意。其开关通常有三个位置，“OFF”时灯熄，“ON”时灯一直亮着，“DOOR”时在车门打开时灯才亮，车门关闭后熄灭，如图5-8所示。现代汽车利用定时器电路在车门关闭后使车顶灯持续点亮约10～15s才熄灭，以方便驾驶人及乘客。

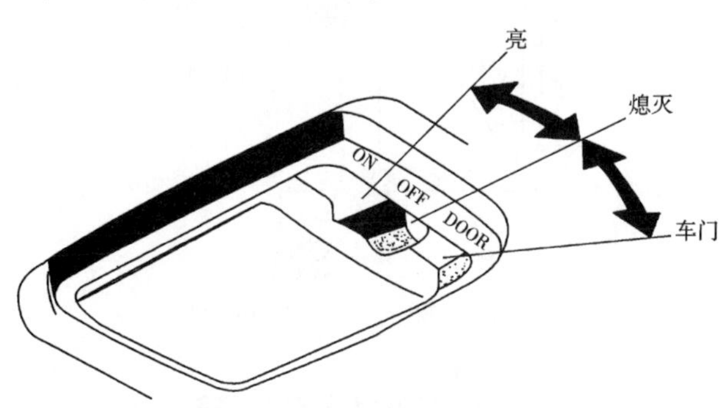

图5-8 车顶灯

（6）工作灯。车上一般只装工作灯插座，配带导线及移动式灯具，为排除汽车故障或检修提供照明。

（7）阅读灯。为了便于乘客阅读，有些车辆安装了阅读灯（又称地图灯、个人灯、内小灯等），安装在前座椅上方，灯光一般为白色，由阅读灯开关控制，按下开关灯亮，点火开关在任何位置时均可作用，如图5-9所示。

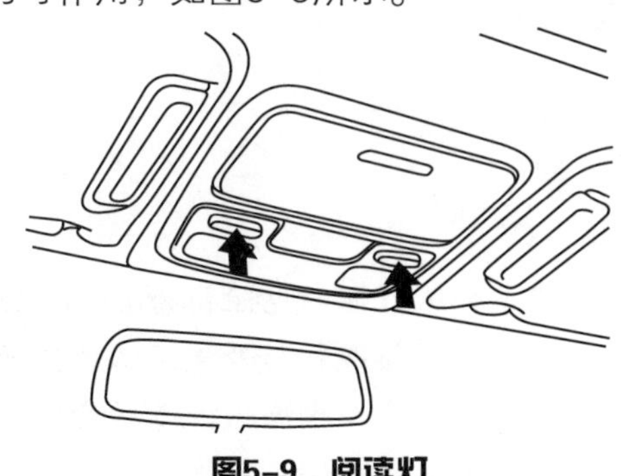

图5-9 阅读灯

（8）点火开关照明灯。所有车门关闭后，点火开关照明灯会持续点亮10～15s才熄灭，以方便驾驶人插入钥匙，如图5-10 所示。

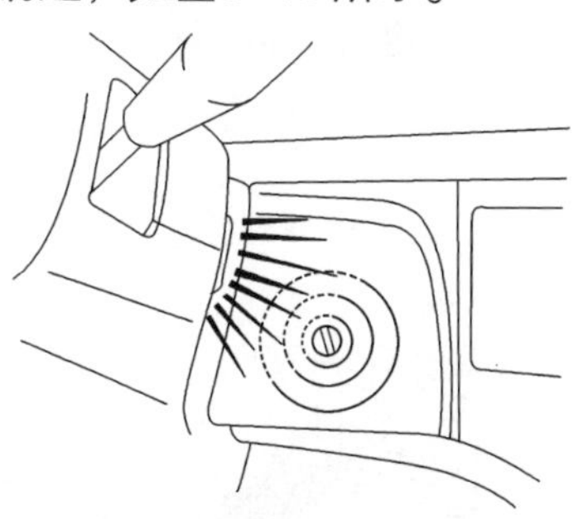

图5-10 点火开关照明灯

（9）车门灯。车门灯又称探照灯，装在4个车门下方，当车门打开时灯亮，照亮地面，以方便进出车辆的驾驶人及乘客，如图5-11所示。

（10）行李舱灯。行李舱灯装于行李舱顶部，用于夜间行李舱门打开时照亮行李舱，它的灯光一般为白色，由灯光总开关和行李舱门控开关共同控制。

（11）发动机机罩灯。发动机机罩灯装于发动机罩内侧，用在夜间发动机舱打开时照亮发动机舱，它的灯光一般为白色，由灯光总开关和发动机罩门控开关共同控制。

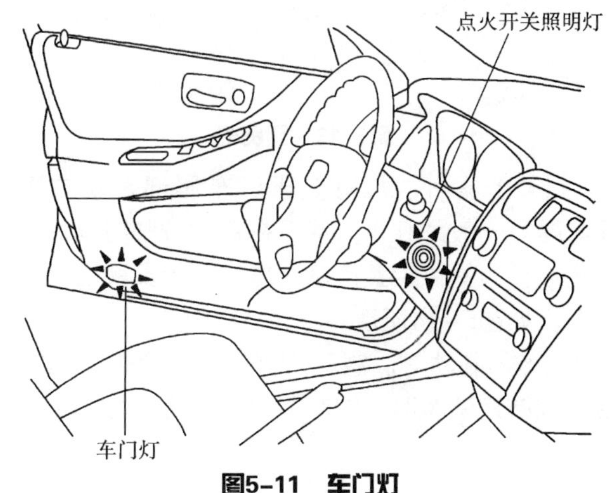

图5-11 车门灯

2 信号系统

（1）转向信号灯。转向信号灯简称转向灯，由转向开关控制。在汽车起步、超车、转弯和停车时，左侧或右侧的转向信号灯会发出明暗交替的闪光信号，以示汽车改变行驶方向。汽车的转向信号灯大都采用橙色，闪光频率一般为60～95次/min。转向信号灯装在汽车前后或侧面，每侧至少有两个。

（2）危险警报灯。危险警报灯又称为危险报警灯，它与转向信号灯共用同一套灯具。当车辆在路面上遇到紧急情况需要处理时，按下危险警报开关（图5-12），全部转向灯同时闪烁，提醒后方车辆避让。

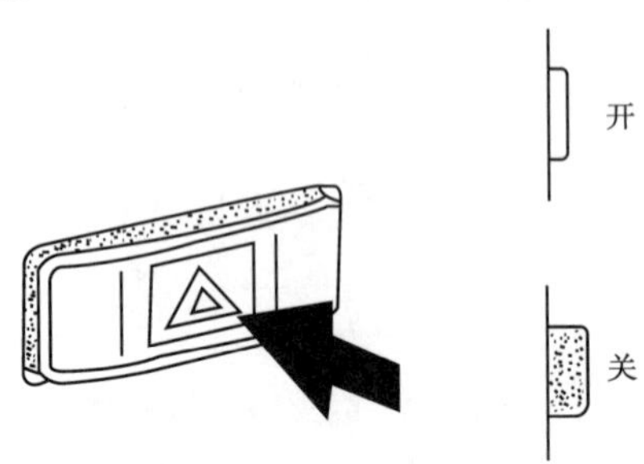

图5-12 危险警报灯开关

（3）示宽灯。示宽灯又称小灯、驻车灯或停车灯，装在车辆前面两侧对称位置，如图5-13所示，有些车辆在翼子板上也有安装。示宽灯大都采用白色，用于标示汽车夜间行驶或停车时的宽度轮廓。示宽灯由车灯开关控制，车灯开关接通，示宽灯就点亮。

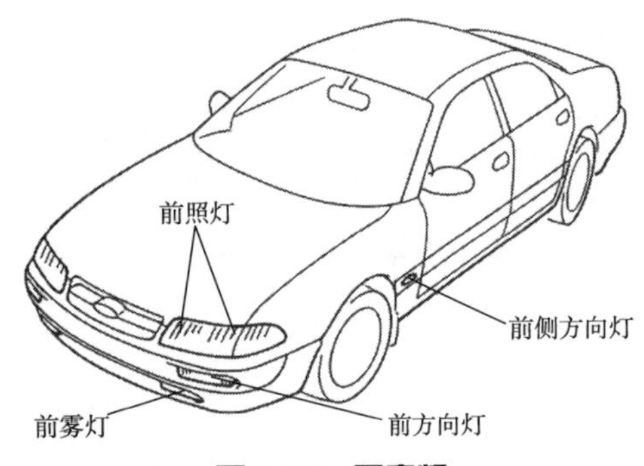

图5-13 示宽灯

（4）尾灯。尾灯装于汽车尾部，左右各一只。尾灯一般为红色，用于在夜间行驶时向后面的车辆或行人提供位置信息。尾灯一般安装在后组合灯内，如图5-14所示。

（5）制动灯。制动灯装于汽车后面，当汽车制动或减速停车时，向车后发出灯光信号，以警示随后车辆及行人。

制动信号灯是与汽车制动系统同步工作的，它通常由制动灯开关（图5-15）控制。踩下制动踏板时，开关内的触点接通，制动灯点亮。有些车辆装备有高位制动灯，因其位置比后灯座的制动灯高，警示效果更佳，可提高行车安全。

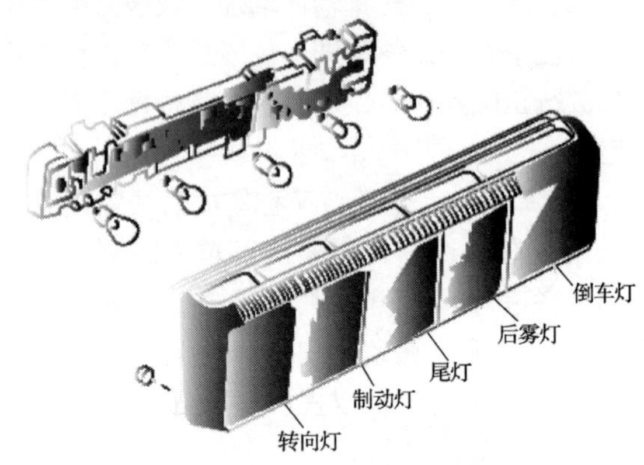

图5-14 后组合灯（横式造型）

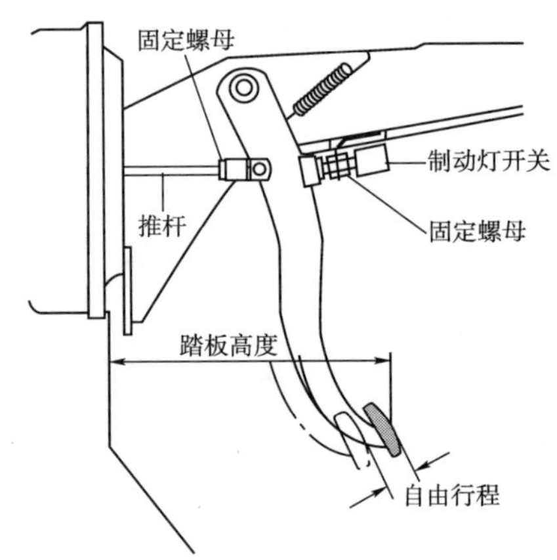

图5-15 制动灯开关的位置

（6）倒车灯。倒车灯装于汽车尾部，左右各一只。倒车灯一般为白色。用于照亮车后路面，并警示车后的车辆和行人，表示该车正在倒车，提高倒车时的安全性。

倒车灯由装在变速器上的倒车灯开关控制，当变速杆拨至倒车挡时，倒车信号开关将倒车信号电路接通，倒车灯点亮。

第二节 常见维修项目

任务一 检查或更换汽车喇叭

一、技术标准与要求

（1）安装丰田卡罗拉轿车配套使用的汽车喇叭。

（2）汽车喇叭线圈的电阻值为0.4~1.5Ω。

（3）汽车喇叭接线柱与外壳绝缘性良好。

（4）正确调整汽车喇叭的音量和音调。

（5）正确连接汽车喇叭导线。

二、实训时间：20min

三、实训教学目标

（1）了解检查和更换汽车喇叭的必要性。
（2）熟悉汽车喇叭的结构与工作原理。
（3）掌握检查和更换汽车喇叭的操作技能。

四、实训器材

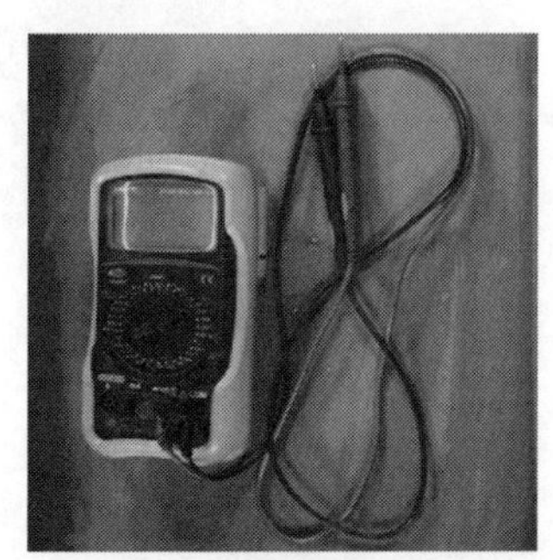
万用表

蓄电池

其他工具及器材：ϕ10mm套筒、棘轮扳手、翼子板护裙及驾驶室内三件套等。

五、教学组织

（1）教学组织形式：

每辆车安排4名学生参与实训，两名学生为一组。一组操作，一组观察学习。

（2）学生站位分工和要求：

两名学生一组，按照1号、2号进行编号，1号为主，2号为辅。

（3）实训教师职责：

讲解操作步骤和注意事项；下达“操作开始”口令；工位间巡视、检查、指导和纠正错误。

（4）学生职责变换：

两名学生实行职责变换制度，即第一遍1号为主，2号为辅；第二遍2号为主，1号为辅。

六、操作步骤

第一步　事前准备

1　车辆进入工位前，参训学生将工位区域清理干净，排除障碍物，准备好相关的工具、物品等。

提示：培养良好的工作习惯，做好事前准备，有利于安全操作和提高工作效率。

2　将车辆停驻在举升机平台的中央位置。

提示：车辆停驻于举升机平台的中央位置，为车辆的安全举升做好准备。

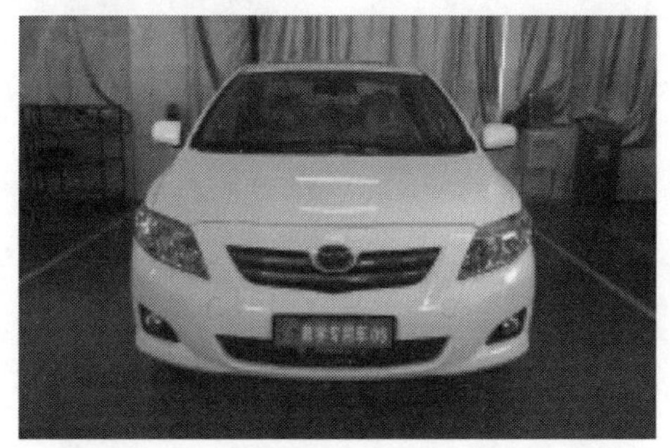

3　1号打开门锁。

提示：用遥控钥匙打开电动门锁，为进入驾驶室操作做好准备。

4　1号和2号共同安装车轮挡块。

提示：为保证车辆在工位上可靠停驻，防止出现溜滑，造成安全事故，要安装车轮挡块。

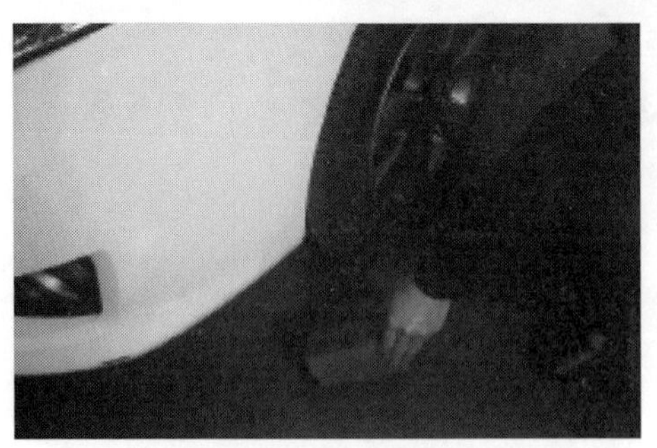

5 2号安装尾气收集管。

提示：为防止尾气污染环境、保护人体健康，要安装尾气收集管。

6 2号打开车门。

提示：左手拉车门把手打开车门带好三件套，准备进入车辆。

7 2号拉起发动机罩释放杆。

提示：拉起发动机罩释放杆时，用力不要过猛，否则容易导致释放杆盖损坏。

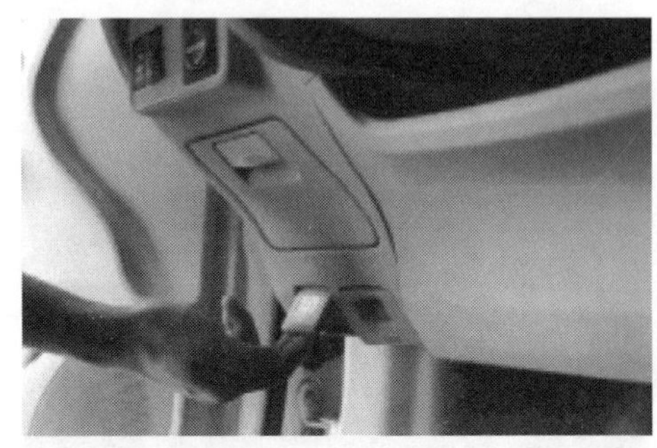

8 2号安装地板垫。

提示：铺设地板垫的主要目的是便于清除维修人员带入驾驶室内的脏物与杂物，保持驾驶室内地板清洁。

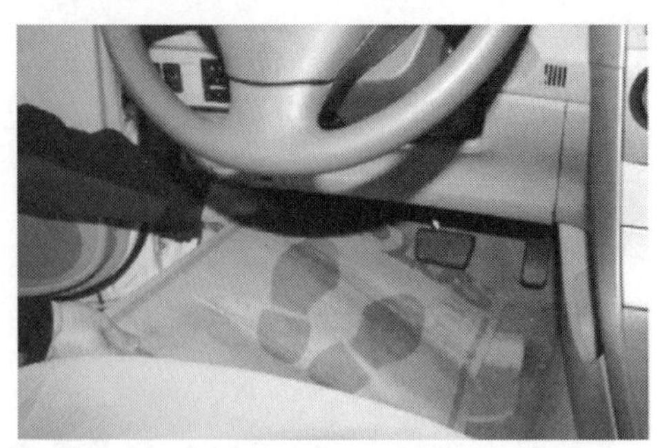

9 2号安装座椅套。

提示：安装座椅套时，用力要均匀，拉齐座椅套，使之整齐、美观。

10 2号安装转向盘套。

提示：转向盘套是由薄塑料制成的，极易破损。安装转向盘套时，不要生拉硬拽，否则会造成转向盘套破损。

11 2号将点火开关旋至“ON”，打开主驾驶侧电动车窗。

提示：打开主驾驶侧电动车窗，是为了车内通风以及当钥匙掉在车里时可以打开车门。

12 2号将换挡杆置于P挡。

提示：发动机带挡操作属于违规操作，危险性极大。因此，发动机起动前应将换挡杆置于P挡。

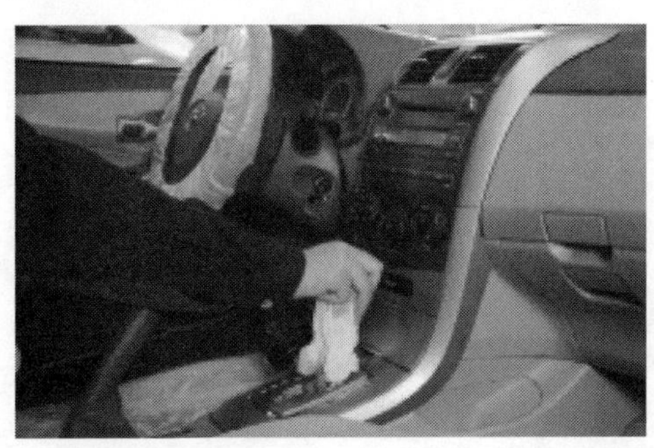

13 2号拉紧驻车制动杆。

提示：为保证车辆在工位上的可靠停驻，防止出现溜滑，造成安全事故，因此，要拉紧驻车制动器杆。

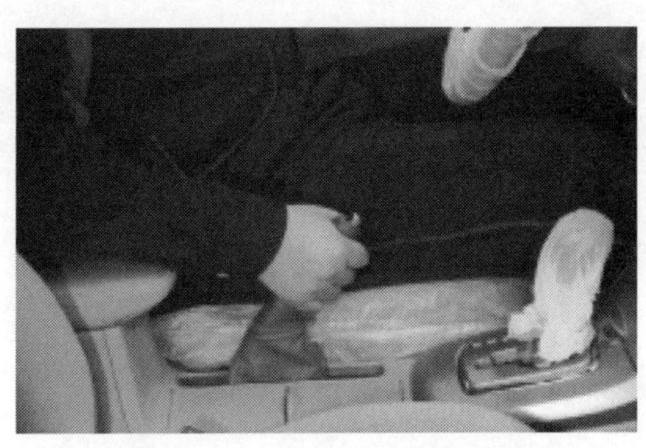

第二步 拆卸汽车喇叭

1 1号和2号放置橡胶垫块。

提示：放置橡胶垫块时，垫块应距举升机平板10cm左右，并要放置平整。

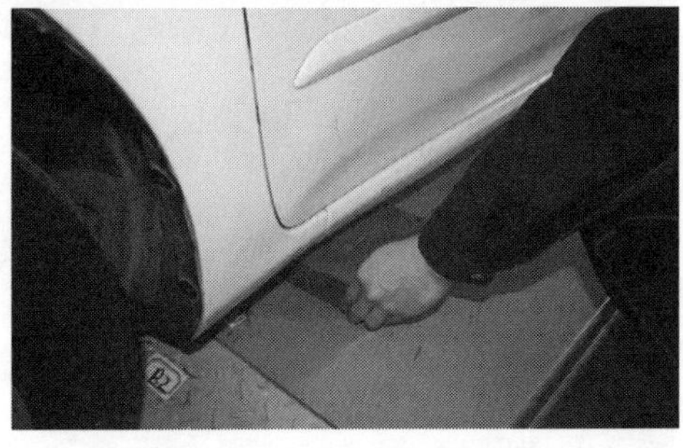

2 2号操纵举升机，车轮举升到离地面10cm处。

提示：车轮举升到离地面10cm处，是为了检查车辆的稳定性做准备。

3 1号和2号一起检查车辆的稳定性。

提示：检查车辆的稳定性，是为了保证车辆的安全举升。

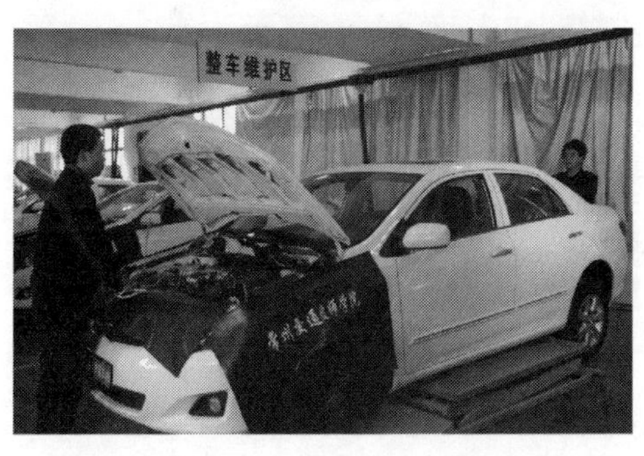

4 2号操纵举升机，将车辆举升到目标高度后，可靠停驻，方可进入车下作业。

提示：严禁重载举升；严禁举升时车辆内有乘员；严禁晃动车辆；严禁车下站人或穿梭。

5 2号将ϕ10mm短套筒、接杆、棘轮扳手组合后传递给1号。

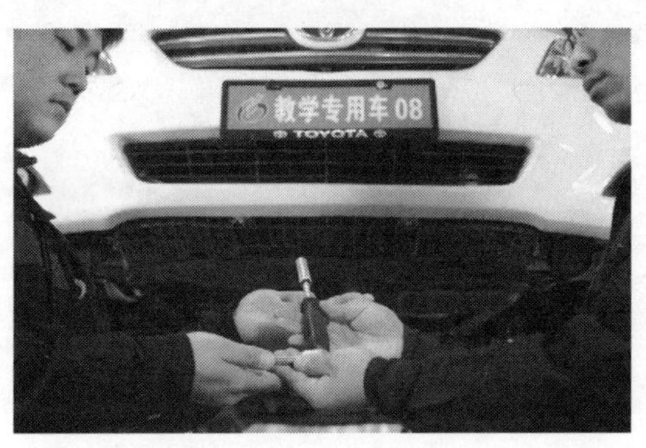

6 1号使用ϕ10mm棘轮扳手组合，拧松挡泥板上的6个固定螺栓。

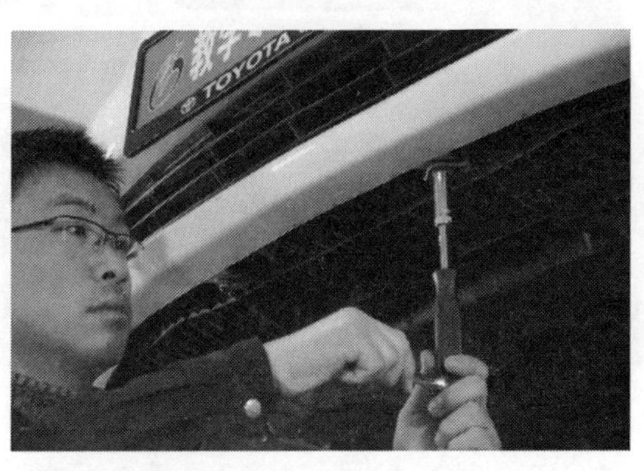

7 2号接过挡泥板，擦拭后摆放到零件车上。

8　1号同手拔下汽车喇叭电插头。

提示：

（1）插拔电器元件点插头时应保持点火开关处于“OFF”状态以免产生电动势损坏电器元件和电控单位。

（2）用手压下电插头上的弹性夹，然后向外拉出电插头。严禁在拔下电插头时，直接拉拔线束，以免造成线束扯断损伤。

9　2号将ϕ10mm短套筒、棘轮扳手组合后传递给1号。

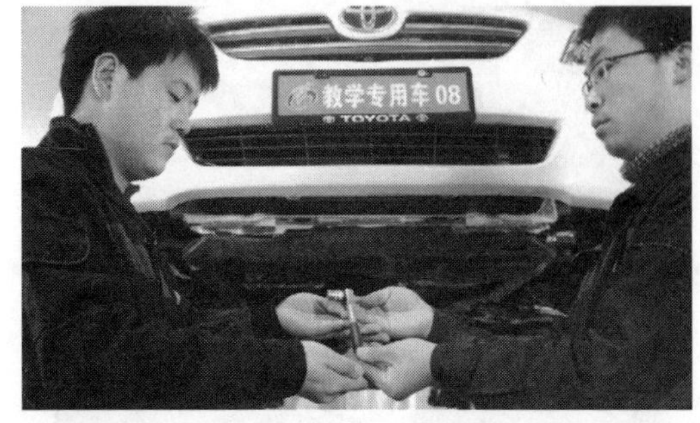

10　1号使用ϕ10mm棘轮扳手组合，拧松喇叭支架的固定螺栓，2号接过工具擦拭后摆放到工具车上。

11　1号用手旋下螺栓，然后取下汽车喇叭。

12　2号接过喇叭、螺栓、并摆放到零件车上。

第三步　检查汽车喇叭性能

1　1号使用万用表的两表笔分别与汽车喇叭两接线柱相连接。

2　1号将万用表调至R×1Ω挡位，测量汽车喇叭线圈电阻值。

提示：如果电阻值为0.4~0.5Ω，则证明线圈良好，如果电阻值为∞，则证明线圈断路，应更换汽车喇叭。

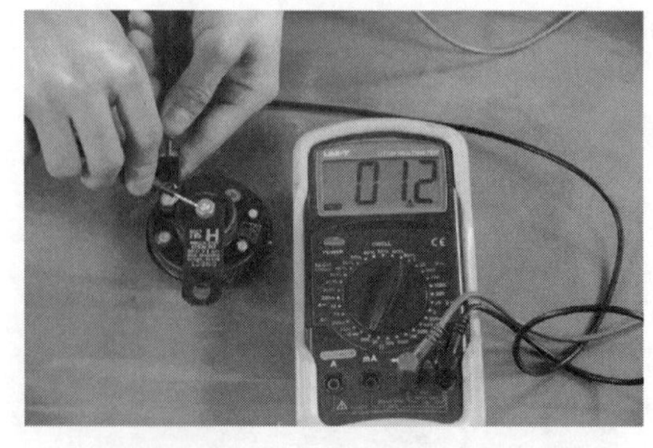

3　1号用手旋下固定螺栓，然后取出固定支架。2号将螺栓、压板摆放到零件车上。

4　1号将万用表调至R×1KΩ挡位，测量汽车喇叭接线柱与外壳的绝缘性能。

提示：

（1）如果万用表显示电阻值为∞，则证明接线柱与外壳搭铁，应该换汽车喇叭。

（2）按照相同要求，检查另一接线柱的绝缘性能。

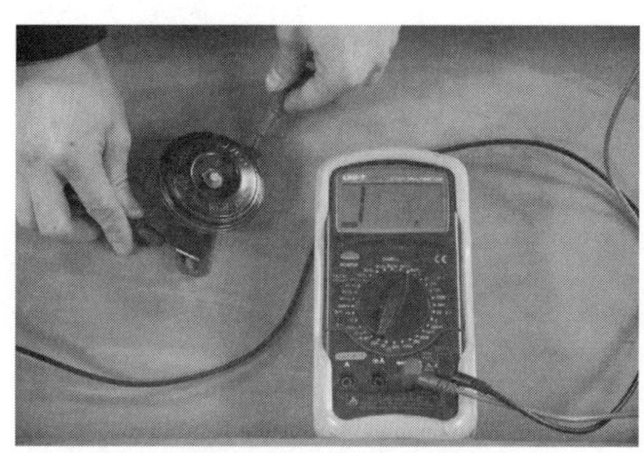

5　1号用一跨接线连接蓄电池“+”接线柱和喇叭一接线柱；另一跨接线连接蓄电池“-“接线柱和另一接线柱。此时，喇叭应鸣响。

提示：

（1）此时喇叭线圈通电产生电磁力，上铁芯下行与铁芯产生碰撞，振动膜片和共鸣板产生鸣响。

（2）如果此时汽车喇叭不响，可能是因为触点烧蚀不能闭合以及线圈断路或短路，应更换喇叭。

（3）如果喇叭发出嘶哑声响，可能是振动膜片或共鸣板出现裂纹所致。

（4）如果喇叭发出声响较小或尖锐刺耳，对于可调式汽车喇叭而言，可通过调整气隙和活动触电臂的弹力大小来进行调节；对于不可调整式汽车喇叭，只能采取更换方法来解决。

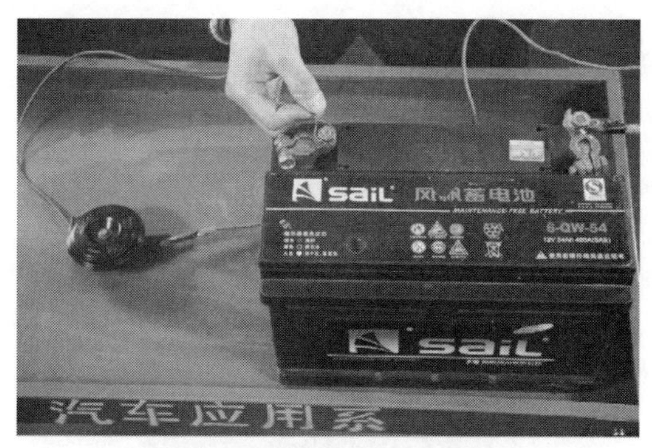

第四步　安装汽车喇叭

1　1号将汽车喇叭支架的螺栓孔对齐后，穿过固定螺栓，并用手旋紧螺母。

2　1号将汽车喇叭安装位置调整适当后，使用2号传递来的12～13mm梅花扳手及扭力扳手，将固定螺栓拧紧到适当力矩。2号接过工具，擦拭后摆放到工具车上。

提示：喇叭固定螺栓拧紧力矩为20N·m。

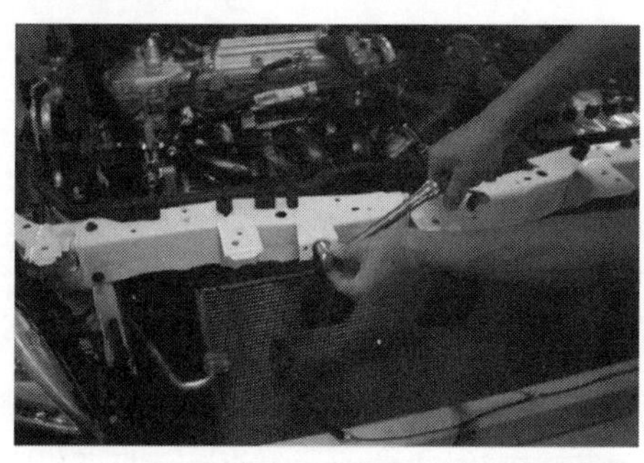

3　1号将电插头插进汽车喇叭的插座上。

提示：电插头要安插到位且可靠，否则将影响喇叭正常工作。

第五步　汽车喇叭就车检验

1号用手按下汽车喇叭开关，此时喇叭应鸣响。

提示：喇叭开关按下后，如果喇叭不响，应检查喇叭开关、接触环、划片、喇叭继电器及喇叭线路。

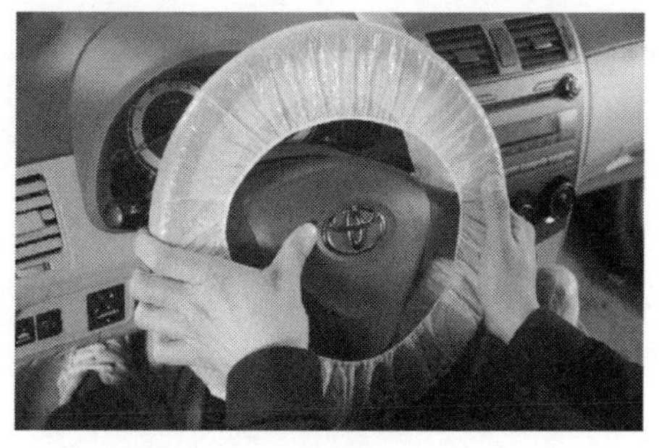

第六步　整理工位

1号、2号共同拆除护裙，关闭发动机舱盖，清理工具和仪器，清洁地面卫生。

提示：作业项目完成后，要做好工位的清扫、整理工作，培养良好的工作习惯。

七、考核标准

考核标准表

考核时间	序　号	考核项目	满　分	评分标准	得　分
20min	1	作业前整理工位	6	整理遗漏酌情扣分	
	2	可靠驻车并置变速器于空挡位置	5	操作不当扣5分	
	3	粘贴翼子板护裙	5	操作不当扣5分	
	4	安装驾驶室内保护罩	5	操作不当扣5分	
	5	拆卸汽车喇叭	9	操作不当扣9分	
	6	零件摆放	7	操作不当扣7分	
	7	检查汽车喇叭线圈性能	13	操作不当扣13分	
	8	检查汽车喇叭接线柱绝缘性能	13	操作不当扣13分	
	9	检查汽车喇叭工作性能	13	操作不当扣13分	
	10	安装汽车喇叭	10	操作不当扣10分	
	11	汽车喇叭就车检验	8	操作不当扣8分	
	12	作业后整理工位	6	整理遗漏酌情扣分	
	13	遵守相关安全规范	因违规操作造成人身伤害和设备事故的，总分按0分计		
分数合计			100		

任务二　检查汽车灯光

一、技术标准与要求

（1）安装丰田卡罗拉轿车配套使用功率的各种灯泡。

（2）必要时，调整前照灯和前雾灯光束照射位置。

（3）按规范要求拆装各种车灯总成。

二、实训时间：40min

三、实训教学目标

（1）了解检查汽车灯光的重要性。

（2）熟悉汽车各种灯光的作用及安装位置。

（3）掌握检查汽车灯光的操作技能。

四、实训器材

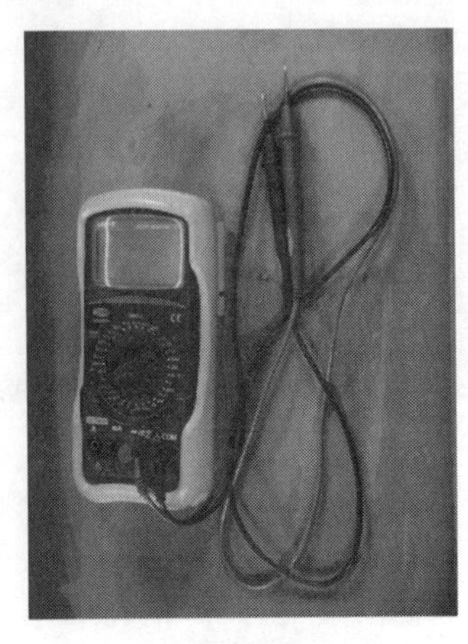

万用表

其他工具及器材：ϕ10mm套筒、接杆、棘轮扳手、翼子板护裙及驾驶室内三件套、一字螺丝刀等。

五、教学组织

（1）教学组织形式：

每辆车安排4名学生参与实训，两名学生为一组。一组操作，一组观察学习。

（2）学生站位分工和要求：

两名学生一组，按照1号、2号进行编号，1号为主，2号为辅。

（3）实训教师职责：

讲解操作步骤和注意事项；下达“操作开始”口令；工位间巡视、检查、指导和纠正错误。

（4）学生职责变换：

两名学生实行职责变换制度，即第一遍1号为主，2号为辅；第二遍2号为主，1号为辅。

六、操作步骤

第一步　事前准备

1　车辆进入工位前，参训学生将工位区域清理干净，排除障碍物，准备好相关的工具、物品等。

提示：培养良好的工作习惯，做好事前准备，有利于安全操作和提高工作效率。

2　将车辆停驻在举升机平台的中央位置。

提示：车辆停驻于举升机平台的中央位置，为车辆的安全举升做好准备。

3　1号打开门锁。

提示：用遥控钥匙打开电动门锁，为进入驾驶室操作做好准备。

4　1号和2号共同安装车轮挡块。

提示：为保证车辆在工位上可靠停驻，防止出现溜滑，造成安全事故，要安装车轮挡块。

5　2号安装尾气收集管。

提示：为防止尾气污染环境、保护人体健康，要安装尾气收集管。

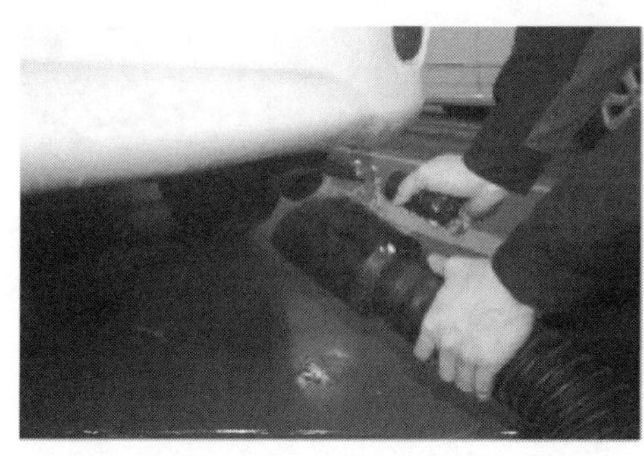

6　2号打开车门。

提示：左手拉车门把手打开车门带好三件套，准备进入车辆。

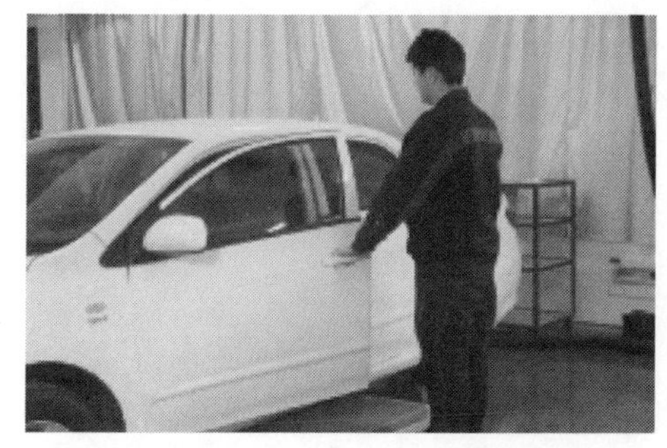

7 2号拉起发动机罩释放杆。

提示：拉起发动机罩释放杆时，用力不要过猛，否则容易导致释放杆盖损坏。

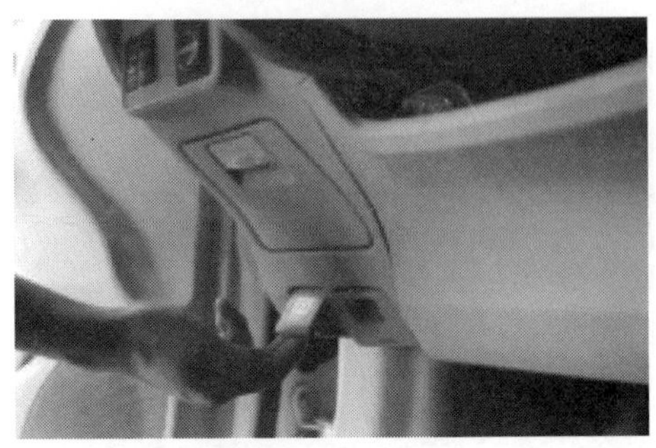

8 2号安装地板垫。

提示：铺设地板垫的主要目的是便于清除维修人员带入驾驶室内的脏物与杂物，保持驾驶室内地板清洁。

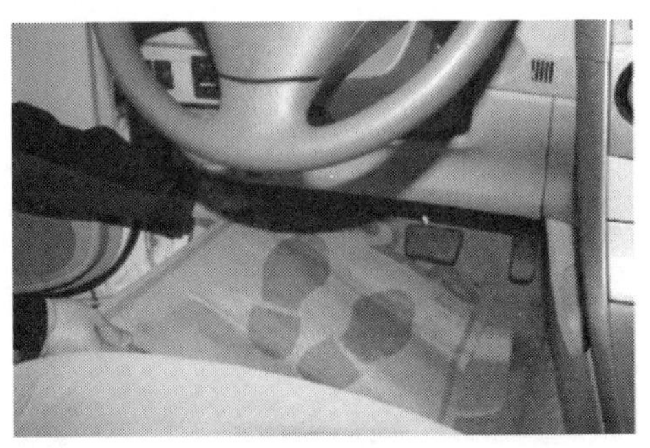

9 2号安装座椅套。

提示：安装座椅套时，用力要均匀，拉齐座椅套，使之整齐、美观。

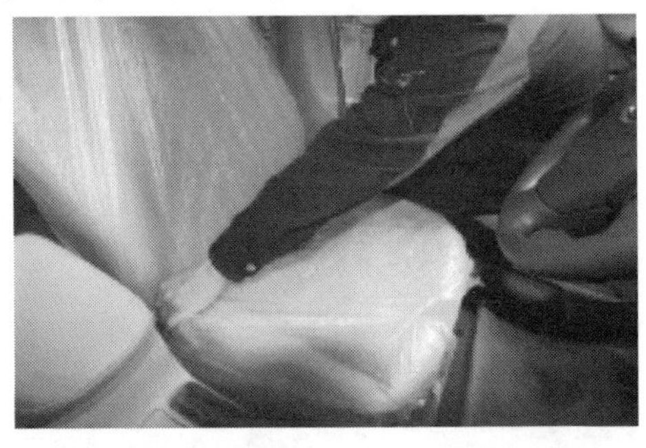

10 2号安装转向盘套。

提示：转向盘套是由薄塑料制成的，极易破损。安装转向盘套时，不要生拉硬拽，否则会造成转向盘套破损。

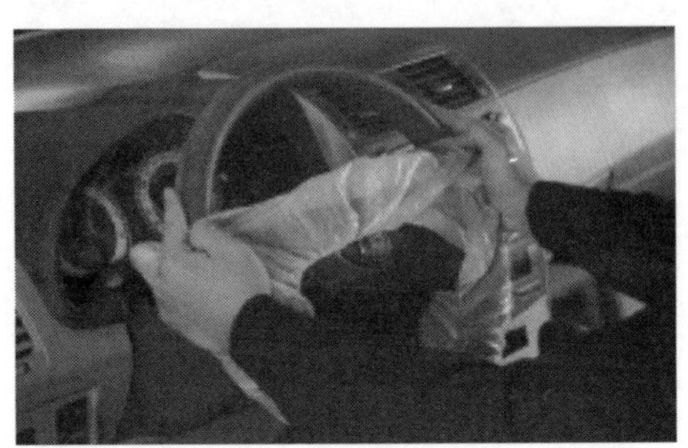

11 2号将点火开关旋至“ON”，打开主驾驶侧电动车窗。

提示：打开主驾驶侧电动车窗，是为了车内通风以及当钥匙掉在车里时可以打开车门。

12 2号将变速杆置于P挡。

提示：发动机带挡操作属于违规操作，危险性极大。因此，发动机起动前应将变速杆置于P挡。

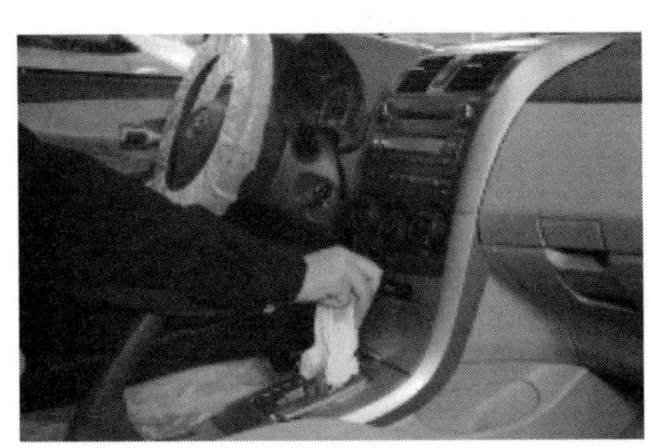

13 2号拉紧驻车制动杆。

提示：为保证车辆在工位上的可靠停驻，防止出现溜滑，造成安全事故，因此，要拉紧驻车制动杆。

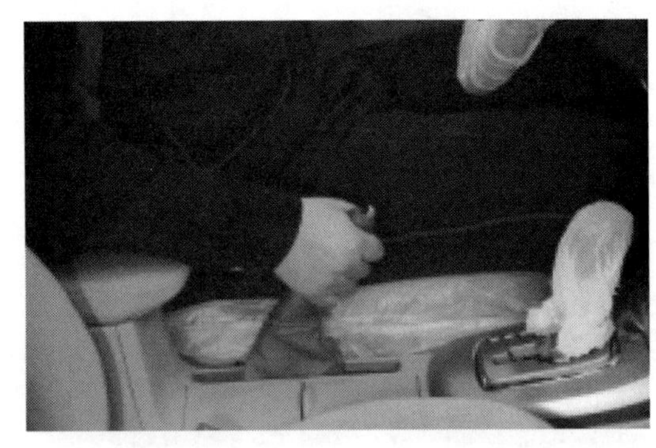

第二步 检查HID前照灯（近光灯）

1 1号用手拔下HID前照灯近光灯插座。

提示：

（1）HID前照灯插座上有2根导线，分别是：黑/白导线为搭铁线；红/黑导线为近光灯电源线。

（2）禁止使用螺丝刀或者其他工具拆卸前照灯插座，以避免造成插座和灯泡插头的损伤。

（3）插拔插座时，应保持前照灯开关处于关闭状态，防止产生的电动势损坏电器元件和电控单元。

2 1号用手将灯座下压，并逆时针旋转，然后将HID前照灯灯泡取出。

3 1号目视检查HID前照灯灯泡是否鼓包变形，灯丝是否烧断。如果存在上述现象，应更换灯泡。

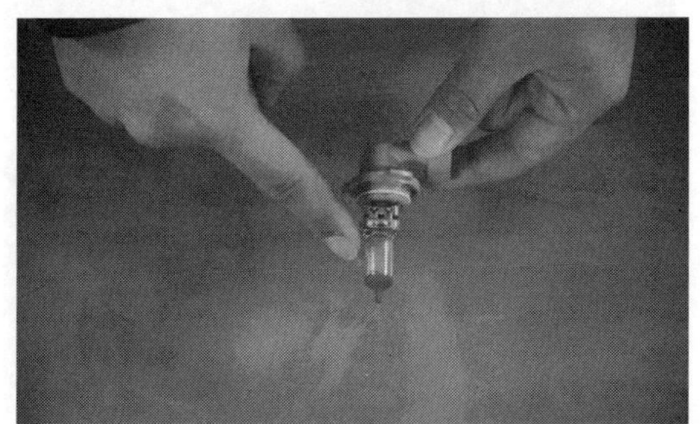

4 1号目视检查HID前照灯插座是否有烧蚀、变形等损伤。如果存在上述现象，应更换HID前照灯灯泡。

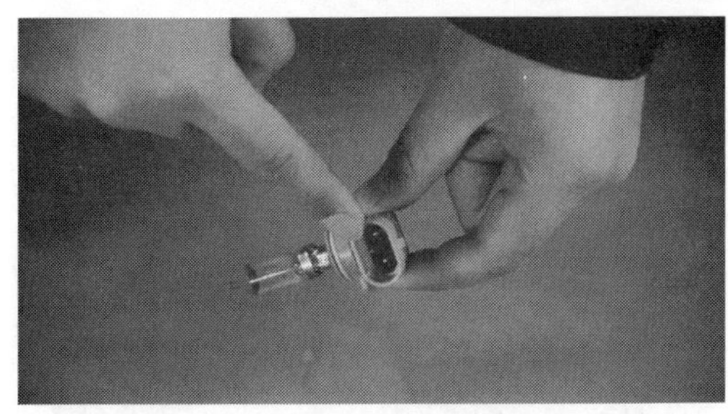

5 1号使用电笔，一端接蓄电池正极，一端接黑/白色导线，检查近光灯的搭铁线，观察电笔灯是否亮。

提示：如果电笔灯不亮，说明搭铁电路存在断路故障。

6 2号打开前照灯近光开关。

提示：HID前照灯近光开关位于组合开关内，向外旋转组合开关的左侧手柄两挡，便接通前照灯近光电路。

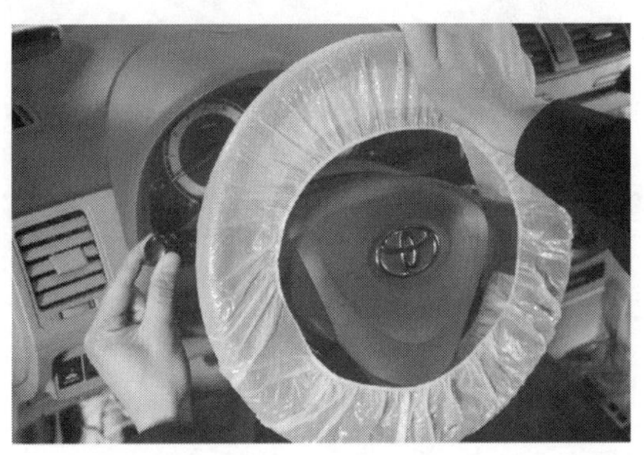

7 1号使用电笔，一端接蓄电池负极，一端接红/黑色导线，检查近光灯的电源线，观察电笔灯是否亮。

提示：

（1）如果电笔灯亮度偏低，说明电路中阻抗过大，可能存在接触不良等故障。应重点检查各插接器、灯光开关及熔断器等电器元件。

（2）如果电笔灯不亮，可能电路中存在短路或断路故障。应重点检查灯光开关、熔断器、导线、继电器等。

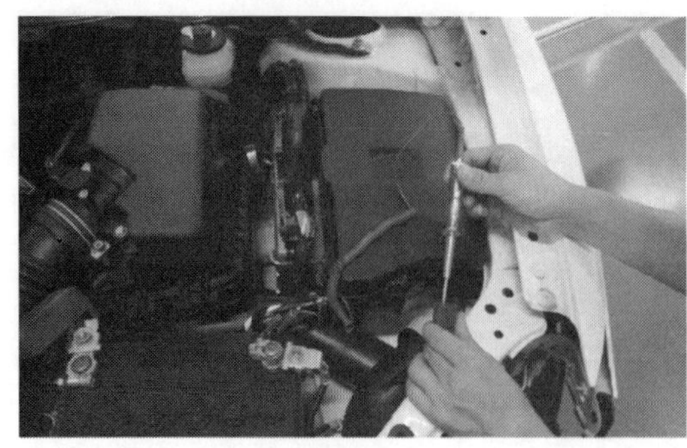

8　2号关闭近光灯开关。

提示：HID前照灯近光灯开关位于组合开关内，向内旋转左侧开关的手柄便关闭前照灯近光电路。

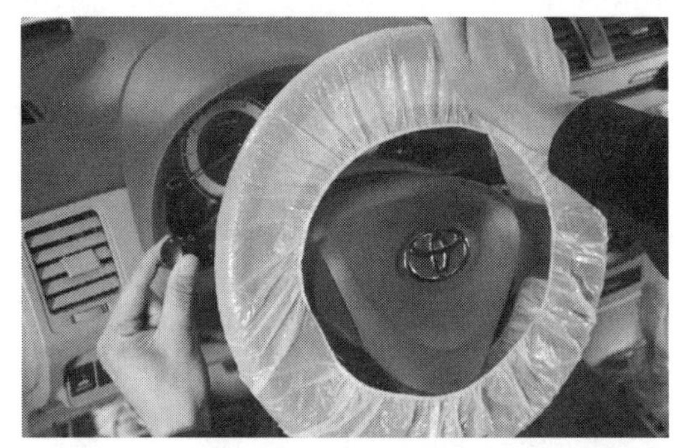

9　前照灯电路检查正常后，1号将前照灯灯泡安装到插座上。

提示：

（1）确保插座安插到位，否则因电路接触不良而影响灯泡正常工作。

（2）HID前照灯灯炮工作电压为12V。

10　2号先后打开近光灯开关，灯泡点亮，说明灯泡工作性能正常。

提示：严禁用手接触灯泡表面，否则黏附的油污痕迹在灯泡通电发光时受热雾化，使灯泡模糊不清，影响照明效果。

11　1号将HID前照灯灯座上的3个止动凸缘对正其承座上的凹槽后，将HID前照灯灯泡安放到承座上。

提示：HID前照灯座上有3个制动凸缘，其中不对称凸缘应安放于前照灯承座的最上端凹槽内。

第三步　检查卤素前照灯（远光灯）

1　1号用手拔下卤素前照灯远光灯插座。

提示：

（1）　卤素前照灯插座上有2根导线，分别是：黑/白色导线为搭铁线；黑色导线为远光灯电源线。

（2）　禁止使用螺丝刀或者其他工具拆卸前照灯插座，以避免造成插座和灯泡插头的损伤。

（3）　插拔插座时，应保持前照灯开关处于关闭状态，防止产生的电动势损坏电器元件和电控单元。

2　1号用手将灯座下压，并逆时针旋转，然后将卤素前照灯灯泡取出。

3 1号目视检查卤素前照灯灯泡是否鼓包变形，灯丝是否烧损。如果存在上述现象，应更换灯泡。

4 1号目视检查卤素前照灯插座是否有烧蚀、变形等损伤。如果存在上述现象，应更换前照灯近光灯泡。

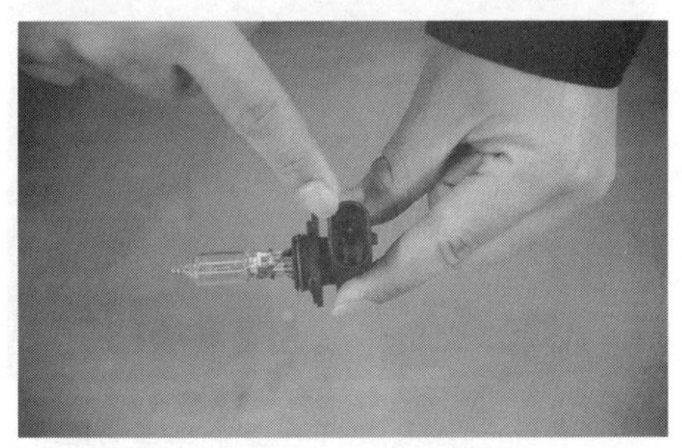

5 1号使用电笔，一端接蓄电池正极，一端接黑/白色导线，检查远光灯的搭铁线，观察电笔灯是否亮。

提示：如果电笔灯不亮，说明搭铁电路存在断路故障。

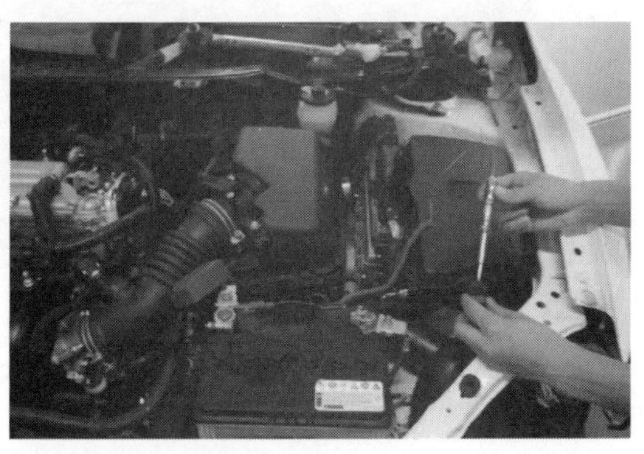

6 2号打开前照灯远光开关。

提示：前照灯远光灯开关位于组合开关内，压下组合开关内的左侧手柄便接通卤素前照灯远光电路。

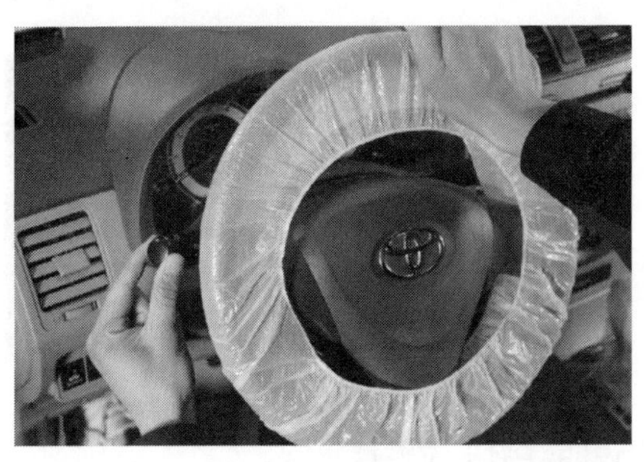

7 1号使用电笔，一端接蓄电池负极，一端接黑色导线，检查远光灯的电源线，观察电笔灯是否亮。

提示：

（1）如果电笔灯亮度偏低，说明电路中阻抗过大，可能存在接触不良等故障。应重点检查各插接器、灯光开关及熔断器等电器元件。

（2）如果电笔灯不亮，可能电路中存在短路或断路故障。应重点检查点火开关、熔断器、导线、继电器等。

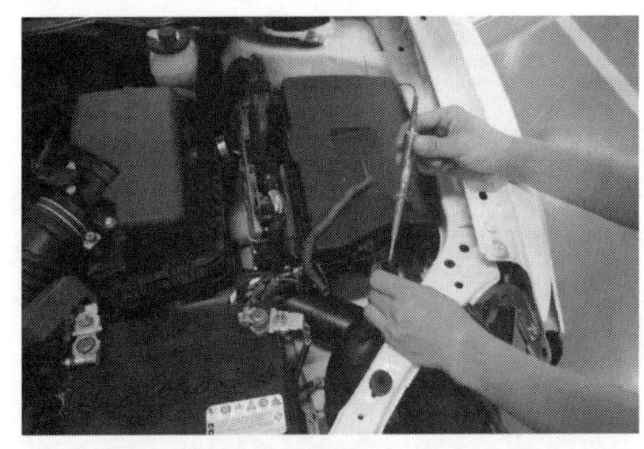

8 2号关闭远光灯开关。

提示：前照灯远光灯开关位于组合开关内，上抬左侧开关的手柄便关闭前照灯远光电路。

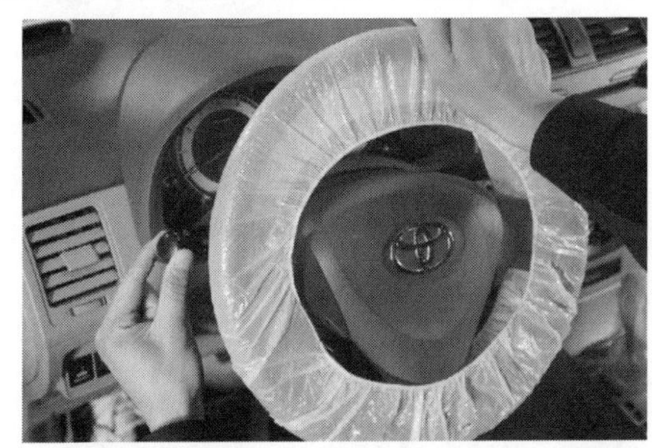

9 卤素前照灯电路检查正常后，1号将前照灯灯泡安装到插座上。

提示：

（1）确保插座安插到位，否则因电路接触不良而影响灯泡正常工作。

（2）卤素前照灯灯泡工作电压为12V。

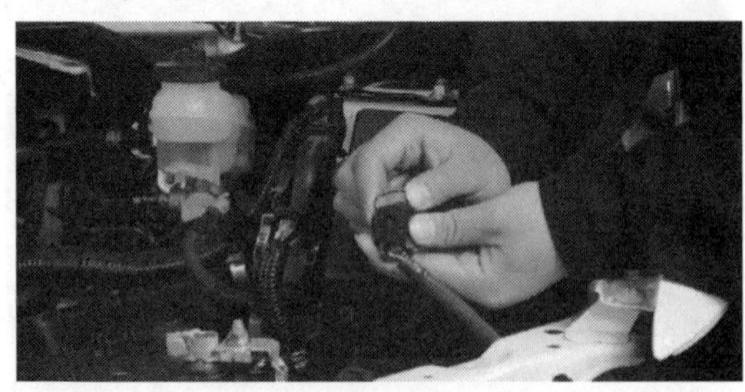

10　2号先后打开远光灯开关，灯泡应点亮，说明灯泡工作性能正常。

提示：严禁用手接触灯泡表面，否则黏附的油污痕迹在灯泡通电发光时受热雾化，使灯泡模糊不清，影响照明效果。

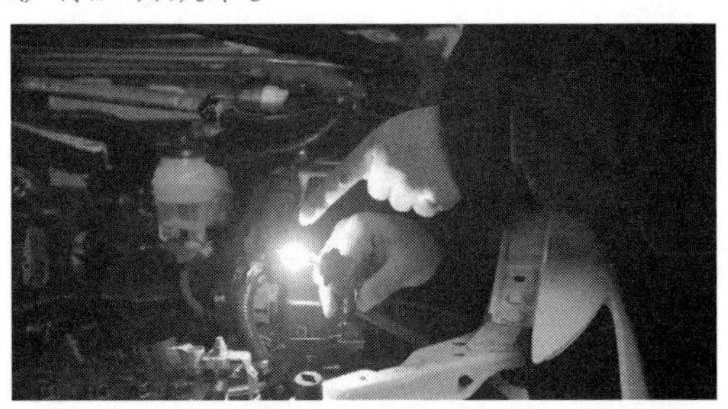

11　1号将卤素前照灯灯座上的3个止动凸缘对正其承座上的凹槽后，将前照灯泡安放到承座上。

提示：卤素前照灯座上有3个制动凸缘，其中不对称凸缘应安放于前照灯承座的最上端凹槽内。

第四步　检查转向信号灯

1　1号用手拔下转向信号灯插座。

提示：

（1）　转向信号灯插座上有2根导线，分别是：黑/白色导线为搭铁线；黄色导线为转向信号灯电源线。

（2）　禁止使用螺丝刀或者其他工具拆卸前照灯插座，以避免造成插座和灯泡插头的损伤。

（3）　插拔插座时，应保持转向信号灯开关处于关闭状态，防止产生的电动势损坏电器元件和电控单元。

2　1号用手将灯座下压，并逆时针旋转，然后将转向信号灯泡取出。

3　1号目视检查转向信号灯灯泡是否鼓包变形，灯丝是否烧损。如果存在上述现象，应更换灯泡。

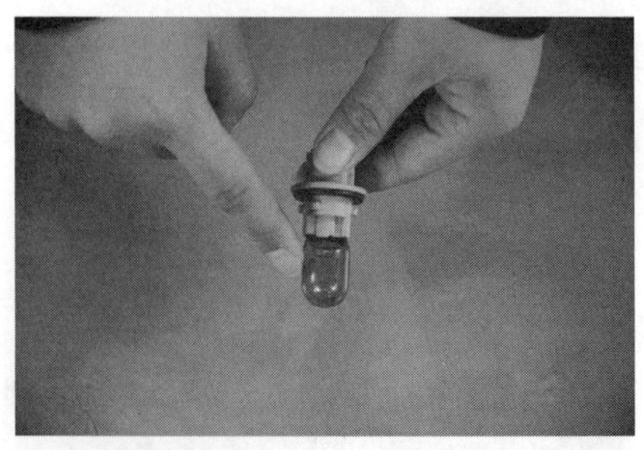

4　1号目视检查转向信号灯插座是否有烧蚀，变形等损伤。如果存在上述现象，应更换转向信号灯灯泡。

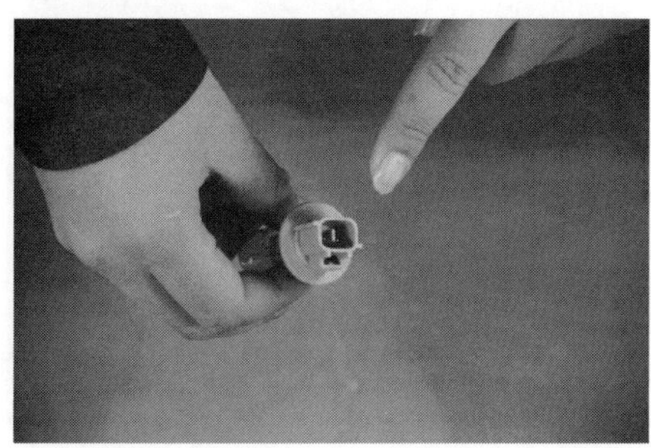

5 1号用力拔下转向信号灯泡。

提示：丰田卡罗拉型轿车装配的转向信号灯泡，工作电压为12V。

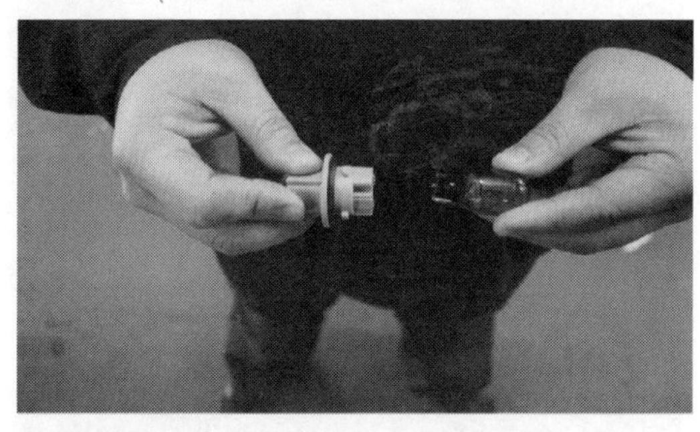

6 1号使用万用表，测量转向信号灯座的两插片间的电阻，电阻值为∞属于正常。

提示：如果电压不为∞，说明搭铁电路和电源电路存在断路故障，应更换插座。

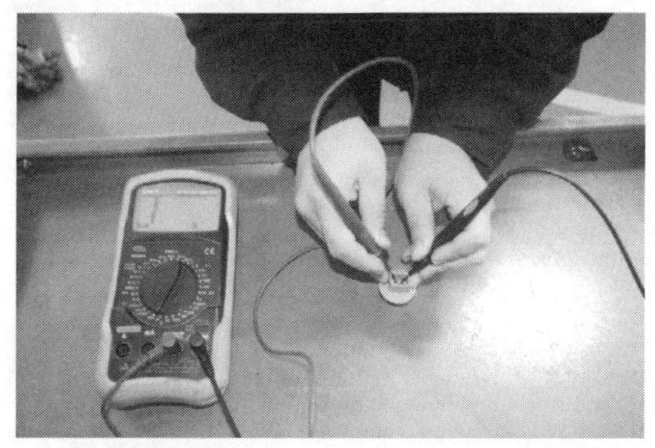

7 1号使用电笔，一端接蓄电池正极，一端接黑/白色导线，检查转向信号灯的搭铁线，观察电笔灯是否亮。

提示：如果电笔灯不亮，说明搭铁电路存在断路故障。

8 2号将点火开关旋至“ON”挡位，然后接通左转向信号灯开关。

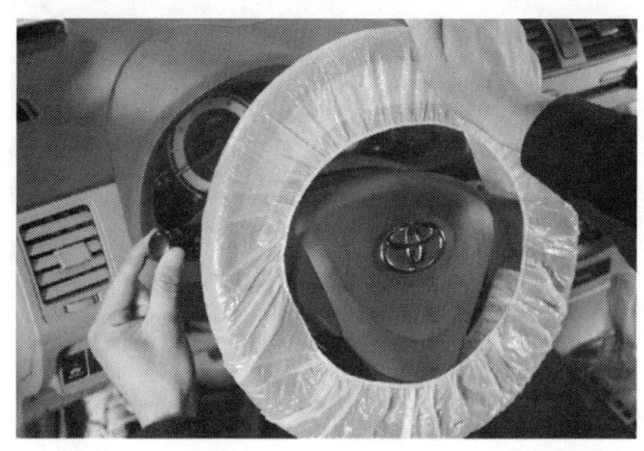

9 1号使用电笔，一端接蓄电池负极，一端接黄色导线，检查远光灯的电源线，观察电笔灯是否亮。

提示：

（1）如果电笔灯亮度偏低，说明电路中阻抗过大，可能存在接触不良等故障。应重点检查各插接器、灯光开关及熔断器等电器元件。

（2）如果电笔灯不亮，可能电路中存在短路或断路故障。应重点检查点火开关、熔断器、导线、继电器等。

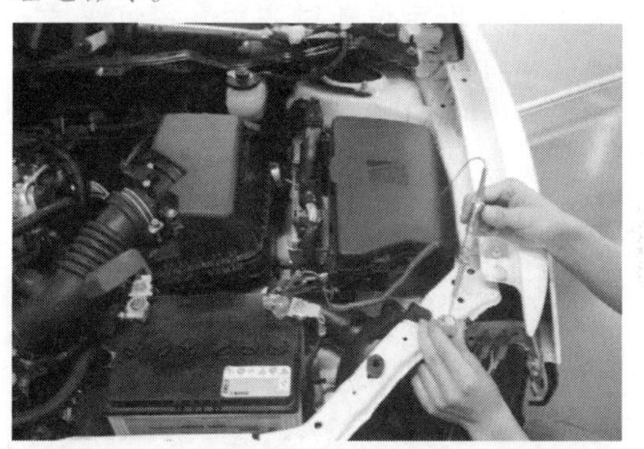

10 1号将转向信号灯泡下方的两定位角，对正其座孔内壁上的竖槽后，将灯泡推到底，使灯泡定位角进入灯座的定位孔中。

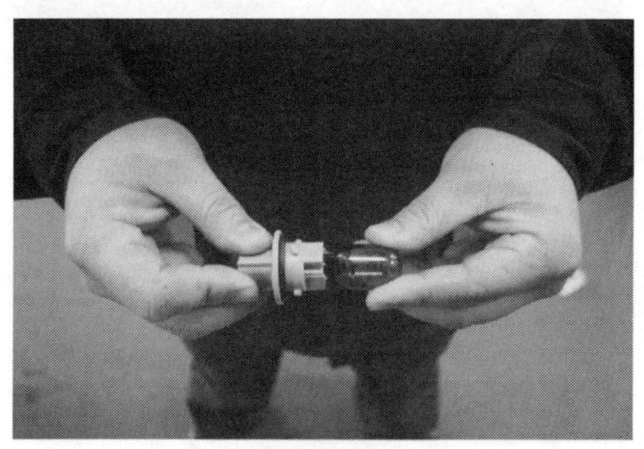

11 1号将插座安装到灯座插孔上。

提示：保证插座安装到位且可靠，否则将影响灯泡正常工作。

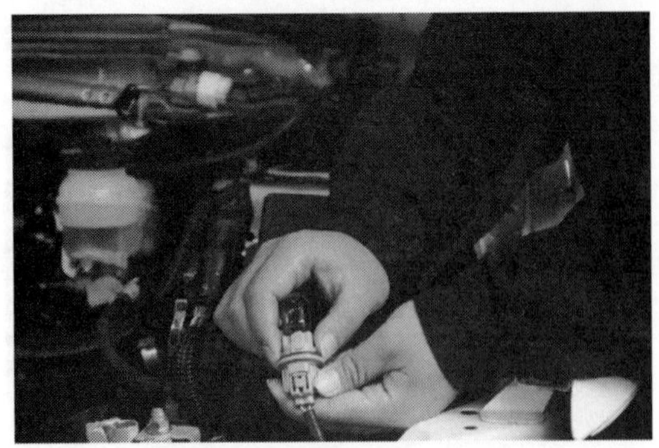

12　2号将点火开关旋至“ON”挡位，然后接通左转向开关。

提示：此时转向信号灯间歇闪烁正常。

13　1号将转向信号灯座上的方形凸缘与灯壳承孔上的方形定位孔对齐后，将灯座插入承孔中，然后顺时针转动灯座至止动位置。

提示：转向信号灯座上有3个止动凸缘，其中一个为方形凸缘，其他两个为斜凸缘。方形凸缘对应灯壳承孔的方孔，方能将灯座安装到承孔中。

第五步　检查前雾灯

1　1号用手拔下前雾灯插座。

提示：

（1）前雾灯插座上有2根导线，分别是：黑/白色导线为搭铁线；绿色导线为雾灯电源线。

（2）禁止使用螺丝刀或者其他工具拆卸前照灯插座，以避免造成插座和灯泡插头的损伤。

（3）插拔插座时，应保持前雾灯开关处于关闭状态，防止产生的电动势损坏电器元件和电控单元。

2　1号用手将灯座下压，并逆时针旋转，然后将前雾灯灯泡取出。

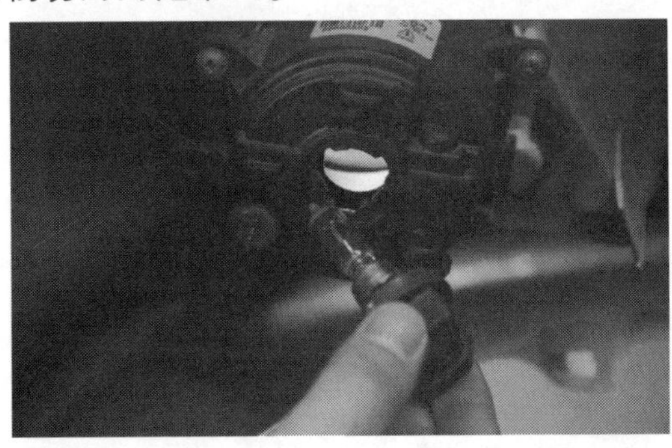

3　1号目视检查前雾灯灯泡是否鼓包变形，灯丝是否烧损。如果存在上述现象，应更换前雾灯灯泡。

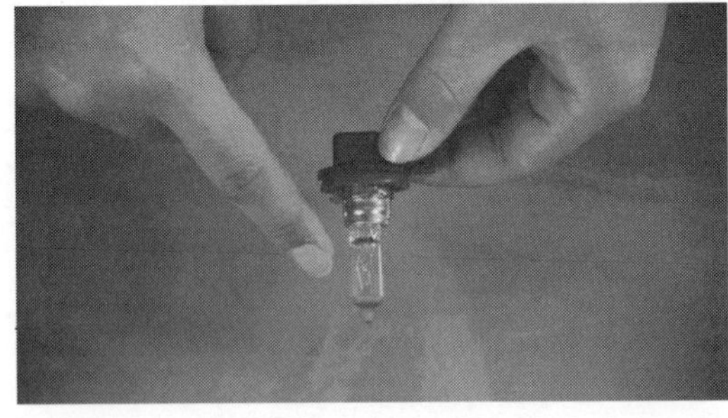

4　1号目视检查前雾灯插座是否有烧蚀、变形等损伤。如果存在上述现象，应更换前雾灯灯泡。

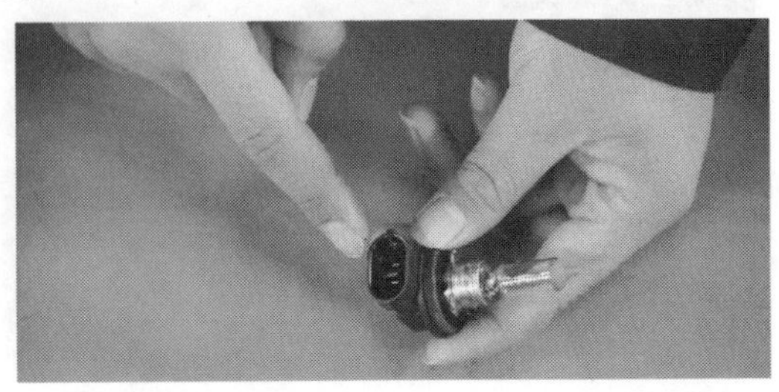

5　1号使用电笔，一端接蓄电池正极，一端接黑/白色导线，检查雾灯的搭铁线，观察电笔灯是否亮。

提示：如果电笔灯不亮，说明搭铁电路存在断路故障。

6　2号打开点火开关，旋转雾灯开关按钮。

提示：雾灯开关位于组合开关内，首先要打开示宽灯开关，此时才能接通雾灯电源电路。

7　1号使用电笔，一端接蓄电池负极，一端接绿色导线，检查雾灯的电源线，观察电笔灯是否亮。

提示：

（1）如果电笔灯亮度偏低，说明电路中阻抗过大，可能存在接触不良等故障。应重点检查各插接器、灯光开关及熔断器等电器元件。

（2）如果电笔灯不亮，可能电路中存在短路或断路故障。应重点检查点火开关、熔断器、导线、继电器等。

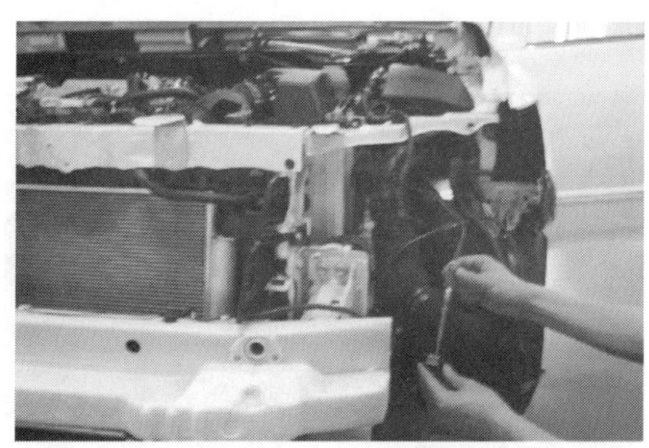

8　1号将插座安装到灯座插孔上。

提示：保证插座安装到位且可靠，否则将影响灯泡正常工作。

9　2号将点火开关旋至“ON”挡位，然后接通雾灯开关，此时雾灯点亮为正常。

10　1号将雾灯座上的定位凸缘对正承座上的缺口后，将雾灯座安放在承座上。

提示：保持灯座清洁，如有脏污应清理后再安装雾灯。

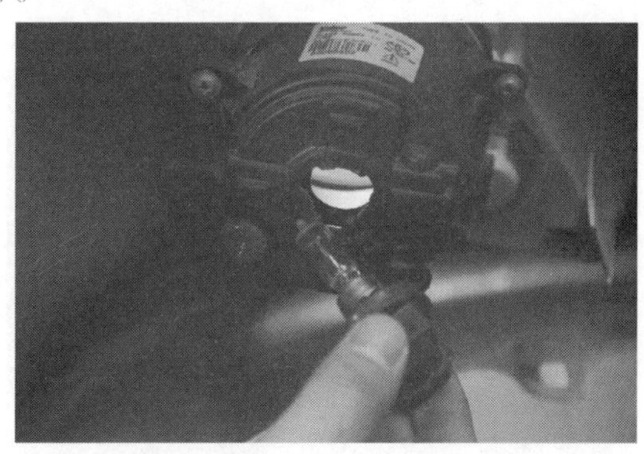

第六步　检查尾灯

1　2号打开行李舱盖，1号脱开两个卡爪，再脱开两个导销，并拆下后组合灯检修孔盖。

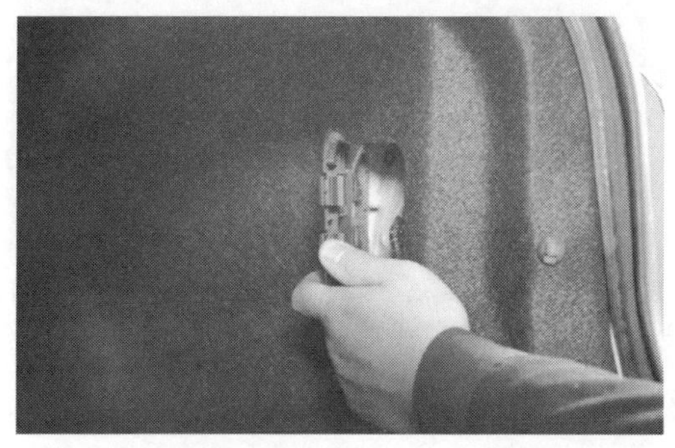

2　1号用手压下组合开关灯座两端的锁舌，从承座上取下组合灯座。

提示：组合灯座上安装有制动灯和转向信号灯。

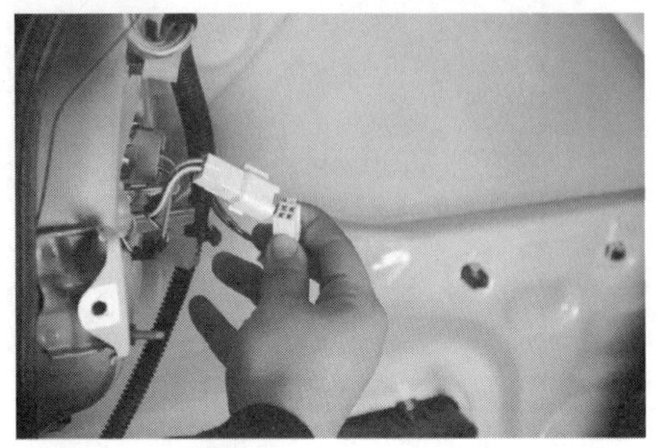

3　1号分别取下制动灯和转向信号灯。

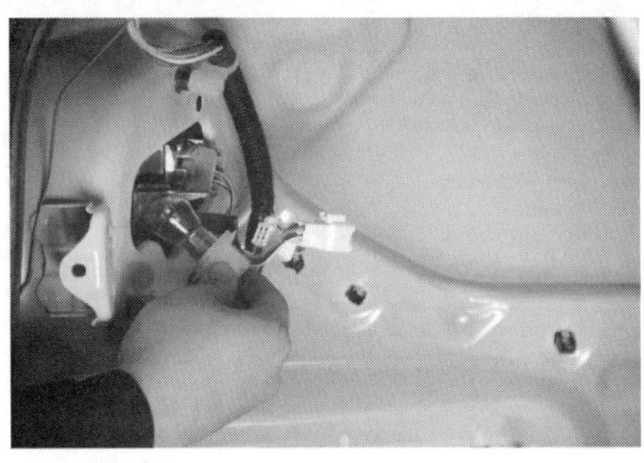

4　1号目视检查灯泡是否存在损坏。

提示：分别检查制动灯和转向信号灯。

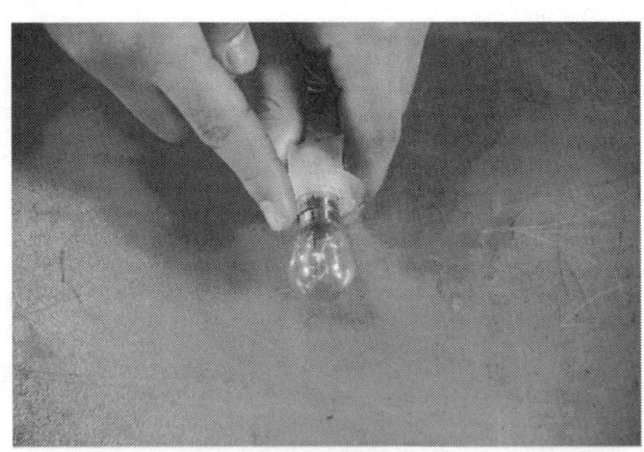

5　1号使电笔，分别测试制动灯、尾灯和转向信号灯的电源线及搭铁线的性能。

提示：性能检查，请参阅前文。

6　1号将灯泡安装在插座上，检查灯泡工作性能。

提示：

（1）踩下制动踏板时，制动灯应点亮；抬起制动踏板时，制动灯应熄灭，证明制动灯性能正常。

（2）转向信号灯性能检查，请参阅前文。

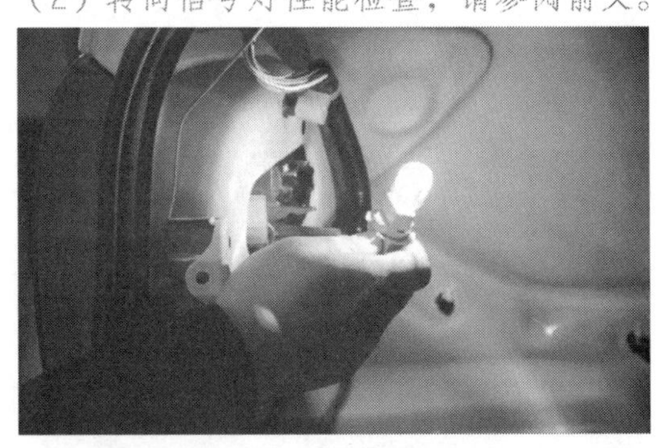

7　1号将组合灯灯座安装到承座上。

提示：保证组合灯座安装到位且可靠。

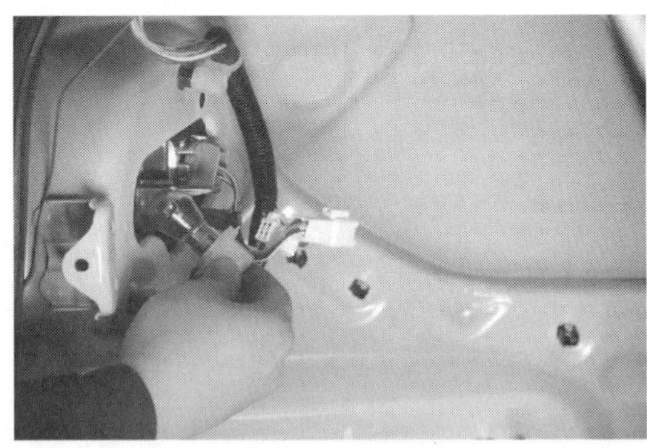

8　1号将插座安装到组合灯座的插头上。

提示：保证插座安装到位且锁止可靠，否则将影响到制动灯和转向信号灯的正常工作。

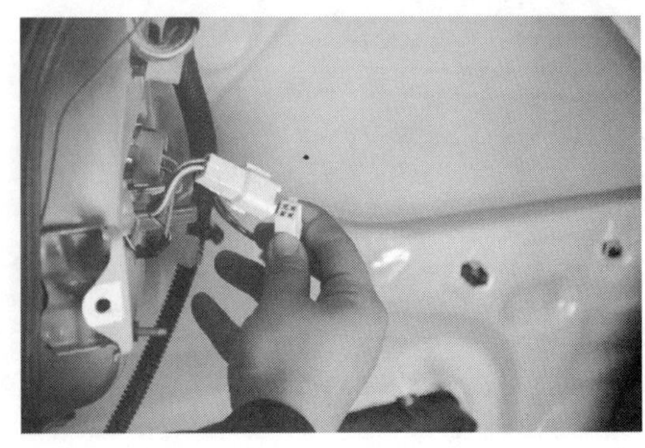

9　1号安装行李舱内的后组合灯检修孔盖。

10　2号用手拆下行李舱盖上倒车灯灯座盖。

提示: 行李箱舱盖上左侧为雾灯，右侧为倒车灯。

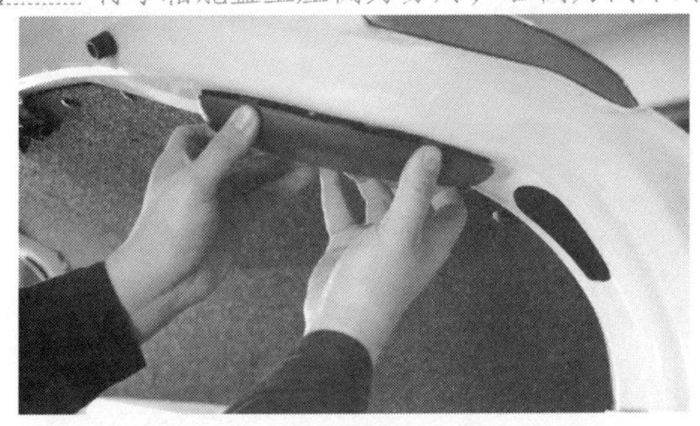

11　1号分别取下倒车灯和雾灯，并检查灯泡损坏情况。

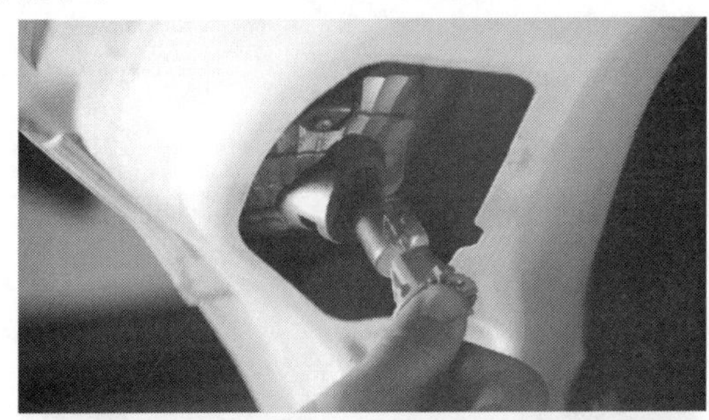

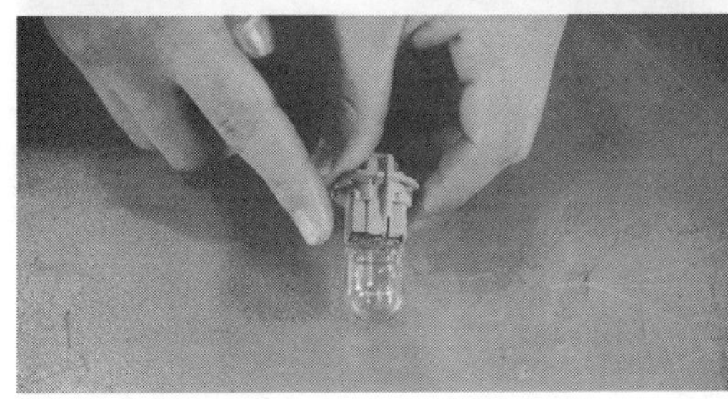

12　1号使电笔，分别测量雾灯和倒车灯的电源线及搭铁线的性能。

提示: 性能检查，请参阅前文。

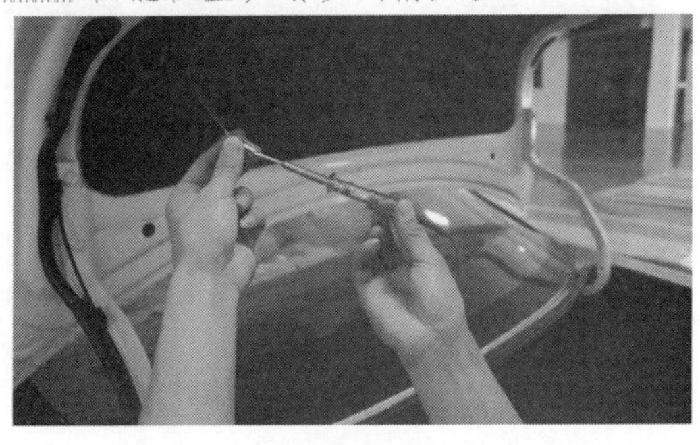

13　1号将灯泡安装到插座上，检查灯泡工作性能。

**提示:**

（1）点火开关位于“ON”挡位，变速器换入倒挡时，倒车灯应点亮；变速器换入空挡或前进挡时，倒车灯应熄灭。证明倒车灯性能正常。

（2）雾灯性能检查，参考前文。

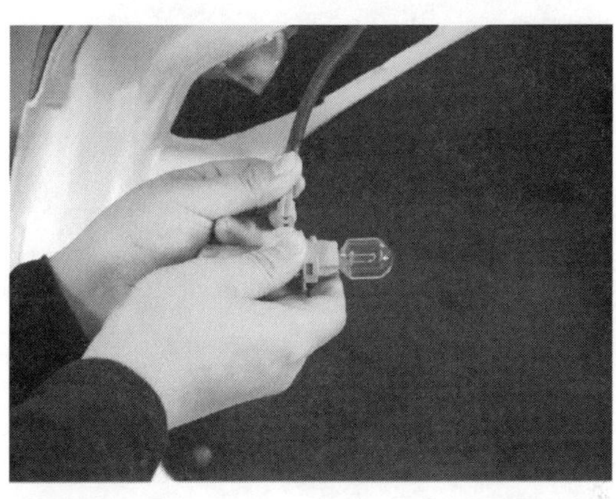

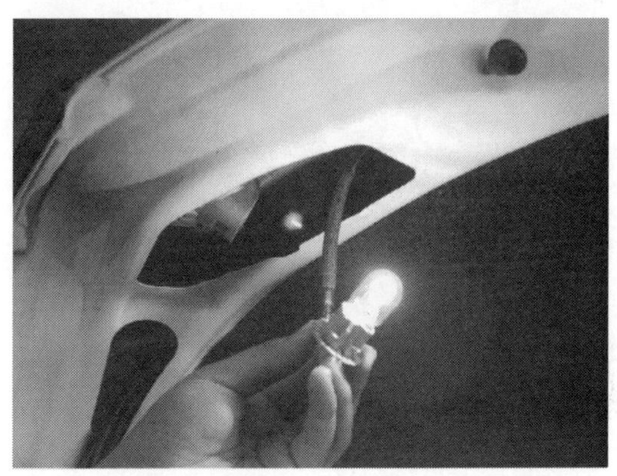

14　1号将雾灯灯座安装到承座孔上。

提示: 保证组合雾灯灯座安装到位且可靠，分别安装后雾灯和倒车灯。

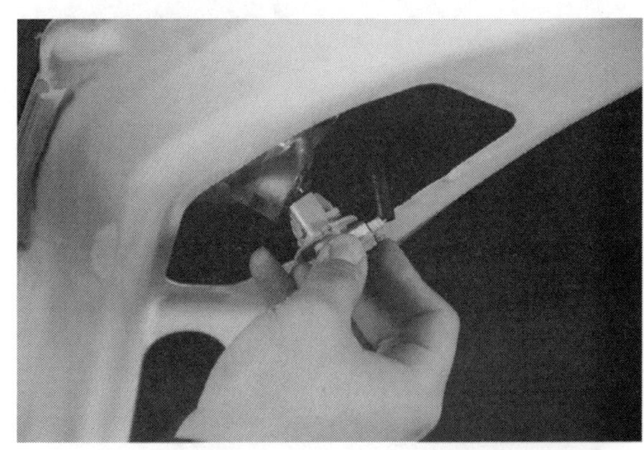

15　2号把后雾灯灯座盖安装到行李舱盖上。

提示: 保证安装到位且锁止可靠，否则，将影响到雾灯和倒车灯的正常工作。

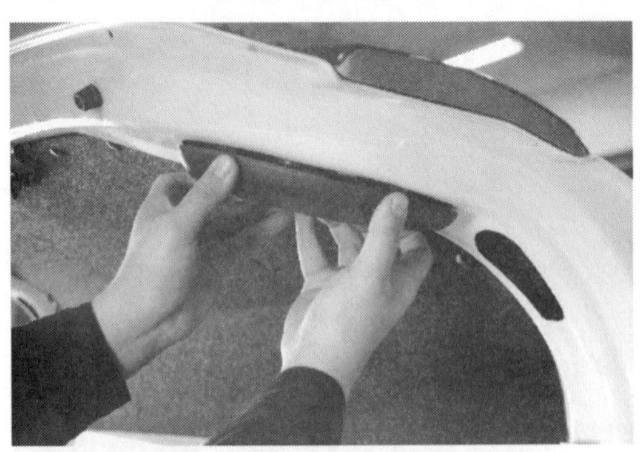

第七步　检查室内顶灯

1　1号使用一字螺丝刀，撬出顶灯总成。

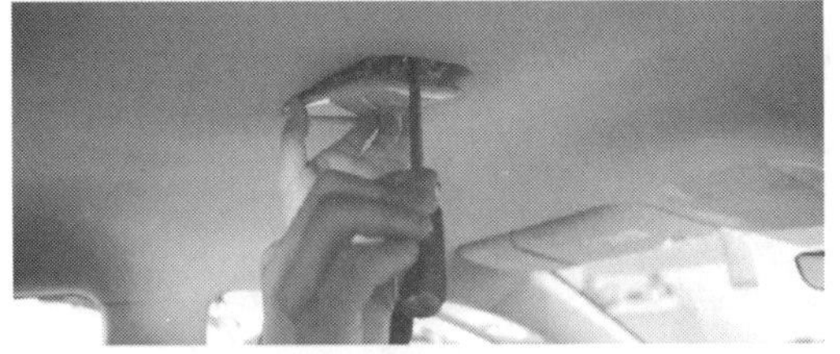

2　1号用一字螺丝刀，撬出顶灯灯罩。

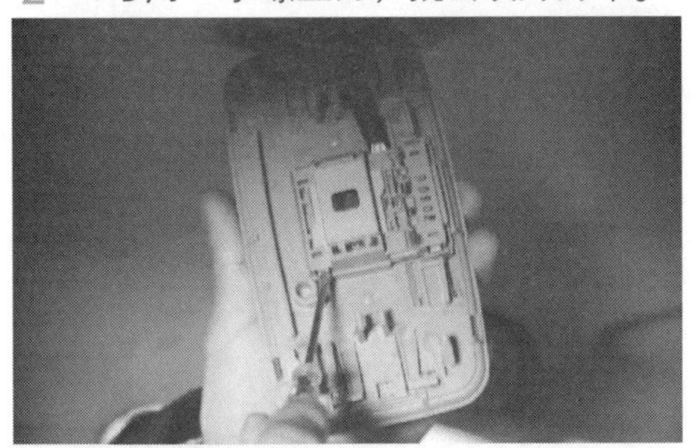

3　1号用手取出灯泡，并检查灯泡的损坏情况。

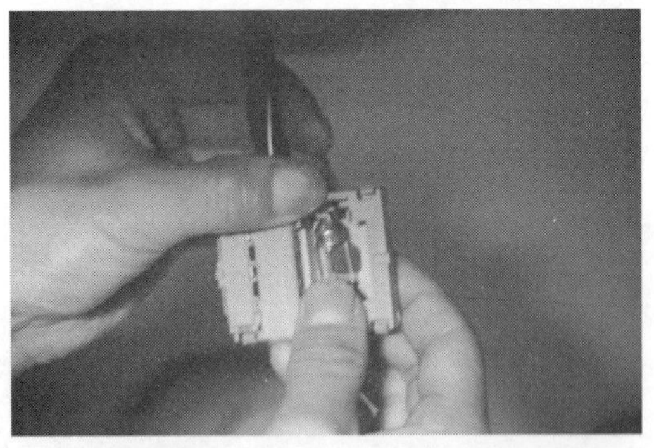

4　1号将灯泡安装到灯座上。

5　1号将顶灯开关拨至室内照明位置，此时灯泡应点亮。

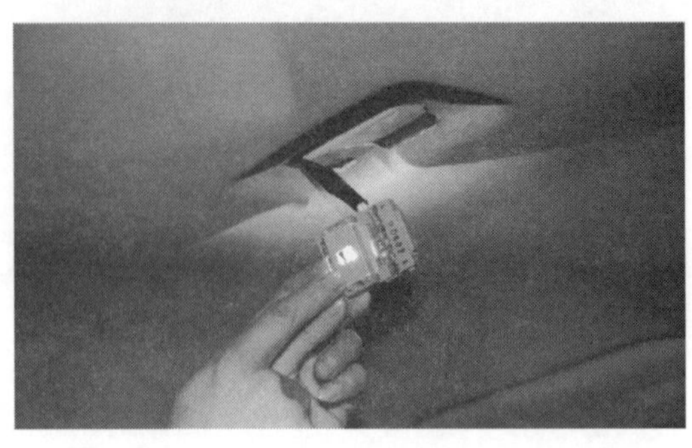

6　1号将顶灯开关拨至中间位置，此时灯泡应熄灭。

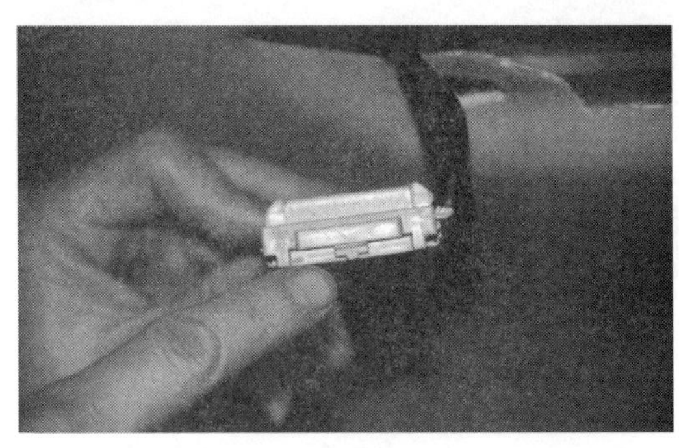

7　1号打开左前车门，并将顶灯开关拨至打开车门照明位置，此时灯泡应点亮。

8　1号关闭所有车门，30～50s后，顶灯自动熄灭。

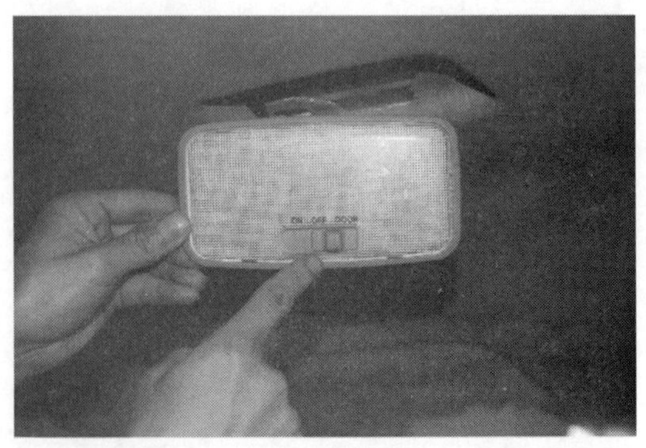

9　1号将灯罩安装到顶灯罩壳上。

10　1号将顶灯总成安装到车顶承座上。

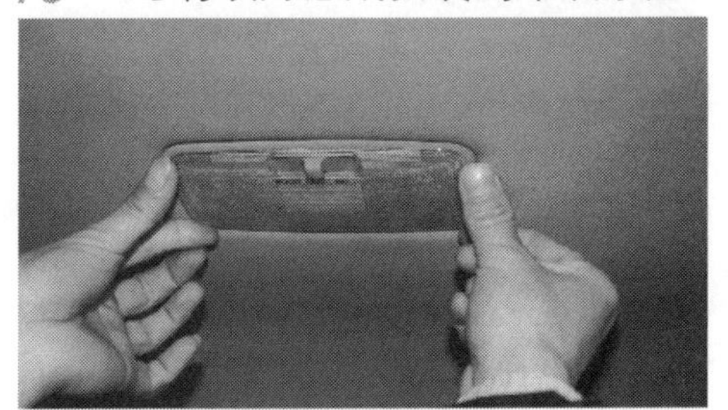

第八步　整理工位

1号、2号共同拆除护裙、驾驶室内保护罩，清洁工具和量具等，清洁地面卫生。

提示：作业项目完成后，要做好工位的清扫、整理工作，培养良好的工作习惯

七、考核标准

考核标准表

考核时间	序　号	考核项目	满　分	评分标准	得　分
40min	1	作业前整理工位	2	整理遗漏酌情扣分	
	2	工位停车	2	操作不当扣2分	
	3	粘贴翼子板护裙	2	操作不当扣2分	
	4	安装座套、转向盘套、地板垫	2	操作不当扣2分	
	5	拆装前大灯泡	6	操作不当扣6分	
	6	目视检查前大灯泡	4	操作不当扣4分	
	7	检查前大灯电路	7	操作不当扣7分	
	8	检查前大灯工作情况	5	操作不当扣5分	
	9	拆装前转向信号灯总成	5	操作不当扣5分	
	10	拆装前转向信号灯	4	操作不当扣4分	
	11	拆装前转向信号灯电路	6	操作不当扣6分	
	12	检查前转向信号灯工作情况	4	操作不当扣4分	
	13	拆装前雾灯总成	6	操作不当扣6分	
	14	拆装前雾灯	4	操作不当扣4分	
	15	拆装前雾灯电路	6	操作不当扣6分	
	16	检查前雾灯工作情况	4	操作不当扣4分	
	17	拆装制动灯和后转向信号灯组合灯座	6	操作不当扣6分	
	18	检查制动灯工作情况	4	操作不当扣4分	
	19	拆装倒车灯和后雾灯组合灯座	5	操作不当扣5分	
	20	检查倒车灯工作情况	4	操作不当扣4分	
	21	拆装车内顶灯总成	4	操作不当扣4分	
	22	检查顶灯工作情况	5	操作不当扣5分	
	23	作业后整理工位	3	整理遗漏酌情扣分	
	24	遵守相关安全规范	因违规操作造成人身伤害和设备事故的，总分按0分计		
分数合计			100		

任务三　更换转向灯开关

一、技术标准与要求

（1）安装丰田卡罗拉型轿车配件套使用的转向灯开关。

（2）点火开关关闭状态下，方可拆装转向灯开关。

（3）拆卸转向盘时，要保持转向盘位于正中间位置。

（4）转向盘固定螺母紧固力矩符合规定。

二、实训时间：30min

三、实训教学目标

（1）了解更换转向灯开关的重要性。

（2）熟悉汽车转向系统的组成和作用。

（3）掌握更换转向灯开关的操作技能。

四、实训器材

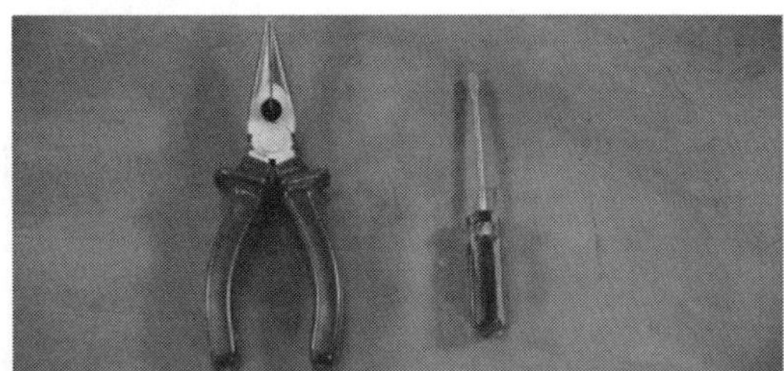

一字螺丝刀，鲤鱼钳

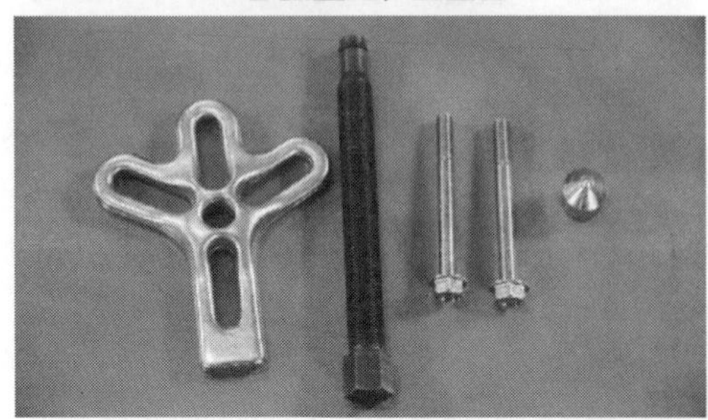

拉力器

十字螺丝刀

其他工具及器材：ϕ20mm短套筒、T30花键、接杆、棘轮扳手、扭力扳手、驾驶室内保护罩、翼子板护裙等。

五、教学组织

（1）教学组织形式：

每辆车安排4名学生参与实训，两名学生为一组。一组操作，一组观察学习。

（2）学生站位分工和要求：

两名学生一组，按照1号、2号进行编号，1号为主，2号为辅。

（3）实训教师职责：

讲解操作步骤和注意事项；下达“操作开始”口令；工位间巡视、检查、指导和纠正错误。

（4）学生职责变换：

两名学生实行职责变换制度，即第一遍1号为主，2号为辅；第二遍2号为主，1号为辅。

六、操作步骤

第一步　事前准备

1　车辆进入工位前，参训学生将工位区域清理干净，排除障碍物，准备好相关的工具、物品等。

提示：培养良好的工作习惯，做好事前准备，有利于安全操作和提高工作效率。

2　将车辆停驻在举升机平台的中央位置。

提示：车辆停驻于举升机平台的中央位置，为车辆的安全举升做好准备。

3 1号打开车门锁。

提示：用遥控钥匙打开电动门锁，为进入驾驶室操作做好准备。

4 1号和2号共同安装车轮挡块。

提示：为保证车辆在工位上可靠停驻，防止出现溜滑，造成安全事故，要安装车轮挡块。

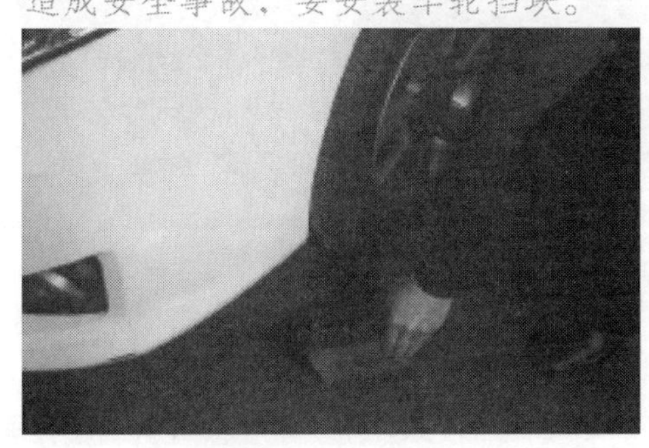

5 2号安装尾气收集管。

提示：为防止尾气污染环境，保护人体健康，要安装尾气收集管。

6 2号打开车门。

提示：左手拉车门把手打开车门带好三件套，准备进入车辆。

7 2号拉起发动机罩释放杆。

提示：拉起发动机罩释放杆时，用力不要过猛，否则容易导致释放杆盖损坏。

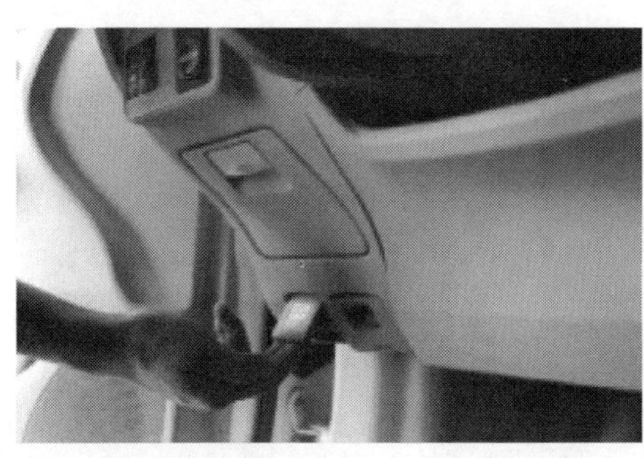

8 2号安装地板垫。

提示：铺设地板垫的主要目的是便于清除维修人员带入驾驶室内的脏物与杂物，保持驾驶室内地板清洁。

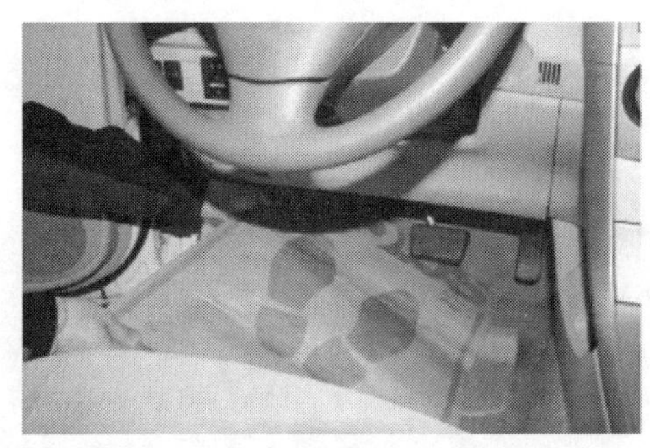

9 2号安装座椅套。

提示：安装座椅套时，用力要均匀，拉齐座椅套，使之整齐、美观。

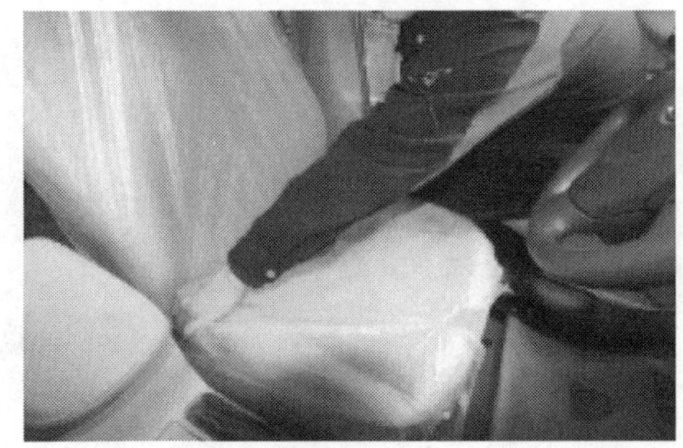

10 2号安装转向盘套。

提示：转向盘套是由薄塑料制成的，极易破损。安装转向盘套时，不要生拉硬拽，否则会造成转向盘套破损。

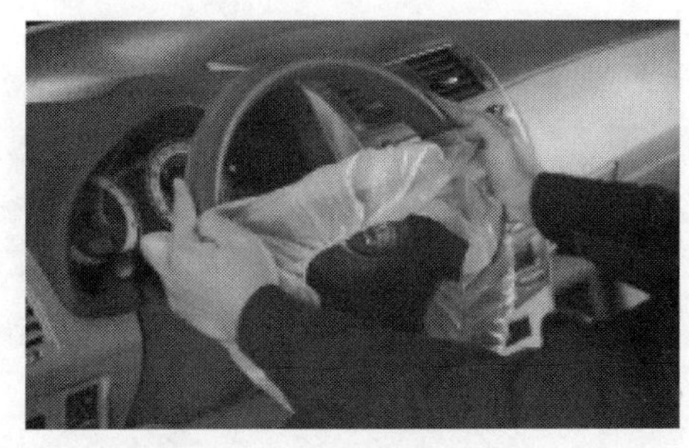

11 2号将点火开关旋至“ON”，打开主驾驶

侧电动车窗。

提示：打开主驾驶侧电动车窗，是为了车内通风以及当钥匙掉在车里时可以打开车门。

12　2号工位将变速杆置于P挡。

提示：发动机带挡操作属于违规操作，危险性极大。因此，发动机起动前应将变速杆置于P挡。

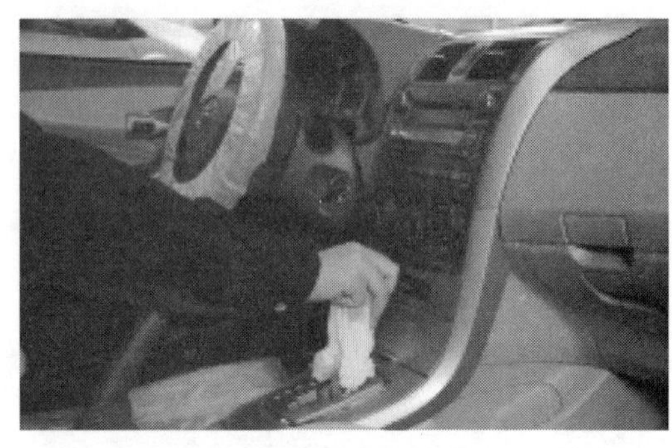

13　2号拉紧驻车制动杆。

提示：为保证车辆在工位上的可靠停驻，防止出现溜滑，造成安全事故，因此，要拉紧驻车制动杆。

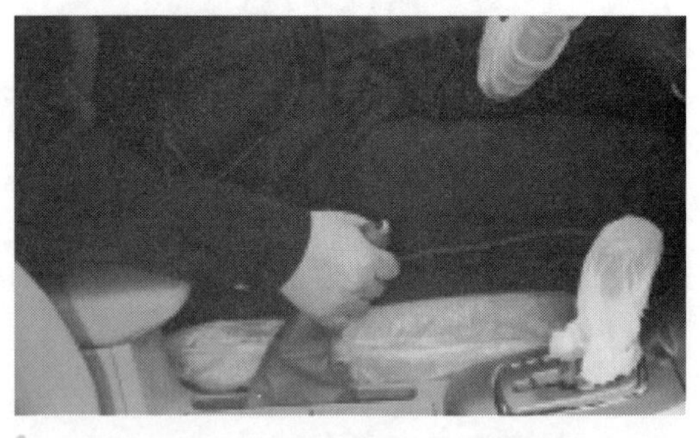

第二步　拆卸蓄电池负极电缆

1　2号将ϕ10mm套筒、接杆、棘轮扳手递给1号。

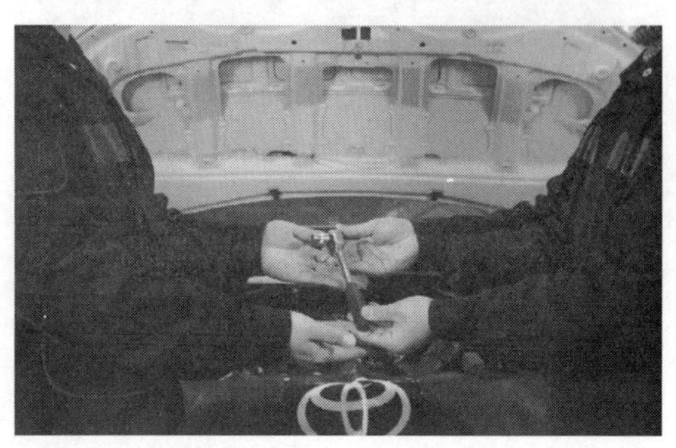

2　1号使用工具拧松蓄电池负极电缆的固定螺栓，然后从接线柱上取下负极电缆，并使负极电缆可靠地离开蓄电池接线柱。

提示：

（1）拆卸蓄电池负极电缆时，应保持点火开关处于“OFF”状态。

（2）断开蓄电池与电器系统的连接电路，目的是防止在拆卸点火开关过程中，造成发动机误起动及导线搭铁短路而损坏电器设备。

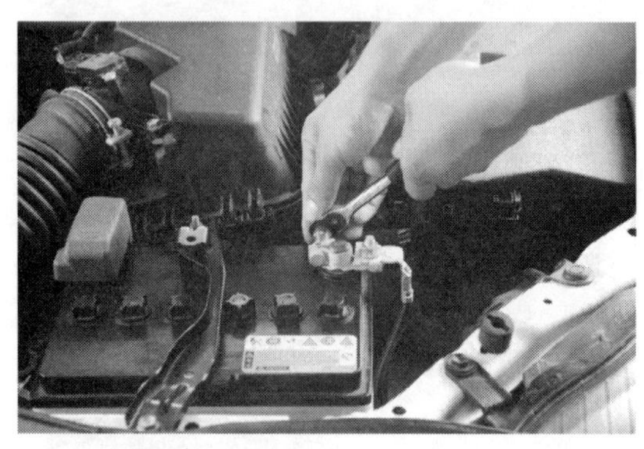

第三步　拆卸仪表台下护板

1　1号拆卸仪表板底罩分总成并递给2号。

提示：螺钉拆卸后，应摆放在零件车上，以防丢失。

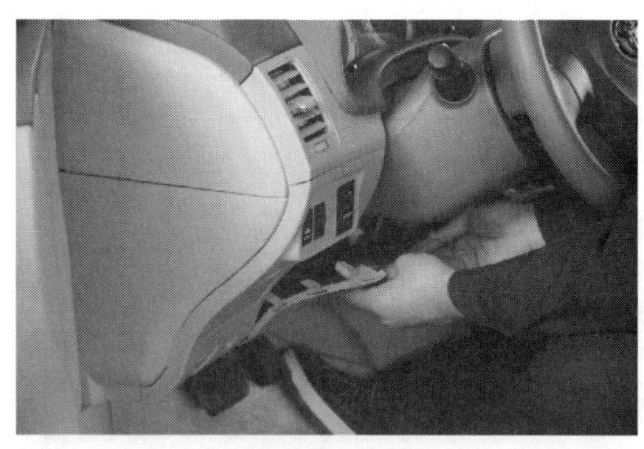

2　1号将仪表板底罩分总成取下并递给2号。2号将其摆放到零件车上。

3　2号将十字螺丝刀传递给1号。

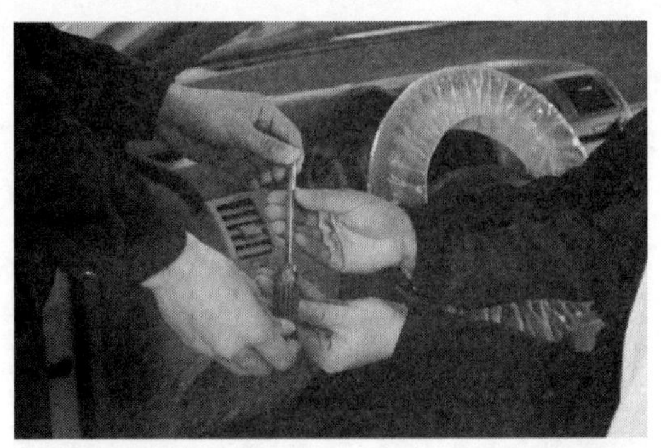

4　1号用十字螺丝刀拆卸仪表板下装饰板分总成上的两条自攻螺丝，并取出仪表板下装饰板分总成。

提示：螺钉拆卸后，应摆放在零件车上，以防丢失。

5　1号将仪表板下装饰板分总成递给2号，2号将其摆放到零件车上。

提示：将仪表板下装饰板分总成与其固定螺钉摆放在一起，可避免安装时螺钉错乱，有利于提高工作效率。

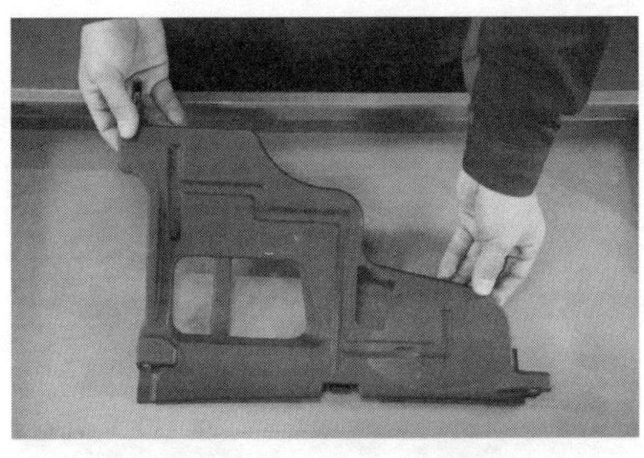

第四步　拆卸转向盘

1　1号调整转向盘至中间位置，保持转向车轮为直线行驶状态。

提示：调整车轮为直线行驶状态，便于确定转向盘的正确安装位置。当汽车直线行驶时，可保持转向盘位于中间位置。

2　1号将转向灯开关调整到中间位置。

提示：转向灯开关有3个位置。向前推开关手柄时，右转向灯闪烁；退回中间位置时，电路断开信号灯熄灭；向后拉开关手柄时，左转向灯闪烁。

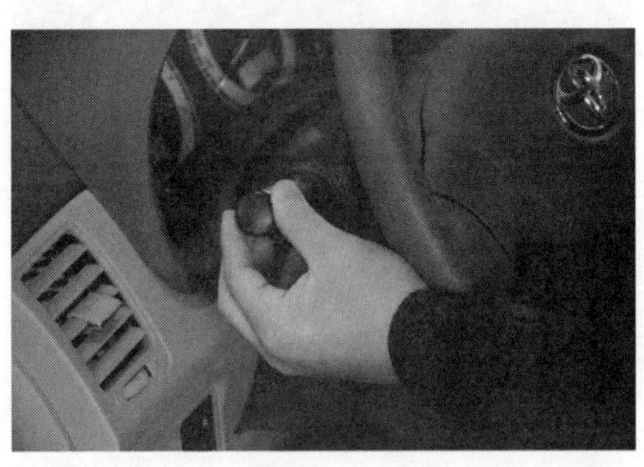

3　1号用一字螺丝刀拆卸转向盘上两个下盖。2号将下盖摆放到零件车上。

提示：拆卸时应注意防止螺丝刀损伤转向盘的皮质。

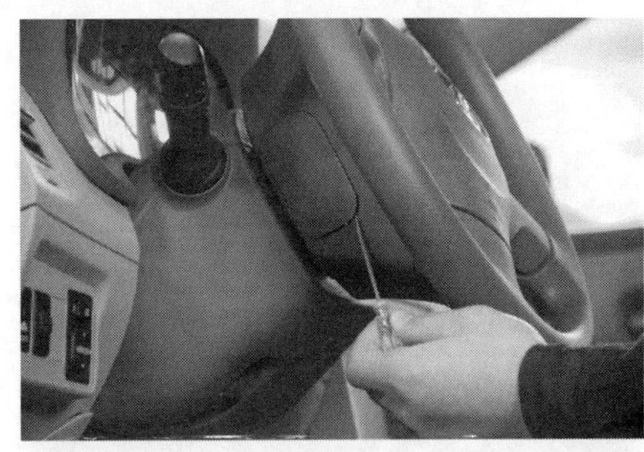

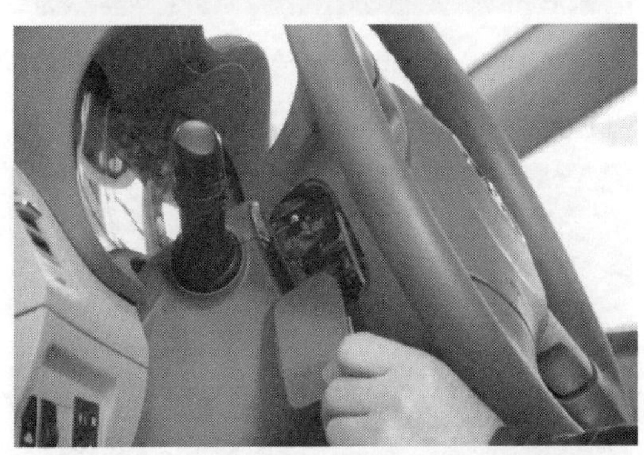

4　2号将T30花键、棘轮扳手及接杆组合后传递给1号。1号使用工具拆卸转向盘装饰盖。

5　1号用手指将转向盘两边的螺丝罩向外提，松下转向盘装饰盖。

提示：用手拆卸螺丝罩时，应注意不要用太大的力，防止塑料件损坏。

6　1号用手拔下转向盘装饰盖的导线插头。

提示：转向盘下盖上的金属片，通过一条导线与连接盘上的滑环连接起来，滑环与安装在组合开关上的喇叭触点始终接触，喇叭触点和外电路相通。当按下转向盘盖板时，喇叭触点接通，喇叭鸣响，当放松转向盘盖板时，喇叭触点断开，喇叭停止鸣响。

7　2号将一字螺丝刀传递给1号，1号用一字螺丝刀拆除转向盘装饰盖上安全气囊插头。

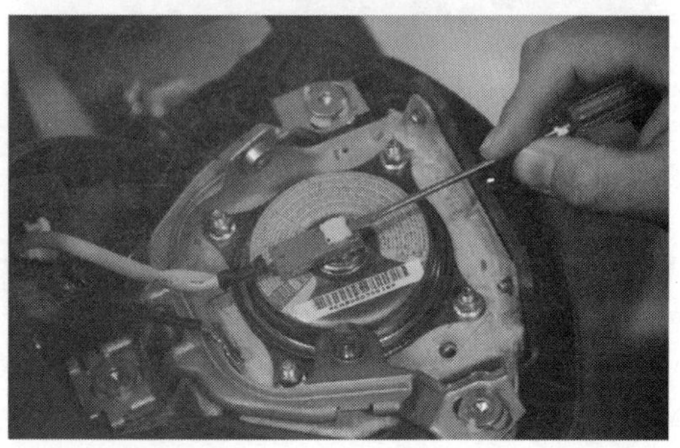

8　1号拔出安全气囊插头，把转向盘装饰盖传递给2号。2号将其摆放在零件车上。

提示：在拔安全气囊插头时，将点火开关置于关闭状态，并把蓄电池负极断开，以防止故障的产生。

9　2号将ϕ20mm套筒、接杆、扭力扳手组合后传递给1号。

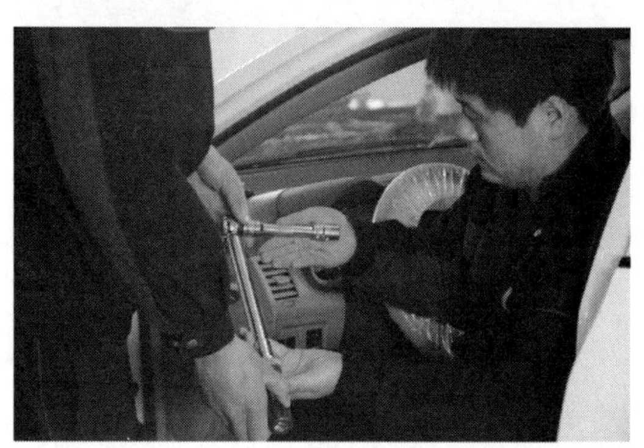

10　2号双手握紧转向盘反向用力，阻止转向盘转动；1号使用工具拧松转向盘固定螺母。2号接过工具并摆放到零件车上，1号用手旋下转向盘固定螺母。

提示：拧松转向盘固定螺母时，需要1号、2号配合进行。

11　2号将拉力器传递给1号，1号将其装在转向盘上的相应位置。

提示：选用拉力器时应符合相关的要求。

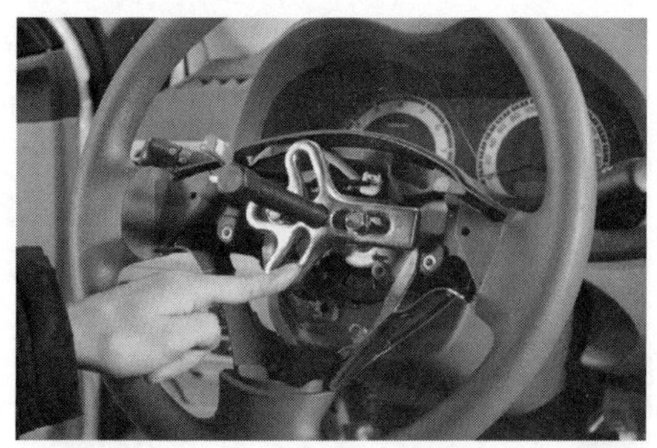

12 2号将ϕ20mm套筒、接杆、棘轮扳手组合后传递给1号。1号将拉力器往下拧，转向盘从转向柱花键中脱出。2号接过工具并放在零件车上。

13 1号确认转向盘位于中间位置后，双手上托转向盘两对称端，将转向盘从转向柱花键中脱出。

提示：如果方向盘与转向柱花键配合较紧，很难取下转向盘时，可采用拉力器进行拆卸。使配合花键松动，便可轻松取下转向盘。

14 2号将转向盘摆放到工具车上。

第五步 拆卸组合开关罩盖

1 1号使用一字螺丝刀，拆下转向柱罩下盖，并传递给2号。

提示：零件拆卸后，应摆放在零件车上，以防丢失。

2 1号先拆下仪表板左端装饰板，再拆下仪表板左下装饰板 。

提示：零件拆卸后，应摆放在零件车上，以防丢失。

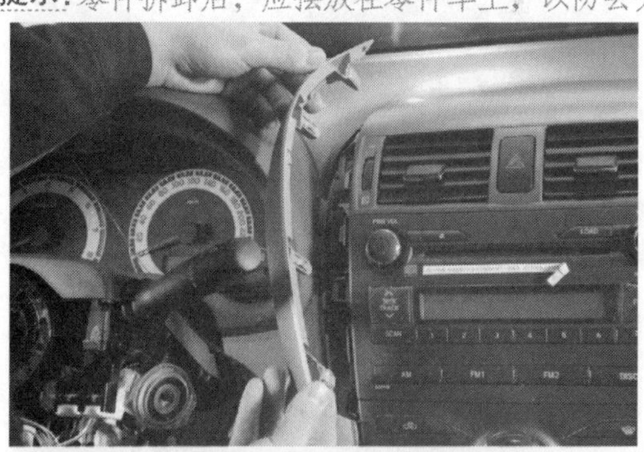

3 2号将仪表板左端装饰板，仪表板左下装饰板整齐摆放在零件车上。

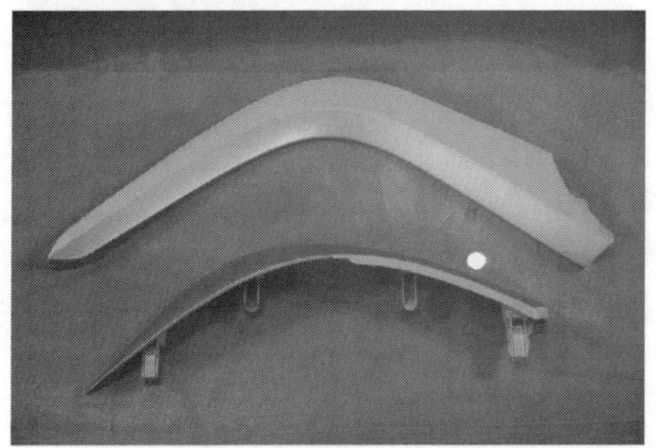

4　1号拆下仪表装饰板总成，并传递给2号。2号将其放在零件车上。

5　1号取下转向柱罩上盖并传递给2号。

提示：取下组合开关上罩盖时，应注意调整角度，禁止生拉硬拽，以免损坏上罩盖。

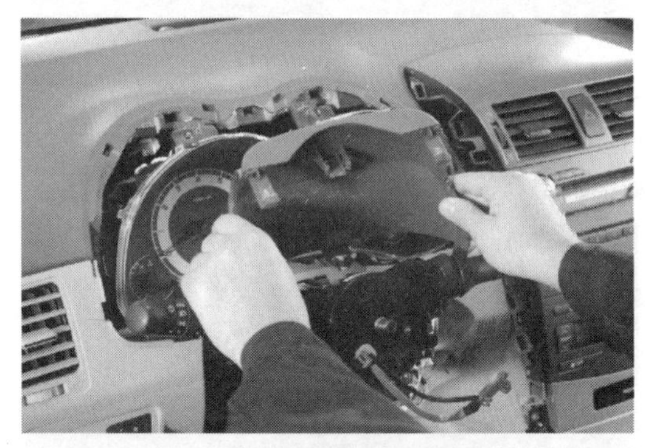

6　2号将转向柱罩盖摆放到零件车上。

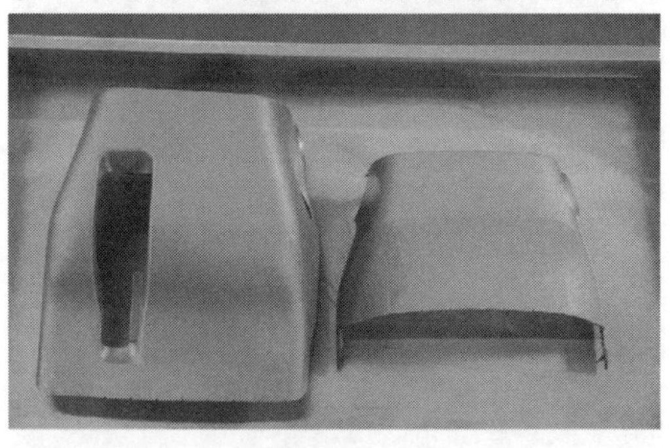

第六步　拆卸转向灯开关

1　1号拔下带螺旋电缆的转向信号开关插头。

提示：禁止使用螺丝刀等类似工具撬动电插头，以避免造成电插头损伤。

2　1号拆下带螺旋电缆的转向信号开关总成。

3　1号拔下转向灯、前照灯变光开关电插头。

提示：禁止使用螺丝刀等类似工具撬别电插头，以避免造成电插头损伤。

4　1号拔下刮水器电动机、喷洗电机电插头。

提示：禁止使用螺丝刀等类似工具撬动电插头，以避免造成电插头损伤。

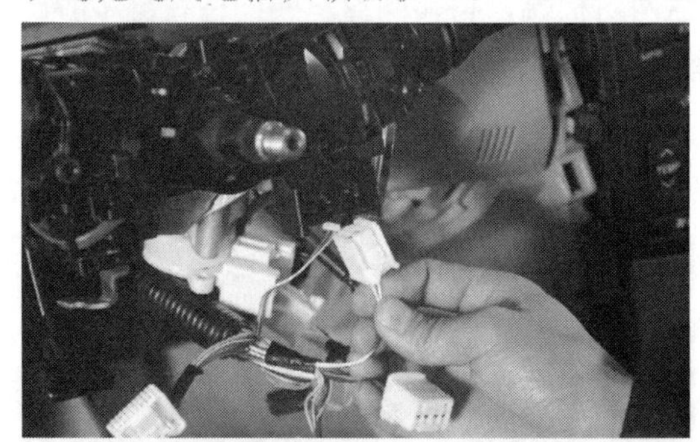

5　1号使用2号传递来的尖嘴钳，夹住带转向灯开关的组合开关上的卡箍。2号接过工具摆放到工具车上。

提示：组合开关带转向灯开关，拆下转向灯开关时，需要1号、2号配合进行，以防止其塑料件损伤。

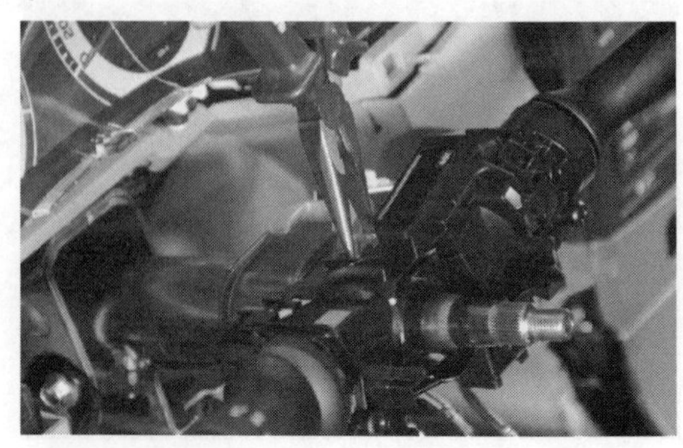

6 1号用手从转向柱上脱出带转向灯开关的组合开关。2号取出组合开关。

提示：组合开关中间的塑料锁扣与转向柱座扣合。脱开锁扣时，用力不要过大，以免折断锁扣。

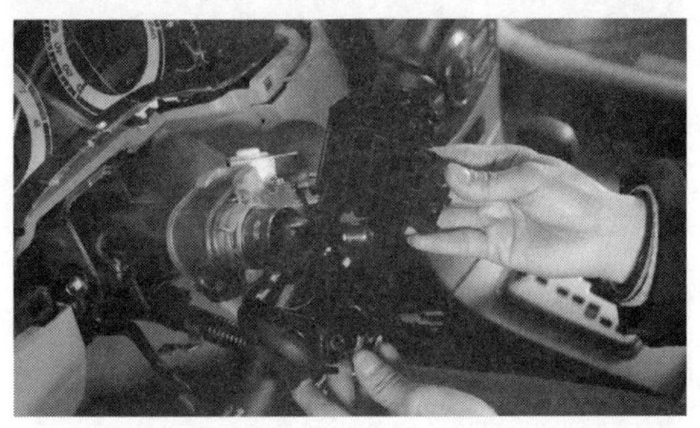

7 2号接过转向灯开关、卡箍，并摆放到零件车上。

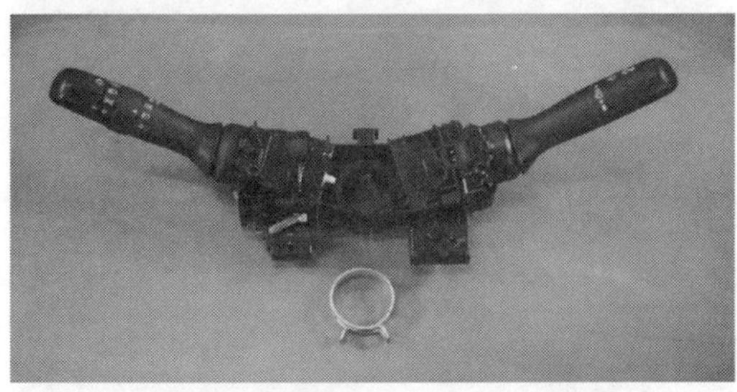

第七步 安装转向灯开关

1 2号将卡箍、转向灯开关总成、尖嘴钳分别传递给1号。

2 1号将转向灯开关总成平放于转向柱上，将转向灯总成的卡扣与转向柱的凹台扣合。

提示：安装锁扣时，用力不要过大，以免折断锁扣，需要1号、2号配合进行，以防止其塑料件损伤。

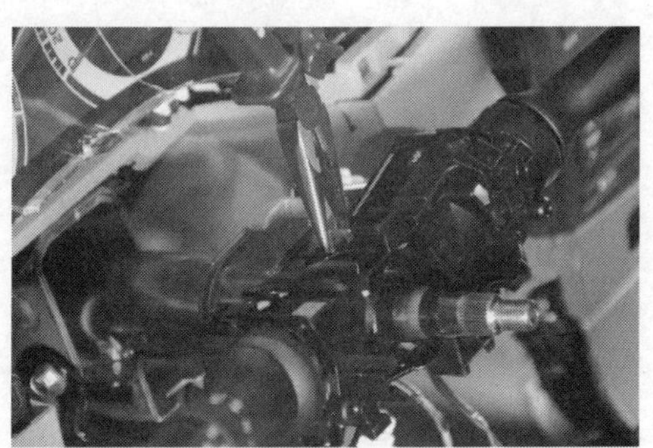

3 1号安装刮水器电动机、喷洗电机电插头。

提示：安装电插头时，要注意其安装方向，以免损伤插针和插孔。同时要安装到位，否则将影响转向灯开关正常工作。

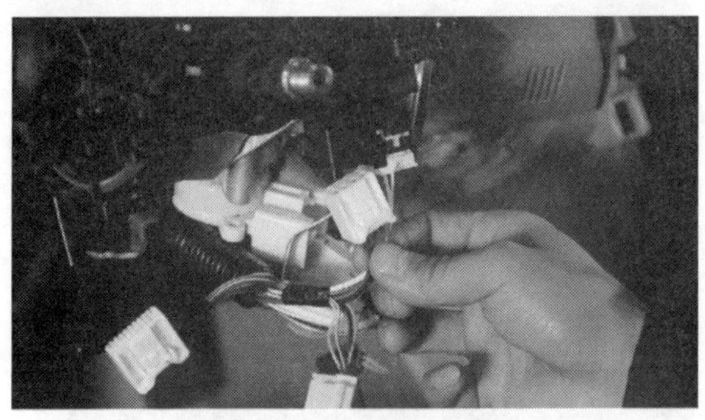

4 1号安装转向灯、前照灯变光开关电插头。

提示：安装点插头时，要注意其安装方向，以免损伤插针和插孔。同时要安装到位，否则将影响转向灯开关正常工作。

5 1号安装带螺旋电缆的转向信号开关总成。

6 1号安装带螺旋电缆的转向信号开关插头。

提示：安装电插头时，要注意其安装方向，以免损伤插针和插孔。同时要安装到位，否则将影响转向灯开关正常工作。

第八步　安装组合开关罩盖

1　2号将转向柱罩上盖传递给1号。

2　1号将转向柱罩上盖安装到组合开关上。

3　1号安装仪表装饰板总成。

提示：仪表装饰板总成为橡胶材料制成的，安装时严禁生拉硬拽，并且要对齐仪表上部的定位销孔，注意调整仪表装饰板总成的安装角度。

4　1号先安装仪表板左端装饰板，再安装仪表板左下装饰板。

提示：仪表装饰板为橡胶材料制成的，安装时严禁生拉硬拽，并且要对齐仪表台上的定位销孔，注意调整仪表装饰板总成的安装角度。

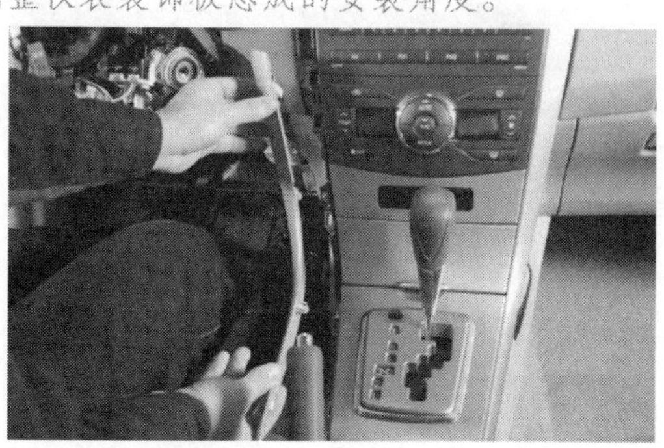

5　1号将仪表装饰板总成、仪表板左端装饰板、仪表板左下装饰板、转向柱下盖安装到组合开关上。

提示：组合开关罩壳为橡胶材料制成的，安装时严禁生拉硬拽，并且要对齐罩壳上的定位销孔，注意调整上罩壳的安装角度。

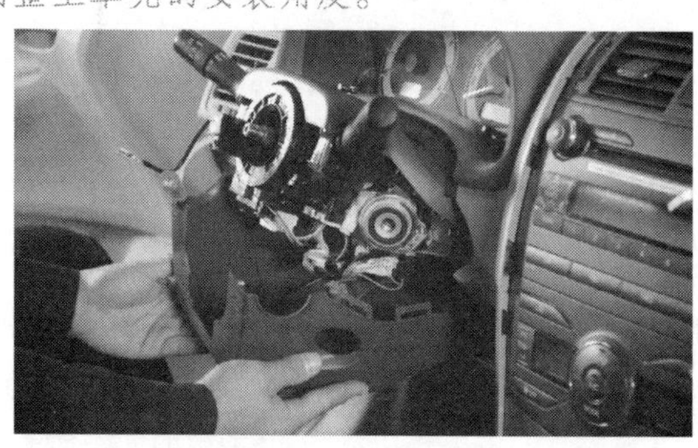

6　1号使用双手上下用适当的力将上下盖安装牢靠。

第九步　安装转向盘

1　2号位于车辆前方，观察两转向车轮是否保持直线行驶状态。

提示：安装转向盘之前，要保持两转向车轮处于直线行驶状态。否则，不能够保证汽车直行时转向盘正直。必要时扳动车轮进行调整。

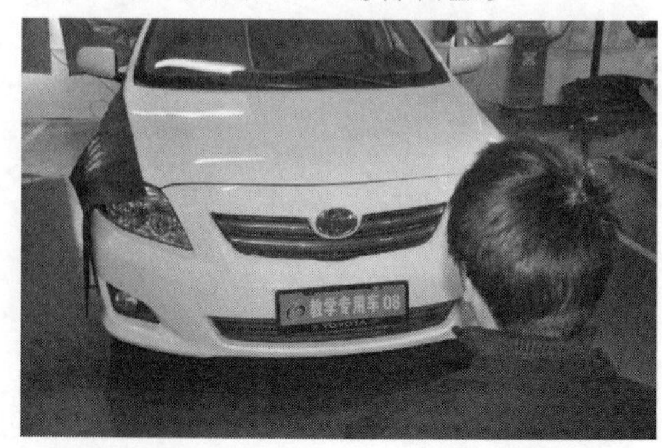

2 1号按照汽车直行方向，将转向盘安装到转向柱上。

提示：转向盘安装到转向柱上之后，可将盖板安放到转向盘上，如果盖板上的车标朝向汽车正前方向，则证明转向盘安装方向正确。否则，重新调整转向盘安装位置。

3 1号将垫圈套装到转向柱上，然后将固定螺母用手旋到转向柱螺纹杆上。

提示：用手旋上固定螺母，确保对正螺纹。禁止使用工具直接将固定螺母旋到转向柱上，一旦螺纹歪斜，便会造成螺纹损伤，严重者需要更换固定螺母及上转向柱。

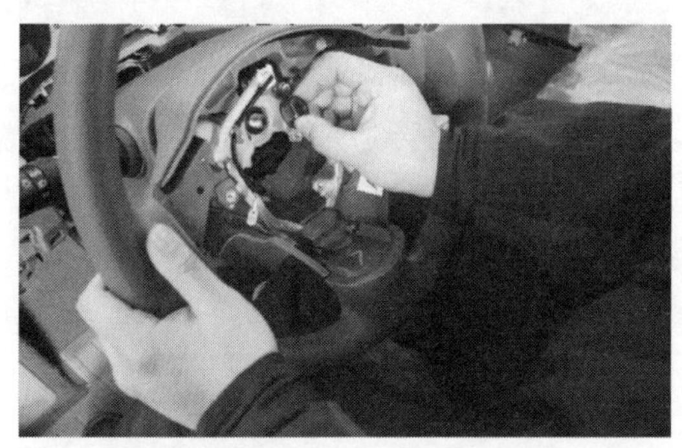

4 2号将ϕ20mm套筒、接杆、扭力扳手组合后传递给1号。

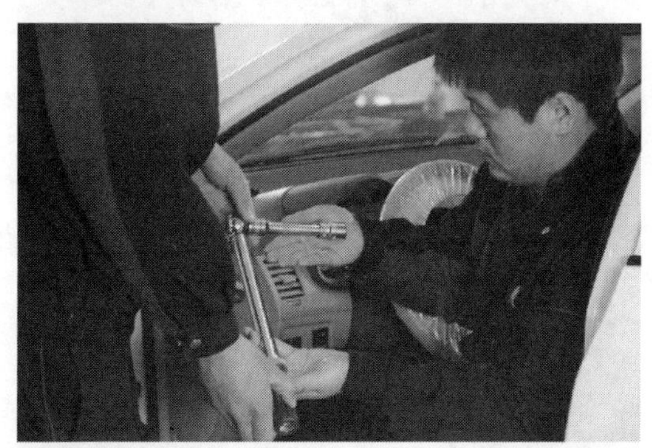

5 2号双手握紧转向盘反向用力，阻止转向盘移动；1号使用工具将转向盘固定螺母力矩拧紧至40N·m。

提示：拧紧转向盘固定螺母时，需要1号、2号配合进行。

6 2号接过工具，擦拭后摆放到零件车上。

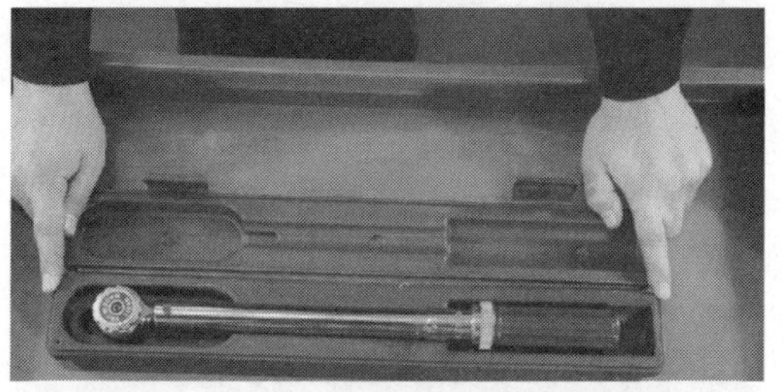

7 2号将转向盘的盖板下盖传递给1号。

8 1号将汽车喇叭的黑色导线插头与盖板下盖上插座相连。

提示：

（1）连接导线与接线片时，应注意提示和标注。黑色导线一端与接触环连接，即黑色导线为汽车喇叭的搭铁线。

（2）保证导线插头与接线片之间良好接触。如果插头松动，可使用尖嘴钳夹紧插头后再与接线片连接。

9 1号将安全气囊插头插入转向盘装饰盖上的插孔内。

提示：安装电插头时，要注意其安装方向，以免损伤插针和插孔。同时要安装到位，否则将影响安全气囊的正常工作。

10　1号对正盖板上的锁扣和下盖上的锁孔后，用力压下盖板，使转向盘装饰盖对准位置。

提示：拔下点火开关的钥匙后，锁块弹出。当转动锁壳时，锁块便嵌入转向柱上的立槽内，使转向柱被锁定。

11　2号将T30花键、棘轮扳手及接杆组合后传递给1号。1号使用工具拆卸转向盘装饰盖。

提示：用手旋上固定螺母，确保对正螺纹。禁止使用工具直接将固定螺母旋到转向柱上，一旦螺纹歪斜，便会造成螺纹损伤，严重者需要更换固定螺母及上转向柱。

12　2号将转向盘上两个下盖传递给1号。1号将下盖分别安装到转向盘上。

提示：安装时应注意转向盘上下盖的左右位置，防止安装错误。

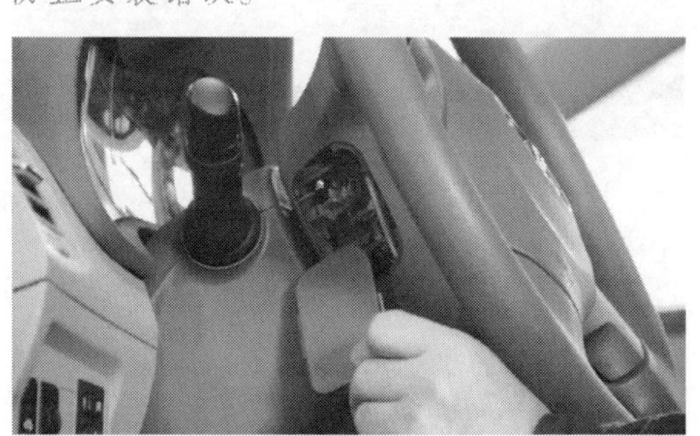

第十步　安装仪表台下护板

1　2号将仪表板下装饰板分总成传递给1号。

2　1号将仪表板下装饰板分总成安装到仪表台上。

提示：安装时，不要剧烈弯折防护罩。

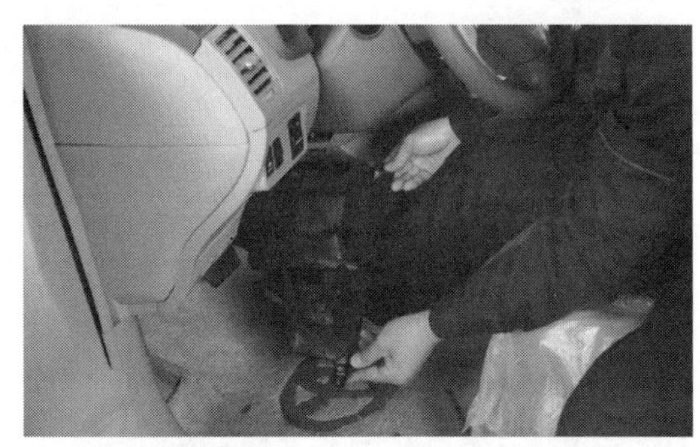

3　1号使用2号传递来的十字螺丝刀，旋紧仪表板下装饰板分总成两个固定螺钉。

提示：自攻丝螺钉旋紧时，用力不要过大。否则，滑扣后压紧力反而变小。

4　1号将2号传递来的仪表板底罩分总成安装到位。

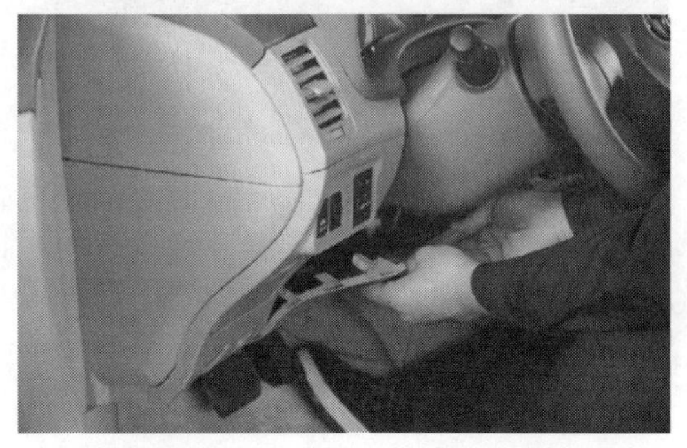

第十一步 安装蓄电池负极电缆

1 1号使用砂布除去电缆夹内接触面的污物。

提示：电缆夹与蓄电池极柱间，应保持良好接触。否则，将增大蓄电池的输出电阻，输出电压下降，造成起动机转速低，发动机起动困难。

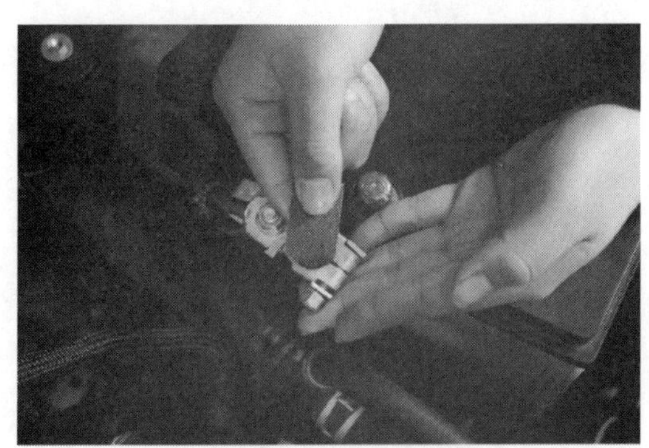

2 1号将负极电缆夹安装到蓄电池的“–”接线柱上。之后，使用ϕ10mm套筒、接杆、棘轮扳手，拧紧负极电缆夹的固定螺栓。螺栓紧固力矩为5N·m。

提示：拔下点火开关的钥匙后，锁块弹出。当转动锁壳时，锁块便嵌入转向柱上的立槽内，使转向柱锁定。

第十二步 转向灯开关性能检验

1 1号旋转点火开关至“ON”位置。

提示：此时点火开关接通发动机点火、发电机励磁、仪表、转向信号、刮水器等电路及附件所有电路。

2 1号向前推转向灯开关手柄，此时汽车右侧转向灯和组合仪表内的转向指示灯均应按照一定频率闪烁。

3 1号退回转向灯开关手柄于中间位置，此时右侧转向灯和组合仪表内的转向指示灯均应熄灭。

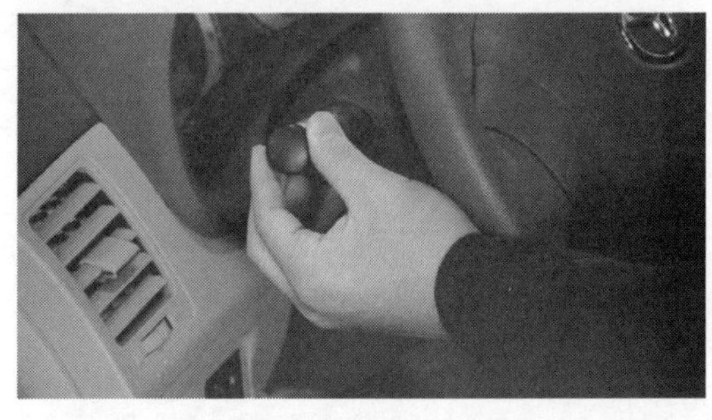

4 1号后拉转向灯开关手柄，此时汽车左侧转向灯和组合仪表内的转向指示灯均应按照一定频率闪烁。最后关闭点火开关，取出钥匙。

提示：如果以上各项检查均正常，则说明点火开关性能良好，至此点火开关更换完毕。

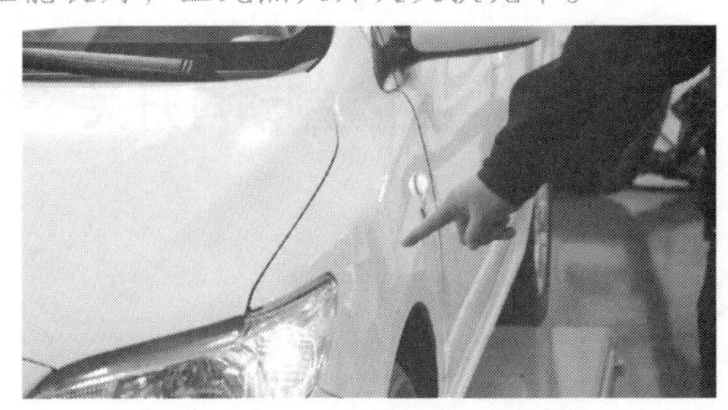

第十三步 整理工位

1号、2号共同拆卸驾驶室内保护罩，清理工具等，清洁地面卫生。

提示：作业项目完成后，要做好工位的清扫、整理工作，培养良好的工作习惯。

七、考核标准

考核标准表

考核时间	序 号	考核项目	满 分	评分标准	得 分
30min	1	作业前整理工位	4	整理遗漏酌情扣分	
	2	粘贴翼子板护裙	4	操作不当扣4分	
	3	安装驾驶室内保护罩	4	操作不当扣4分	
	4	拆装蓄电池负极电缆	7	操作不当扣7分	
	5	拆装仪表台下护板	6	操作不当扣6分	
	6	拆装转向盘	15	操作不当扣15分	
	7	拆转组合开关罩	10	操作不当扣10分	
	8	拆装转向灯开关	7	操作不当扣7分	
	9	拆装转向盘盖板	10	操作不当扣10分	
	10	连接喇叭导线	3	操作不当扣3分	
	11	连接安全气囊导线	7	操作不当扣7分	
	12	转向灯性能检测	10	检查遗漏扣15分	
	13	零件摆放	8	操作不当扣8分	
	14	作业后整理工位	5	整理遗漏酌情扣分	
	15	遵守相关安全规范	因违规操作造成人身伤害和设备事故的，总分按0分计		
分数合计			100		

任务四　更换制动灯开关

一、技术标准与要求

（1）安装丰田卡罗拉型轿车配套使用的制动灯开关。

（2）单独使用万用表检测制动灯开关通断性能。

二、实训时间：20min

三、实训教学目标

（1）了解检查和更换制动灯开关的重要性。

（2）熟悉制动灯的工作原理。

（3）掌握检查和更换制动灯开关的操作技能。

四、实训器材

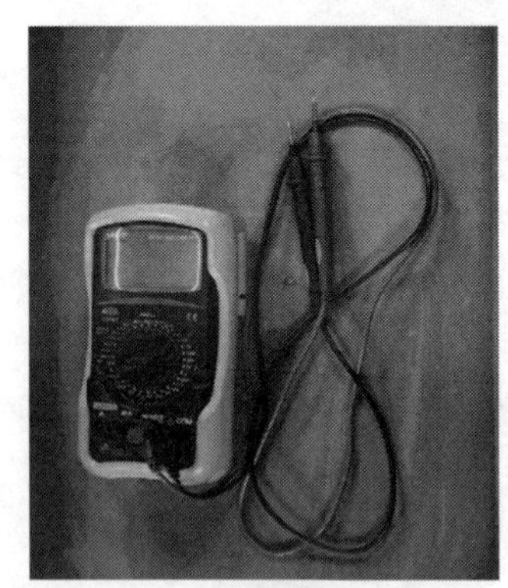

万用表

其他工具及器材：十字螺丝刀，驾驶室内保护罩。

五、教学组织

（1）教学组织形式：

每辆车安排4名学生参与实训，两名学生为一组。一组操作，一组观察学习。

（2）学生站位分工和要求：

两名学生一组，按照1号、2号进行编号，1号为主，2号为辅。

（3）实训教师职责：

讲解操作步骤和注意事项；下达“操作开始”口令；工位间巡视、检查、指导和纠正错误。

（4）学生职责变换：

两名学生实行职责变换制度，即第一遍1号为主，2号为辅；第二遍2号为主，1号为辅。

六、操作步骤

第一步 事前准备

1 车辆进入工位前，参训学生将工位区域清理干净，排除障碍物，准备好相关的工具、物品等。

提示：培养良好的工作习惯，做好事前准备，有利于安全操作和提高工作效率。

2 将车辆停驻在举升机平台的中央位置。

提示：车辆停驻于举升机平台的中央位置，为车辆的安全举升做好准备。

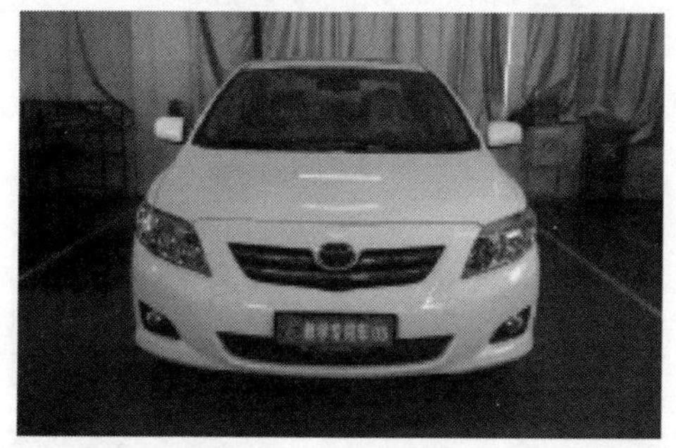

3 1号打开门锁。

提示：用遥控钥匙打开电动门锁，为进入驾驶室操作做好准备。

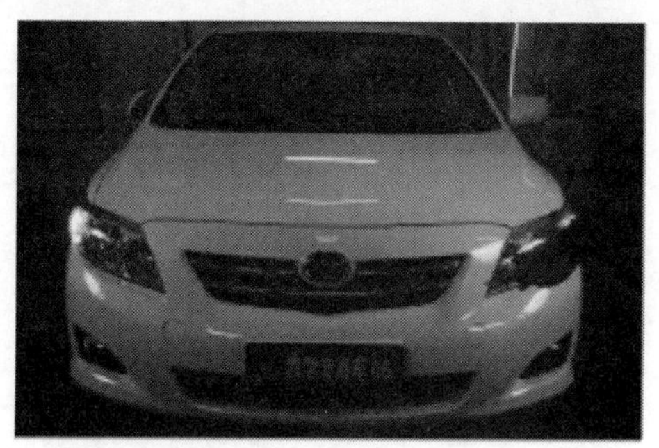

4 1号和2号共同安装车轮挡块。

提示：为保证车辆在工位上可靠停驻，防止出现溜滑，造成安全事故，要安装车轮挡块。

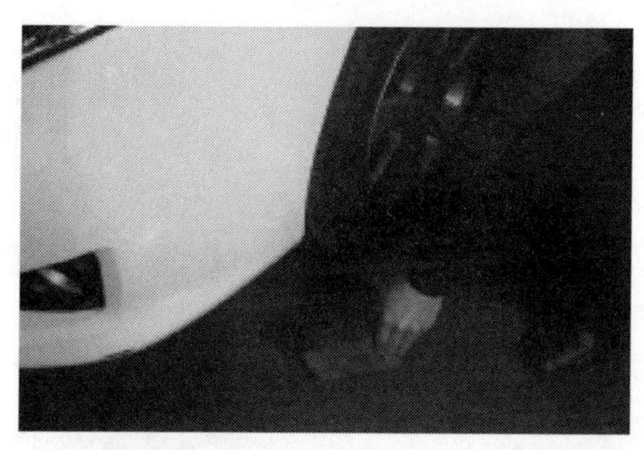

5 2号安装尾气收集管。

提示：为防止尾气污染环境，保护人体健康，要安装尾气收集管。

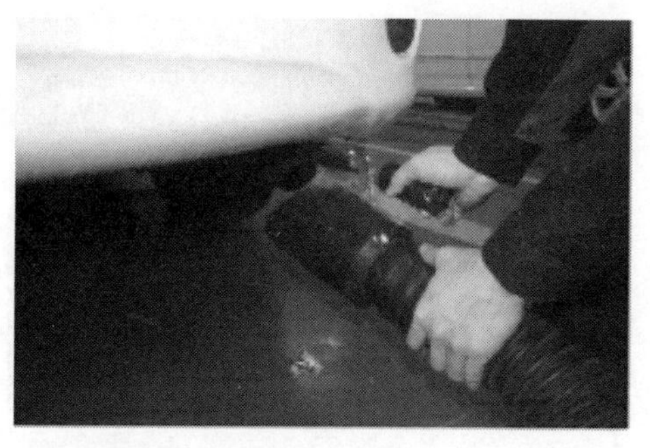

6 2号打开车门。

提示：左手拉车门把手打开车门，带好三件套，准备进入车辆。

7 2号拉起发动机罩释放杆。

提示：拉起发动机罩释放杆时，用力不要过猛，否则容易导致释放杆盖损坏。

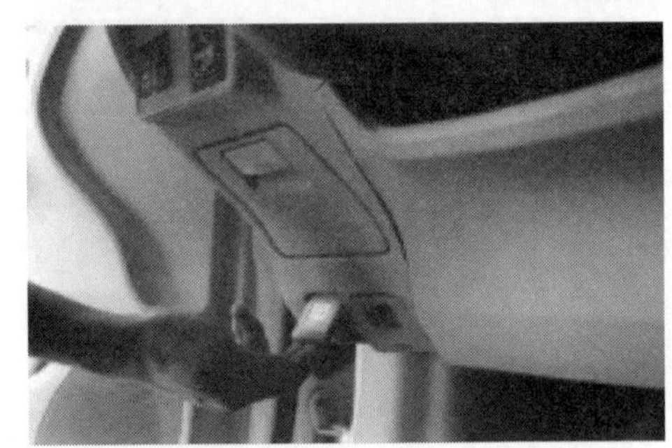

8 2号安装地板垫。

提示：铺设地板垫的主要目的是便于清除维修人员带入驾驶室内的脏物与杂物，保持驾驶室内地板清洁。

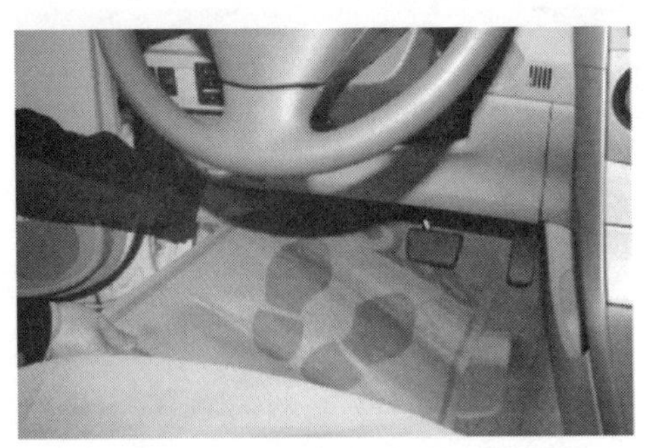

9 2号安装座椅套。

提示：安装座椅套时，用力要均匀，拉齐座椅套，使之整齐、美观。

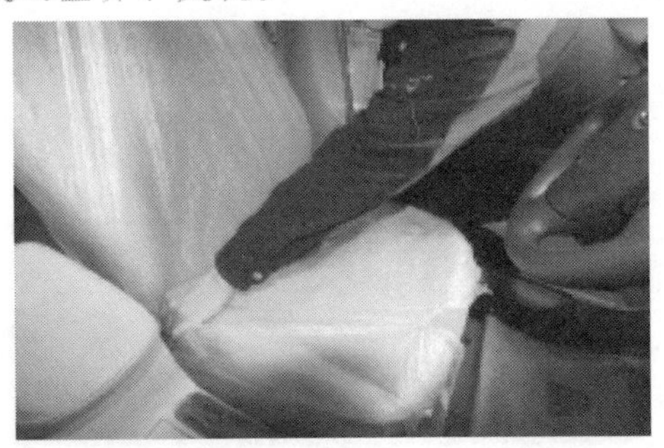

10 2号安装转向盘套。

提示：转向盘套是由薄塑料制成的，极易破损。安装转向盘套时，不要生拉硬拽，否则会造成转向盘套破损。

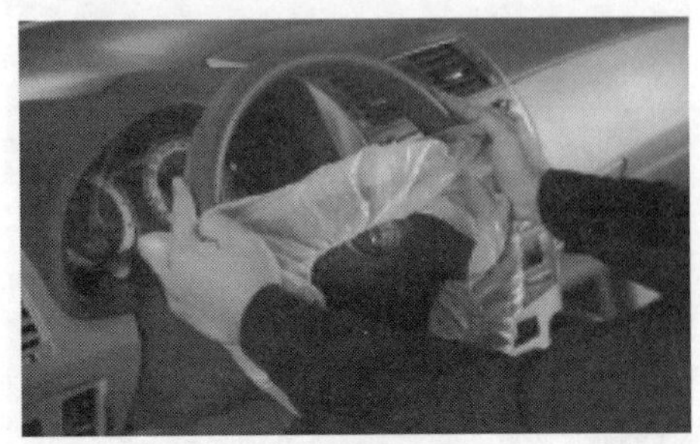

11 2号将点火开关旋至"ON",打开主驾驶侧电动车窗。

提示：打开主驾驶侧电动车窗，是为了车内通风以及当钥匙掉在车里时可以打开车门。

12 2号将变速杆置于P挡。

提示：发动机带挡操作属于违规操作，危险性极大。因此，发动机起动前应将变速杆置于P挡。

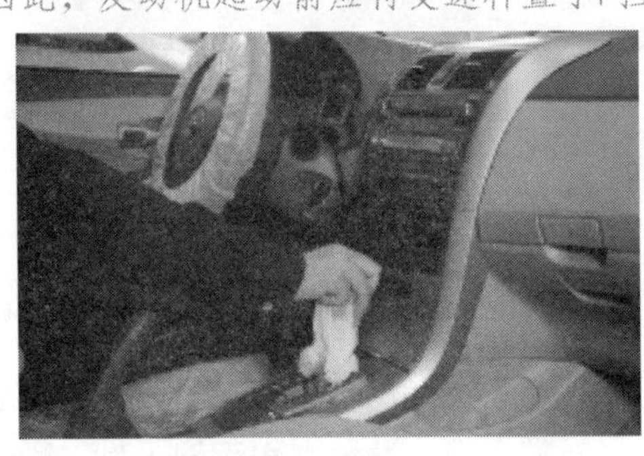

13 2号拉紧驻车制动杆。

提示：为保证车辆在工位上的可靠停驻，防止出现溜滑，造成安全事故，因此，要拉紧驻车制动杆。

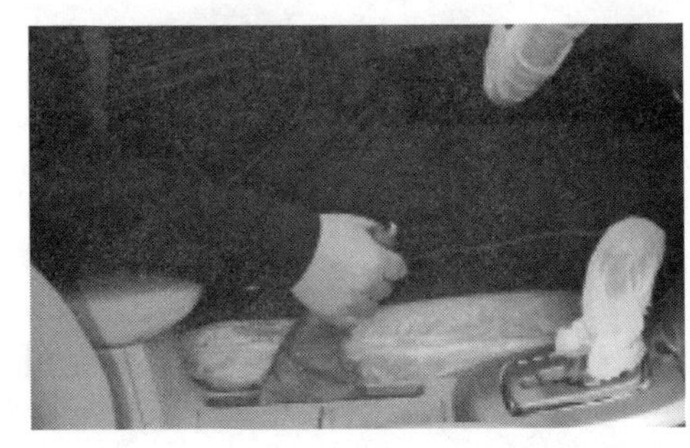

第二步 拆卸仪表台下防护板

1 1号拆卸仪表板底罩分总成并传递给2号。

提示：螺钉拆卸后，应摆放在零件车上，以防丢失。

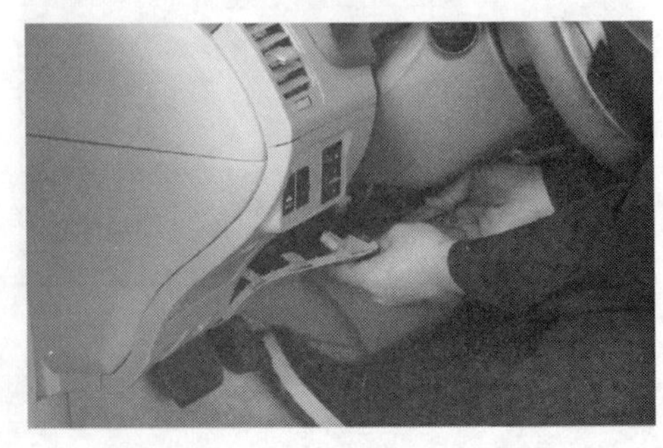

2 1号将仪表板底罩分总成取下并传递给2

号。2号将其摆放到零件车上。

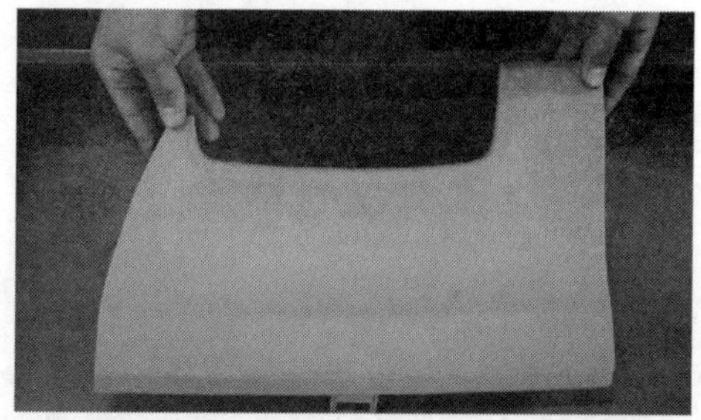

3 2号将十字螺丝刀传递给1号。

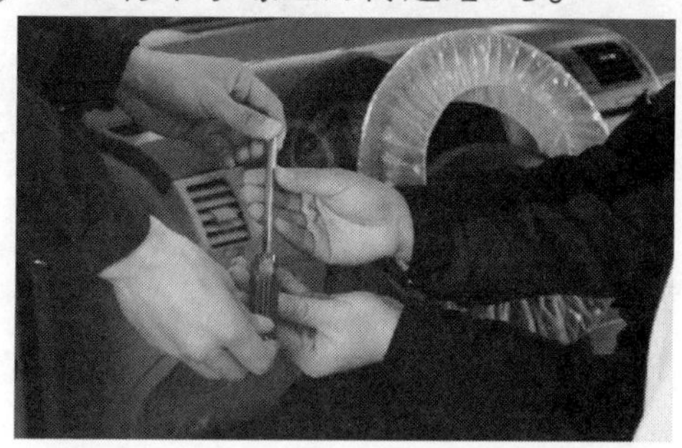

4 1号用十字螺丝刀拆卸仪表板下装饰板分总成上的两条自攻螺丝，并取出仪表板下装饰板分总成。

提示：螺钉拆卸后，应摆放在零件车上，以防丢失。

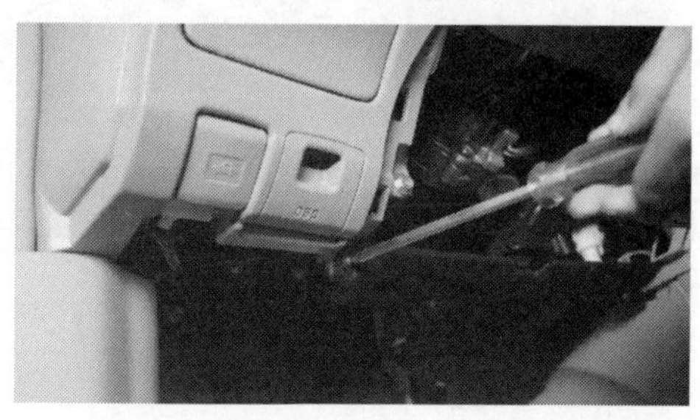

5 1号将仪表板下装饰板分总成传递给2号，2号将其摆放到零件车上。

提示：将仪表板下装饰板分总成与其固定螺钉摆放在一起，可避免安装时螺钉错乱，有利于提高工作效率。

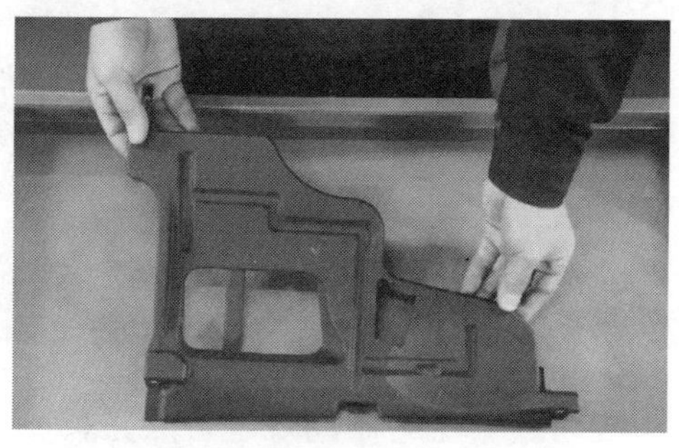

第三步 拆卸制动灯开关

1 1号拔下制动灯开关的电插头。

提示：

（1）插拔电器元件电插头时，应保持点火开关处于关闭状态。否则，产生的电动势容易损坏电控单元。

（2）制动灯开关位于制动踏板上方。

2 1号取下制动灯开关。

提示：取下制动灯开关时，转动开关使开关上的凸起对准承座上的缺口，便可取下制动灯开关。

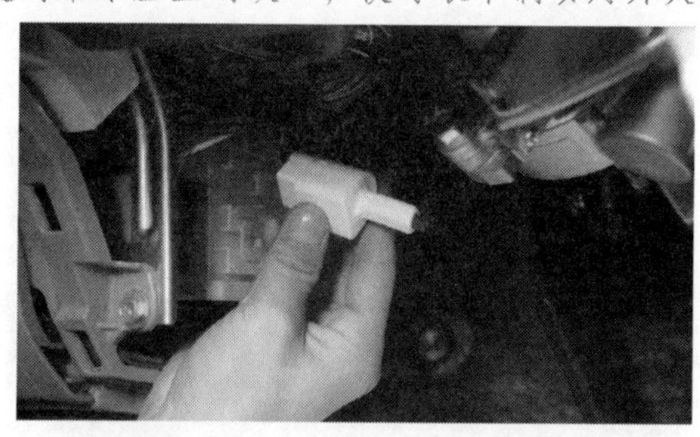

第四步 检查制动灯开关

1 1号检查制动灯开关与踏板接触部位的磨损情况。

提示：如果制动灯开关严重磨损，应更换新品。应为制动灯开关磨损状况，影响到制动踏板的高度和自由行程。

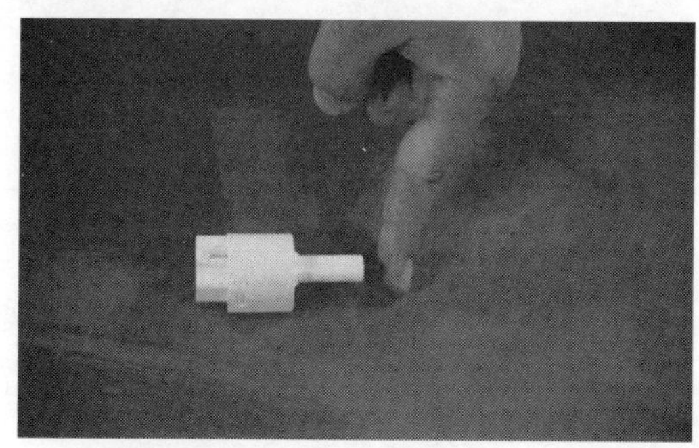

2 1号将万用表的两表笔分别与制动灯开关的两插头连接起来。

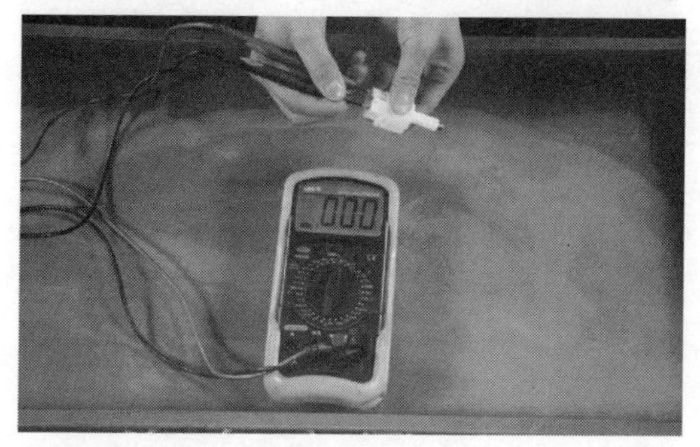

3 1号用手压下制动灯开关的触头。

提示：当压下制动灯开关触头时，即为放松制动踏板时的制动灯开关状态。此时，制动开关的两触点应断开。

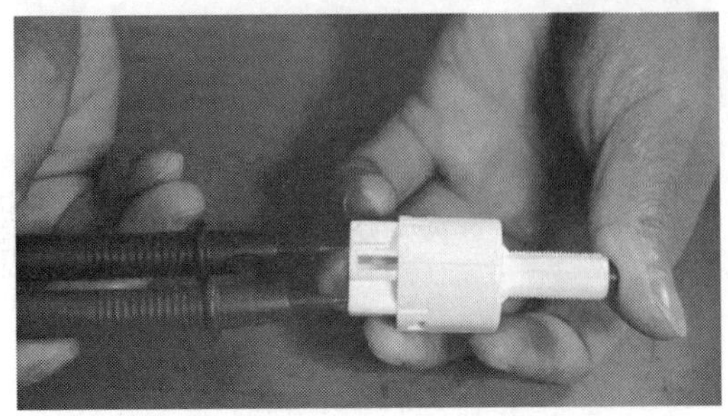

4 1号检查制动灯开关触点断开情况。

提示：如果万用表显示电阻值为∞，则证明制动灯开关的触点断开性能正常，此时制动灯熄灭。否则，更换制动灯开关。

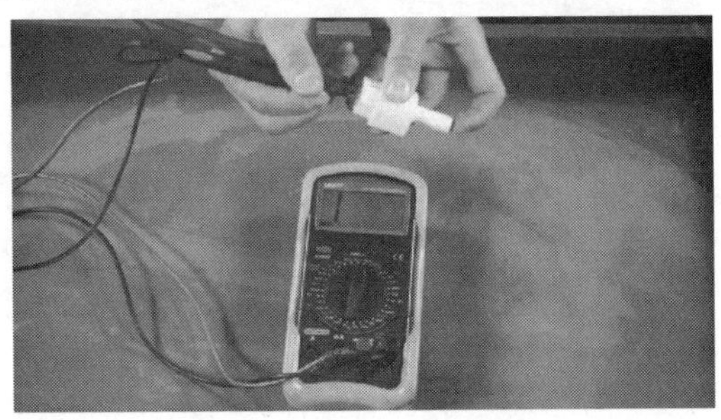

5 1号放松制动灯开关的触头。

提示：放松制动灯开关的触头时，即为踩下制动灯踏板时的制动灯开关状态。此时，制动灯开关的两触点应闭合。

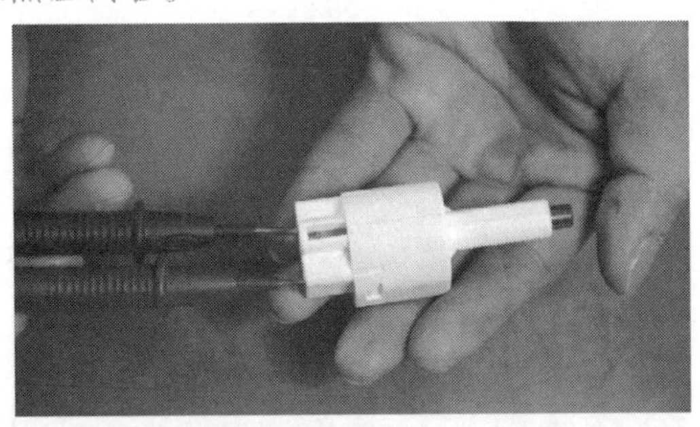

6 1号检查开关触电闭合的情况。

提示：如果万用表显示电阻值接近0，则证明制动灯开关的触点闭合正常，此时制动灯点亮。否则，更换制动灯开关。

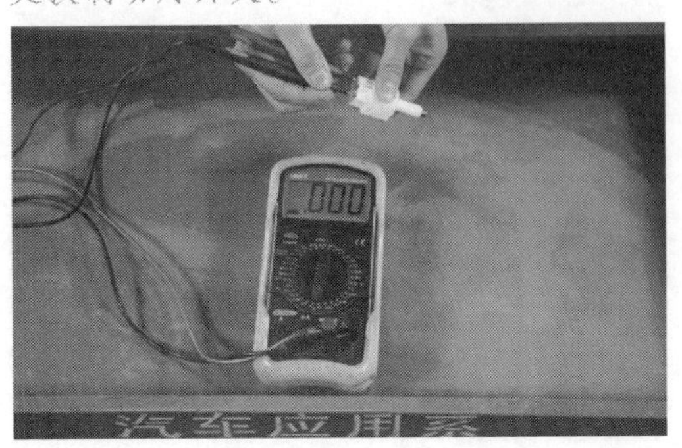

第五步　安装制动灯开关

1 1号将制动灯开关上的凸起对正承座上的缺口后，转动制动灯开关，使制动灯开关固定于承座上。

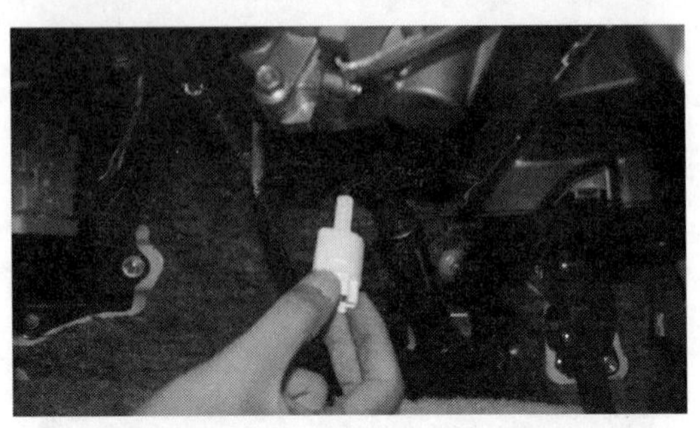

2 1号将电插头安装到制动灯开关的插座上。

提示：插拔电器元件电插头时，应保持点火开关处于关闭状态。否则，产生的电动势容易损坏电控单元。

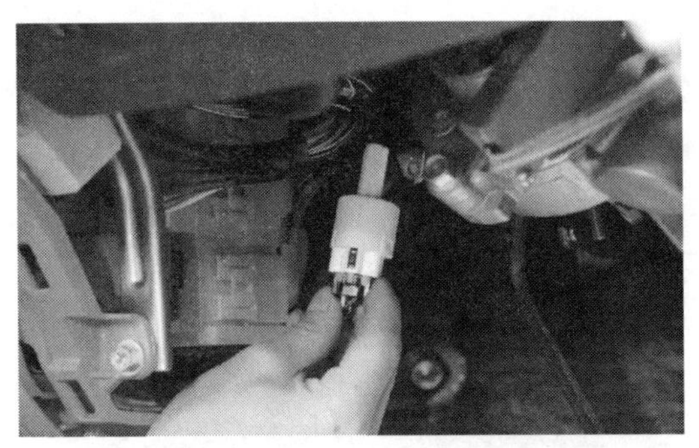

第六步　制动灯开关就车检验

1 1号用力踩下制动踏板。

提示：此时制动灯开关处于触点闭合状态。

2 2号观察左右制动灯是否点亮。

提示：如果左右制动灯均点亮，则证明制动灯、制动灯开关及相关电路均正常。如果左右制动灯均不亮，应检查制动踏板位置、制动灯开关、制动灯电路及制动灯泡。如果其中一个制动灯不亮，故障多出自制动灯泡或电路。

3　1号彻底放松制动踏板。

提示：此时制动灯开关处于触点断开状态。

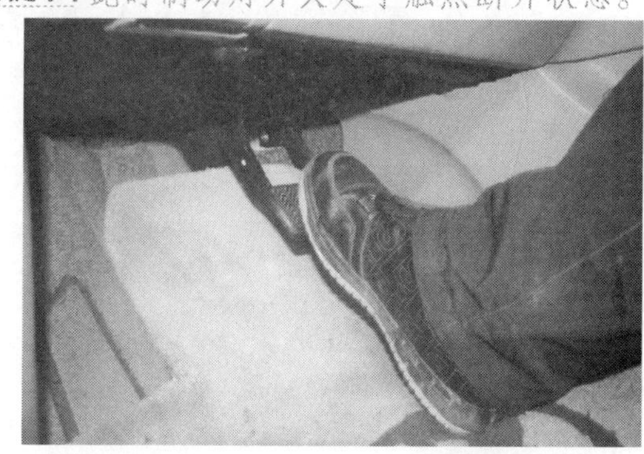

4　2号观察左右制动灯是否熄灭。

提示：如果左右制动灯均点亮，则证明制动灯、制动灯开关及相关电路均正常。如果左右制动灯均不亮，应检查制动踏板位置、制动灯开关、制动灯电路及制动灯泡。如果其中一个制动灯不亮，故障多出自制动灯泡或电路。

第七步　安装仪表台下护板

1　2号将仪表板下装饰板分总成传递给1号。

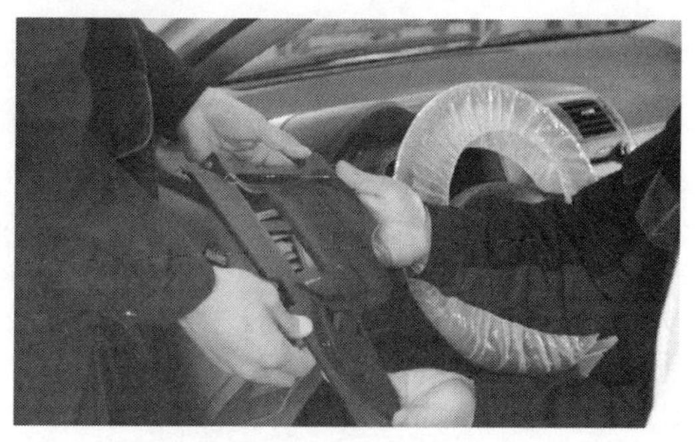

2　1号将仪表板下装饰板分总成推入仪表台的锁孔中，将防护罩安装到仪表台上。

提示：安装时，不要剧烈弯折防护罩。

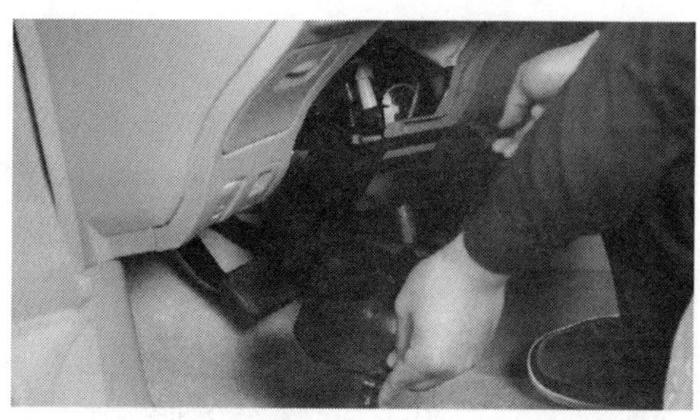

3　1号用2号传递来的十字螺丝刀，旋紧防护罩的2个固定螺栓。

提示：自攻丝螺钉旋紧时，用力不要过大。否则，滑扣后压紧力反而变小。

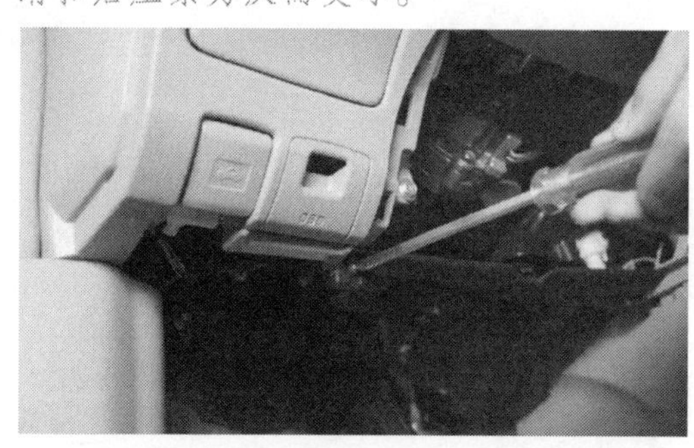

4　1号拆卸仪表板底罩分总成并传递给2号。

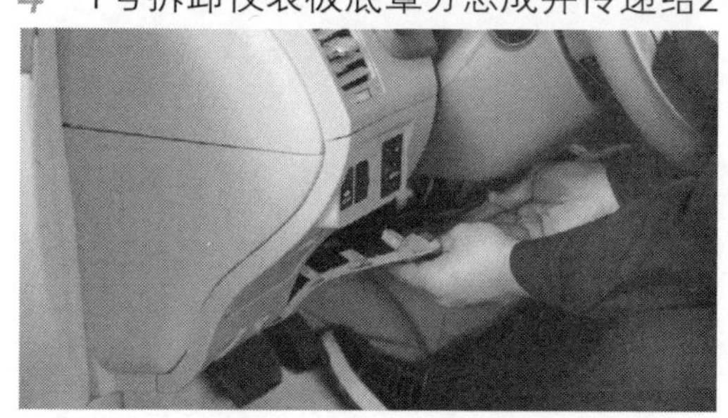

第八步　整理工位

1号、2号共同拆卸驾驶室内保护罩，清理工具等，清洁地面卫生。

提示：作业项目完成后，要做好工位的清扫、整理工作，培养良好的工作习惯。

七、考核标准

考核标准表

考核时间	序 号	考核项目	满 分	评分标准	得 分
20min	1	作业前整理工位	3	整理遗漏酌情扣分	
	2	可靠驻车并置变速器与空挡位置	3	操作不当扣3分	
	3	打开并支撑机舱盖	3	操作不当扣3分	
	4	粘贴翼子板护裙	3	操作不当扣3分	
	5	安装驾驶室内保护罩	3	操作不当扣3分	
	6	拆装仪表台下防护板	6	操作不当扣6分	
	7	拆装制动灯开关	10	操作不当扣10分	
	8	检查制动灯开关触头的磨损情况	9	检查遗漏扣9分	
	9	正确使用万用表	12	使用不当扣12分	
	10	检查制动灯开关的断开情况	15	检查不当扣15分	
	11	检查制动灯开关的闭合情况	15	检查不当扣15分	
	12	制动灯开关的就车检验	15	检查不当扣15分	
	13	作业后整理工位	3	整理遗漏酌情扣分	
	14	遵守相关安全规范	因违规操作造成人身伤害和设备事故的，总分按0分计		
分数合计			100		

第六章　刮水器与洗涤系统

第一节　需 用 知 识

一、刮水器和洗涤器系统作用和组成

刮水器的作用是用来清除风窗玻璃上的雨水、雪或尘土，以确保驾驶人有良好的视野。在行驶中，由于泥土的飞溅或其他原因风窗玻璃被弄脏，所以刮水器还设有洗涤装置，有些轿车还装备有前照灯冲洗装置。刮水器和洗涤系统在车上的布置如图6-1所示。

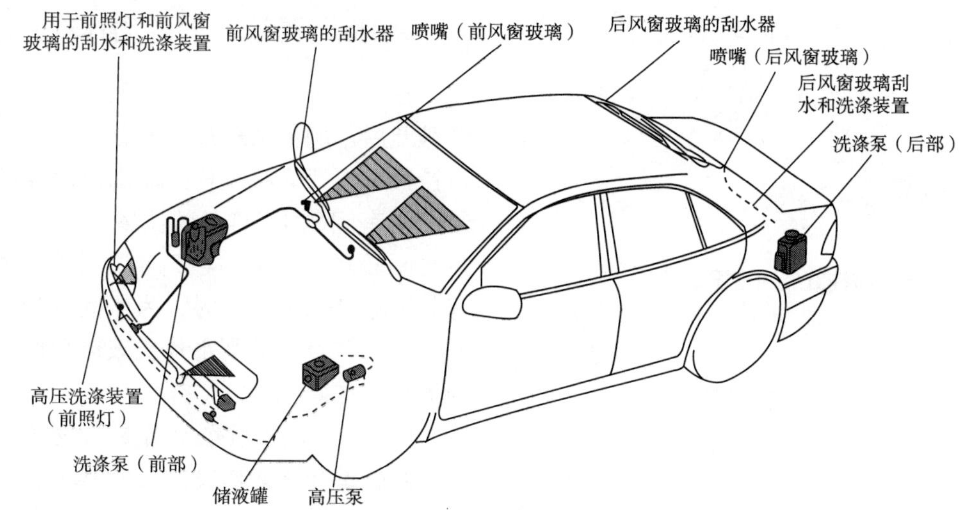

图6-1　刮水器和洗涤器系统在车上的布置

二、刮水器的构造

1 刮水器的作用与分类

下雨或下雪时，为保持良好的视线，前、后风窗玻璃上均装有刮水器，以扫除玻璃上的积水或积雪。

现代汽车均使用电动机驱动刮水器，这样可以保持一定速度摆动，不受发动机转速与负荷变动的影响，且可以随驾驶人需要，视雨势大小调整动作速度。电动刮水器更可以做每秒一次至30秒一次间歇动作的无级变速调整。根据刮水片的连动方式，刮水器可分为：（1）平行连动式，一般小型车采用最多，如图6-2a）所示。（2）对向连动式，大型车采用，如图6-2b）所示。（3）单臂式，部分小型车采用，如图6-2c）所示。

目前使用的刮水器多数是平行连动式。

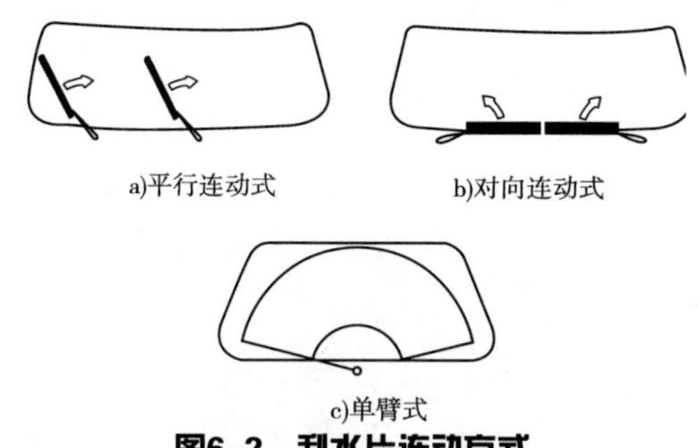

图6-2　刮水片连动方式

2 刮水器的结构及工作原理

如图6-3所示，刮水器是由直流电动机、涡轮箱、曲柄、连杆、摆杆、摇臂和刮水片等部分组成。

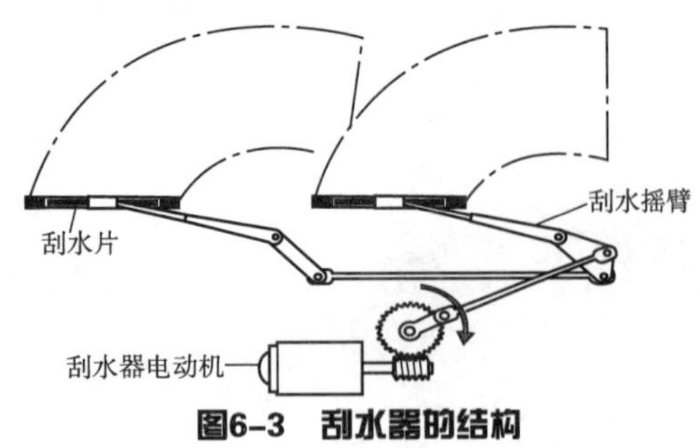

图6-3　刮水器的结构

利用电动机的动力，带动连杆机构，使刮水片产生作用。现代汽车刮水器直流电动机多使用永久磁铁式刮水器电机，其构造如图6-4所示。刮水器架装在齿轮壳侧端，端板与外壳为一体，使用三个电刷做二段变速。

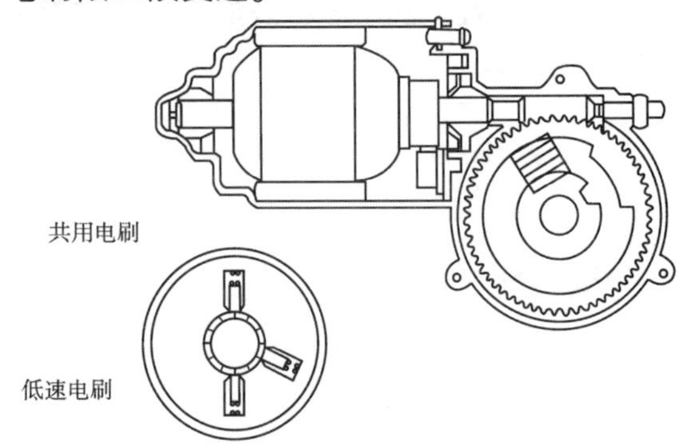

图6-4　永久磁铁式式刮水器电机

刮水器电机转动时，使蜗轮上的曲臂旋转，经连杆使短臂以电枢中心做扇形运动，此短臂上安装右侧的刮水臂，另一连杆与左侧的短臂连接，左右两侧的刮水臂以电枢为中心做同方向左右平行的运动（图6-3）。

要将风窗玻璃上的积水清除得很干净，使视线良好，刮水臂与刮水片（如图6-5）必须经特殊设计才能发挥功能，平面玻璃与不同曲面玻璃所用的刮水臂与刮水片的构造是不同的，使用错误会使积水刮除得不干净，影响视线。刮水臂与驱动轴的安装方法，如图6-6所示，一般均以螺栓固定。

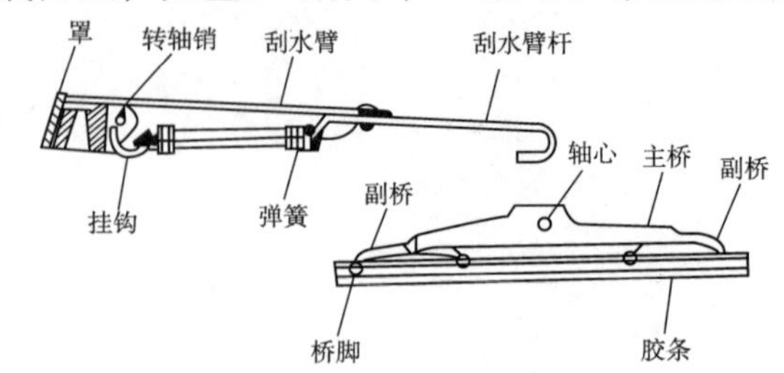

图6-5　刮水片的结构

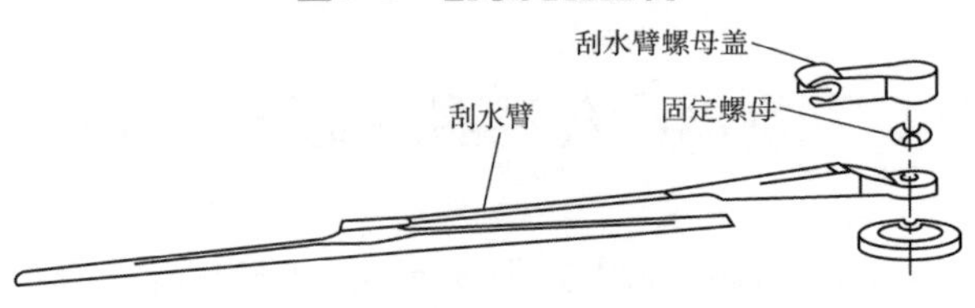

图6-6　刮水臂与驱动轴安装方法

3 低、高速附间歇动作式刮水器

在下小雨或潮湿路面行驶，前车带起的水珠会溅湿后车的挡风玻璃，需要操作一下刮水器才能保持良好视线。故现代汽车刮水器除低、高速外，通常附有间歇（INT）的位置，间歇摆动的间隔固定时间较多，有的可以调整，最久可达30s左右。有些汽车在间歇动作时，为能彻底刮净风窗玻璃上的尘土，并且避免刮水片或玻璃刮伤，一般附有自动喷水动作。

低、高速附间歇动作式刮水器装置的电动机，其构造与永久磁铁式刮水器电机动相同，只是在电路上多装了一个间歇开关，及刮水器开关上多了一段间歇（INT）位置。如图6-7所示，为一般汽车使用低、高速附间歇动作的刮水器电路。

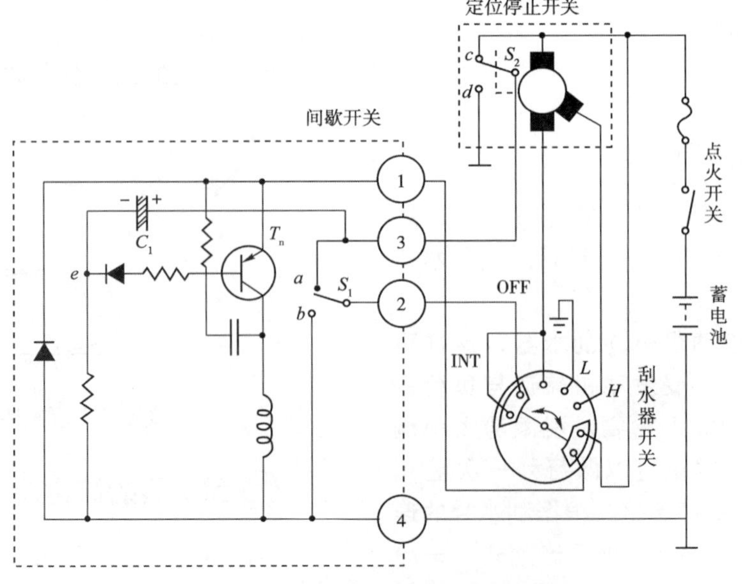

图6-7　低高速附间歇动作刮水器电路

三、洗涤系统构造

汽车行驶时，风窗玻璃上常附着灰尘、砂粒等，若不冲洗就直接使用刮水器时，会使刮水片损伤，并易使风窗玻璃刮伤；同时风窗玻璃太干燥时，也使刮水片受到过大的阻力，易使刮水器电动机烧坏。故使用刮水器前，先使洗涤系统向风窗玻璃喷水，洗净玻璃上的灰尘、砂粒等，并减少刮水片的阻力。

目前汽车使用的洗涤系统均为电动式，其结构包括储水箱、水管及喷嘴等部分，电动机（永久磁铁式）及水泵（离心式）装在储水箱上，如图6–8所示。离心式水泵工作原理如图6–9所示，喷嘴的种类如图6–10所示。

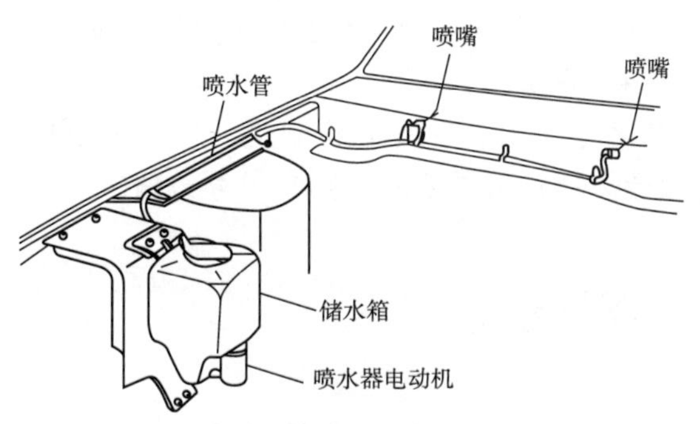

图6–8　风窗玻璃洗涤系统

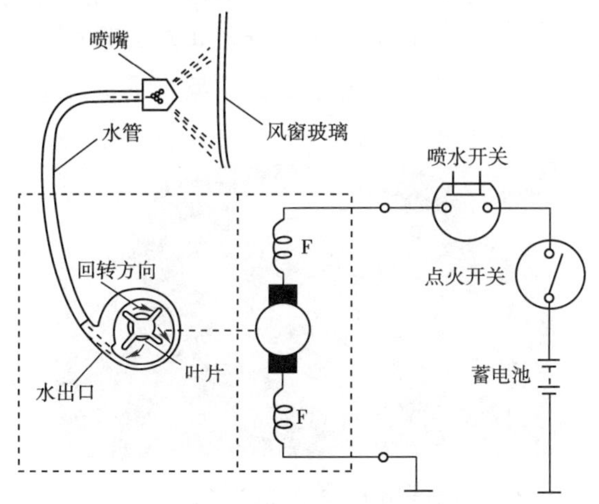

图6–9　离心式水泵的工作原理

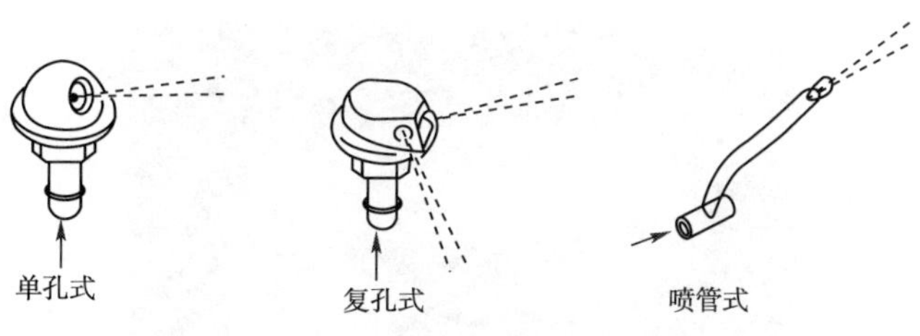

图6–10　喷嘴的种类

四、前照灯冲洗装置的构造

在泥泞路面或恶劣气候下跟车或会车时，经常因泥水飞溅，使前照灯镜面脏污，影响照明及行车安全，故部分车辆装备有前照灯冲洗装置。

前照灯冲洗装置由前照灯冲洗开关、控制器、储液罐、冲洗电动机及喷嘴等组成，如图6–11所示。

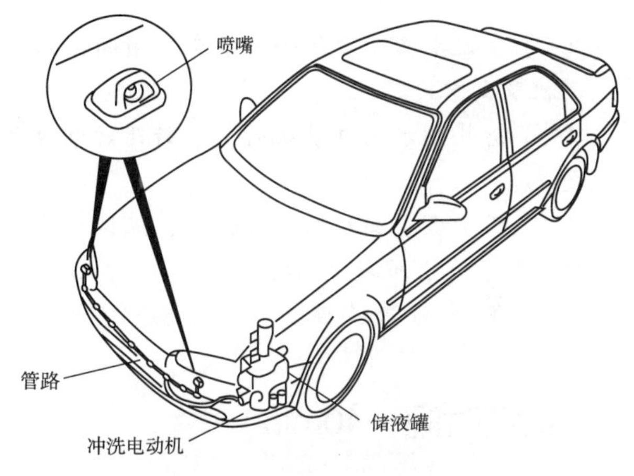

图6–11　前照灯冲洗装置的组成

前照灯冲洗装置的电路如图6–12所示，压下冲洗开关，左右两侧的喷嘴喷出冲洗液，将前照灯冲洗干净。喷嘴位置必须正确，使在所有车速时，冲洗液均能喷向前照灯。

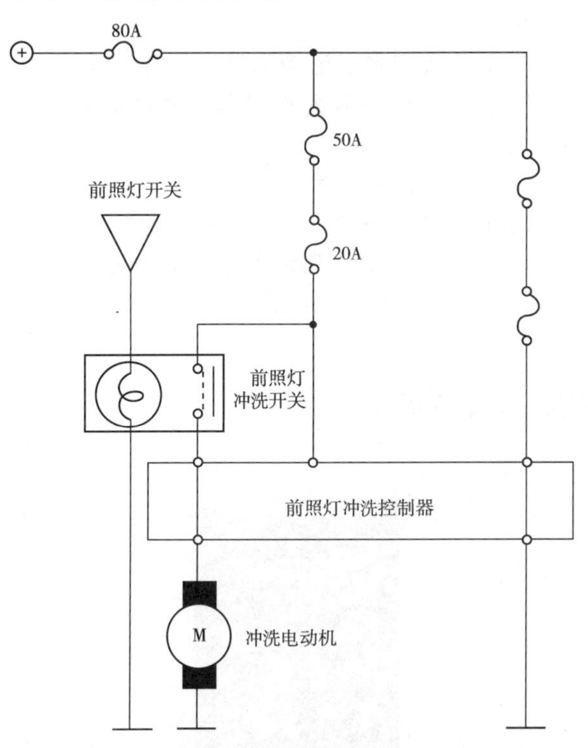

图6–12　前照灯冲洗装置电路图

第二节　常见维修项目

任　务　检查和更换刮水器电动机与刮水片

一、技术标准与要求

（1）安装丰田卡罗拉轿车配套使用的刮水器和电动机及刮水片。

（2）拆装刮水器电动机时，应断开蓄电池负极电缆。

（3）正确调整曲柄的安装位置，保持刮水片在零位时处于车窗玻璃上的标记处。

（4）在连杆与曲柄的连接球碗内涂抹适量润滑脂。

二、实训时间：40min

三、实训教学目标

（1）了解检查和更换刮水器电动机和刮水片的重要性。

（2）熟悉刮水器电动机的结构与工作原理。

（3）掌握检查和更换刮水器电动机和刮水片的操作技能

（4）正确使用万用表。

（5）固定螺栓拧紧力符合规定要求。

注：刮水器电动机固定螺栓拧紧力矩5.4N·m；曲柄固定螺栓拧紧力矩为26N·m。

四、实训器材

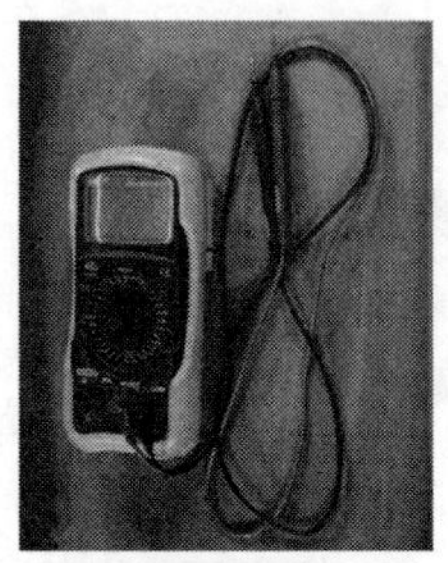

万用表

五、教学组织

（1）教学组织形式：

每辆车安排4名学生参与实训，两名学生为一组。一组操作，一组观察学习。

（2）学生站位分工和要求：

两名学生一组，按照1号、2号进行编号，1号为主，2号为辅。

（3）实训教师职责：

讲解操作步骤和注意事项；下达“操作开始”口令；工位间巡视、检查、指导和纠正错误。

（4）学生职责变换：

两名学生实行职责变换制度，即第一遍1号为主，2号为辅；第二遍2号为主，1号为辅。

六、操作步骤

第一步　事前准备

1　车辆进入工位前，参训学生将工位区域清理干净，排除障碍物，准备好相关的工具、物品等。

提示：培养良好的工作习惯，做好事前准备，有利于安全操作和提高工作效率。

2　将车辆停驻在举升机平台的中央位置。

提示：车辆停驻于举升机平台的中央位置，为车辆的安全举升做好准备。

3　1号打开车门锁。

提示：用遥控钥匙打开电动门锁，为进入驾驶室操作做好准备。

4　1号和2号共同安装车轮挡块。

提示：为保证车辆在工位上可靠停驻，防止出现溜滑，造成安全事故，要安装车轮挡块。

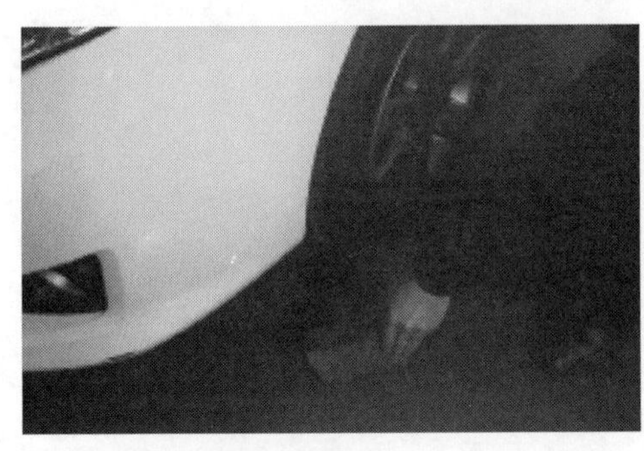

5　2号安装尾气收集管。

提示：为防止尾气污染环境，保护人体健康，要安装尾气收集管。

6　2号打开车门。

提示：左手拉车门把手打开车门，带好三件套，准备进入车辆。

7　2号拉起发动机罩释放杆。

提示：拉起发动机罩释放杆时，用力不要过猛，否则容易导致释放杆盖损坏。

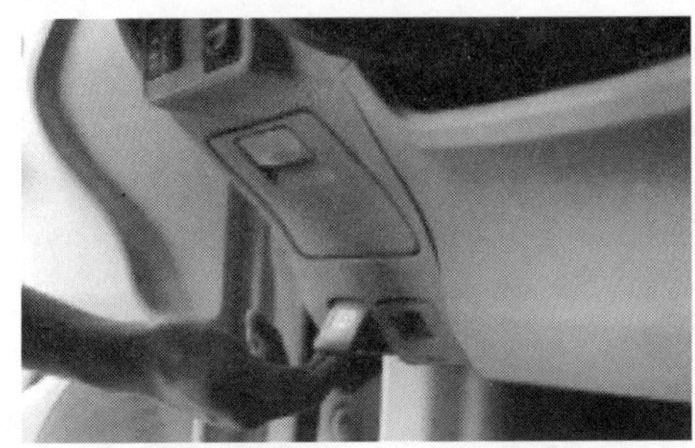

8　2号安装地板垫。

提示：铺设地板垫的主要目的是便于清除维修人员带入驾驶室内的脏物与杂物，保持驾驶室内地板清洁。

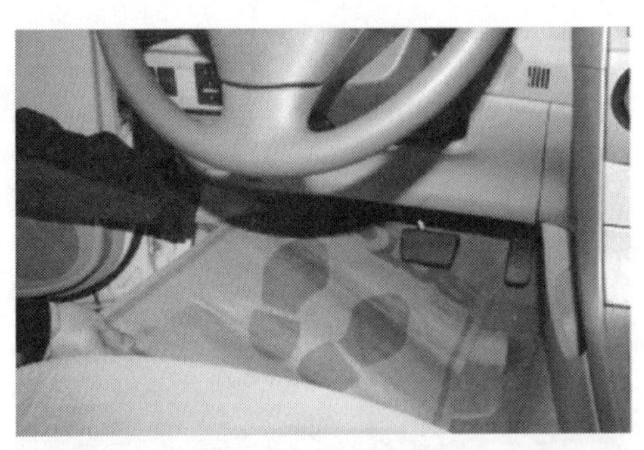

9　2号安装座椅套。

提示：安装座椅套时，用力要均匀，拉齐座椅套，使之整齐、美观。

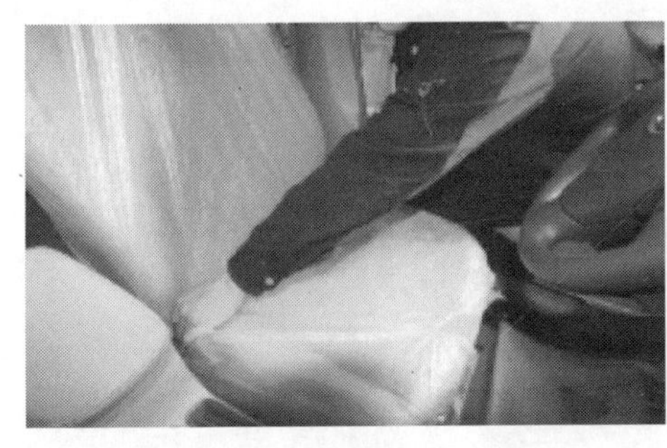

10　2号安装转向盘套。

提示：转向盘套是由薄塑料制成的，极易破损。安装转向盘套时，不要生拉硬拽，否则会造成转向盘套破损。

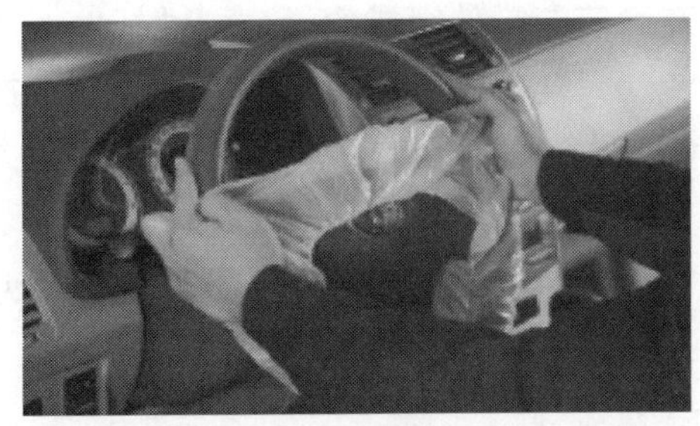

11　2号将点火开关旋至“ON”，打开主驾驶侧电动车窗。

提示：打开主驾驶侧电动车窗，是为了车内通风以及当钥匙掉在车里时可以打开车门。

12 2号将变速杆置于P挡。

提示：发动机带挡操作属于违规操作，危险性极大。因此，发动机起动前应将变速杆置于P挡。

13 2号拉紧驻车制动杆。

提示：为保证车辆在工位上的可靠停驻，防止出现溜滑，造成安全事故，因此，要拉紧驻车制动杆。

第二步 拆卸刮水片

刮水片分刮杆和刮片两部分。刮杆由接头、刮杆臂及弹簧等零件组成的一个刚性杆件。接头与刮水器传动机构输出端相连，刮臂等零件铰接在接头的转轴销上，在弹簧作用下产生合适的压力给刮片中心，使之与风窗玻璃贴合。

1 1号用手拉起刮臂，使刮臂在弹簧力作用下与其接头自动保持垂直。

提示：刮臂铰接于接头上，两者之间通过弹簧相连接。在弹簧力作用下，刮臂将刮片贴合于汽车风窗玻璃上。当刮水片摆动时，便可刮除风窗玻璃表面上的雨水、积雪或灰尘等，使风窗玻璃洁净透明，以保证驾驶员获得良好视线。

2 1号用手拨开位于刮水片主桥上的定位凹台。

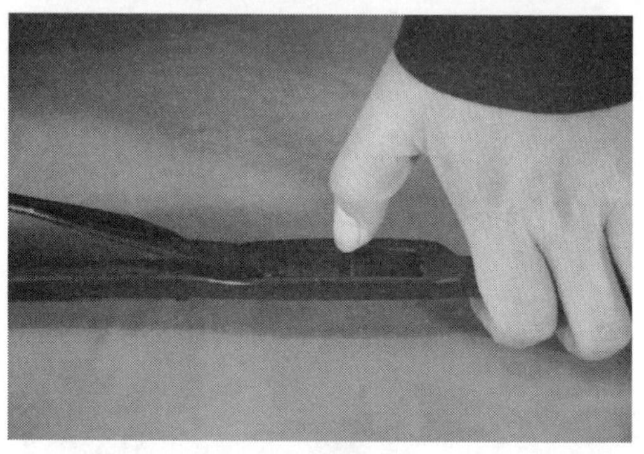

3 保持刮水片定位凹台压下的同时，1号用手下推刮水片，将刮水片从刮杆上脱出。

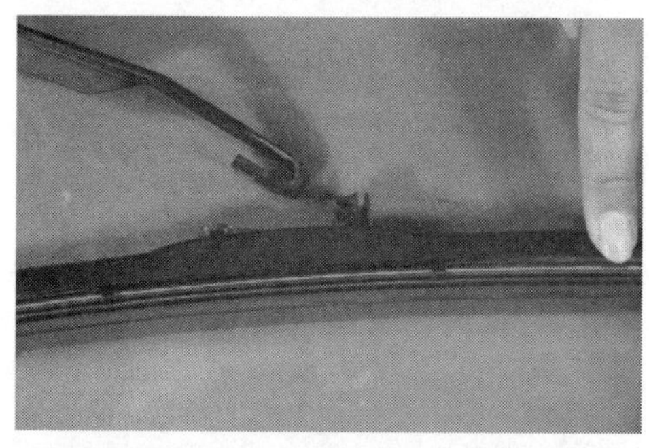

4 2号将刮水片摆放到零件车上。

第三步 检查刮水片

1 1号检查刮水片的主桥、副桥是否存在扭曲变形现象。

提示：如果主副桥存在上述损伤，会使胶条承受的压紧力不均匀，造成刮水效果差。因此，应更换刮水片。

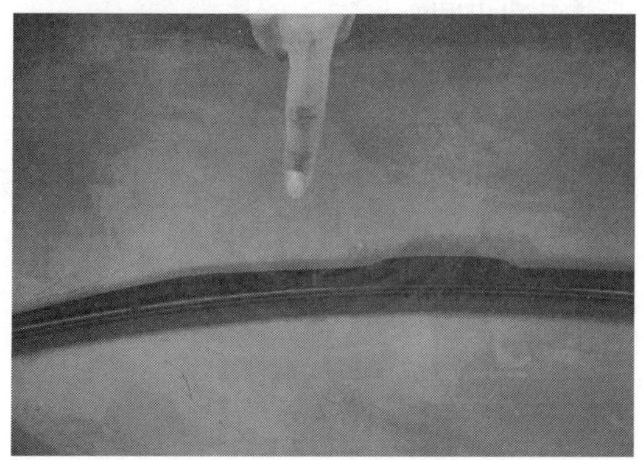

2　1号检查胶条是否存在老化、龟裂或折断现象。

提示：如果胶条存在上述损伤，便会在风窗玻璃上留下水质残痕，造成驾驶员视线模糊不清，因此，应更换刮水片。

第四步　安装刮水片

1　1号将刮水片的主桥上的连接块插入到刮臂的弯钩内。

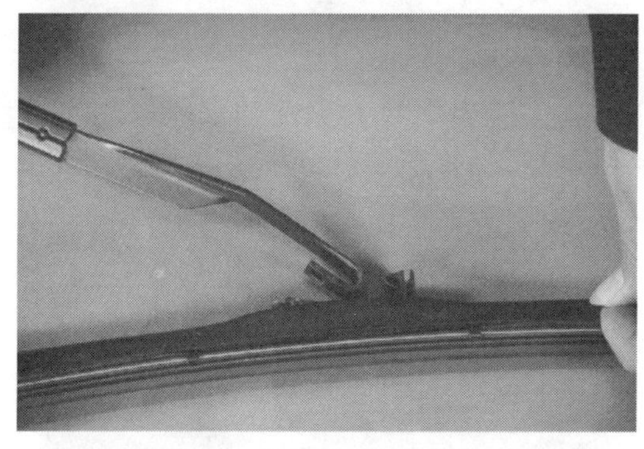

2　1号上推刮水片，使刮水片连接块上的凸台落座于刮臂弯钩上的方孔内。

提示：

（1）当刮水片安装到位时，可听到定位凸台落座声响。

（2）按照相同方法，安装另一侧的刮水片，在此不再重复。

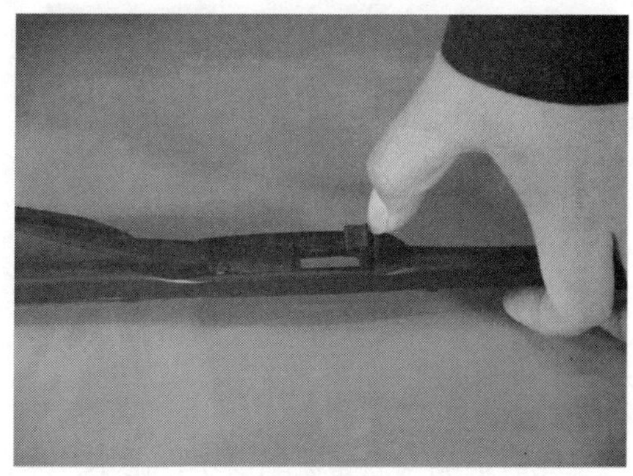

3　1号将刮臂水平伸直，使刮水片胶条贴合在风窗玻璃上。

提示：如果主副桥存在上述损伤，会使胶条承受的压紧力不均匀，造成刮水效果差。因此，应更换刮水片。

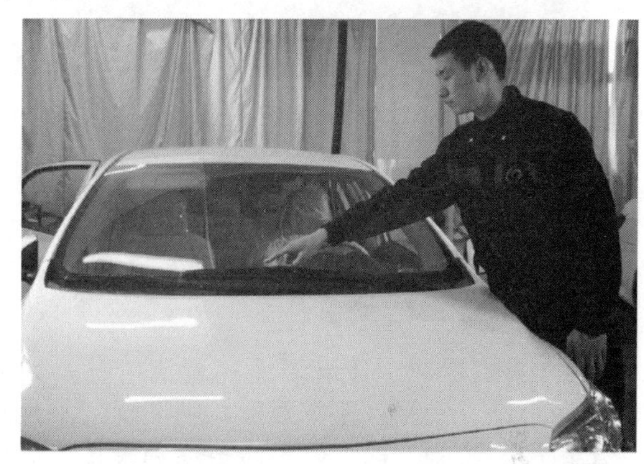

第五步　刮水片安装后刮拭性能检验

1　2号进入驾驶室，将点火开关旋转“ON”挡位。

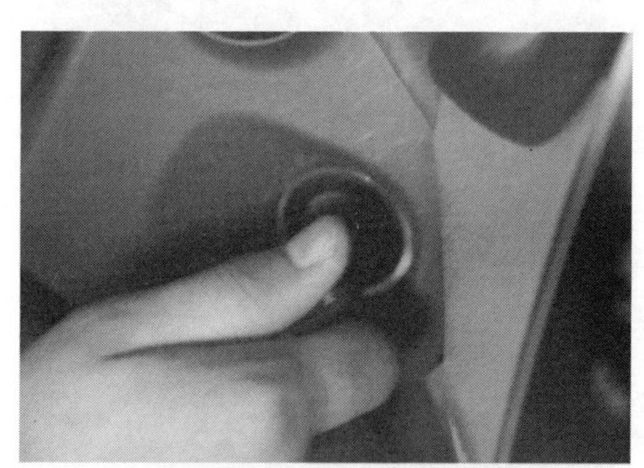

2　2号向上抬起刮水器开关手柄。

提示：风窗玻璃刮水器和洗涤器共用一个开关。当前后拨动开关手柄时，接通或断开刮水器相关电路，当向上抬起开关手柄时，接通洗涤器电路，同时接通刮水器低速挡电路，松开开关手柄时，开关自动复位，断开相关电路。

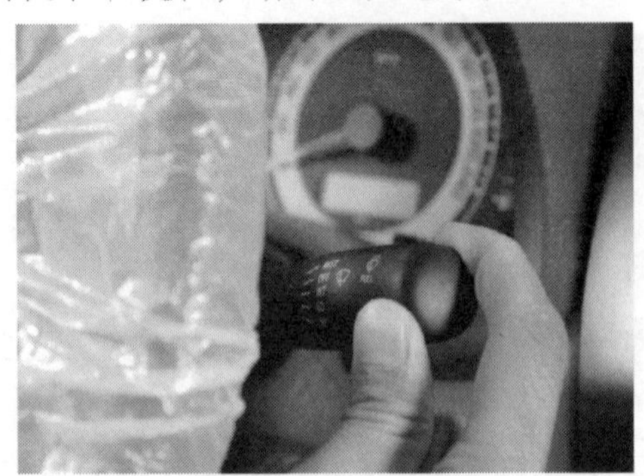

3　此时喷嘴向风窗玻璃喷水，刮水片来回摆动3到4次后停止于风窗玻璃的下边沿。

提示：严禁在无水干燥情况下，使用刮水片刮拭风窗玻璃。否则，将会造成胶条刃口严重磨损，并且在风窗玻璃上产生划痕。

4　1号查看风窗玻璃表面的清洁情况。如果玻璃表面洁净、明亮、无水残痕，则证明刮水片刮拭效果良好。否则，再次检查或更换刮水片，直到符合规定要求为止。

第六步　刮水器电动机电路检查

1　1号用手拔下刮水器电动机电插头。

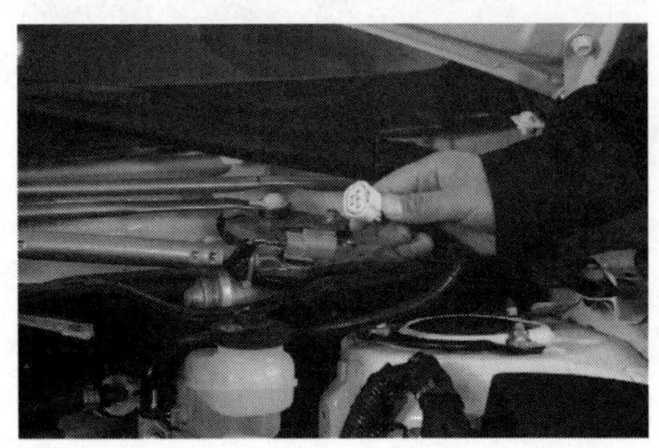

2　2号刮水器开关拨至1挡位，接通点火开关和刮水器电动机间歇挡位间的电路。

3　1号使用电笔，测试刮水器电动机插头上的红色导线电压，应为间歇通电状态。

提示：电笔灯亮为正常，不亮则应检修。

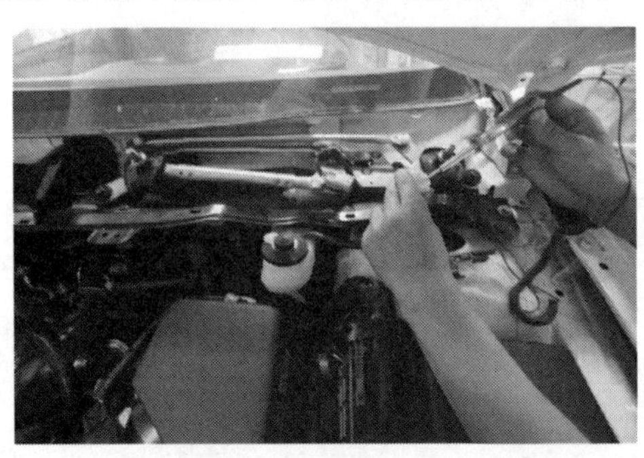

4　2号将点火开关旋至“ON”挡位，然后将刮水器开关拨至2挡位，接通点火开关和刮水器电动机低速挡位间的电路。

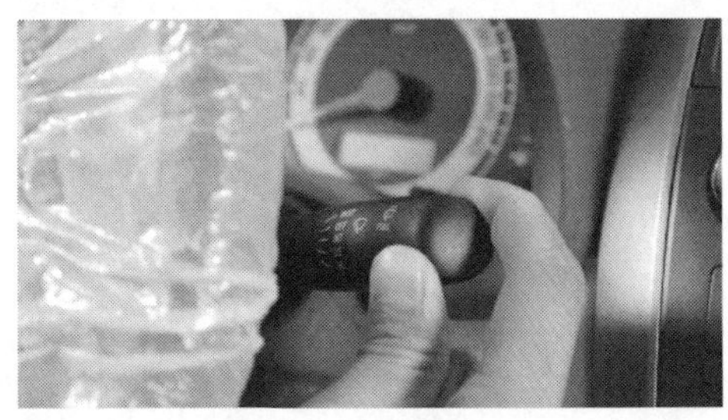

5　1号使用电笔，测试刮水器电动机电插头上黑导线电压是否正常。

提示：电笔灯亮为正常，不亮则应检修。

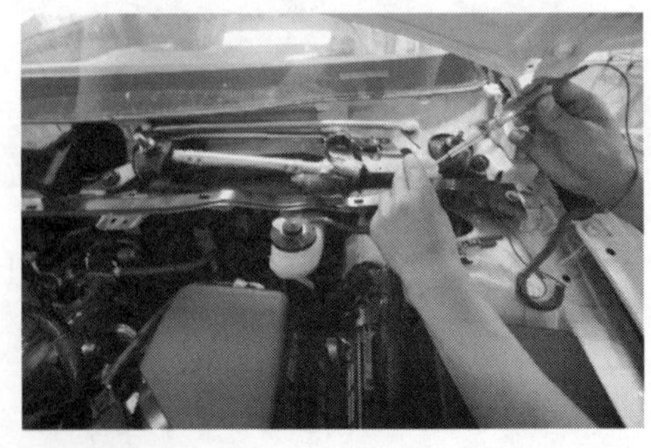

6　2号将刮水器开关拨至3挡位接通点火开关和刮水器电动机高速挡位间的电路。

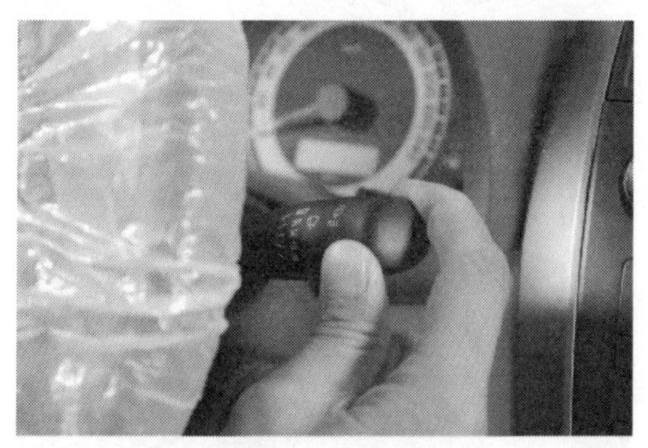

7　1号使用电笔，测试刮水器电动机插头上的绿色导线电压是否正常。

提示：电笔灯亮为正常，不亮则应检修。

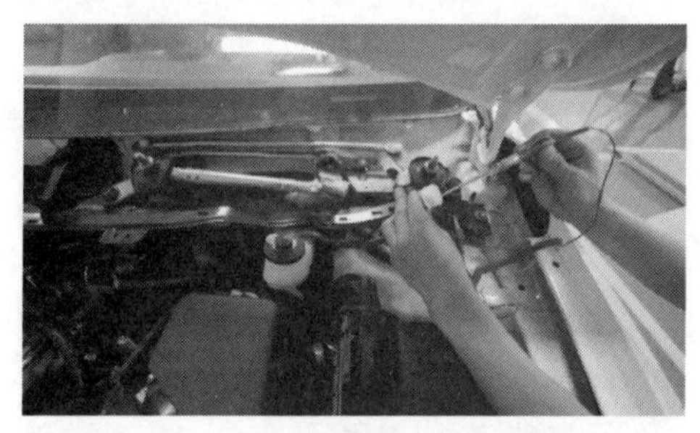

第七步　拆装蓄电池负极电缆

1　2号将ϕ10mm套筒、接杆、棘轮扳手传递给1号。

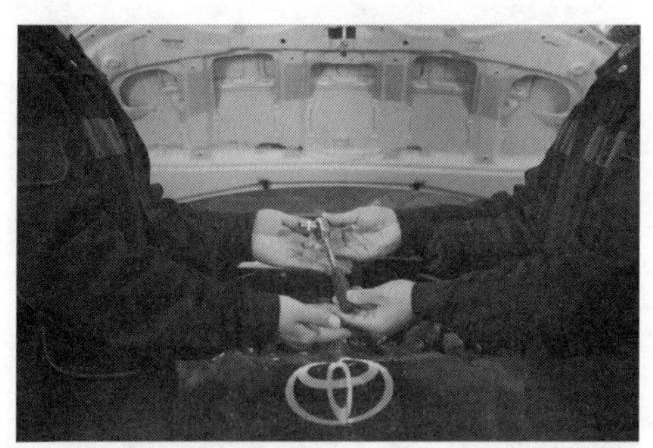

2　1号使用工具拧松蓄电池负极电缆固定螺栓，然后从接线柱上取下负极电缆，并使负极电缆可靠地离开蓄电池接线柱。

提示：拆卸蓄电池负极电缆时，应保持点火开关处于“OFF”状态。

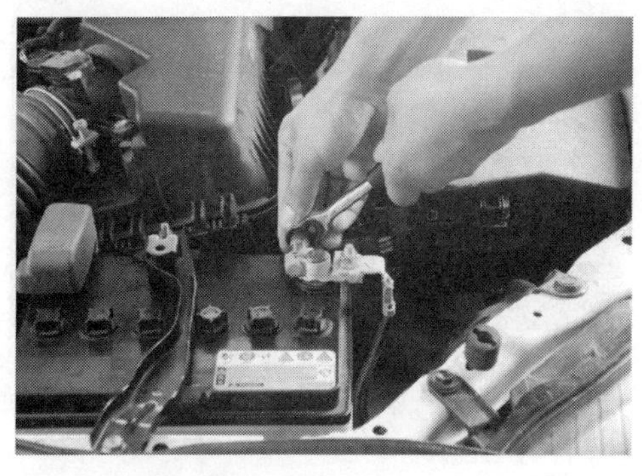

第八步　拆卸刮水器电动机

1　1号取下前刮水臂端盖。

提示：注意拆卸时不要破坏油漆。

2　2号将棘爪扳手、接杆、ϕ14mm套筒传递给1号。

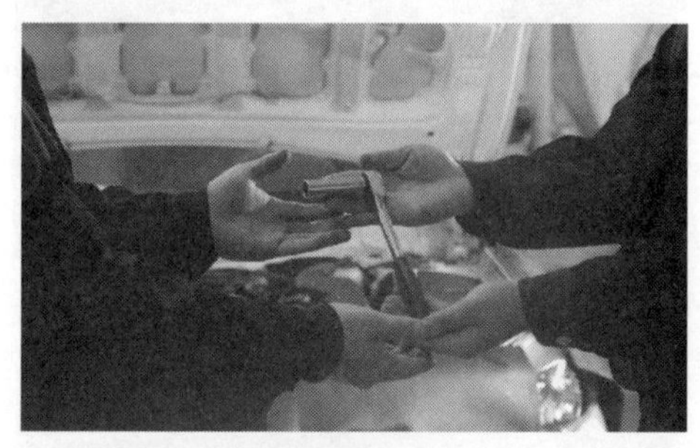

3　1号拆卸前刮水臂螺栓。

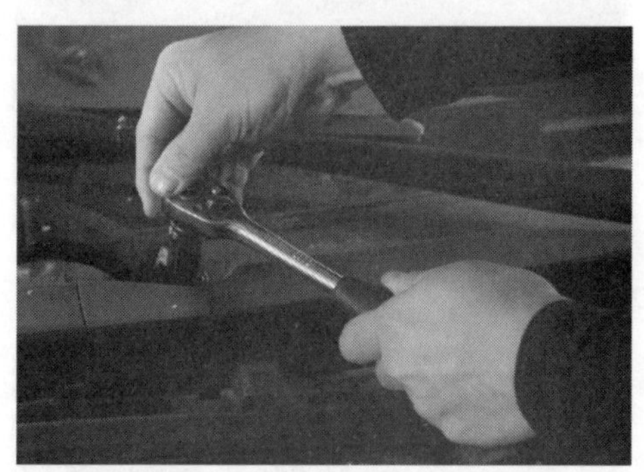

4　取下前刮水臂与刮水片总成。

提示：拆卸时先将刮水臂拉到垂直位置，后取下。

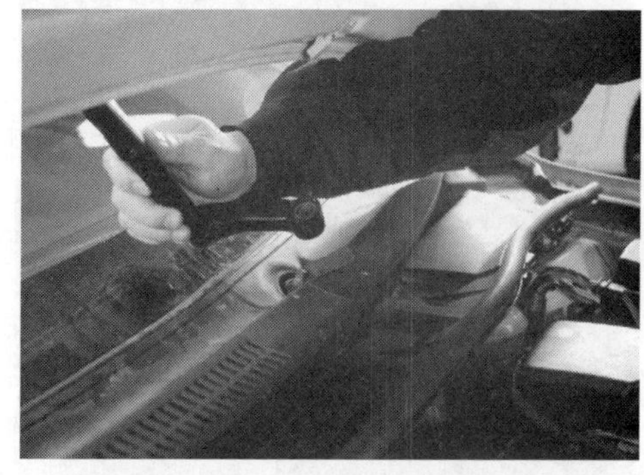

5　1号拆卸发动机盖至前围板上的密封条。

6 1号将发动机盖至前围上的密封条传递给2号。

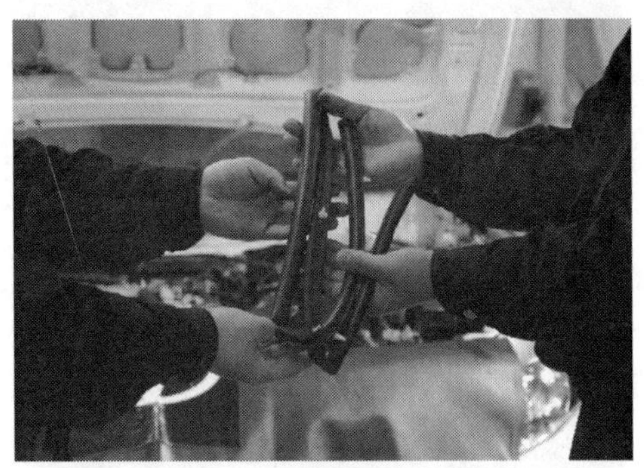

7 1号拆卸右前围板上通风栅板。

8 1号拆卸左前围板上通风栅板。

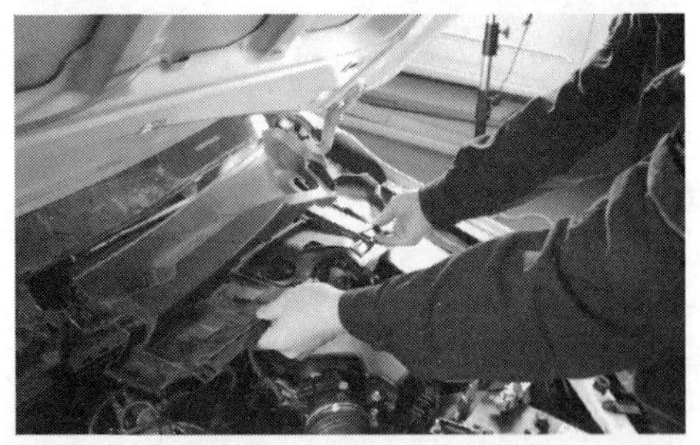

9 1号拔下刮水器电动机插头。

10 2号将棘爪扳手、接杆、ϕ10mm套筒传递给1号。

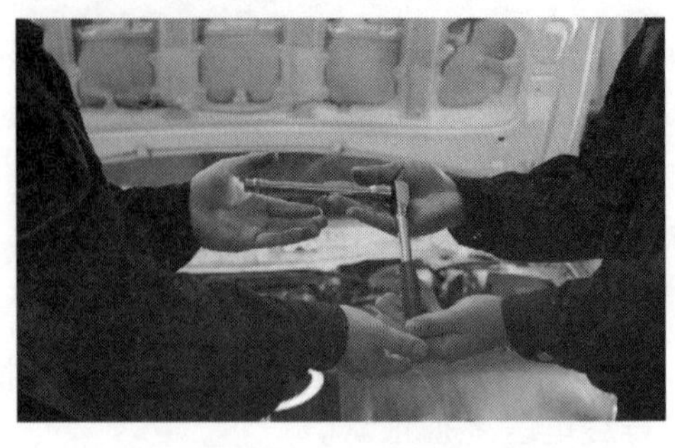

11 1号拆卸风窗玻璃刮水器电动机及连杆总成。

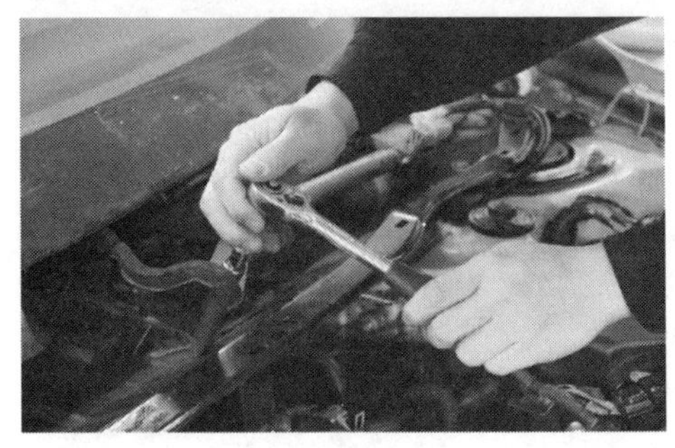

12 1号取下风窗玻璃刮水器电动机及连杆总成。

13 1号将风窗玻璃刮水器电动机及连杆总成传递给2号。

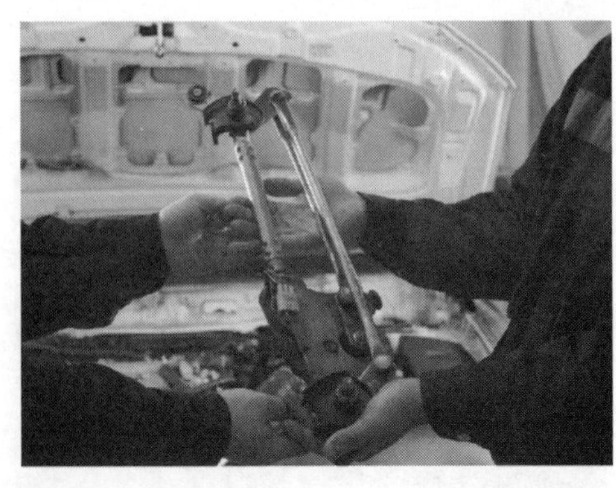

14 2号将风窗玻璃刮水器电动机及连杆总成放到零件车上。

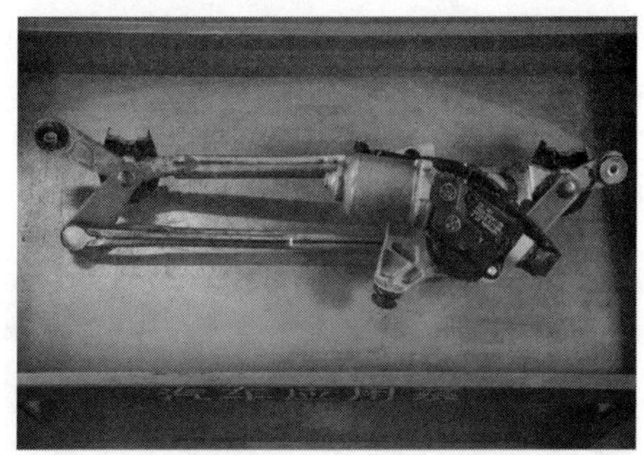

15 2号用ϕ12mm的梅花扳手拆除刮水器电动机与连杆总成的连接螺母。

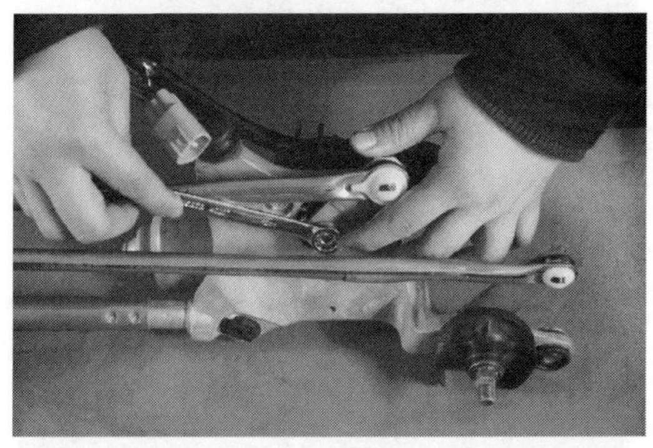

16 2号用ϕ10mm套筒、接杆、棘轮扳手拆除刮水器电动机与连杆总成的3个连接螺栓。

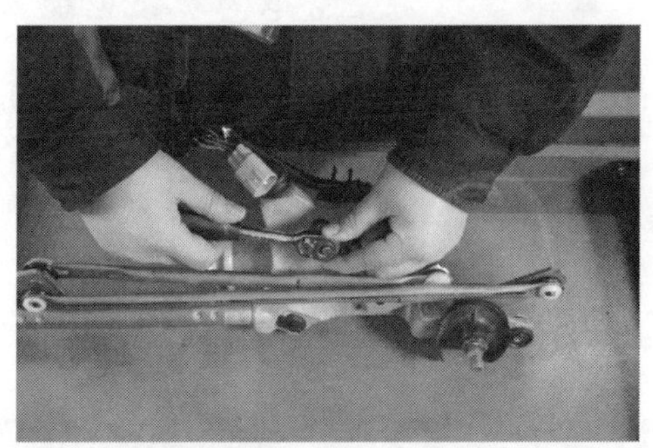

17 2号将风窗玻璃刮水器电动机放到零件车上。

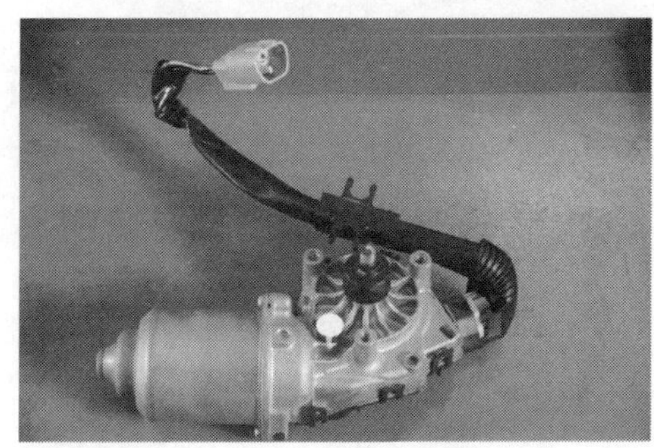

第九步 安装刮水器电动机

1 2号安装刮水器电动机与连杆总成的3个连接螺栓。

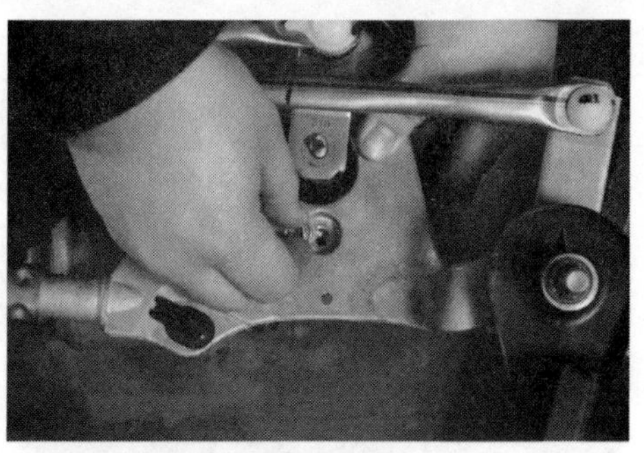

2 2号安装刮水器电动机与连杆总成的连接螺母。

提示：拧紧力矩为5.4N•m。

3 2号将风窗玻璃刮水器电动机及连杆总成传递给1号。

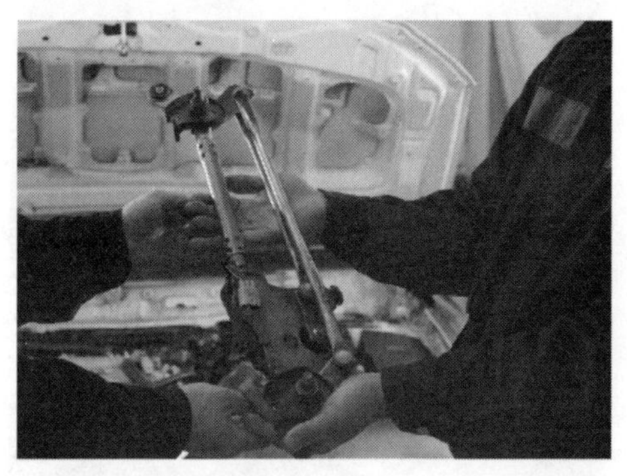

4 1号安装风窗玻璃刮水器电动机及连杆总成。

5 1号安装风窗玻璃刮水器电动机及连杆总成。

提示：拧紧力矩为5.5N•m。

6　1号安装刮水器电动机电插头。

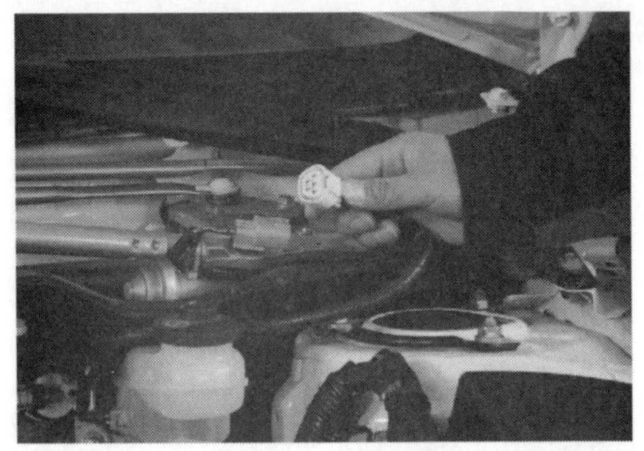

7　1号安装左前围板上通风栅板。

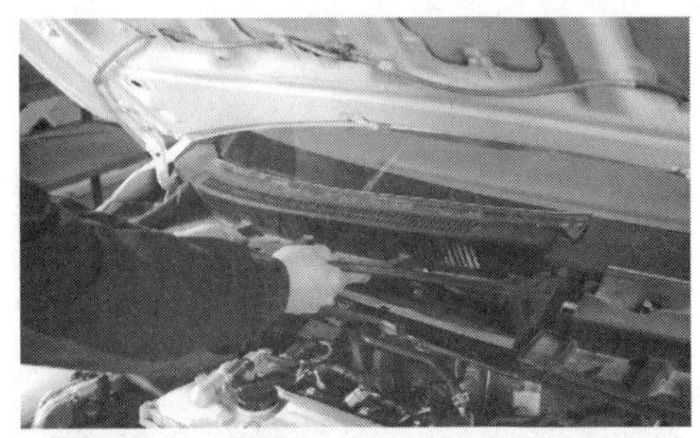

8　1号安装右前围板上通风栅板。

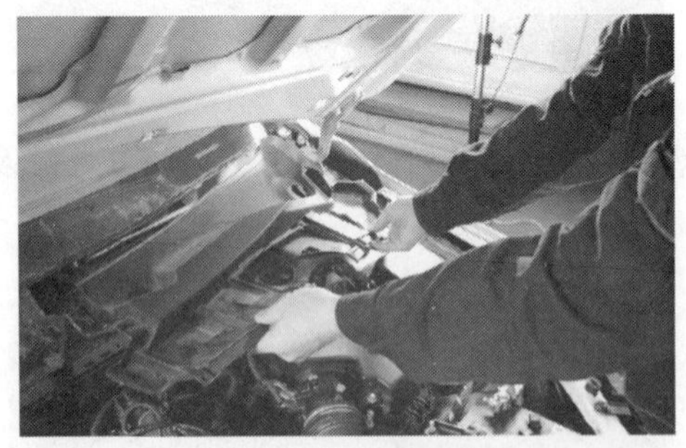

9　1号安装发动机盖至前围上的密封条。

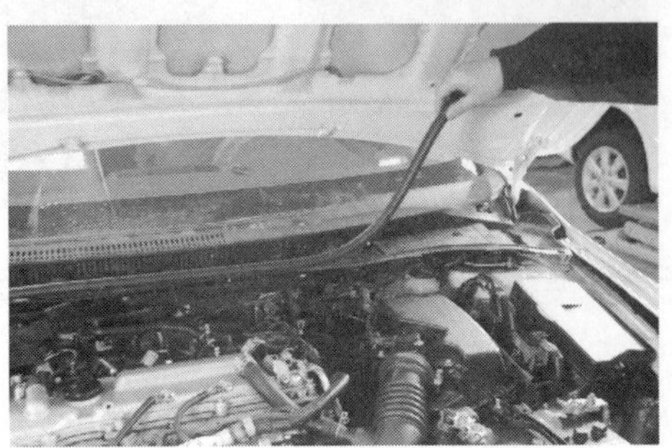

10　2号将前刮水臂与刮水片总成递给1号，1号安装前刮水臂与刮水片总成。2号将扭力扳手递给1号，1号拧紧刮水臂。

提示：拧紧力矩为26N·m。

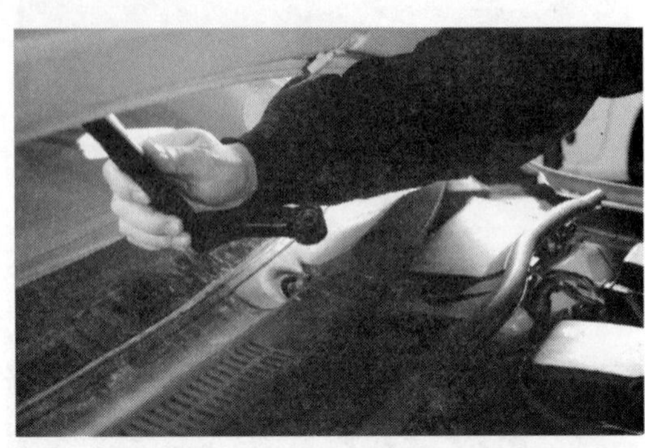

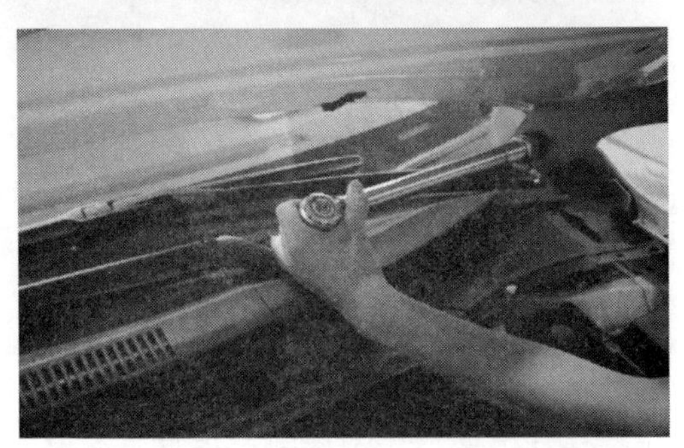

第十步　安装蓄电池负极电缆

1　1号使用砂布除去电缆夹内接触面的污物。

提示：电缆夹与蓄电池极柱间，应保持良好接触。否则，将增大蓄电池的输出电阻，输出电压下降，造成起动机转速低，发动机起动困难。

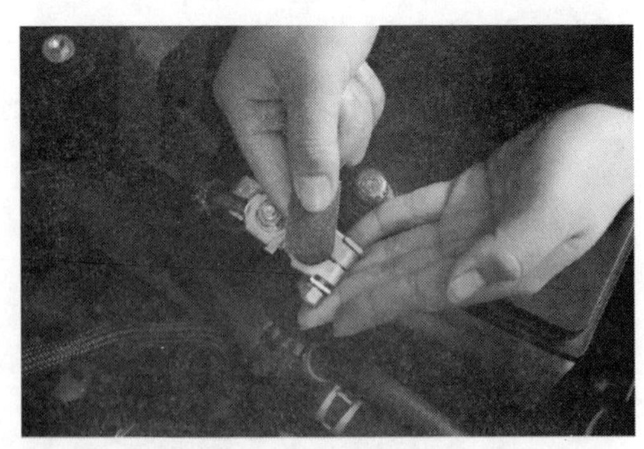

2　1号将负极电缆夹安装到蓄电池的“-”接线柱上。之后，使用ϕ10mm套筒、接杆、棘轮扳手，拧紧负极电缆夹的固定螺栓。螺栓拧紧力矩为5N·m。

提示：拔下点火开关的钥匙后，锁块弹出。当转动锁壳时，锁块便嵌入转向柱上的立槽内，使转向柱被锁定。

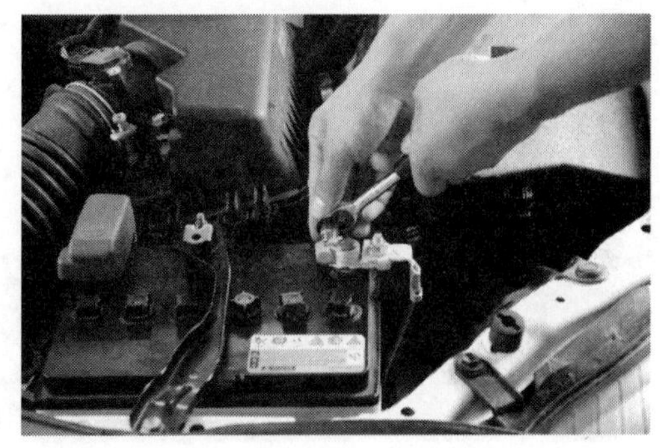

第十一步　刮水器性能检验

1　1号进入驾驶室，将点火开关旋转至“ON”挡位。

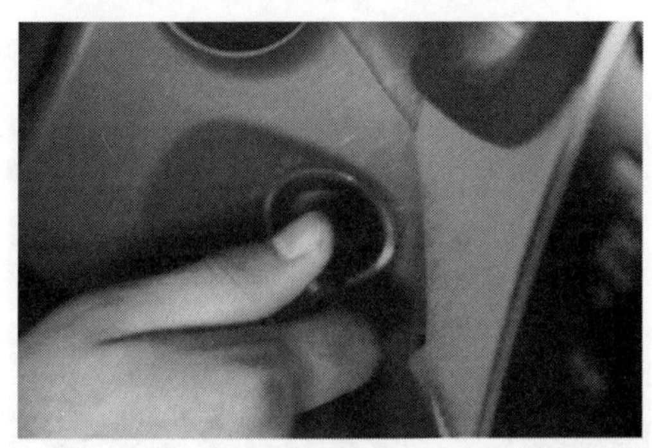

2　1号向上抬起刮水器开关手柄，2～3秒后放松手柄开关自动复位。此时洗涤泵运转，喷嘴向风窗玻璃喷射水柱，刮水片摆动3～4次后停住于风窗玻璃下边沿位置。

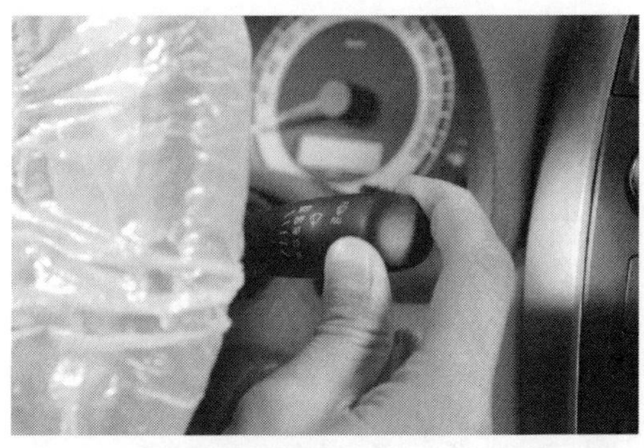

3　1号将刮水器开关拨至2挡位，刮水片慢速刮摆。

提示：严禁在无水干燥情况下，使用刮水片刮拭风窗玻璃。否则，将会造成胶条刃口严重磨损，并且在风窗玻璃上产生划痕。

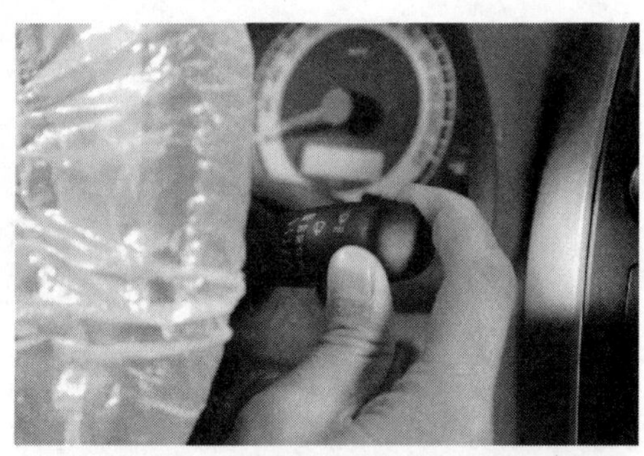

4　1号将刮水器开关拨至1挡位刮水片快速挂摆。

提示：严禁在无水干燥情况下，使用刮水片刮拭风窗玻璃。否则，将会造成胶条刃口严重磨损，并且在风窗玻璃上产生划痕。

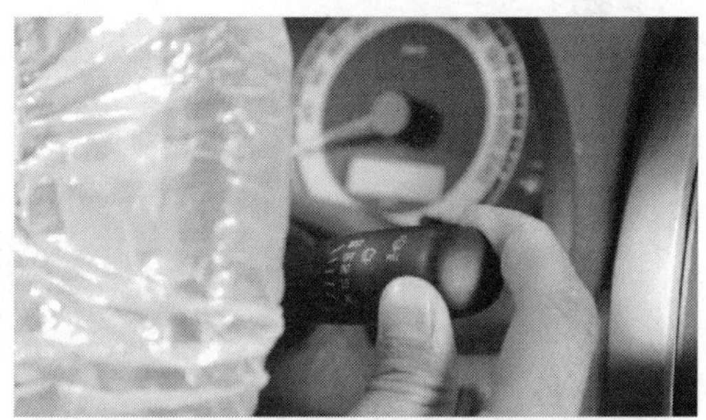

5　1号将刮水器拨至4挡位，刮水片间歇刮摆。

提示：严禁在无水干燥情况下，使用刮水片刮拭风玻璃。否则，将会造成胶条刃口严重磨损，并且在风窗玻璃上产生划痕。

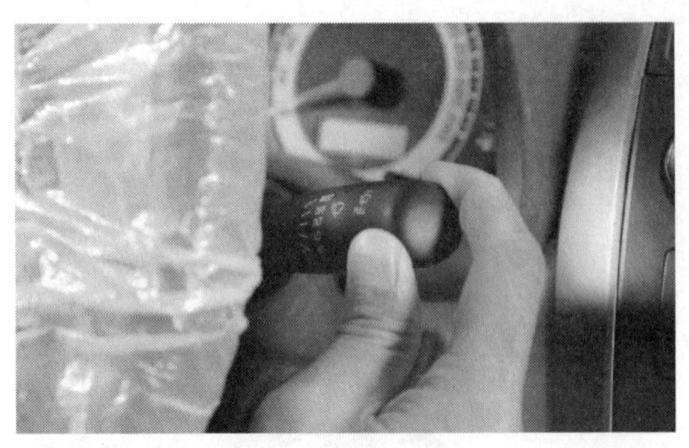

6　1号、2号将刮水器开关拨至3挡位刮水器电动机复位，刮水片停住于风窗玻璃下边沿位置。

提示：严禁在无水干燥情况下，使用刮水片刮拭风窗玻璃。否则，将会造成胶条刃口严重磨损，并且在风窗玻璃上产生划痕。

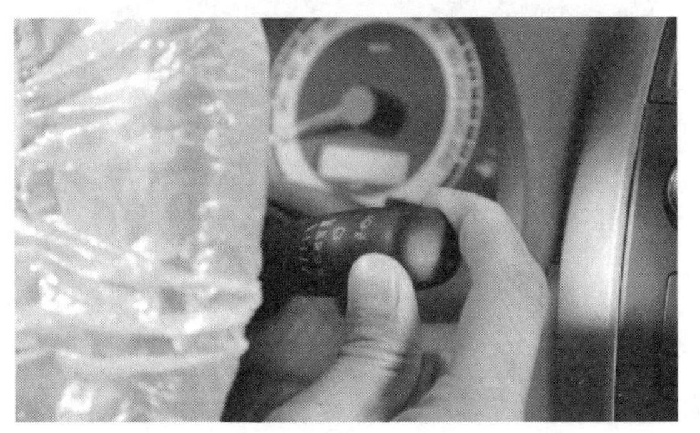

第十二步　整理工位

1号、2号共同拆除护裙、驾驶室内保护罩，清洁工具和量具等，清洁地面卫生。

提示：作业项目完成后，要做好工位的清扫、整理工作，培养良好的工作习惯。

七、考核标准

考核标准表

考核时间	序　号	考核项目	满　分	评分标准	得　分
40min	1	作业前整理工位	3	整理遗漏酌情扣分	
	2	车辆可靠停驻	3	操作不当扣3分	
	3	粘贴翼子板护裙	3	操作不当扣3分	
	4	安装驾驶室内保护罩	3	操作不当扣3分	
	5	拆装刮水片	7	操作不当扣7分	
	6	检查刮水片	7	检查遗漏扣7分	
	7	刮水片刮拭性能检验	10	操作不当扣10分	
	8	检查刮水器电动机低速挡电路	11	操作不当扣11分	
	9	检查刮水器电动机高速挡电路	11	操作不当扣11分	
	10	检查刮水器电动机间歇挡电路	11	操作不当扣11分	
	11	拆装蓄电池负极电缆	7	操作不当扣7分	
	12	拆装刮水器电动机	8	操作不当扣8分	
	13	刮水器电动机性能检验	11	操作不当扣11分	
	14	作业后整理工位	5	整理遗漏酌情扣分	
	15	遵守相关安全规范	因违规操作造成人身伤害和设备事故的，总分按0分计		
分数合计			100		

第七章　组合仪表与报警装置

第一节　需 用 知 识

一、组合仪表

为了使驾驶人随时观察与掌握汽车各系统的工作状态，在驾驶室仪表板上装有组合仪表、指示灯和报警装置。

汽车组合仪表分为传统组合仪表和电子组合仪表。传统组合仪表是机械式或电器机械式，它们都是通过指针和刻度来实现模拟显示的。随着电子及计算机技术在汽车上的广泛应用，以及新型传感器和电子显示器的出现，电子组合仪表已被越来越多的汽车所采用。

1 传统组合仪表

传统组合仪表主要包括机油压力表、冷却液温度表、发动机转速表、燃油表、电流表、机油压力报警灯、充电指示灯等，这些仪表通常都组装在仪表板上。桑塔纳2000GSi车型仪表板如图7–1所示，组合仪表的组成如图7–2所示。

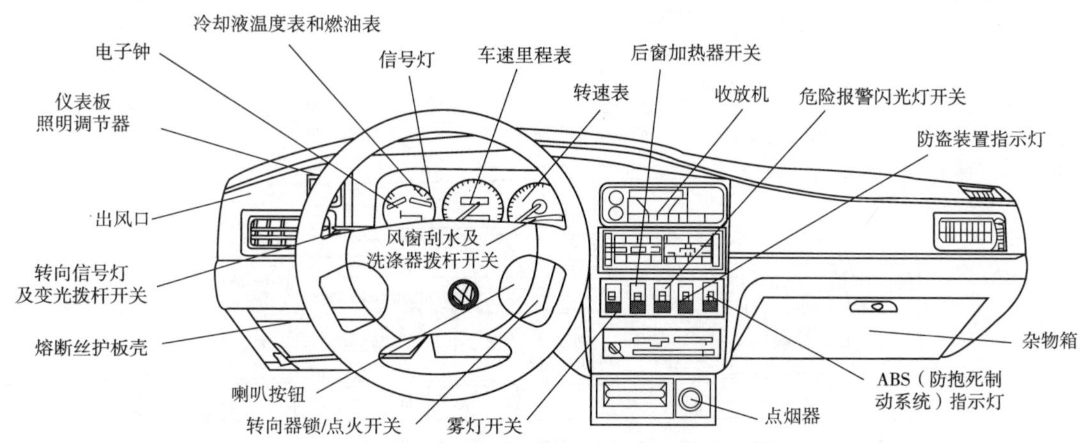

图7–1　桑塔纳2000GSi车型仪表板

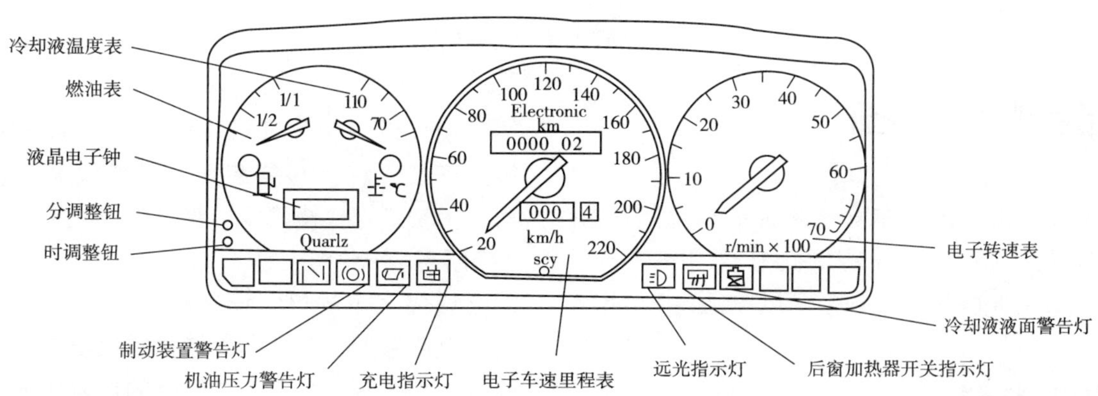

图7–2　桑塔纳2000GSi车型组合仪表的组成

传统组合仪表的作用如下：

（1） 车速里程表。车速里程表由指示汽车行驶速度的车速表和记录汽车已行驶过距离的里程表组成，它们装在同一个壳体中，由同一根轴驱动。

（2） 车速报警装置。车速报警装置是为保证行车安全而在车速表内设置的速度音响报警系统。

（3） 机油压力表。发动机工作时，机油压力表指示发动机润滑系统主油道中机油压力的大小，以便了解发动机润滑系统工作是否正常。

（4）机油低压报警装置。机油低压报警装置作用是当发动机润滑系统主油道中的油压低于正常值时，向驾驶人发出报警信号。机油低压报警装置由装在仪表板上的机油低压报警灯和装在发动机主油道上的油压传感器组成。

（5） 燃油表。燃油表指示汽车燃油箱内所储存的燃油量。

（6） 燃油油面报警装置（即燃油液位报警灯）。燃油油面报警装置作用是当燃油箱内的燃油量少于某一规定值时立即发出报警，以引起驾驶人的注意。

（7）冷却液的工作温度表。冷却液的工作温度表指示发动机汽缸盖水套内冷却液的工作温度。

（8）冷却液报警灯。冷却液报警灯能在冷却液温度升高到接近沸点时发亮，以引起驾驶人的注意。

（9）电流表。电流表指示蓄电池充电或放电的电流值（目前很少采用传统的电流表，而普遍采用充电指示灯。灯亮表示不充电，灯不亮则表示充电），供驾驶人判断电源系统工作 是否正常。

（10）充电指示灯。在发电机不对蓄电池充电时发亮。

（11）发动机转速表。发动机转速表用来指示发动机运转速度。

2 电子组合仪表

电子组合仪表是以数字显示、字母数字混合显示、曲线图或柱状图表等形式向驾驶人显示汽车各种工作状态的信号和报警信号装置，具有高精度和高可靠性，可为驾驶人提供高精度的数据信息，具有一“表”多用的功能。

电子组合仪表的结构如图7-3所示，主要有电子式燃油表、发动机电子转速表、车速表、里程表和冷却液温度表等。

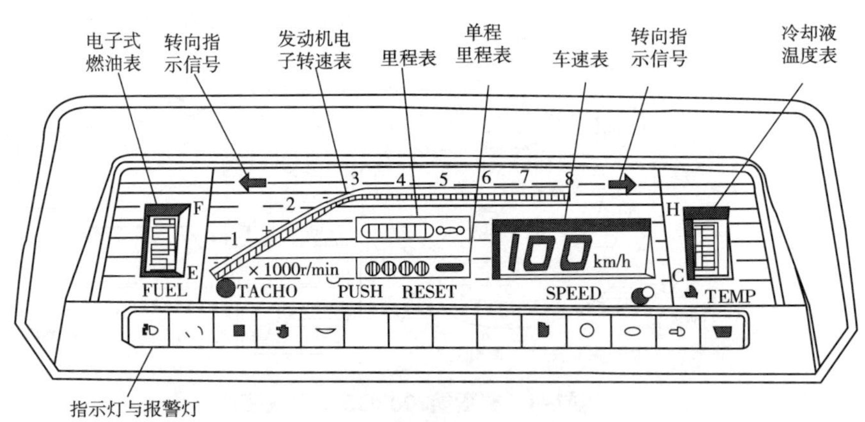

图7-3 使用车电子组合仪表的结构

二、组合仪表电路图

现代汽车为保证行车安全和提高车辆的可靠性，安装了许多报警装置。报警装置一般由传感器、报警灯（或蜂鸣器）等组成。报警指示灯如图7-4所示。

三、报警装置

现代汽车为保证行车安全和提高车辆的可靠性，安装了许多报警装置。报警装置一般由传感器、报警灯（或蜂鸣器）等组成。报警指示灯如图7-5所示。

现代汽车的电气设备越来越多，为了便于识别、控制它们，在汽车驾驶室的仪表板、操纵杆、开关、按钮等处标有各种醒目的形象化的符号，常用的标识符号如图7-6所示。

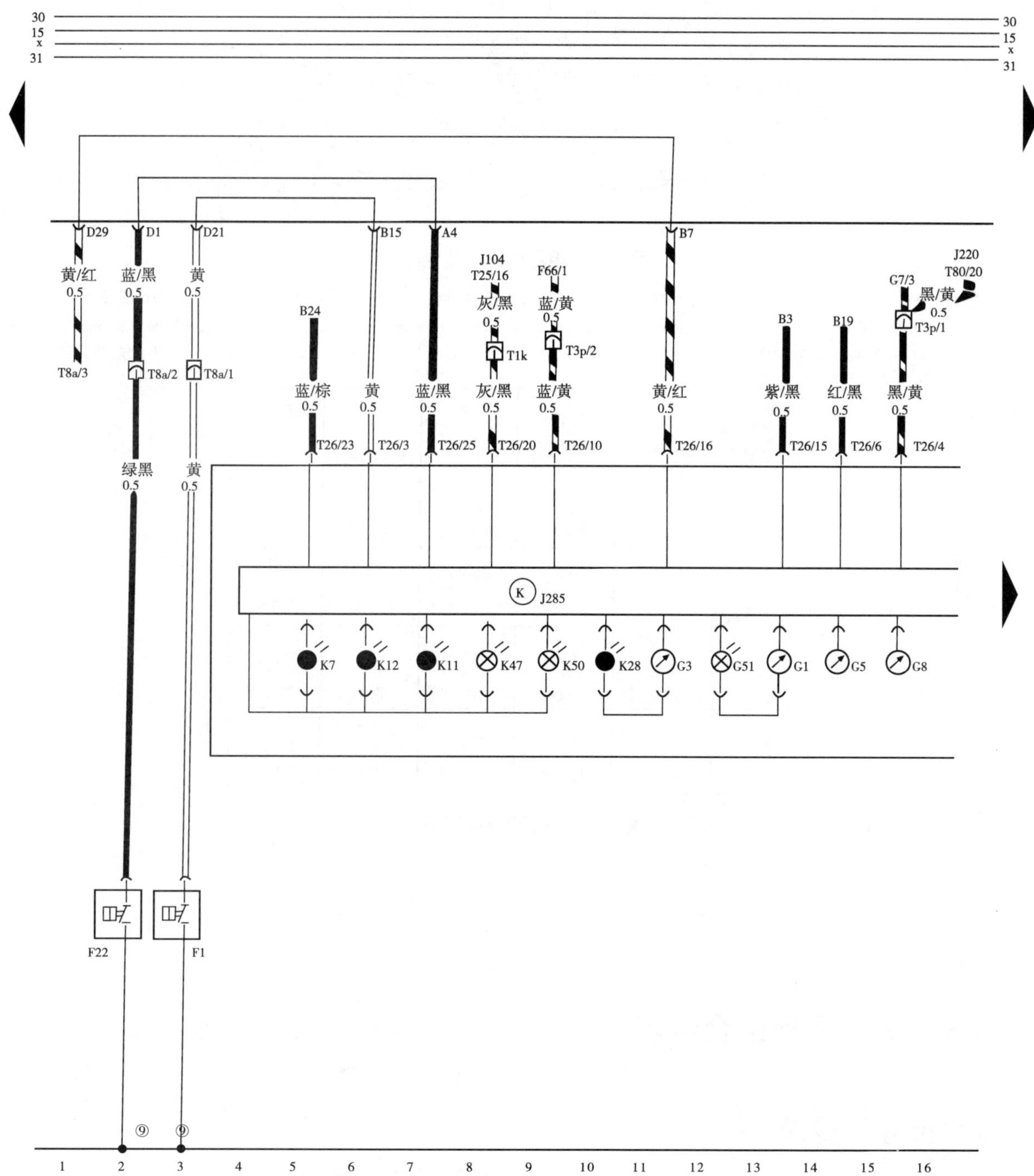

图7-4　桑塔纳2000GSi-AT组合仪表电路图

F1-油压开关（180kPa）；F22-油压开关（25kPa）；F66-冷却液不足警告灯开关；G1-燃油表；G3-水温表；G5-转速表；G7-车速传感器；G8-车速里程表；J104-ABS控制单元；J220-Motronic发动机控制单元；J285-组合仪表控制器；K7-手制动指示及制动液位警告灯；K11-油压低压报警灯；K12-油压高压报警灯；K28-冷却液温度报警灯；K47-ABS警告灯；K50-冷却液不足警告灯；K51-燃油不足警告灯；T1k-仪表板线束与ABS线束插头连接，1针，在中央电器后面；T8a-发动机线束与发动机右线束插头连接，8针，在发动机舱中间支架上；T3p-仪表板线束与发动机一束插头连接，红/黄色，3针，在中央电器后面；⑨-自身接地

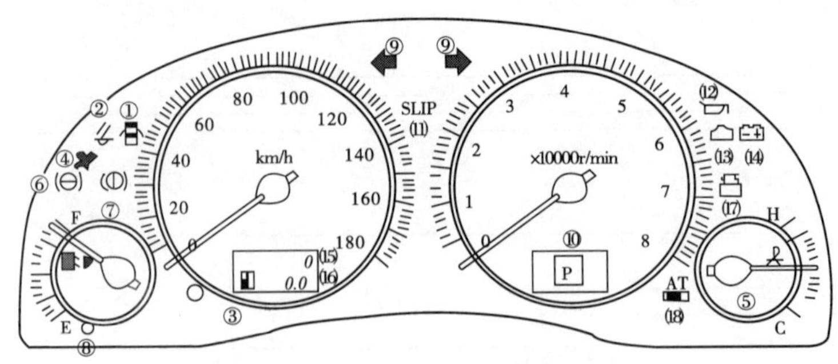

图7-5　组合仪表报警装置

1-未关门报警灯；2-安全带报警灯；3-车速里程表；4-SRS（安全气囊）报警灯；5-冷却液温度表；6-ABS报警灯；7-制动报警灯；8-燃油低油面报警灯；9-转向指示灯；10-挡位指示灯；11-SLIP（滑动）报警灯；12-油压报警灯；13-发动机报警灯；14-充电指示灯；15-车速表；16-里程表；17-VDC（车辆动态控制）OFF指示灯、VDC报警灯；18-AT（自动变速器）电子控制装置报警灯

燃油	（水）温度	油压	充电指示	转向指示灯	远光
近光	雾灯	驻车制动	制动失效	安全带	油温
示廓（宽）灯	真空度	驱动指示	发动机室	行李舱	停车灯
危急报警	风窗除霜	风机	刮水/喷水器	刮水器	喷水器
车灯开关	阻风门	扬声器	点烟器	后刮水器	后喷水器

图7-6　常见的标识符号

第二节　常见维修项目

任　务　更换组合仪表

一、技术标准与要求

（1）安装丰田卡罗拉型轿车配套使用的组合仪表。

（2）断开蓄电池负极电缆后，方可拆装组合仪表。

二、实训时间：30min

三、实训教学目标

（1）了解组合仪表的必要性。

（2）熟悉组合仪表的组成与功能。

（3）掌握更换组合仪表的操作技能。

（4）掌握检查组合仪表的操作技能。

四、实训器材

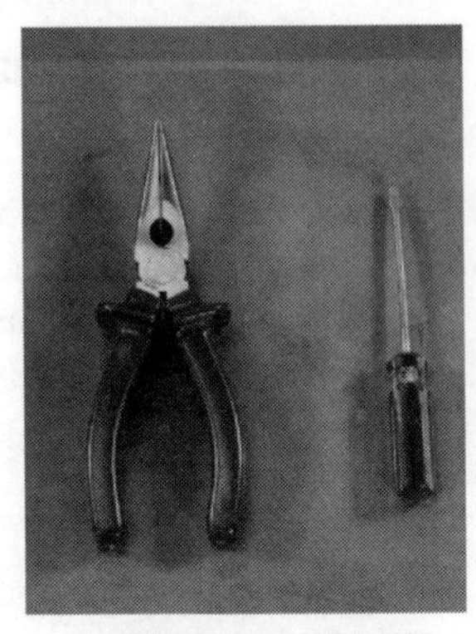

一字螺丝刀，鲤鱼钳

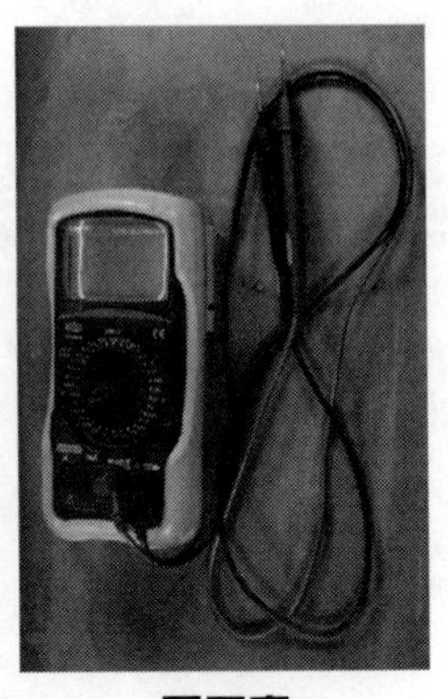

万用表

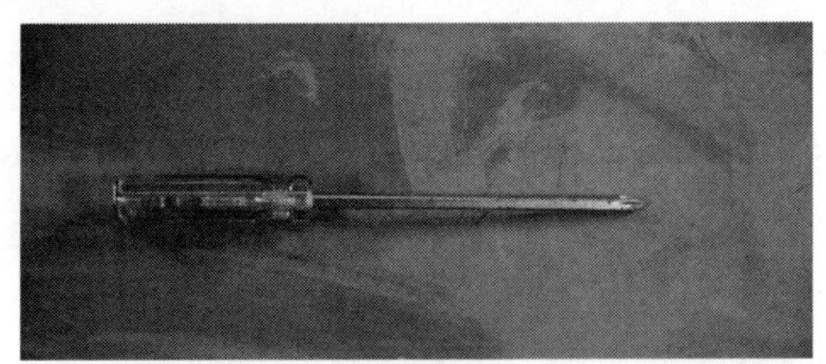
十字螺丝刀

其他工具及器材：驾驶室内保护罩、翼子板护裙等。

五、教学组织

（1）教学组织形式：

每辆车安排4名学生参与实训，两名学生为一组。一组操作，一组观察学习。

（2）学生站位分工和要求：

两名学生一组，按照1号、2号进行编号，1号为主，2号为辅。

（3）实训教师职责：

讲解操作步骤和注意事项；下达“操作开始”口令；工位间巡视、检查、指导和纠正错误。

（4）学生职责变换：

两名学生实行职责变换制度，即第一遍1号为主，2号为辅；第二遍2号为主，1号为辅。

六、操作步骤

第一步　事前准备

1　车辆进入工位前，参训学生将工位卫生清理干净，排除障碍物，准备好相关的工具、物品等。

提示：培养良好的工作习惯，做好事前准备，有利于安全操作和提高工作效率。

2　将车辆停驻在举升机平台的中央位置。

提示：车辆停驻于举升机平台的中央位置，为车辆的安全举升做好准备。

3　1号打开门锁。

提示：用遥控钥匙打开电动门锁，为进入驾驶室操作做好准备。

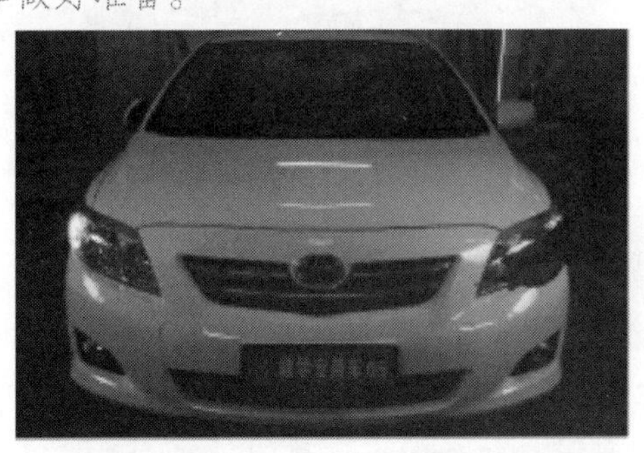

4　1号和2号共同安装车轮挡块。

提示：为保证车辆在工位上可靠停驻，防止出现溜滑，造成安全事故，要安装车轮挡块。

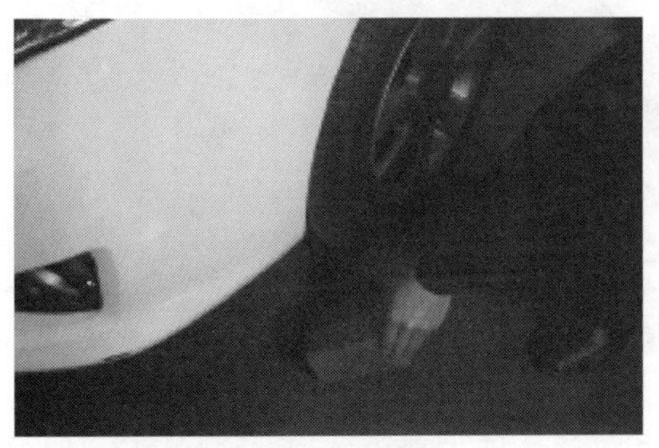

5　2号安装尾气收集管。

提示：为防止尾气污染环境，保护人体健康，要安装尾气收集管。

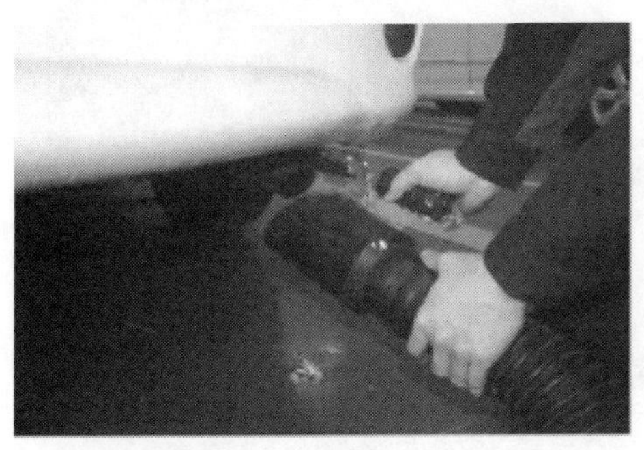

6　2号打开车门。

提示：左手拉车门把手打开车门，带好三件套，准备进入车辆。

7　2号拉起发动机罩释放杆。

提示：拉起发动机罩释放杆时，用力不要过猛，否则容易导致释放杆盖损坏。

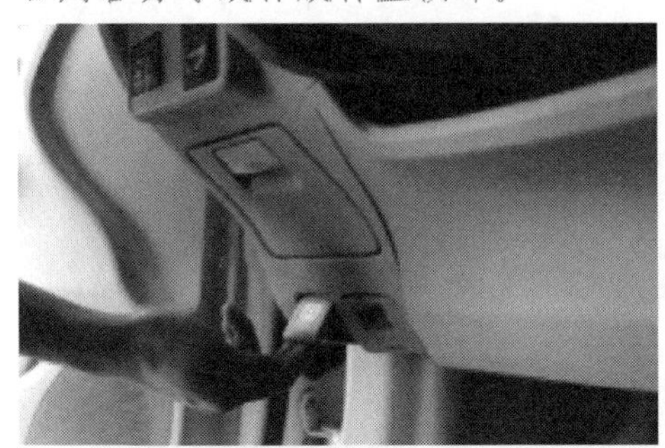

8　2号安装地板垫。

提示：铺设地板垫的主要目的是便于清除维修人员带入驾驶室内的脏物与杂物，保持驾驶室内地板清洁。

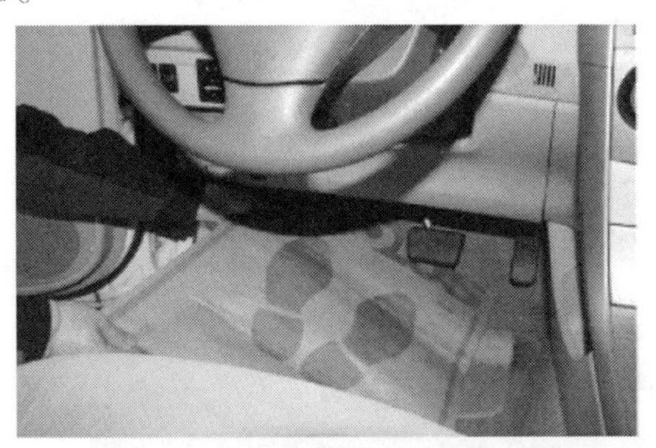

9　2号安装座椅套。

提示：安装座椅套时，用力要均匀，拉齐座椅套，使之整齐、美观。

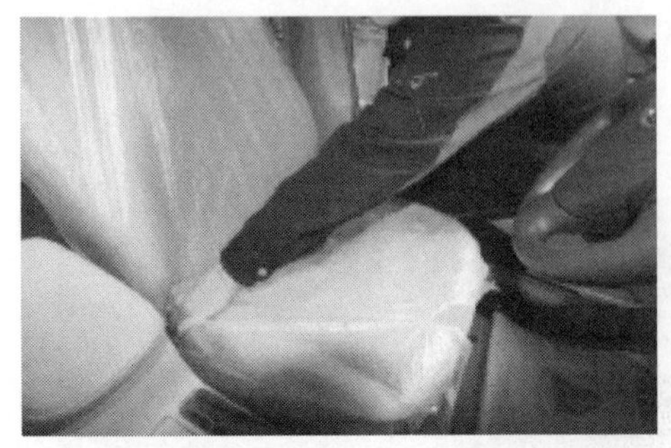

10　2号安装转向盘套。

提示：转向盘套是由薄塑料制成的，极易破损。安装转向盘套时，不要生拉硬拽，否则会造成转向盘套破损。

11　2号将点火开关旋至“ON”,打开主驾驶侧电动车窗。

提示：打开主驾驶侧电动车窗，是为了车内通风以及当钥匙掉在车里时可以打开车门。

12　2号将变速杆置于P挡。

提示：发动机带档操作属于违规操作，危险性极大。因此，发动机起动前应将变速杆置于P挡。

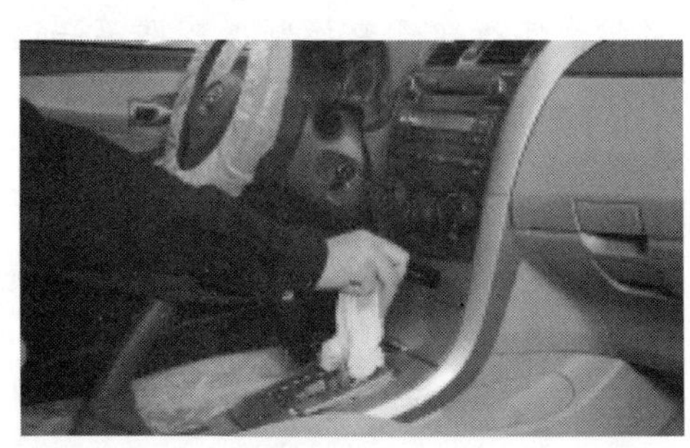

13　2号拉紧驻车制动杆。

提示：为保证车辆在工位上的可靠停驻，防止出现溜滑、造成安全事故，因此，要拉紧驻车制动杆。

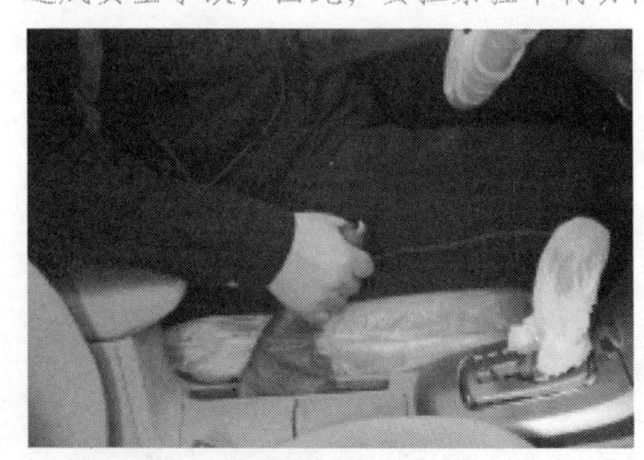

第二步　整个组合仪表不工作

1　1号将点火开关旋至“ON”挡。

2　1号观察仪表工作情况，发现整个仪表不工作。

提示：根据故障现象，分析其故障原因。

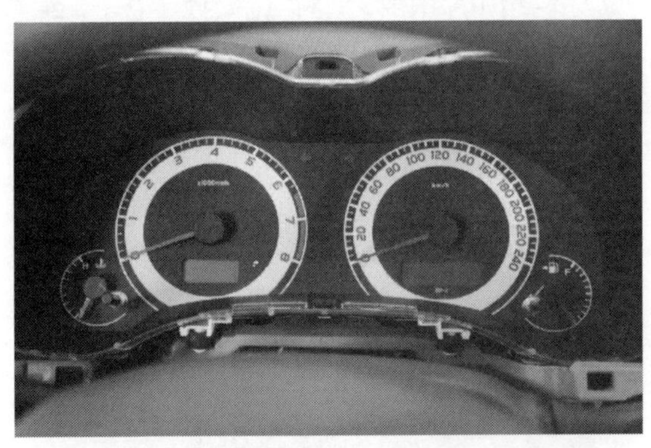

第三步　拆卸蓄电池负极电缆

1　2号将ϕ10mm套筒、接杆、棘轮扳手传递给1号。

2　1号使用工具拧松蓄电池负极电缆的固定螺栓，然后从接线柱上取下负极电缆，并使负极电缆可靠离开蓄电池接线柱。

提示：

（1）拆卸蓄电池负极电缆时，应保持点火开关处于OFF状态。

（2）断开蓄电池与电器系统的连接电路，目的是防止在拆卸点火开关过程中，造成发动机误起动及导线搭铁短路而损坏电器设备。

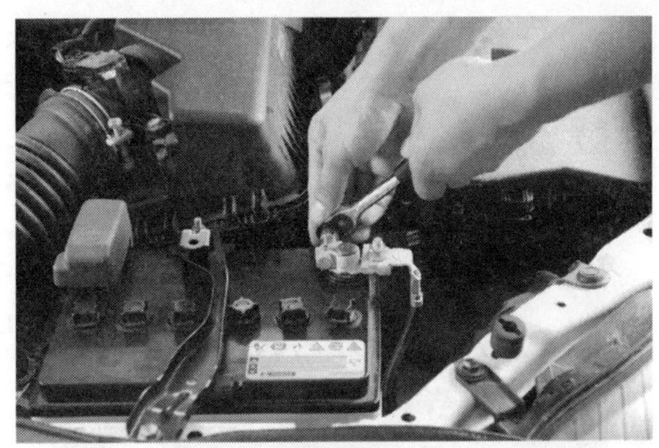

第四步　拆卸仪表板左下及左端装饰板

1　脱开3个卡爪和卡子，并在拆下仪表板左下装饰板。

提示：零件拆卸后，应摆放在零件车上，以防丢失。

2　脱开4个卡爪和卡子，在拆下仪表板左端装饰板。

提示：零件拆卸后，应摆放在零件车上，以防丢失。

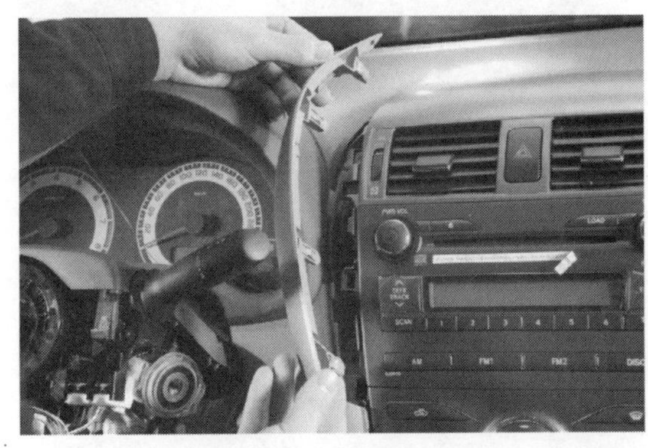

3　2号将仪表板左端装饰板，仪表板左下装饰板。

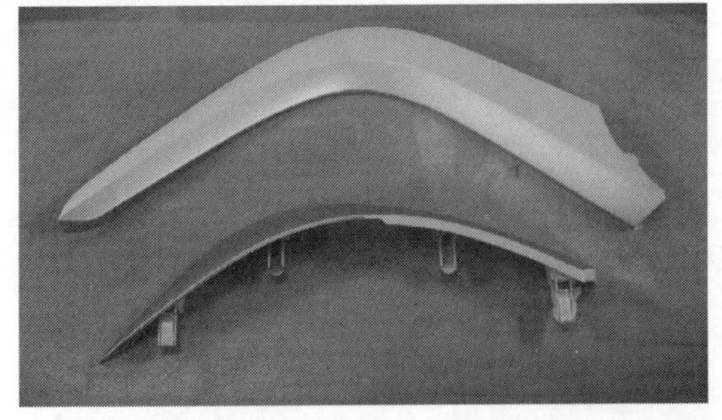

4 1号脱开导销、卡爪和3个卡子，拆下仪表装饰板总成，并传递给2号。2号将其放在零件车上。

第五步 拆卸组合仪表总成

1 1号拆下两个螺钉，脱开导销。

提示：拆下组合仪表总成时，小心不要损坏导销。

2 1号拉开组合仪表总成，断开连接器，并拆下组合仪表总成。

提示：拆卸组合仪表总成时，不要损坏上仪表分总成及组合仪表总成。

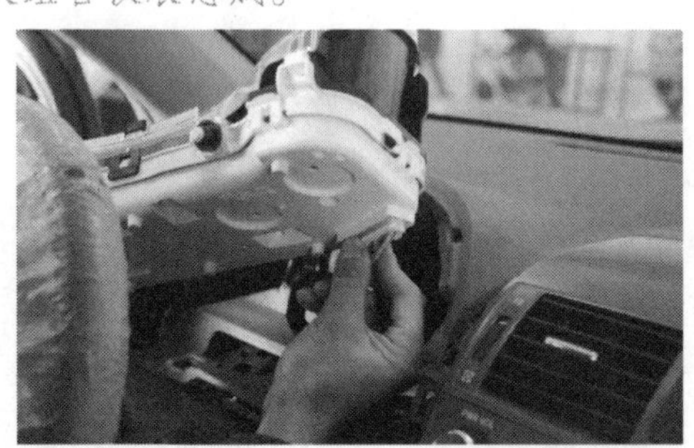

第六步 检查更换组合仪表

1 断开连接器E46。

提示：注意应先断开电源。

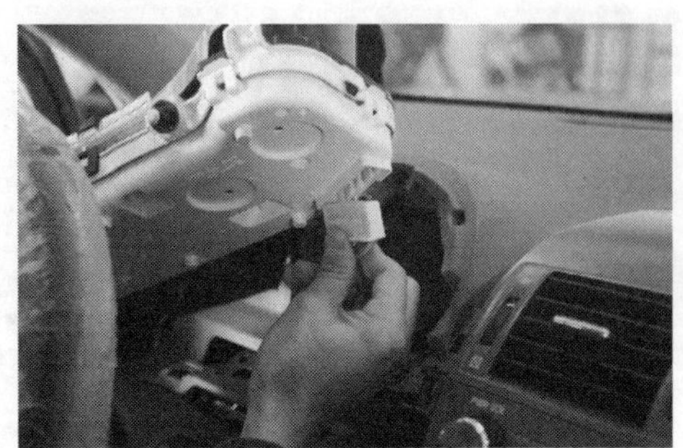

2 1号用万用表检查E46-30（ET）-车身搭铁，小于1Ω。测得电阻为0.9 Ω。

提示：1号用万用表检查E46-30（ET）-车身搭铁，若电阻为∞，则说明有故障。

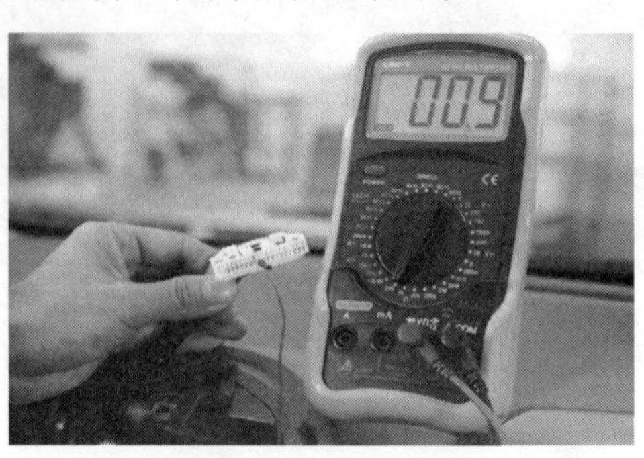

3 1号用万用表检查E46-32（B）-车身搭铁，应为蓄电池电压。测得电压为 11.77V。

提示：1号用万用表检查E46-32（B）-车身搭铁，若小于蓄电池电压，则说明有故障。

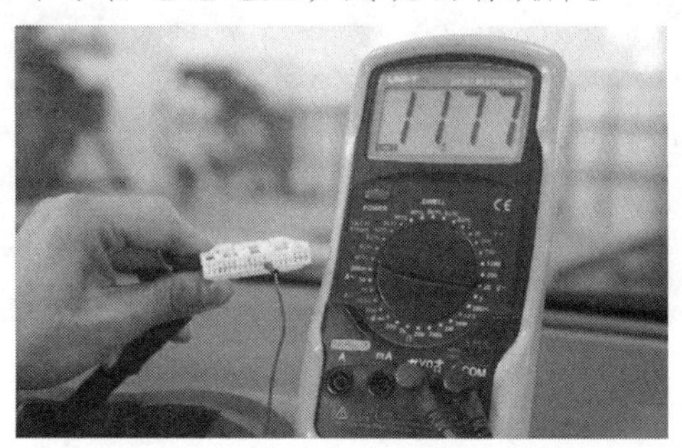

4 打开点火开关， 1号用万用表检查E46-33（B）-车身搭铁，应为蓄电池电压。测得电压为 11.57 V。

提示：1号用万用表检查E46-32（B）-车身搭铁，若小于蓄电池电压，则说明有故障。

5 经检查线束都正常，应更换仪表总成。1号将新的仪表传递给2号。

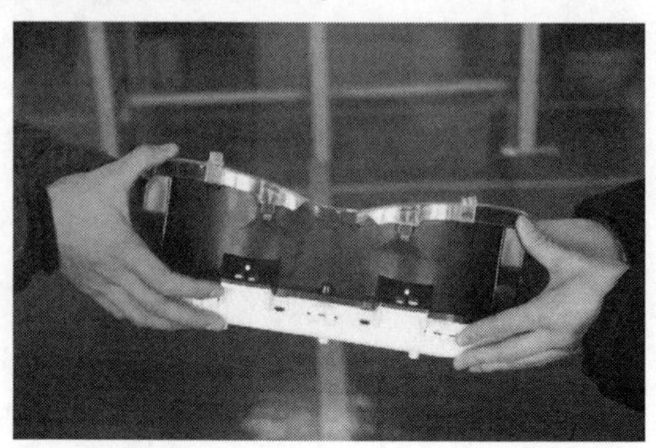

第七步　安装组合仪表总成

1　1号安装两个螺钉，脱开导销。

提示：安装组合仪表总成时，小心不要损坏导销。

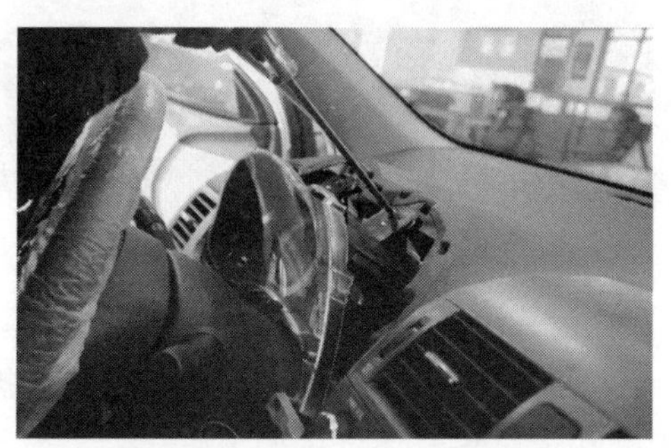

2　1号提着组合仪表总成，连接连接器，并安装组合仪表总成。

提示：安装组合仪表总成时，不要损坏上仪表分总成及组合仪表总成。

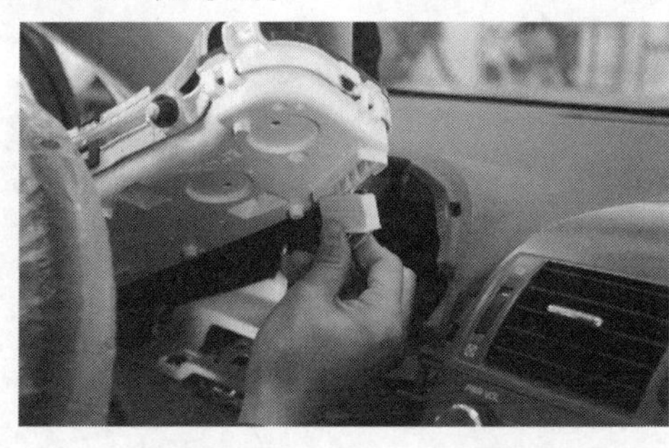

第八步　安装仪表板左下及左端装饰板

1　连接4个卡爪和卡子，再安装仪表板左端装饰板。

2　连接3个卡爪和卡子，并再安装仪表板左下装饰板。

3　2号将仪表装饰板总成传递给1号，1号安装导销、卡爪和3个卡子，拆安装仪表装饰板总成。

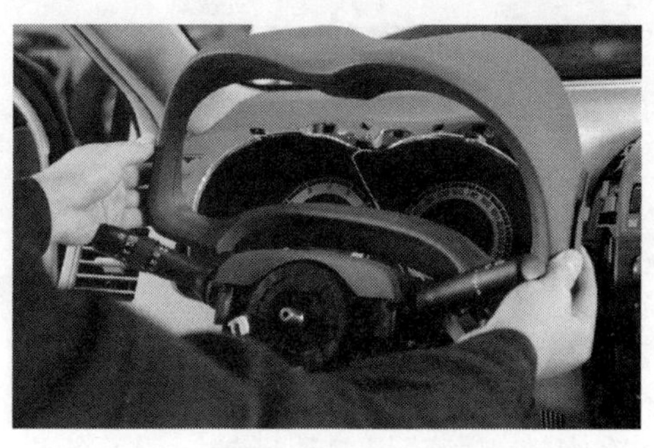

第九步　安装蓄电池负极电缆

1　1号使用砂布除去电缆夹内接触面的污物。

提示：电缆夹与蓄电池极柱间，应保持良好接触。否则，将增大蓄电池的输出电阻，输出电压下降，造成起动机转速低，发动机起动困难。

2　1号将负极电缆夹安装到蓄电池的“–”接线柱上。之后，使用ϕ10mm套筒、接杆、棘轮扳手，拧紧负极电缆夹的固定螺栓。螺栓拧紧力矩为22N·m。

提示：拔下点火开关的钥匙后，锁块弹出。当转动锁壳时，锁块便嵌入转向柱上的立槽内，使转向柱被锁定。

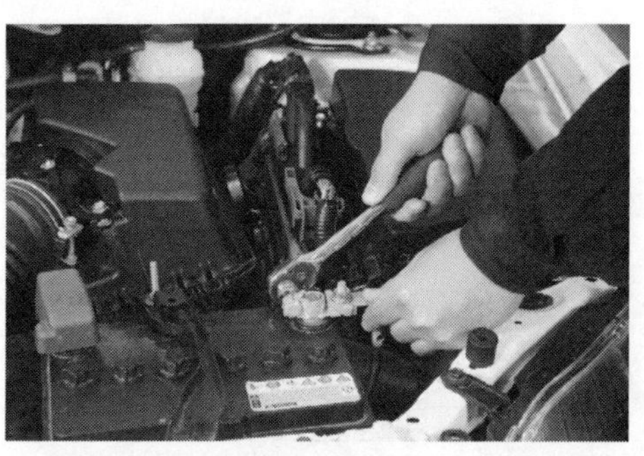

第十步　组合仪表性能就车检验

1　1号旋转点火开关至“ON”位置，仪表指示灯应点亮。

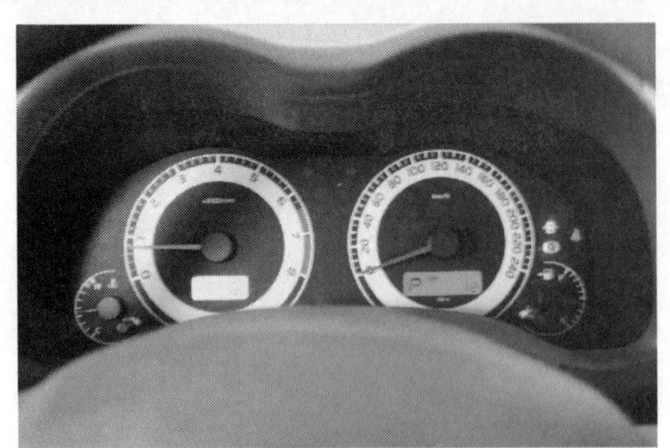

2　1号旋转点火开关至“START”位置，起动机高速旋转，发动机起动运转。松开钥匙后，点火开关自动退回“ON”位置。

提示：起动发动机前，应确认驻车制动杆已拉紧，变速器位于空挡位。

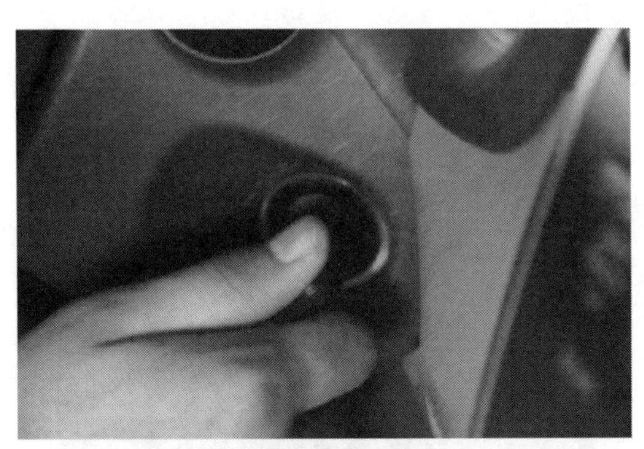

3　1号将点火开关退回至“LOCK”位置，拔下钥匙后，转向盘被锁定。

提示：如果以上各项检查均正常，则说明组合仪表性能良好。至此组合仪表维修完毕。

第十一步　整理工位

1号、2号共同拆除护裙、驾驶室内保护罩，清洁工具和量具等，清洁地面卫生。

提示：作业项目完成后，要做好工位的清扫、整理工作，培养良好的工作习惯。

七、考核标准

考核标准表

考核时间	序　号	考核项目	满　分	评分标准	得　分
30min	1	作业前整理工位	4	整理遗漏酌情扣分	
	2	粘贴翼子板护裙	4	操作不当扣4分	
	3	安装驾驶室内保护罩	4	操作不当扣4分	
	4	拆装蓄电池负极电缆	7	操作不当扣7分	
	5	拆装仪表台左下护板	6	操作不当扣6分	
	6	拆装仪表台左端护板	15	操作不当扣15分	
	7	拆装组合仪表总成	10	操作不当扣10分	
	8	组合仪表线路的检查	20	操作不当扣20分	
	9	组合仪表的更换	7	操作不当扣7分	
	10	连接组合仪表线路	3	操作错误扣3分	
	11	组合仪表性能检测	10	操作不当扣15分	
	12	零件摆放	5	操作不当酌情扣分	
	13	作业后整理工位	5	整理遗漏酌情扣分	
	14	遵守相关安全规范	因违规操作造成人身伤害和设备事故的，总分按0分计		
分数合计			100		

第八章 空调系统

第一节 需用知识

一、概述

1 空调系统作用

汽车空调系统即车内空气调节装置，是指对车内空气的温度、湿度及清洁度进行调节控制的装置。汽车空调系统作用是在各种气候和行驶条件下，为乘员提供舒适的车内环境，并能预防或除去附在风窗玻璃上的雾、霜或冰雪，以确保驾驶人的视野清晰与行车安全。

2 空调系统的组成

汽车空调系统在车上布置如图8-1所示，它主要由制冷系统、采暖系统、通风装置、加湿装置、空气净化装置和控制装置等组成。

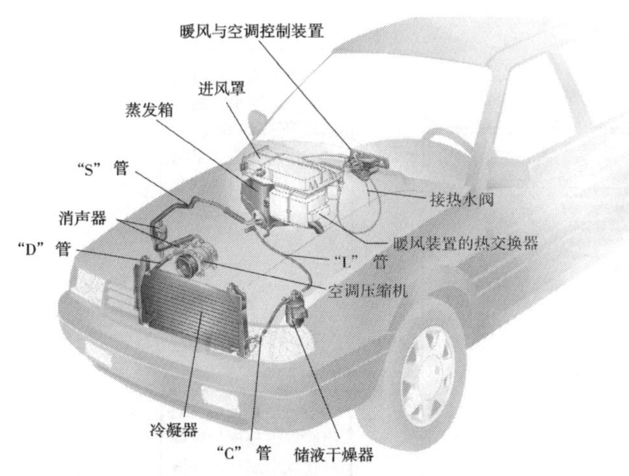

图8-1 空调系统在车上布置图

3 制冷剂

在制冷系统中用于转换热量并且循环流动的物质称为制冷剂。目前，汽车空调制冷系统使用的制冷剂通常有R12和R134a两种，由于R12对大气臭氧层有很强的破坏作用，因此，在目前生产的汽车空调制冷系统中已经被R134a所替代，其中英文字母R是制冷剂（Refrigerant）的简称，数字代号使用的是美国制冷工程师协会（ASRE）编制的代号系统。

R134a制冷剂的特性。R134a制冷剂的分子式为CH2FCF3，是卤代烃类制冷剂中的一种。R134a制冷剂与R12制冷剂相比，其热力学性能（包括分子量、沸点、临界参数、饱和蒸气压和汽化潜热等）均与R12相近，具有无色、无臭、不燃烧、不爆炸、基本无毒的特性。但是，采用制冷剂R134a的汽车空调中，在结构与材料方面与R12空调系统还是有很大区别的，两种制冷系统中的制冷剂是不能互换使用的。

4 冷冻润滑油的选择

冷冻润滑油也叫冷冻油，是制冷压缩机的专用润滑油，冷冻润滑油在空调制冷系统中完全溶于制冷剂中，并随制冷剂一起在制冷系统中循环，它可保证压缩机正常运转、可靠工作和延长使用寿命。冷冻润滑油具有润滑、密封、冷却和降低压缩机噪声等作用。

按黏度的不同，国产冷冻润滑油牌号有13号、18号、25号和30号4种，牌号越大，其黏度也越大。进口冷冻润滑油有3种牌号：SUNISO 3GS、SUNISO 4GS和SUNISO 5GS。目前，汽车空调制冷系统通常选用国产18号和25号冷冻润滑油，或进口SUNISO 5GS冷冻润滑油。

二、制冷系统的组成与工作原理

1 汽车空调制冷系统的组成

汽车空调制冷系统主要由压缩机、冷凝器、

储液干燥器、膨胀阀、蒸发器、导管与软管、压力开关等组成，如图8-2所示。

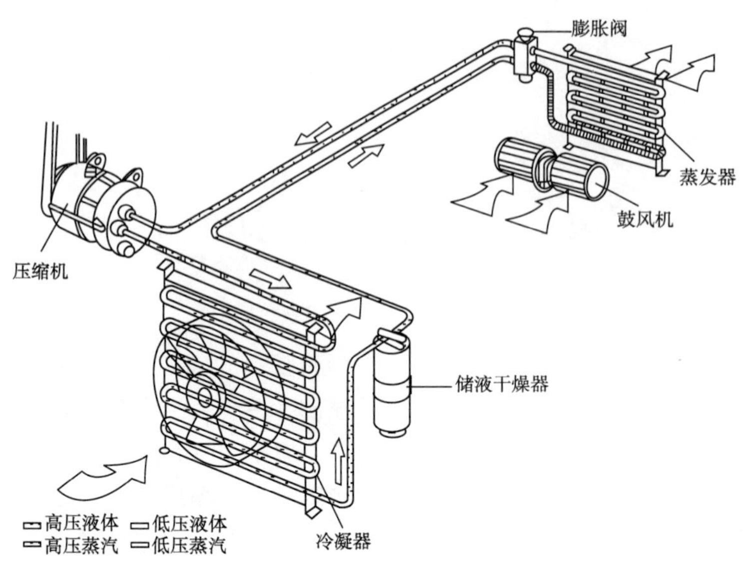

图8-2 空调制冷系统的组成

2 空调制冷系统的工作原理

汽车空调制冷系统的工作原理如图8-3所示，分为压缩过程、放热过程、节流过程和吸热过程。

（1） 压缩过程。汽车空调压缩机吸入蒸发器出口处的低温低压制冷剂气体，把它压缩成高温高压气体排出压缩机，经管道进入冷凝器。

（2） 放热过程。高温高压的过热制冷剂气体进入冷凝器后，由于温度的降低，达到制冷剂的饱和蒸汽温度，制冷剂气体冷凝成液体，并放出大量的液化气热。

（3） 节流过程。温度和压力较高的液态制冷剂通过膨胀装置后体积变大，压力和温度急剧下降，以雾状排出膨胀装置。

（4） 吸热过程。雾状制冷剂液体进入蒸发器，由于压力急剧下降，达到饱和蒸汽压力，液态制冷剂蒸发成气体。蒸发过程中吸收大量的蒸发器表面热量，变成低温低压气体后，再次循环进入压缩机。

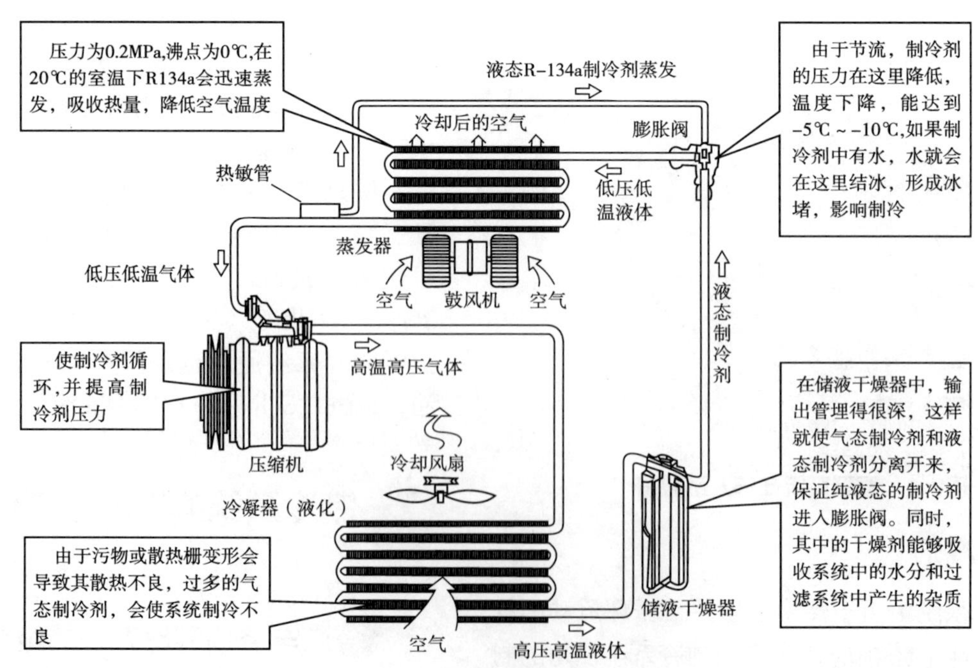

图8-3 汽车空调制冷系统的工作原理

③空调制冷系统主要部件的结构

（1）压缩机。压缩机作用是使制冷剂保持循环。压缩机的吸气侧抽吸制冷剂蒸汽，然后制冷剂流经压缩机的出口或排放侧，对其加压。高压、高温的制冷剂被压出压缩机而流入冷凝器。

压缩机有两个重要的功能：一是使系统内产生低压条件，二是使制冷剂循环，把制冷剂蒸汽从低压压缩至高压，两种功能同时完成。

乘用车空调制冷系统压缩机，一般都是由汽车发动机驱动，其结构形式有曲柄连杆式、斜盘式（摇摆斜盘式和回转斜盘式）、辐射式、滚动活塞式等。摇摆斜盘式压缩机的结构如图8-4所示。

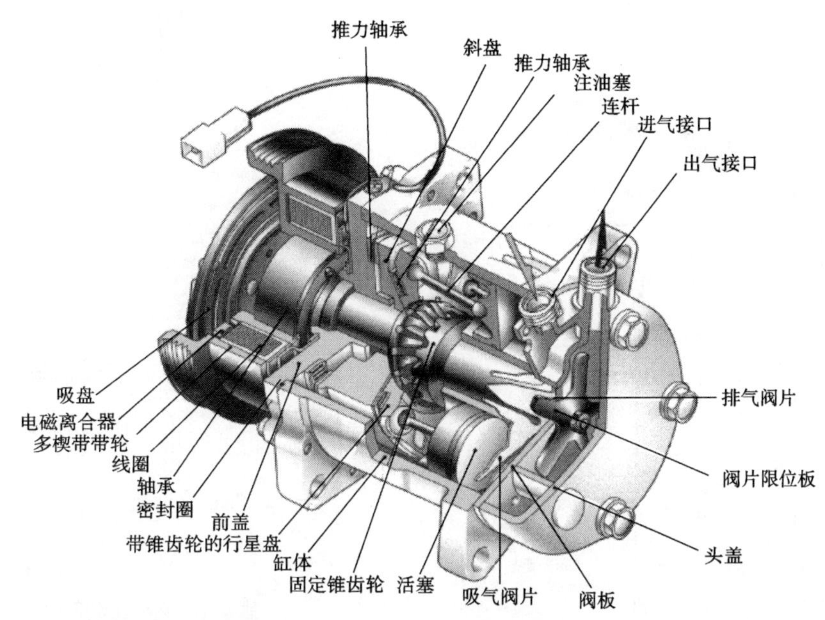

图8-4 摇摆斜盘式压缩机的结构

摇摆斜盘式压缩机工作原理如图8-5所示，压缩机有5个汽缸，当主轴旋转时，斜盘作轴向往复摇摆运动，带动压缩机的活塞作轴向往复运动，从而完成制冷剂的吸入、压缩和排出过程。

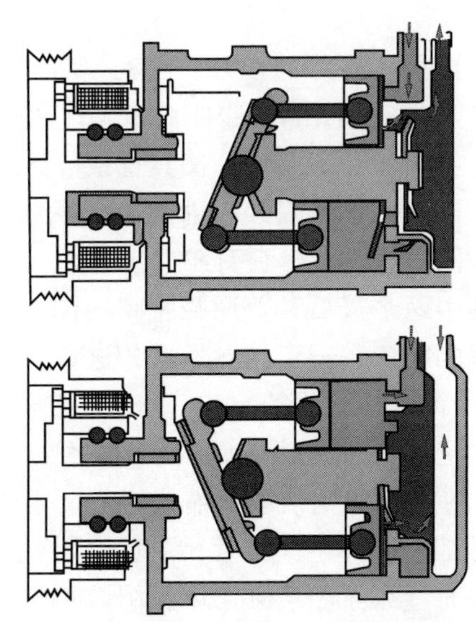

图8-5 摇摆斜盘式压缩机工作原理示意图

（2）冷凝器。冷凝器的作用是对压缩机排出的高温、高压制冷剂散热降温，使其凝结为液态高压制冷剂。冷凝器直接安装在散热器的前方，冷凝器的结构形式主要有管片式、管带式以及平行流式三种，如图8-6所示。

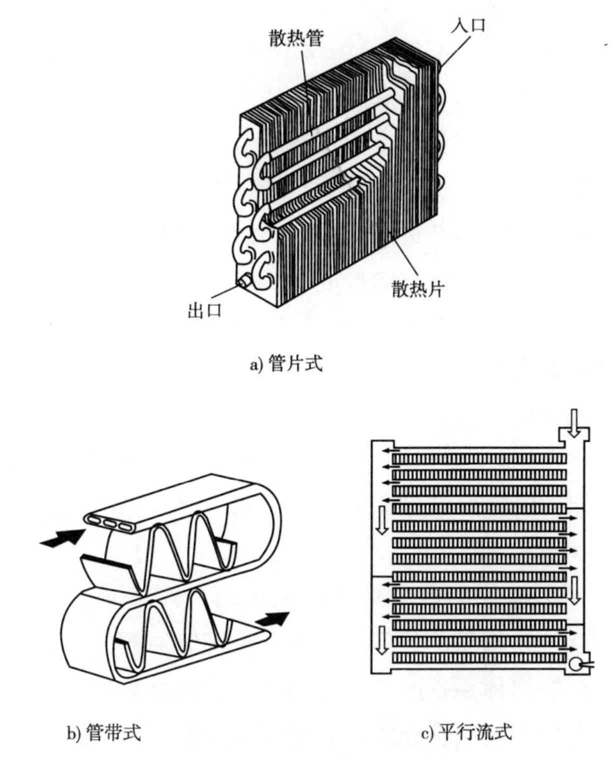

图8-6 冷凝器的结构形式

（3）储液干燥器。储液干燥器主要作用有储存制冷剂、过滤水分与杂质、防止气态制冷剂进入蒸发器等。还提供了系统内液态制冷剂的缓冲空间，能及时调整和补充供给膨胀阀的制冷剂流量，以保证系统内制冷剂流动的连续性和稳定性。

储液干燥器安装于冷凝器与膨胀阀之间，由储液干燥器体、过滤器、干燥剂、引出管和观察窗玻璃等构成，如图8–7所示。

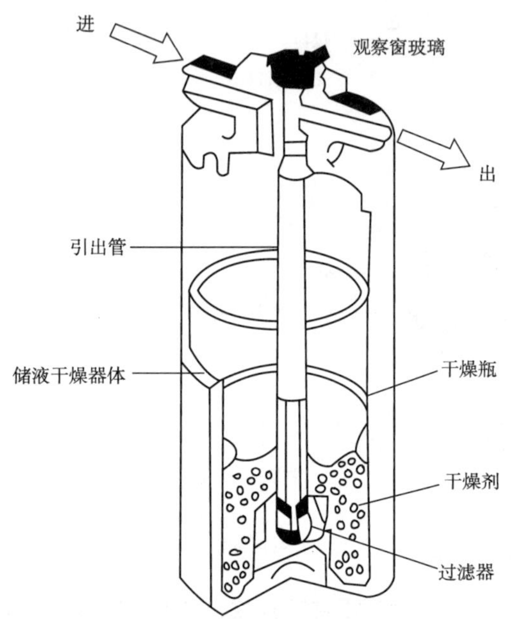

图8–7　储液干燥器的结构

（4）膨胀阀。汽车空调制冷系统使用的膨胀节流装置简称为膨胀阀，它的主要作用是将液态制冷剂转化为雾状制冷剂，节流、降压、调节和控制流量。在制冷负荷和压缩机转速变化时，膨胀节流装置能自动调节进入蒸发器的制冷剂流量，以满足制冷要求，保证车内温度稳定。

膨胀阀的针阀是通过膜片连动的，膜片的控制因素有三个：蒸发器的压力使阀关闭；弹簧压力使阀关闭；膜片顶部通过毛细管来自热敏管的惰性气体压力使阀打开。这三种力的合力使膨胀阀打开一定的开度，控制制冷剂的流量。膨胀阀的工作过程如图8–8所示。

热敏管固定在蒸发器的出口或尾管处。热敏管感应出尾管的温度后，通过毛细管对阀中的膜片作用。当作用在膜片顶部的压力比蒸发器的压力与弹簧压力的组合还大时，针阀从阀座移开，直到压力达到平衡为止，以此方式将适量的制冷剂流入蒸发器芯。

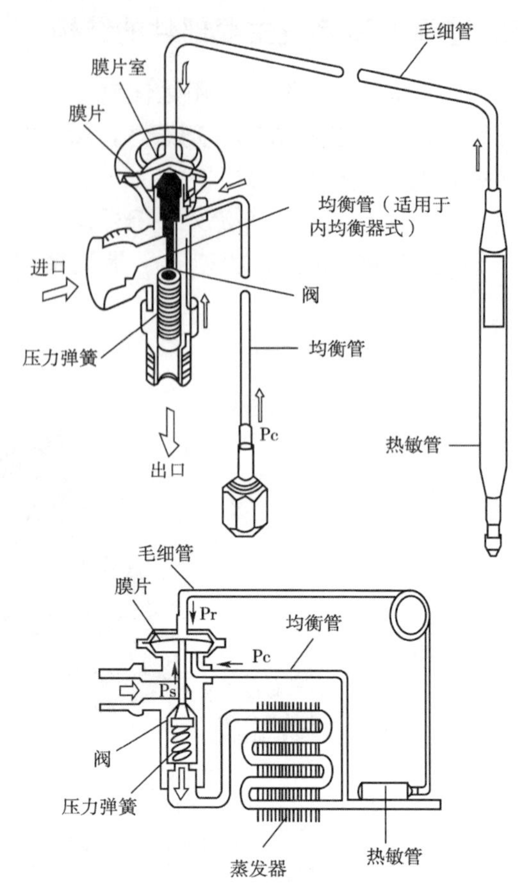

图8–8　膨胀阀的工作过程

尾管处的温度上升时，热敏管中的膨胀气体通过毛细管作用在膜片上的压力增加，膜片接着又迫使推杆向下推动阀销和针阀，使更多的制冷剂进入蒸发器。尾管处的温度下降时，热敏管和膜片上的压力降低，从而使针阀就座，流入蒸发器的制冷剂量受到限制。

除了典型的膨胀阀以外，还有一种H形膨胀阀得到了广泛的应用，H形膨胀阀取消了外平衡式膨胀阀的外平衡管和感温包，使其直接与蒸发器进出口相连。H形膨胀阀因其内部通路形状像“H”而得名，如图8–9所示。它有四个接口通往汽车空调系统，其中两个接口和普通膨胀阀一样，一个接储液干燥器的出口，一个接蒸发器的进口，但另两个接口，一个接蒸发器的出口，一个接压缩机的进口，感温包和毛细管均由薄膜下面的感温元件取代，H形膨胀阀结构紧凑，性能可靠。由于没有感温包、毛细管和外平衡接管，避免了因汽车颠簸、振动而使充注系统断裂外漏以及感温包松动影响膨胀阀工作，提高了膨胀阀的抗震性能。

（5）蒸发器。汽车空调蒸发器属于直接风冷式结构，制冷系统工作时，来自膨胀阀的低压雾状制冷剂通过蒸发器时，吸收蒸发器周围空气的热量，从而达到降低车内温度的目的，同时低压雾状制冷剂变为低压气态制冷剂，并回到压缩机，如图8–10所示。

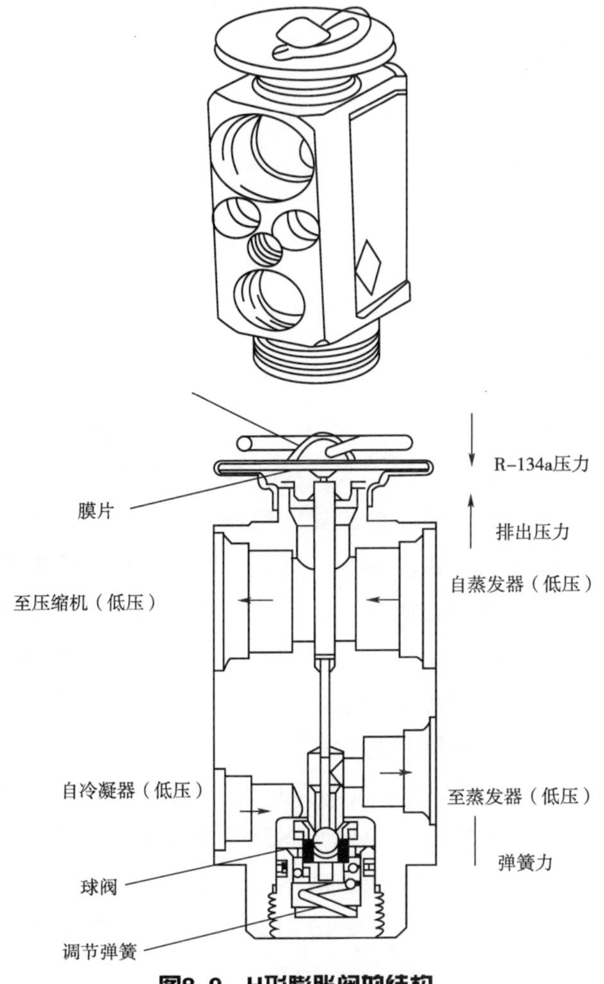

图8–9 H形膨胀阀的结构

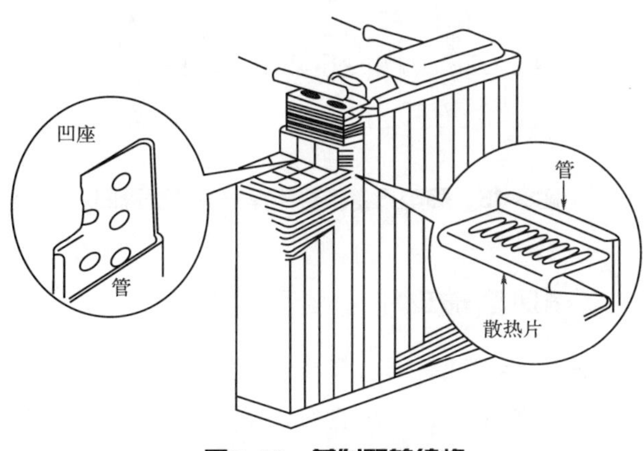

图8–10 蒸发器的结构

三、空调系统的采暖与通风

1 汽车空调采暖系统

（1）汽车空调采暖系统的作用。向车厢内供暖是汽车空调的重要功能之一，而汽车空调的目的不是单纯的制冷和供暖，而是在不断变化的车外大气环境下，保持车内的温度、湿度稳定在一定范围内，并保证送入车内的空气清新，所以必须有通风配气系统对已经通过制冷和加热的空气重新进行调和温度、输送和分配，汽车空调采暖系统的功能是将冷空气送入热交换器，吸收某种热源的热量，提高空气的温度，并将热空气送入车内。目前绝大部分汽车上都采用水暖式取暖设备，水暖式采暖系统利用的是发动机冷却液的热量。

（2）汽车空调采暖系统的工作原理。水暖式采暖系统实际上是发动机冷却系统的一部分，大致可分为两大部分，即热水循环回路和配气装置。热水循环回路与发动机的冷却系统相连通，借助于发动机的水泵实现热水循环。来自发动机冷却系统的热水从进水管流经加热器控制阀进入散热器，然后经由出水管回到发动机的冷却系统，实现回路的循环，如图8–11所示。

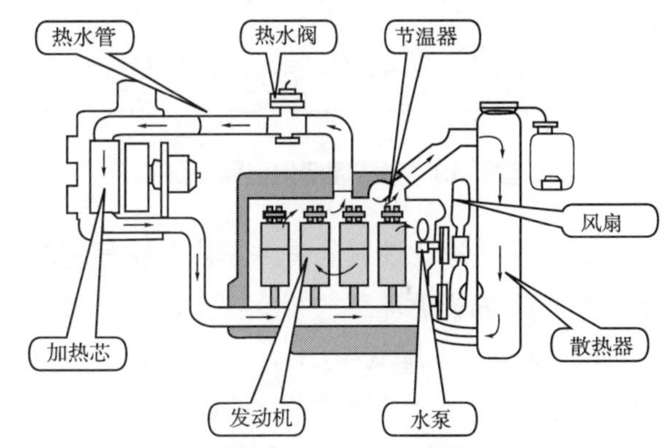

图8–11 热水循环回路

在通风装置中，由电动鼓风机强制使空气循环运动。空气经由进风口被吸入，流经加热器时将被加热，并由出风口导出，进入车厢内实现取暖或为风窗玻璃除霜，如图8–12所示。

2 汽车空调通风配气系统

（1）通风装置。为了健康和舒适，汽车厢内空气要符合一定的卫生标准，这就需要输入一定量的新鲜空气。新鲜空气的配送量除了考虑人们因呼吸排出的二氧化碳、蒸发的汗液、吸烟以及从车外进入的灰尘、花粉等污染物，还必须考虑保持车内正压和局部排气量所需的风量。将新鲜空气送入车内，取代污染空气的过程，称为通风。

根据我国对乘用车、客车的汽车空调新鲜空气要求，换气量按人体卫生标准最低不少于

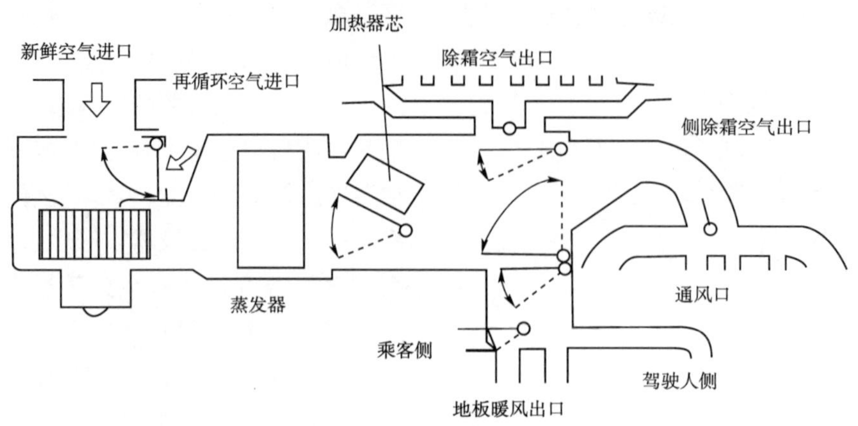

图8-12　水暖通风系统

$20m^3$/h·人，且车内的CO_2的体积分数一般应控制在0.03%以下，风速为0.2m/s。

汽车空调的通风方式一般有动压通风（图8-13）、强制通风和综合通风3种。

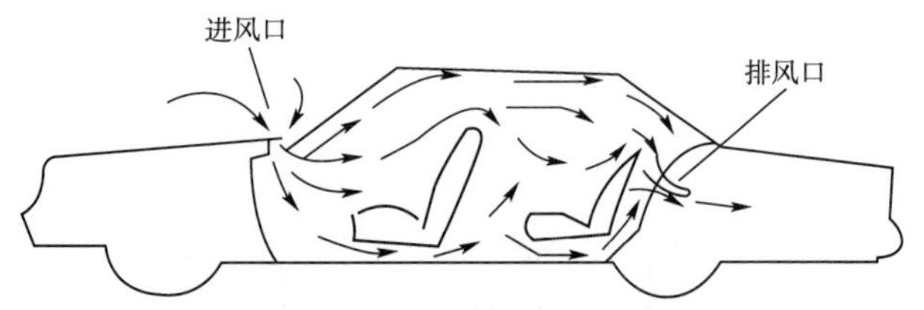

图8-13　动压通风进风的循环

（2）空气净化装置。进入车内的空气由车外新鲜空气和车内再循环空气组成。车外空气受到粉尘、烟尘以及汽车尾气中CO、SO_2等有害气体的污染；车内空气受到乘客呼出的CO_2、人体汗味以及漏入车内的废气污染。这些因素降低了车内空气的洁净度，而空气净化器能够清除车内空气中的异味微粒，并能去除车外空气中的花粉和灰尘，使空气得到净化，因此汽车空调需要装备空气净化器，如图8-14所示。

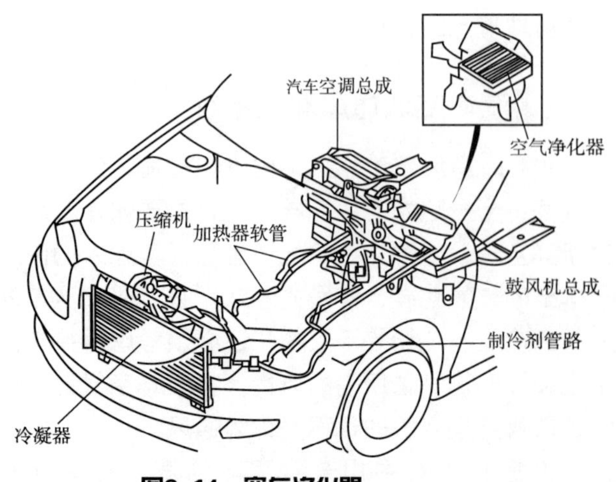

图8-14　空气净化器

汽车空调系统采用的空气净化装置通常有空气过滤式和静电集尘式两种。前者是在汽车空调系统的送风和回风口处设置空气滤清装置，它仅能滤除空气中的灰尘和杂物，因此，结构简单，只需定期清理过滤网上的灰尘和杂物即可，故广泛用于各种汽车空调系统中。后者则是在空气进口的过滤器后再设置一套静电集尘装置或单独安装一套用于净化车内空气的静电除尘装置，它除具有过滤和吸附烟尘等微小颗粒杂质的作用外，还具有除臭、杀菌、产生负氧离子以使车内空气更为新鲜洁净的作用。由于其结构复杂、成本高，所以，只用于高级乘用车和旅行车上。图8-15所示为静电集尘式空气净化装置的原理图。

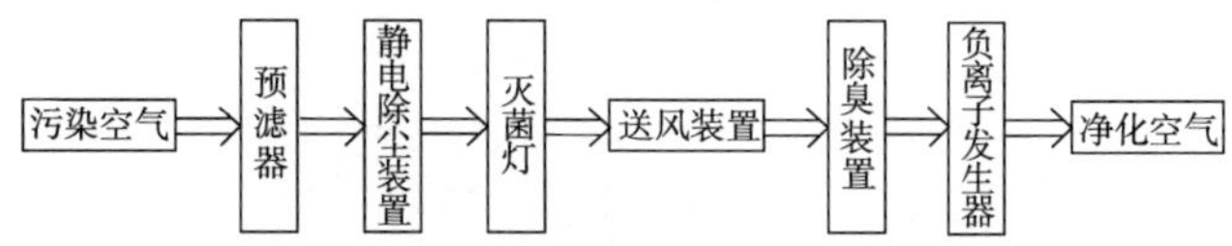

图8-15　静电集尘式空气净化装置原理图

3 风窗玻璃防雾装置

在气温较低的环境中，挡风玻璃内侧易结雾，甚至冰霜，会造成视线不良，严重影响行车安全。通常采用加热的方法将其除去。前风窗玻璃一般采用暖风加热的方法除雾，而后风窗玻璃通常采用电热线加热的方法除雾，其中电热线由镀在后风窗玻璃内表面的多条金属导电膜制成。

后风窗除雾电热线装置，如图8-16所示，由除雾开关、电热线开关、CPU、继电器及后窗除雾电热线等组成，除雾电热线定时器装在中央处理器（CPU）内。

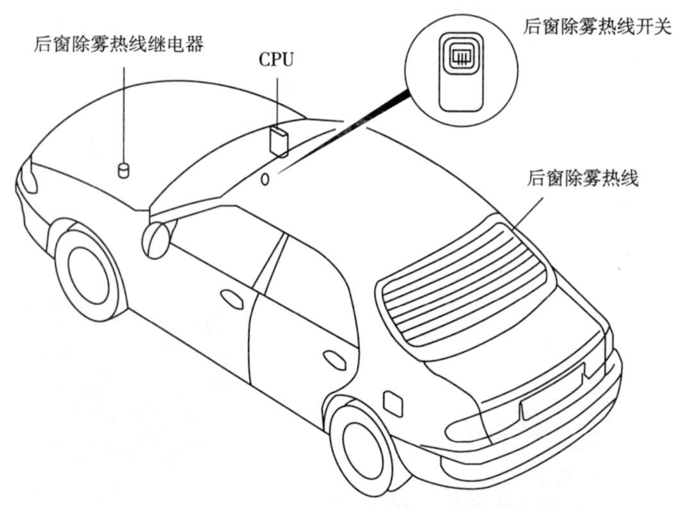

图8-16 后窗除霜电热线装置的组成

第二节 常见维修项目

任务一 更换汽车空调滤芯

一、技术标准与要求

（1）使用压缩空气清洁空调滤芯。
（2）安装丰田卡罗拉型轿车配套使用的空调滤芯。

二、实训时间：25min

三、实训教学目标

（1）了解更换空调滤芯的重要性。
（2）熟悉汽车空调滤芯的安装位置。
（3）掌握更换空调滤芯的操作技能。

四、实训器材

空气压缩机

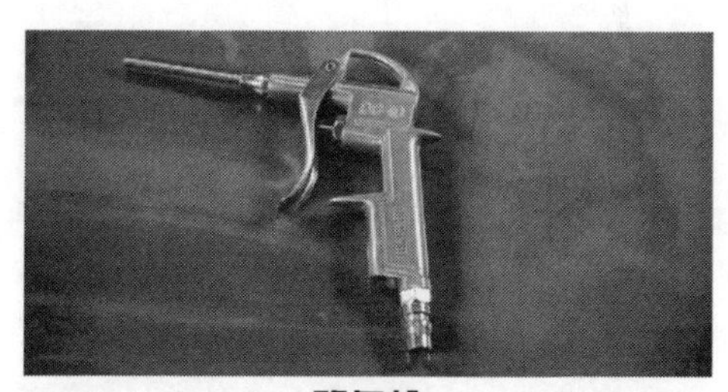

吹气枪

其他工具及器材：棉纱、翼子板护裙等。

五、教学组织

（1）教学组织形式：

每辆车安排4名学生参与实训，两名学生为一组。一组操作，一组观察学习。

（2）学生站位分工和要求：

两名学生一组，按照1号、2号进行编号，1号为主，2号为辅。

（3）实训教师职责：

讲解操作步骤和注意事项；下达“操作开始”口令；工位间巡视、检查、指导和纠正错误。

（4）学生职责变换：

两名学生实行职责变换制度，即第一遍1号为主，2号为辅；第二遍2号为主，1号为辅。

六、操作步骤

第一步　事前准备

1　车辆进入工位前，参训学生将工位区域清理干净，排除障碍物，准备好相关的工具、物品等。

提示：培养良好的工作习惯，做好事前准备，有利于安全操作和提高工作效率。

2　将车辆停驻在举升机平台的中央位置。

提示：车辆停驻于举升机平台的中央位置，为车辆的安全举升做好准备。

3　1号打开门锁。

提示：用遥控钥匙打开电动门锁，为进入驾驶室操作做好准备。

4　1号和2号共同安装车轮挡块。

提示：为保证车辆在工位上可靠停驻，防止出现溜滑，造成安全事故，要安装车轮挡块。

5　2号安装尾气收集管。

提示：为防止尾气污染环境，保护人体健康，要安装尾气收集管。

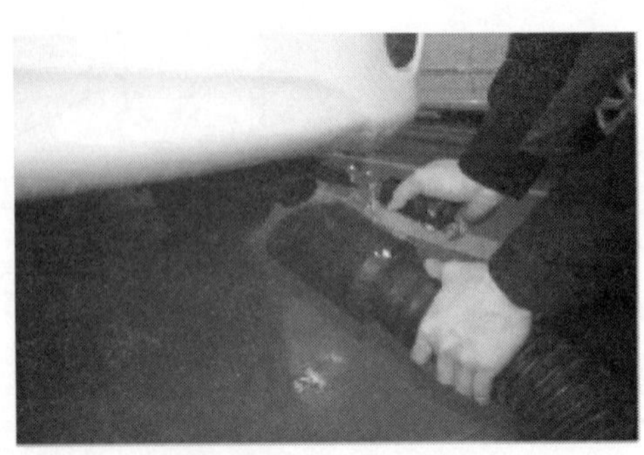

6　2号打开车门。

提示：左手拉车门把手打开车门，带好三件套，准备进入车辆。

7　2号拉起发动机罩释放杆。

提示：拉起发动机罩释放杆时，用力不要过猛，否则容易导致释放杆盖损坏。

8　2号安装地板垫。

提示：铺设地板垫的主要目的是便于清除维修人员带入驾驶室内的脏物与杂物，保持驾驶室内地板清洁。

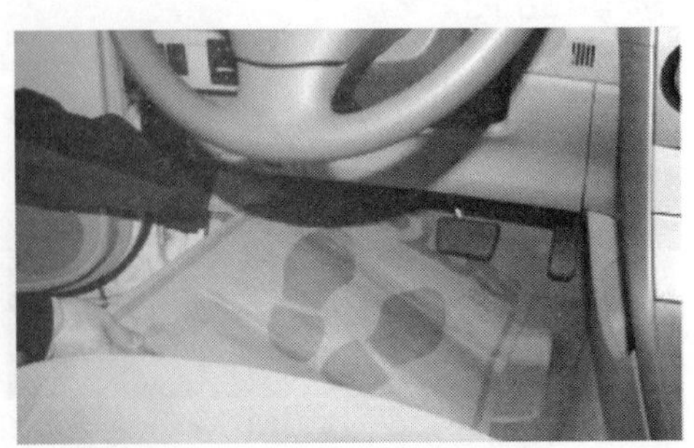

9　2号安装座椅套。

提示：安装座椅套时，用力要均匀，拉齐座椅套，使之整齐、美观。

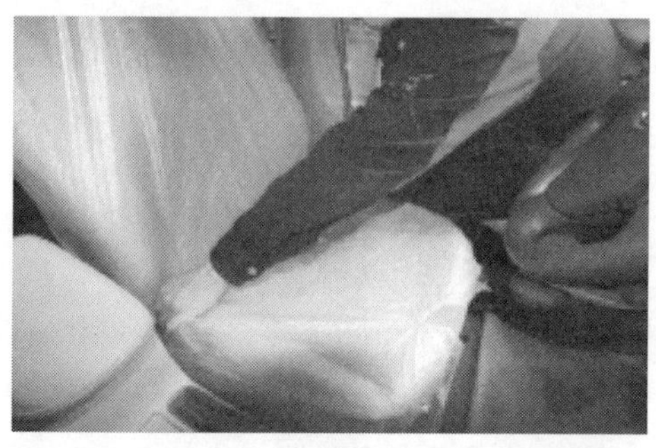

10　2号安装转向盘套。

提示：转向盘套是由薄塑料制成的，极易破损。安装转向盘套时，不要生拉硬拽，否则会造成转向盘套破损。

11　2号将点火开关旋至“ON”，打开主驾驶侧电动车窗。

提示：打开主驾驶侧电动车窗，是为了车内通风以及当钥匙掉在车里时可以打开车门。

12　2号将变速杆置于P挡。

提示：发动机带挡操作属于违规操作，危险性极大。因此，发动机起动前应将变速杆置于P挡。

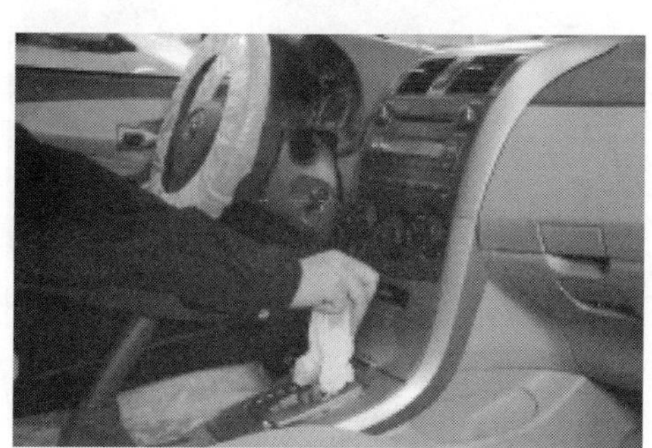

13　2号拉紧驻车制动杆。

提示：为保证车辆在工位上的可靠停驻，防止出现溜滑，造成安全事故，因此，要拉紧驻车制动杆。

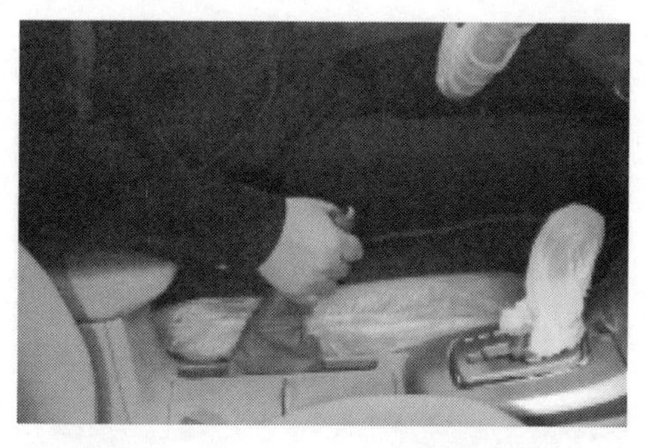

第二步　拆卸空调滤芯

1　1号打开副驾驶室车门。

2　1号打开副驾驶室杂物箱盖总成。

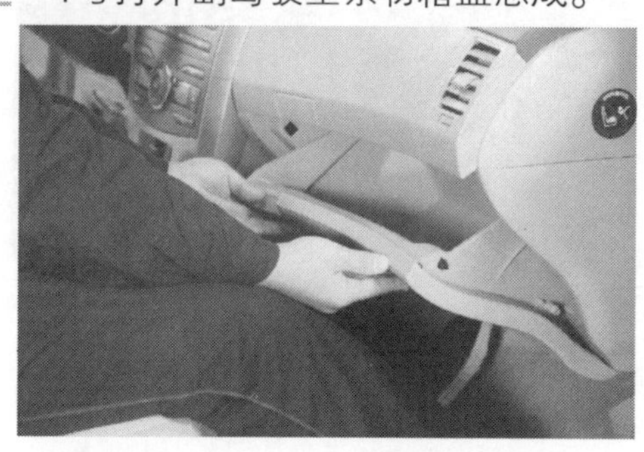

3　1号拆下副驾驶室杂物箱盖总成。

提示：杂物箱盖总成为塑料材料制成，拆装传递及摆放过程中注意轻拿轻放禁止弯折和重压，以免造成损坏。

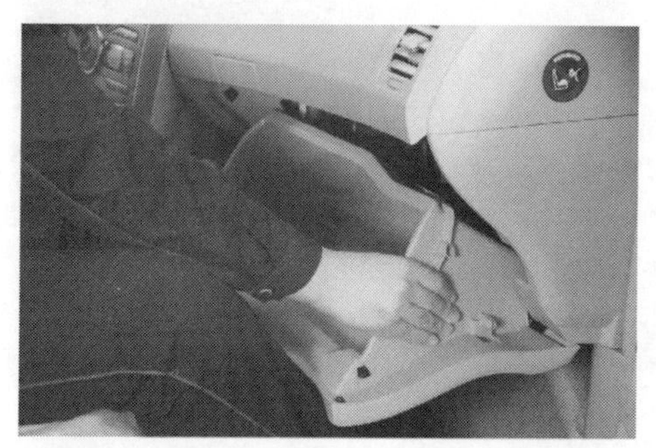

4 1号取下空调滤芯盖，并传递给2号。2号将空调滤芯盖摆放到零件上。

提示：空调滤芯盖为塑料材料制成，拆装传递及摆放过程中 注意轻拿轻放 禁止弯折和重压，以免造成损坏。

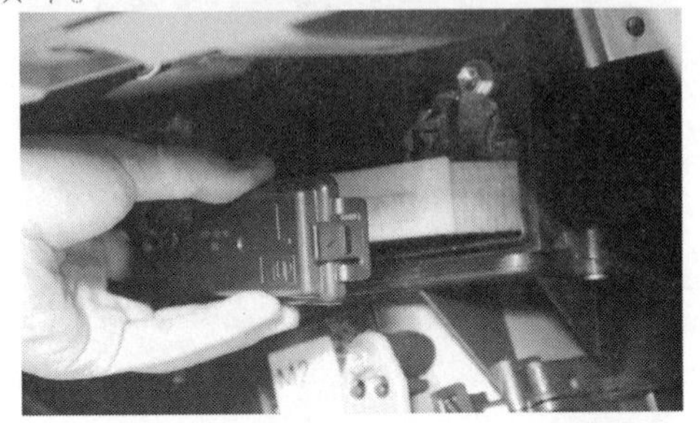

5 1号用取出空调滤芯并传递给2号。

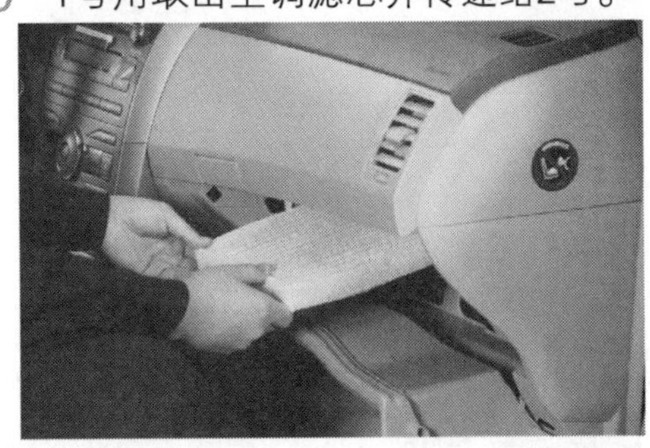

6 2号将空调滤芯及空调滤芯盖摆放到零件车上。

第三步 清洁与检查

1 1号使用干净棉纱，擦净进气罩口附近的灰尘等。

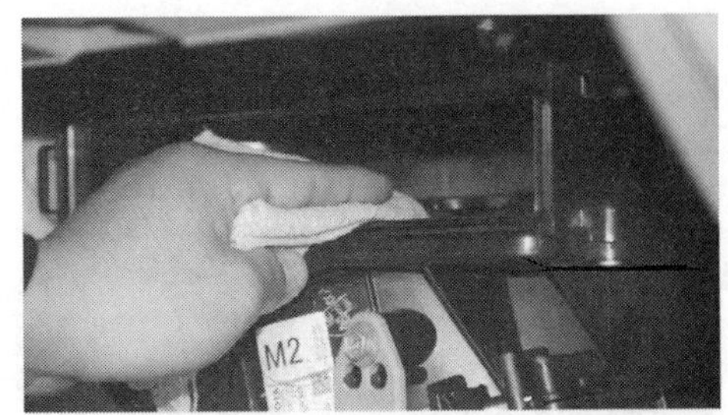

2 按进气反方向，1号使用压缩空气吹净空调滤芯上的灰尘等。

提示：清洁空调滤芯时，应佩戴防护口罩并且远离车辆。

3 1号检查空调滤芯是否有损坏，如有损坏应该换新件。

第四步 安装空调滤芯

1 1号将空调滤芯的边框凹槽对齐进气罩上的条形凸起后，将空调滤芯安装到进气罩上。

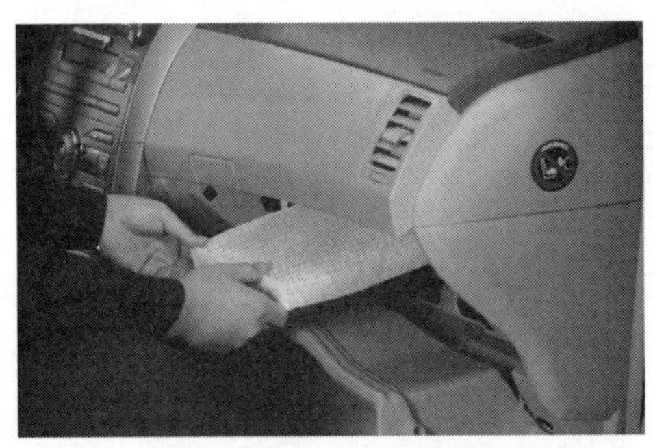

2 1号将2号传递来的空调滤芯盖安装在支架上。

提示：空调滤芯盖为塑料材料制成，拆装传递及摆放过程中注意轻拿轻放禁止弯折和重压，以免造成损坏。

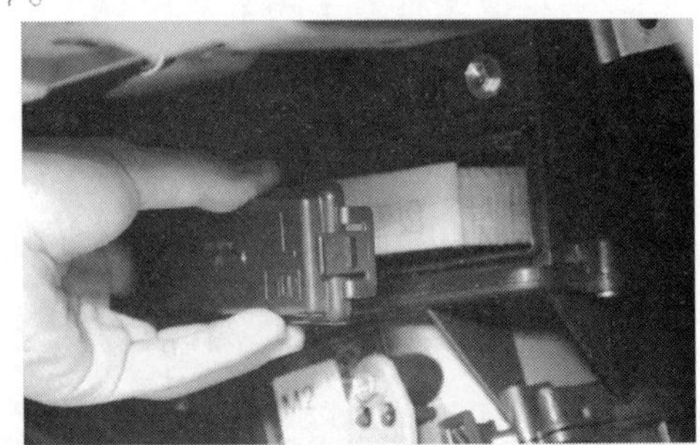

3 1号使用2号传递来的防护板安装到位。

提示：手套箱盖总成为塑料材料制成，拆装传递及摆放过程中注意轻拿轻放禁止弯折和重压，以免造成损坏。

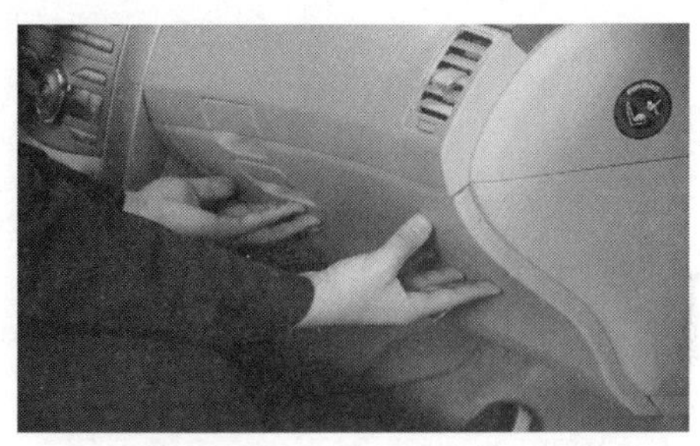

4 1号关闭副驾驶室车门。

第五步 整理工位

1号、2号共同拆除护裙、驾驶室内保护罩，清洁工具和量具等，清洁地面卫生。

提示：作业项目完成后，要做好工位区域的清扫、整理工作，培养良好的工作习惯。

七、考核标准

考核标准表

考核时间	序号	考核项目	满分	评分标准	得分
25min	1	作业前整理工位	5	整理遗漏酌情扣分	
	2	车辆可靠停驻	5	操作不当扣5分	
	3	粘贴翼子板护裙	5	操作不当扣5分	
	4	安装驾驶室内保护罩	5	操作不当扣5分	
	5	拆装手套箱盖总成	15	操作不当扣15分	
	6	拆装空调滤芯盖	10	操作不当扣10分	
	7	拆装空调滤芯	25	操作不当扣25分	
	8	清洁空调滤芯及进气口	10	操作不当扣10分	
	9	检查空调滤芯	15	操作不当扣15分	
	10	作业后整理工位	5	整理遗漏酌情扣分	
	11	遵守相关安全规范	因违规操作造成人身伤害和设备事故的，总分按0分计		
分数合计			100		

任务二 加注空调系统制冷剂

一、技术标准与要求

（1）空调制冷循环系统中加注R134a制冷剂。

（2）加注制冷时应佩戴防护眼镜和手套以免制冷剂进入眼睛和溅到皮肤上。如果制冷剂不慎进入眼睛和或溅到皮肤上，应立即用清水冲洗，严重者送医院进行专业处理。

（3）禁止对制冷剂容器进行加热，有发生爆炸危险。

（4）制冷剂加注量应适当，否则制冷效果不良。

（5）从低压管路加注制冷剂时，禁止将制冷剂容器倒置，防止液击压缩器。

（6）空调低压管路和高压管路中的真空度应不低于−90kPa，并保持5min不下降。

（7）空调运行时，低压管路压力0.15~0.25MPa为正常；高压管路压力1.37~1.57MPa为正常。

（8）通过高压管路加注制冷剂时，严禁压缩机运行且关闭低压侧阀门。

（9）制冷剂加注后，应进行泄漏检查。

（10）丰田卡罗拉轿车制冷剂加注量为560±50g。

二、实训时间：80min

三、实训教学目标

（1）了解加注空调制冷剂的重要性。

（2）熟悉汽车空调系统制冷循环管路的组成与工作原理。

（3）掌握加注空调系统制冷剂的操作技能。

四、实训器材

制冷剂回收加注机

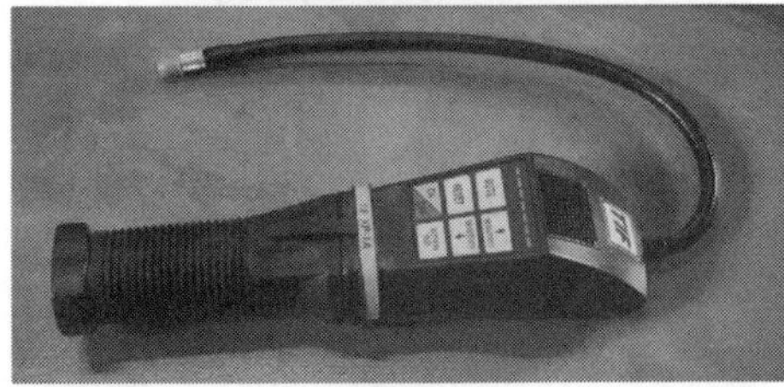

检漏仪

R134a制冷剂

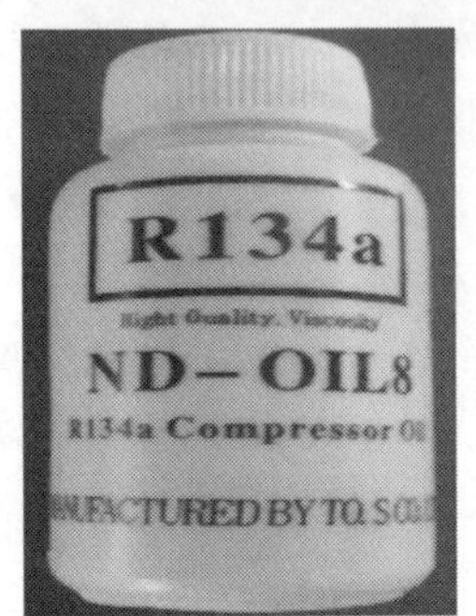

冷冻机油

其他工具及器材：翼子板护裙、驾驶室内保护罩等。

五、教学组织

（1）教学组织形式：

每辆车安排4名学生参与实训，两名学生为一组。一组操作，一组观察学习。

（2）学生站位分工和要求：

两名学生一组，按照1号、2号进行编号，1号为主，2号为辅。

（3）实训教师职责：

讲解操作步骤和注意事项；下达“操作开始”口令；工位间巡视、检查、指导和纠正错误。

（4）学生职责变换：

两名学生实行职责变换制度，即第一遍1号为主，2号为辅；第二遍2号为主，1号为辅。

六、操作步骤

第一步　事前准备

1　车辆进入工位前，参训学生将工位区域清理干净，排除障碍物，准备好相关的工具、物品等。

提示：培养良好的工作习惯，做好事前准备，有利于安全操作和提高工作效率。

2　将车辆停驻在举升机平台的中央位置。

提示：车辆停驻于举升机平台的中央位置，为车辆的安全举升做好准备。

3 1号打开车门锁。

提示：用遥控钥匙打开电动门锁，为进入驾驶室操作做好准备。

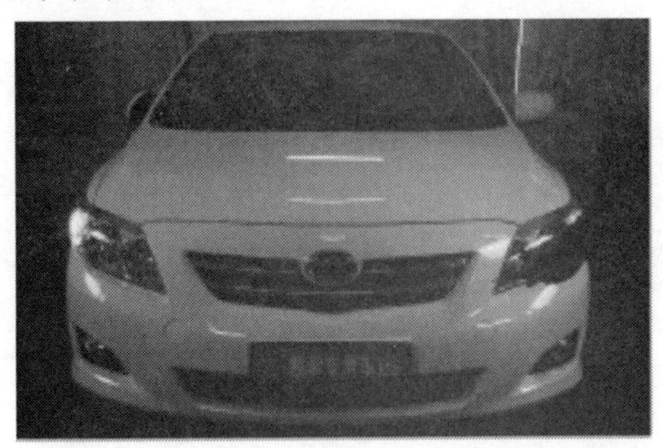

4 1号和2号共同安装车轮挡块。

提示：为保证车辆在工位上可靠停驻，防止出现溜滑，造成安全事故，要安装车轮挡块。

5 2号安装尾气收集管。

提示：为防止尾气污染环境，保护人体健康，要安装尾气收集管。

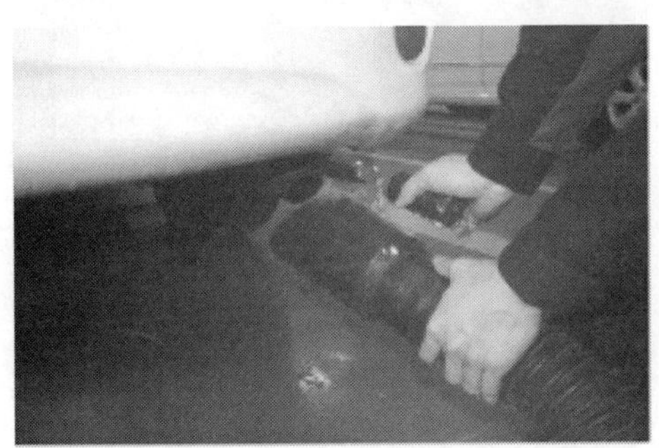

6 2号打开车门。

提示：左手拉车门把手打开车门，带好三件套，准备进入车辆。

7 2号拉起发动机罩释放杆。

提示：拉起发动机罩释放杆时，用力不要过猛，否则容易导致释放杆盖损坏。

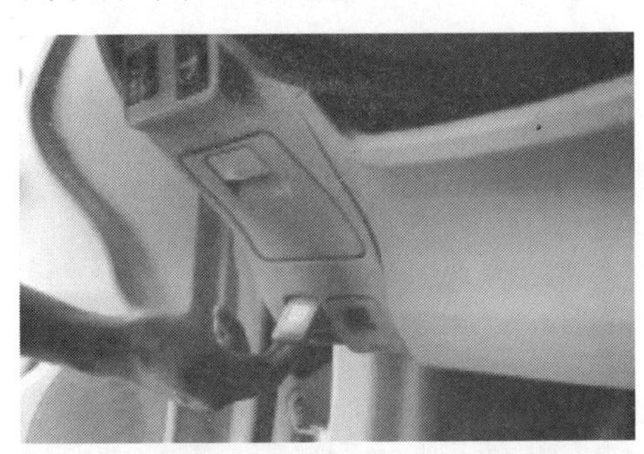

8 2号安装地板垫。

提示：铺设地板垫的主要目的是便于清除维修人员带入驾驶室内的脏物与杂物，保持驾驶室内地板清洁。

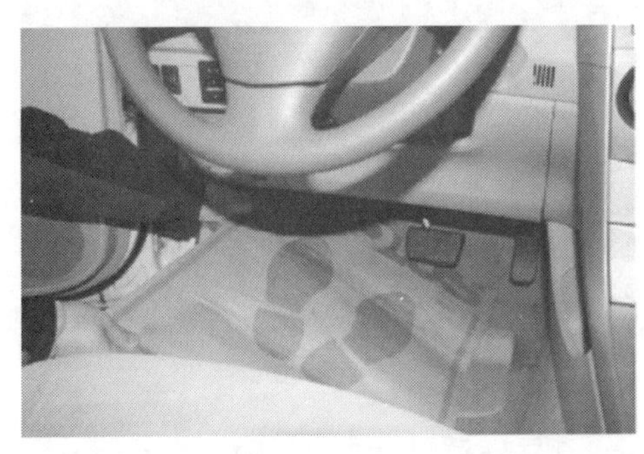

9 2号安装座椅套。

提示：安装座椅套时，用力要均匀，拉齐座椅套，使之整齐、美观。

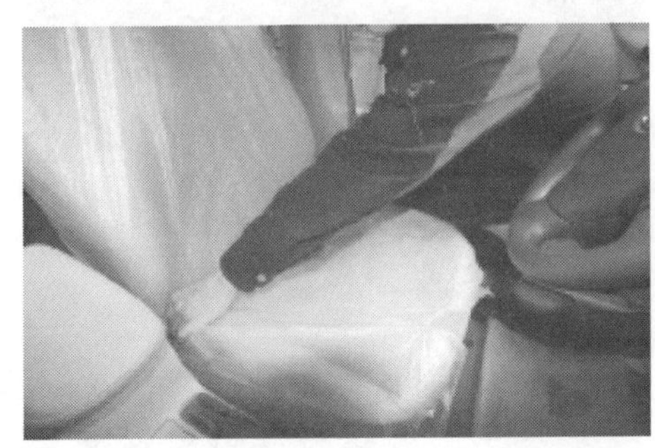

10 2号工位安装转向盘套。

提示：转向盘套是由薄塑料制成的，极易破损。安装转向盘套时，不要生拉硬拽，否则会造成转向盘套破损。

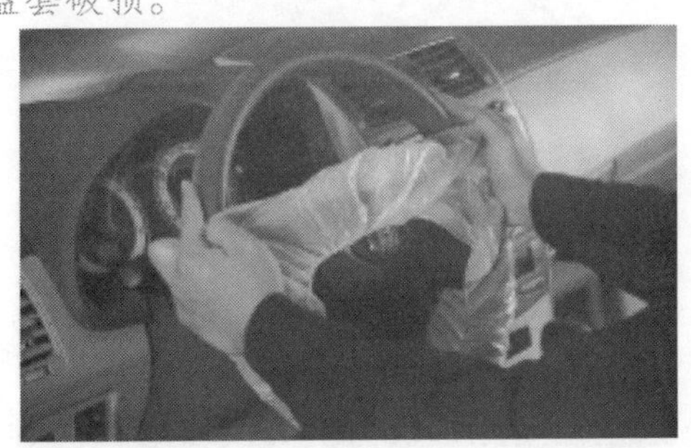

11　2号将点火开关旋至“ON”,打开主驾驶侧电动车窗。

提示：打开主驾驶侧电动车窗，是为了车内通风以及当钥匙掉在车里时可以打开车门。

12　2号工位将变速杆置于P挡。

提示：发动机带挡操作属于违规操作，危险性极大。因此，发动机起动前应将变速杆置于P挡。

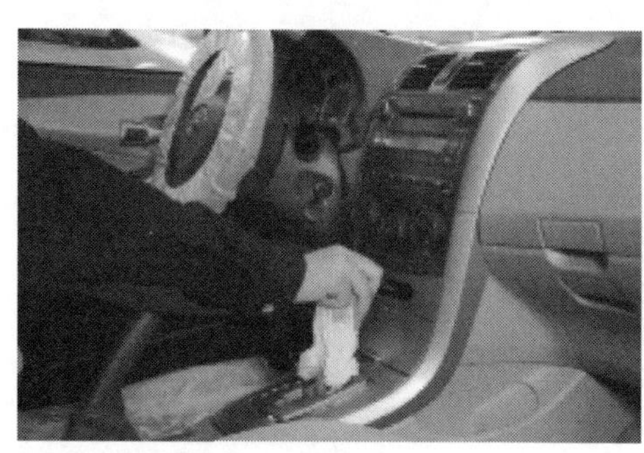

13　2号拉紧驻车制动杆。

提示：为保证车辆在工位上的可靠停驻，防止出现溜滑，造成安全事故，因此，要拉紧驻车制动杆。

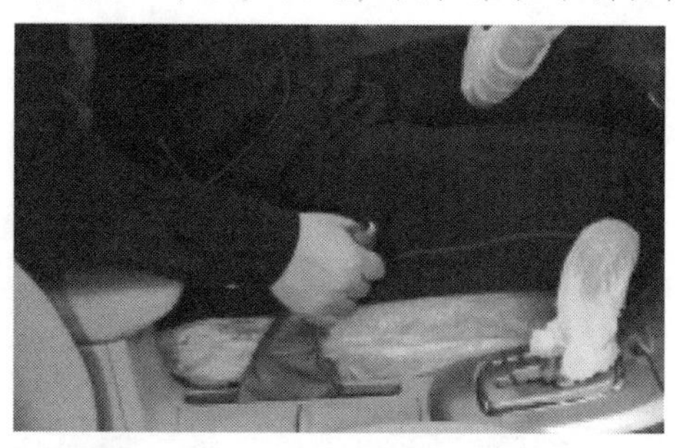

第二步　回收加注机自检漏

1　1号确认点火开关处于关闭状态。

提示：点火开关处于关闭状态，可以防止断开蓄电池与汽车电器系统连接时，产生的电动势损坏电器元件和电控单元。

2　1号查看仪器上显示工作罐质量，2号将回收前的罐重数值记录在回收数据表中。

提示：工作罐质量不超过罐体标称质量的80％。

3　1号对回收机管路进行检漏。

提示：分别将高低压软管接头顺时针连接在回收机接口上。红管为高压，蓝管为低压。高压接头比低压接头粗。

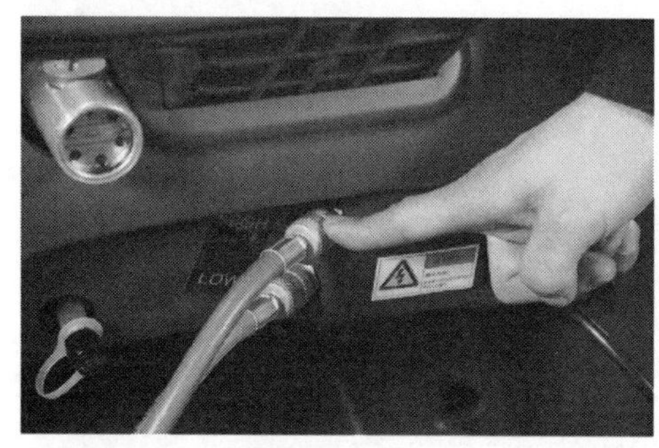

4　1号按下“菜单”键。

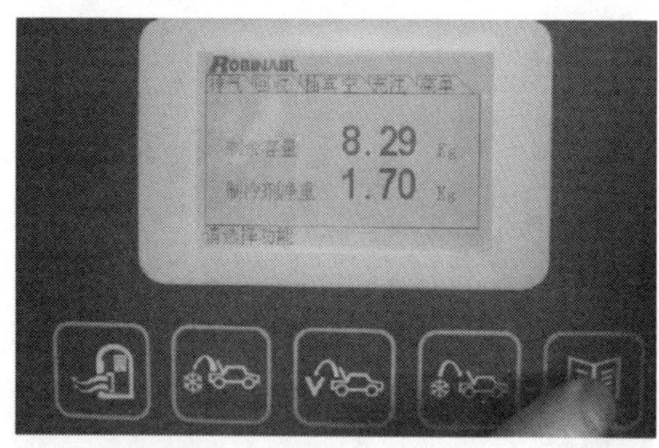

5　1号按数字键输入　“1234”密码，再按“确认”键进入菜单内容。

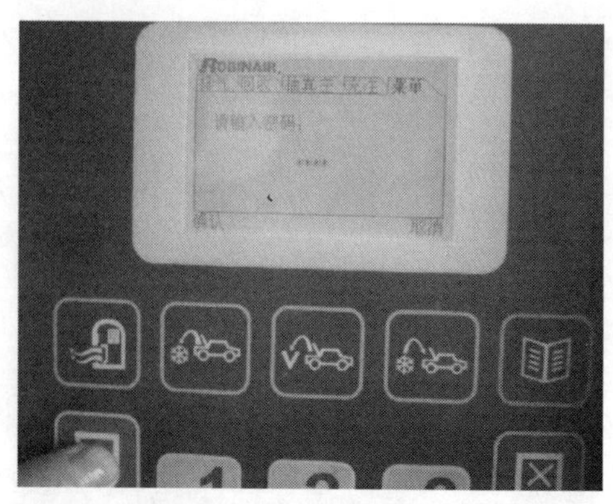

6 1号选择“自检漏”菜单，按“确认”键。

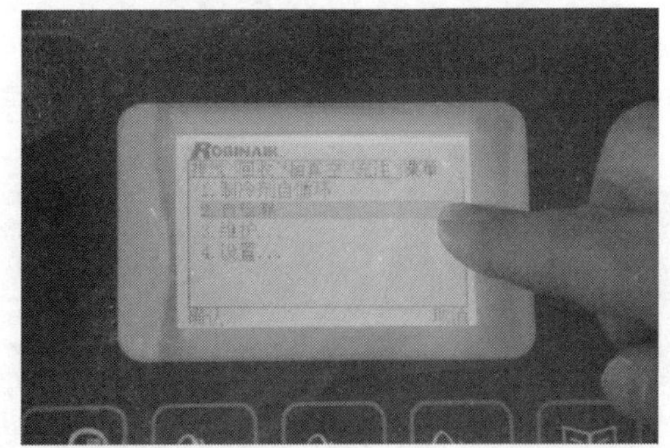

7 1号根据菜单要求，打开高低压阀。

提示：现在不要接红蓝歧管。

8 1号按“确认”键，系统进入自检漏。

提示：指针应指在负压（-90kPa）下，如不在负压下，说明回收机或管路有泄漏。

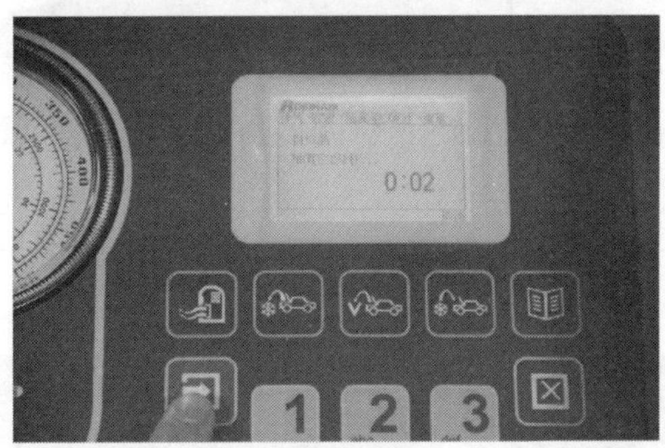

9 仪器自动进入保压状态。保压过程中，根据界面提示，2号观察高低压压力表的读数。

提示：压力读数回升，说明系统有泄漏。

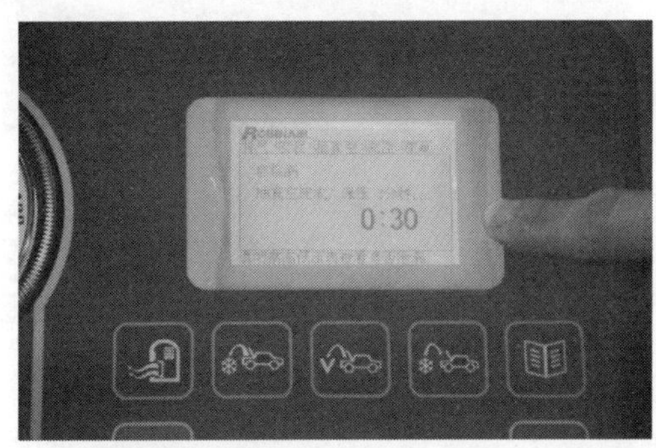

10 保压完成后，根据界面提示2号观察高低压压力表的读数。

提示：指针回升，说明系统有泄漏。

11 2号起动发动机制冷装置运行3～5min。

提示：这样制冷剂回收量就比不起动发动机制冷剂回收量多。

第三步 查找数据库

1 1号按“数据库”键，根据车型，查找数据库。

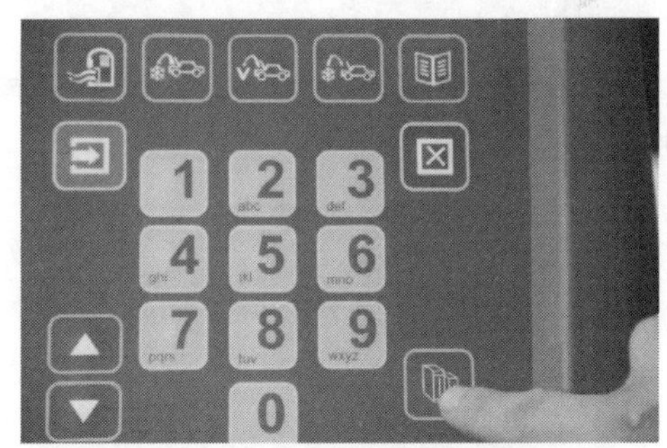

2 1号按数字键，选择SPX数据库。

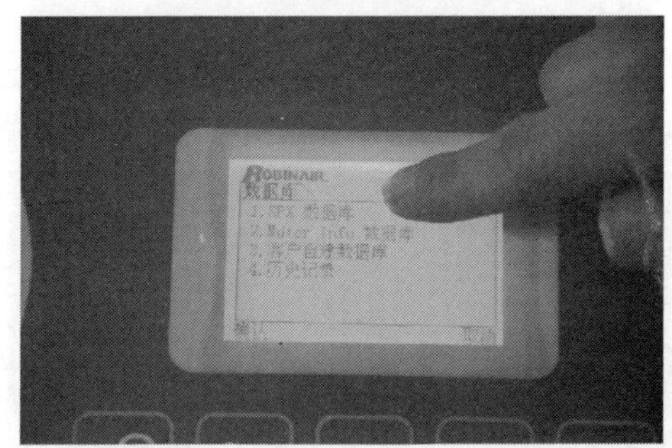

3 1号根据汽车制造年月，在数据库中选择年代。

提示：年代的选择要查看汽车铭牌或其他相关资料。

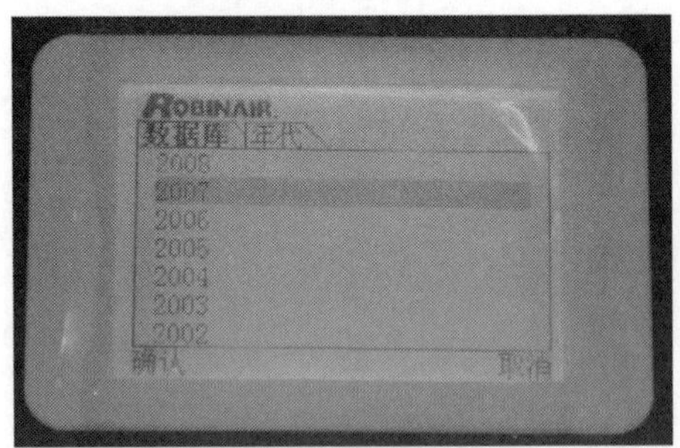

4　1号根据汽车生产厂名，在数据库中选择生产厂家。

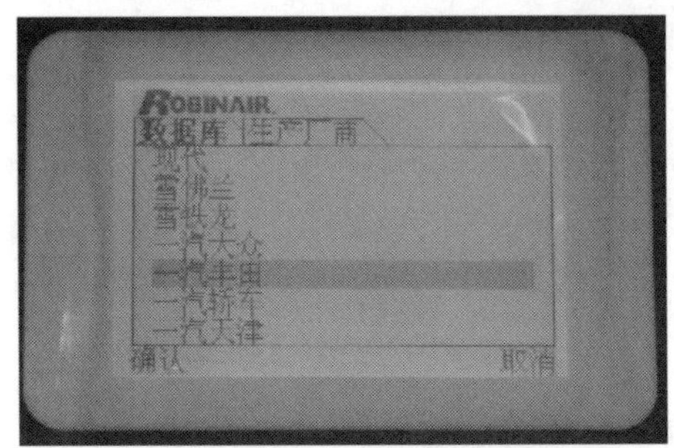

5　1号根据汽车车型，在数据库中选择车型。

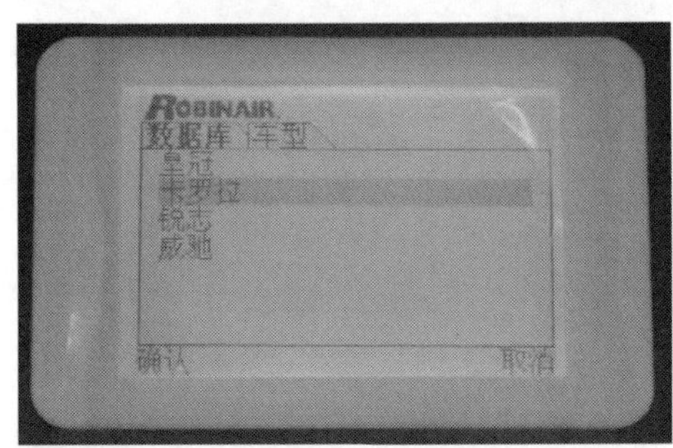

6　1号根据汽车发动机型号，在数据库中选择发动机型号。

7　1号根据空调数据库显示数据，确定车辆制冷剂型号及制冷剂量。

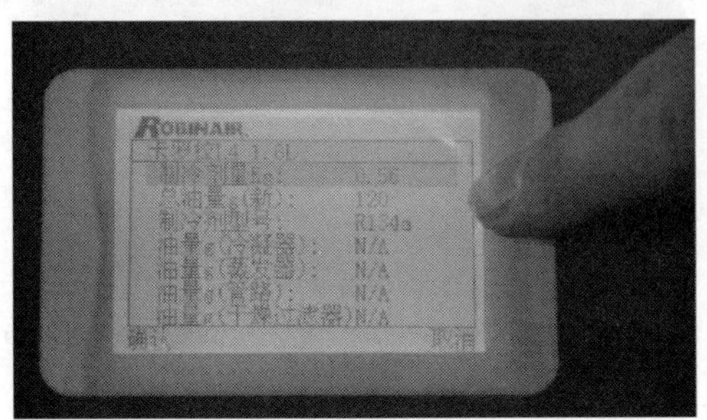

第四步　回收制冷剂

1　1号将防护手套与防护眼镜传递给2号。

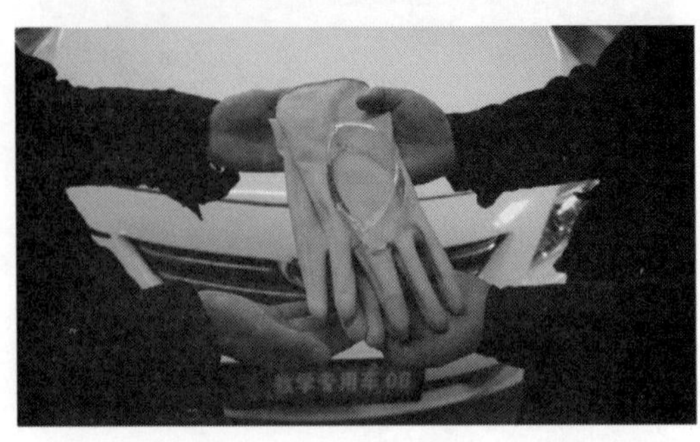

2　1号将2号传过来的防护手套与防护眼镜戴好。

提示：防护手套与防护眼镜是为了防止制冷剂伤到眼睛和手。

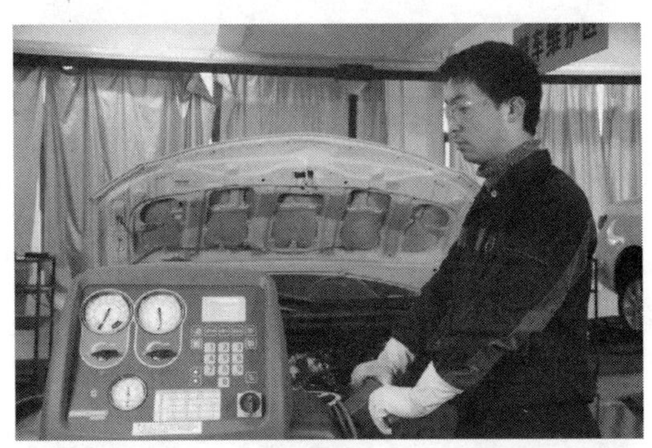

3　1号用手旋下空调低压、高压循环管路上的阀门盖帽。

提示：空调循环管路上的阀门盖帽，起到防止尘埃和空气中的水分进入管路内的作用。

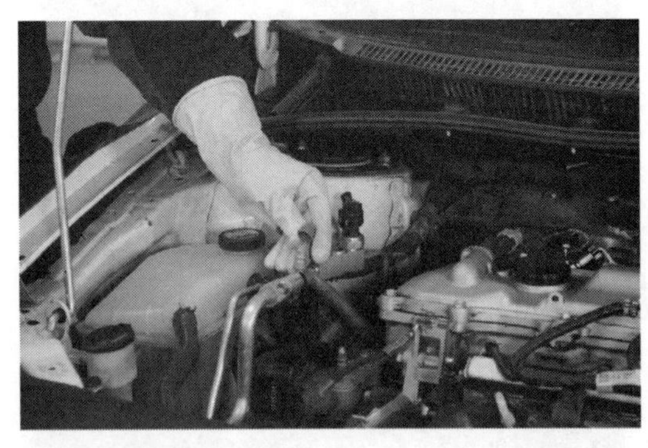

4　1号将快速接头分别安装到空调低压、高压循环管路的阀门上。这样通过软管将低压表与空调低压循环管路连接起来，高压表与空调高压循环管路连接起来。

提示：将快速接头分别安装到空调高、低压循环管路阀门上之后，快速连接头和循环管路上的阀门均打开，使空调高、低压管路与高、低压表管路相通。

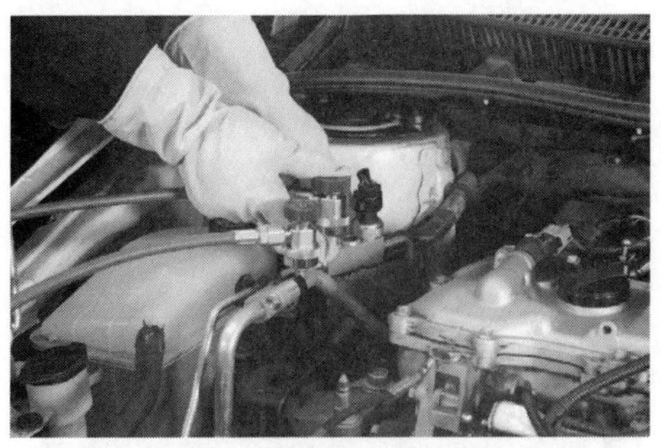

5　1号按菜单要求，将高低压快速接头正确连接至制冷系统的检测接口。

提示：顺时针拧开高低压开关时，速度应慢一些，防止冷冻机油被制冷剂带出。

6　1号按“回收”键。进入回收程序。

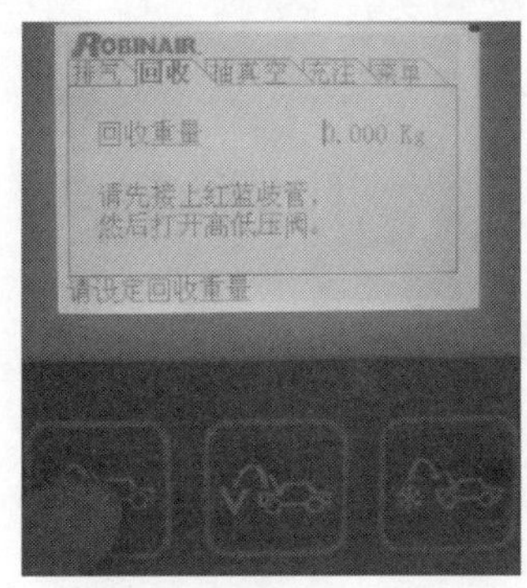

7　1号根据数据库数值，按数字键，设置回收量为600g。

提示：设置的回收量要略大于系统内的制冷剂数量。

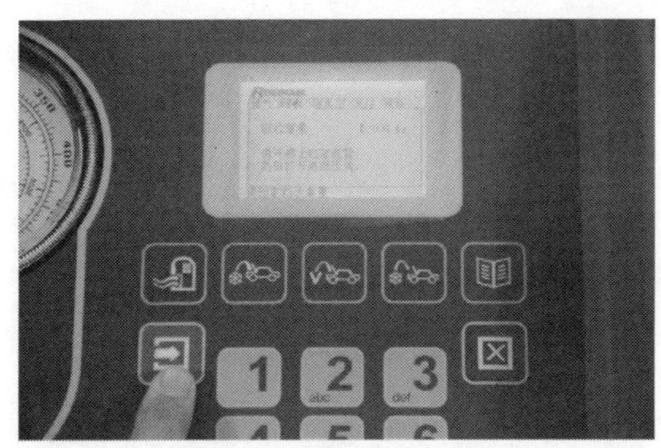

8　1号根据菜单要求，打开仪器上的高低压阀。

9　1号按下“确定”键，设备将自动启动自我清洁管路功能。

提示：管路清理的时间不需要设定，仪器默认为一分钟。

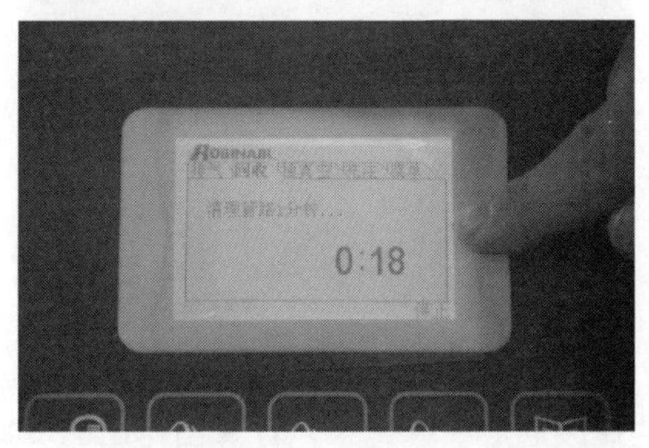

10　自动清理管路后仪器自动进入回收制冷剂功能。回收结束后，显示回收的制冷剂量，2号作记录。

提示：在回收过程中，应不断地观察压力表指针，当压力到达负压时，压缩机在抽真空。应及时按“取消”键，停止回收，防止损坏回收机中的压缩机。

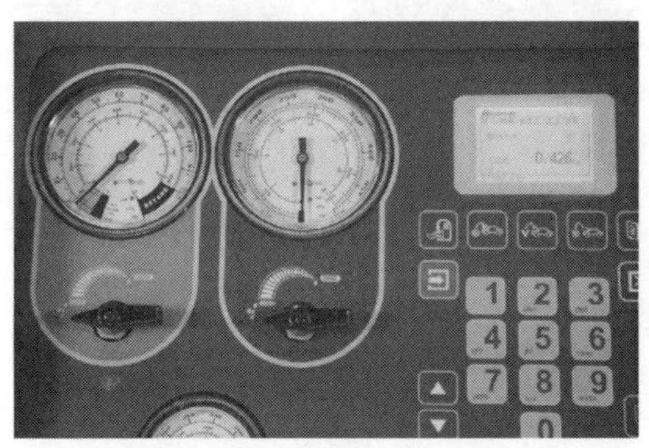

11　2号查看排油瓶内的废油液面并作记录。

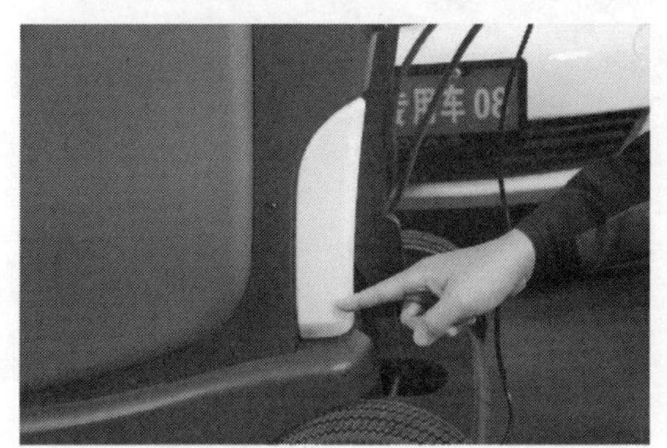

12　1号根据仪器显示，按“确定”键进行排废油。

13　1号关闭仪器上的高低压开关。

14　等待一段时间，废油无气泡后，2号查看排油瓶废油液面并记录，计算出排出的冷冻机油量（废油）。

提示：冷冻机油回收量=回收后的液面-回收前的液面。

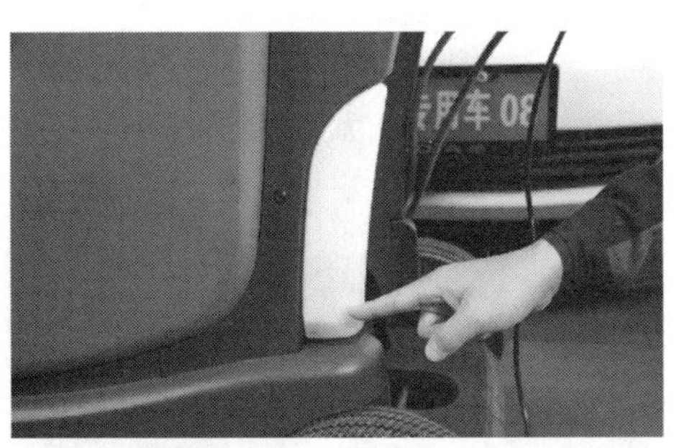

15　1号查看回收后工作罐重量，2号记录回收制冷剂后工作罐重量。

提示：制冷剂回收量=回收后的罐重-回收前的罐重。

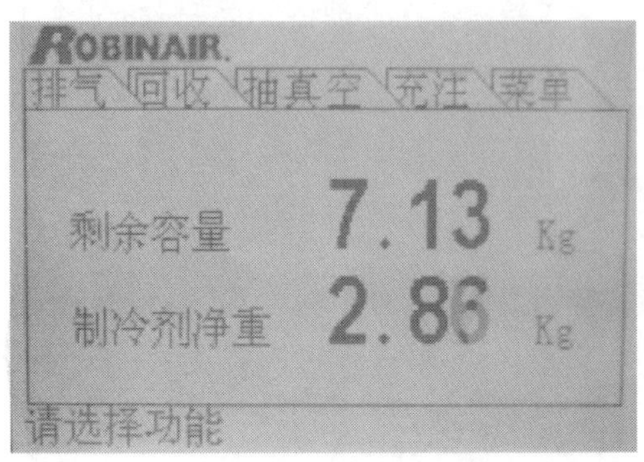

第五步　制冷剂的净化

1　1号选择“菜单”键。

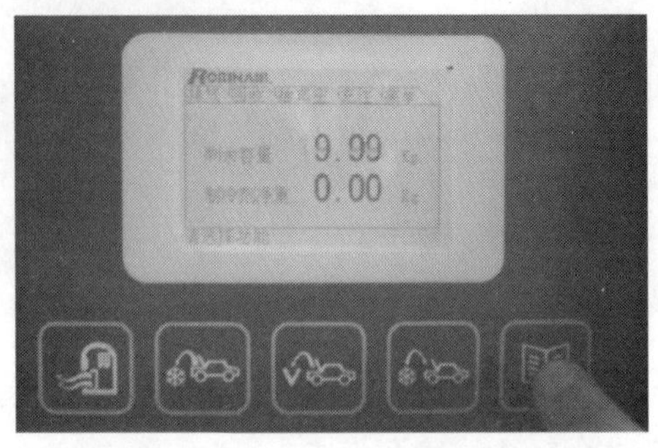

2　1号按数字键输入“1234”密码，再按“确认”键进入菜单内容。

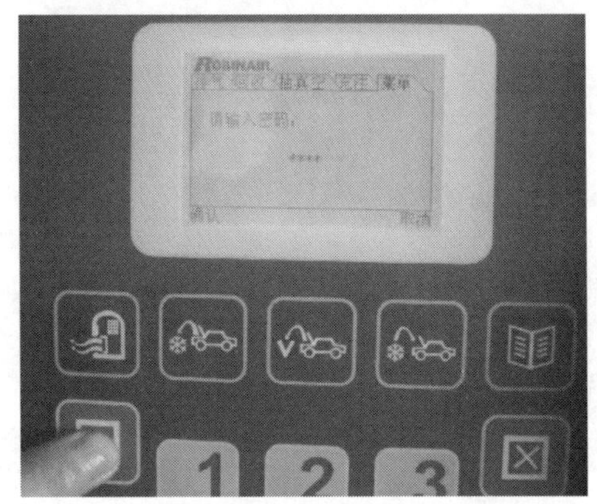

3　1号按下数字键选择“1”制冷剂自循环。

提示：纯度低于96%，进行净化作业。高于96%，不执行净化操作过程。

4　1号通过数字键，设定净化时间。

提示：时间的多少与制冷剂的纯度有关，纯度越低时间越长。

5 1号按下“确定”键，仪器将罐内制冷剂自动进行净化处理，净化完成后，仪器自动停止。1号按下“确定”键将恢复到原始界面。

第六步 制冷循环系统抽真空

1 1号应检查高低压表的读数。

提示：抽真空前，检查压力表示值，制冷装置中的压力应不低于-90kPa。如超过该压力，应重新进行回收操作，直到压力达到要求。保护仪器中的真空泵，不因压差太大而损坏。

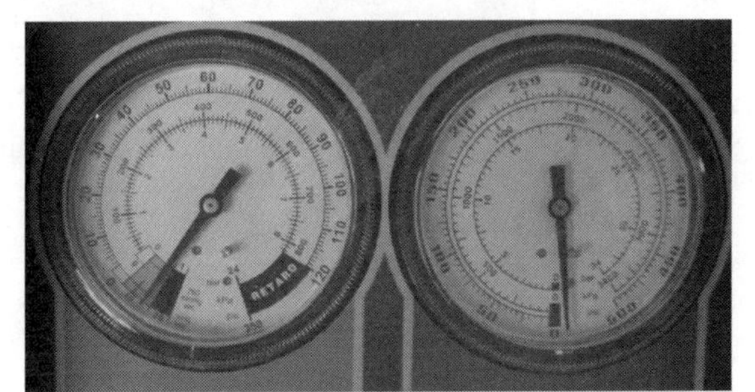

2 1号按下“抽真空”键，仪器进入抽真空界面。

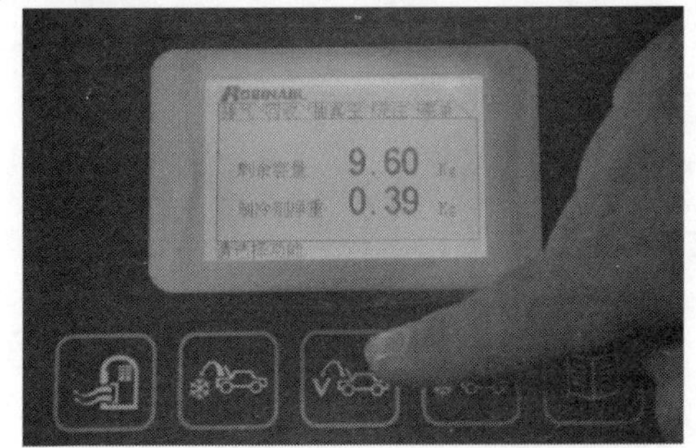

3 1号按下数字键，选择抽真空时间。按“确认”键进行抽真空。

提示：在达到要求的真空度时，应继续抽真空操作，持续时间应不少于15min。以充分排除制冷装置中的水分。按数字键选择抽真空时间。

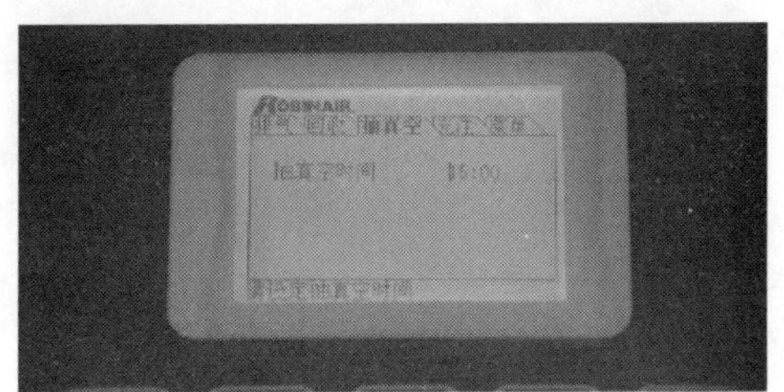

4 1号根据菜单要求，打开仪器上的高低压阀。

5 1号按下“确定”键，仪器开始进行抽真。

6 在抽真空时，仪器同时进行工作罐中制冷剂的净化。

7 抽真空时间到后，仪器自动停止真空泵工作。1号按下“确认”键，仪器对系统进行3min保压（泄漏检测）。

提示：观察高低压表，表针无回升，保压时间仪器设定。

8　1号观察高低压表的读数。

提示： 保持真空度至少15min，检查压力表示值变化。a）如压力未上升，进行微小泄漏量的检查；b）如压力有回升，则继续抽真空，如累计抽真空时间超过30min，压力仍回升，则可以判定制冷装置有泄漏，应检修制冷装置。

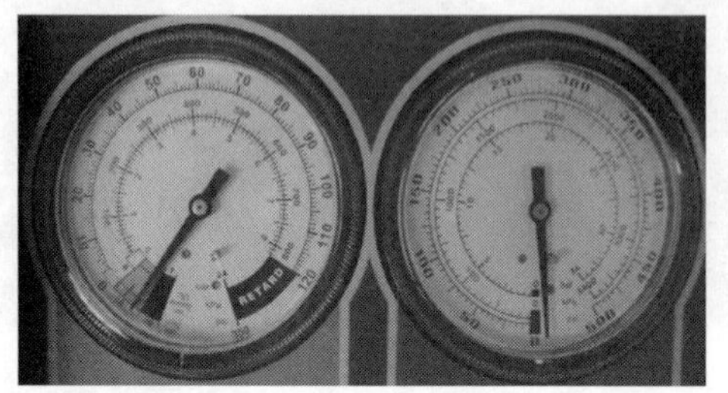

9　约5min后，1号观察真空表显示的数值若保持不变，则说明空调系统密封性良好。检漏结束，准备加注冷冻机油。

提示：

（1）如果真空表显示压力增大，则说明空气进入空调系统，制冷循环管路存在漏气现象。排除漏气故障后，方可加注制冷剂。否则，将导致制冷剂泄漏损失。

（2）如果空调制冷循环管路存在漏气，可将浓肥皂水溶液涂抹于管路接头处，如有气泡产生，说明此处漏气。

第七步　补充冷冻机油

1　2号选择与系统同一型号的冷冻机油。在压缩机的标牌上查找系统冷冻机油的型号。

提示： 冷冻机油尽量用小瓶，大瓶的用后及时密封，不应长时间将冷冻机油暴露在空气中，使冷冻机油被空气氧化。

2　1号关闭低压阀，打开高压阀。

提示： 采用单管加注，防止冷冻机油进入压缩机

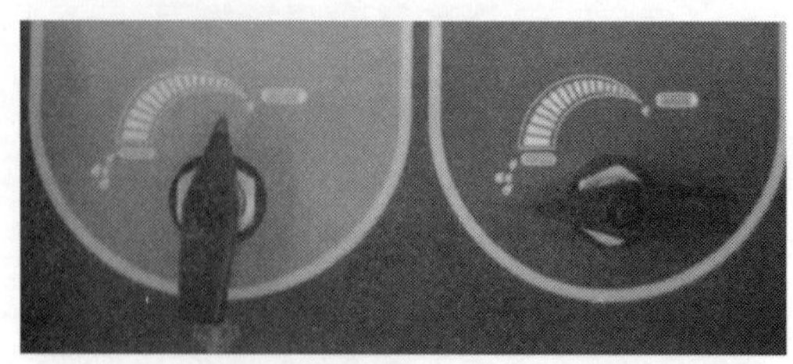

3　2号查看冷冻机油液面的位置，并检查是否安装牢靠。

提示： 必须拧紧，防止空气进入。

4　1号按下按“确认“键准备加注冷冻机油。

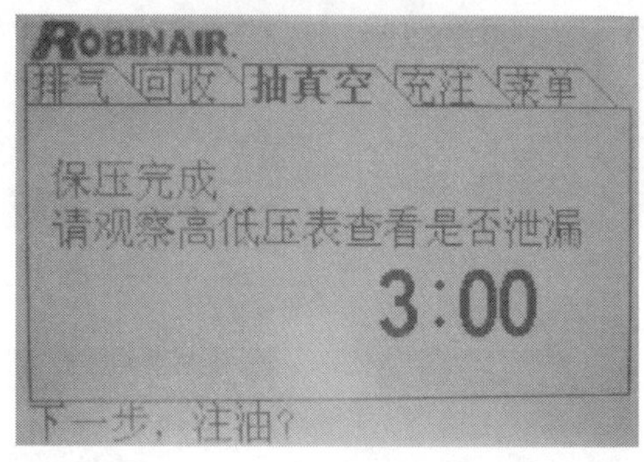

5　1号按下“确定“键进行加注冷冻机油。

提示： 在加注过程中，必须一直观察注油瓶内的液面，达到补充量后及时按确认键，暂停加注冷冻机油，确认加注量达到要求后，按“取消”键结束加注冷冻机油。

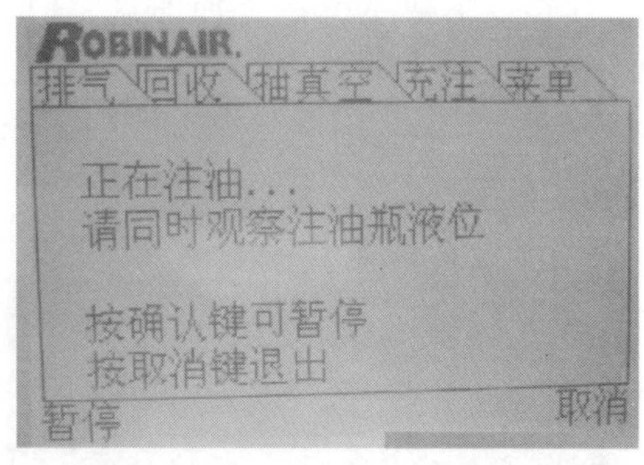

6　1号按下“暂停” 键，注油完成，准备加注制冷剂。

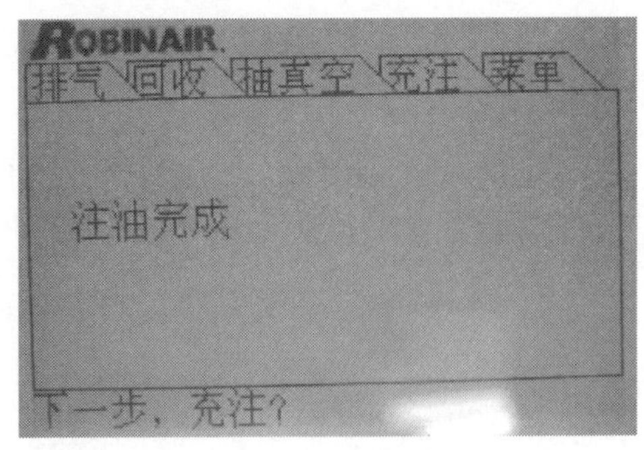

第八步 加注制冷剂

说 明

制冷剂有两种加注方法：液态加注法和气态加注法。液态加注制冷剂时，要保持空调压缩机作，制冷剂从高压管路注入，低压表侧管路关闭；气态加注制冷剂时，要保持压缩机处于工作状态，制冷剂低压管路注入，高压表侧管路关闭。

下面以液态加注法为例，来说明制冷剂的加注方法。

1 1号检查工作罐中的制冷剂质量，当质量不足3kg时，应予以补充。

提示：工作罐内制冷剂达到加注量的3倍，即可满足加注要求。

2 1号按“确认”键，进入制冷剂充注界面。1号按数字键，选择加注制冷剂量。

提示：制冷剂的量可根据数据库查找。

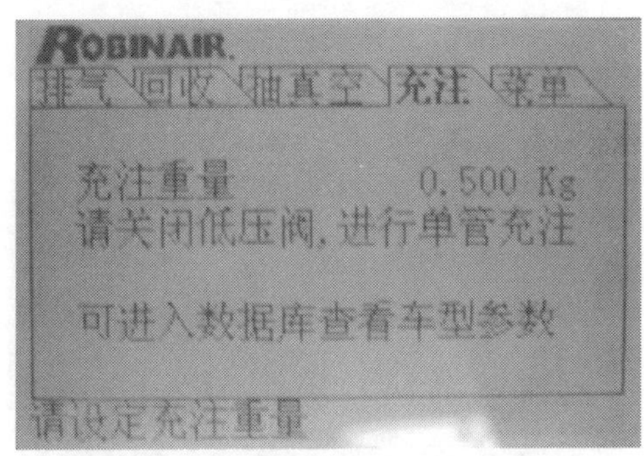

3 1号关闭低压阀，打开高压阀。

提示：采用单管加注，防止液态制冷剂进入压缩机。

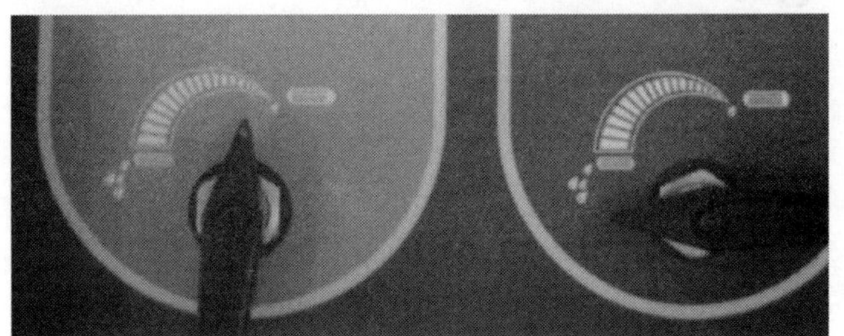

4 1号按下“确认”键进行制冷剂充注。

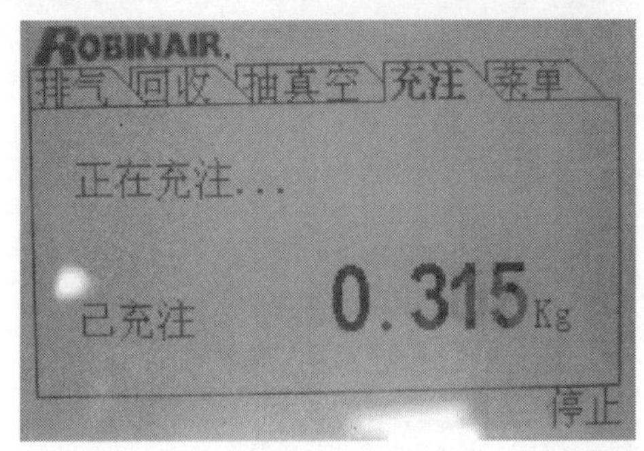

5 1号观察高、低压表显示数值变化情况。

提示：丰田卡罗拉轿车空调系统制冷剂的加注量，在高低压表显示数值分别是0.15~0.25MPa、1.37~1.57MPa为正常。若制冷剂过量加注，将引起压缩机轴承及其传动皮带加速磨损；若制冷剂加注量不足，将导致空调制冷效果不佳。

6 加注结束后仪器会显示所加注的制冷剂量，并提示进行下一步操作。

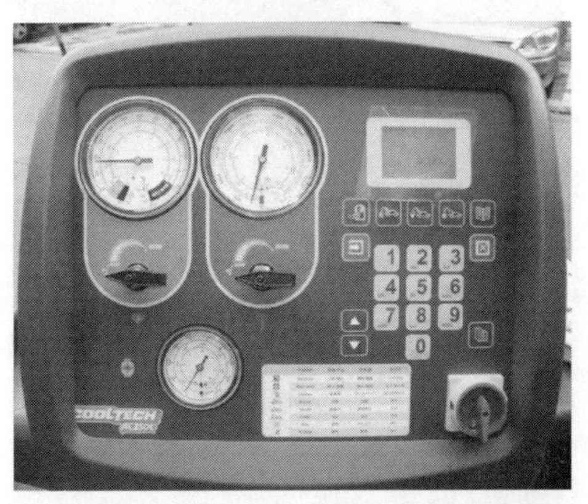

7 1号分别逆时针旋转高低压快速接头，并使其从管路上取下。

提示：加注管与制冷系统断开，准备对管路清洁。

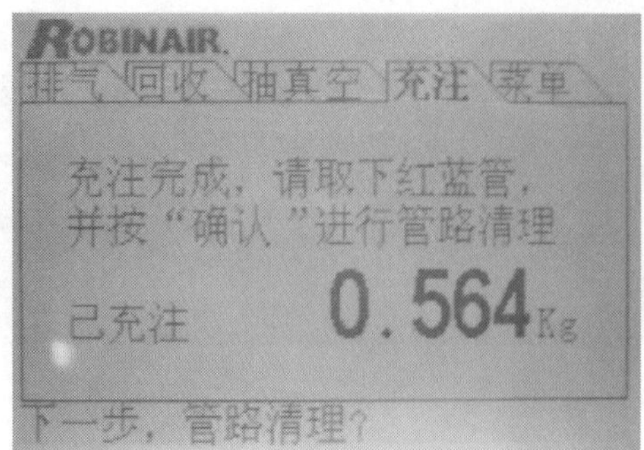

8　1号按“确认”键退出，仪器对管路清洁。

9　1号关闭高低压阀。

10　1号将阀门盖帽旋入高低压管路的阀门上。

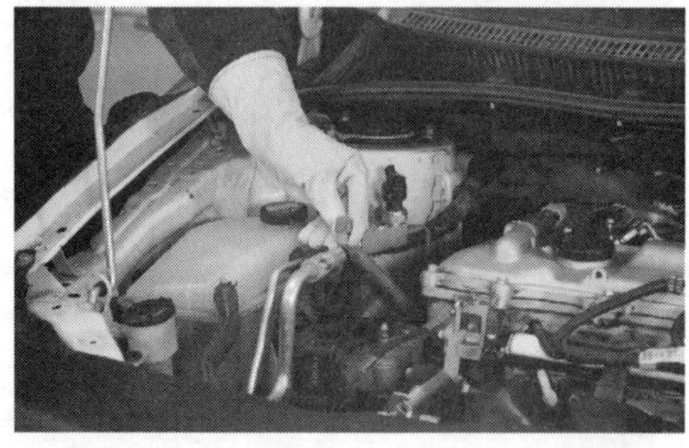

第九步　空调管路泄漏检查

1　2号将检漏仪传给1号。

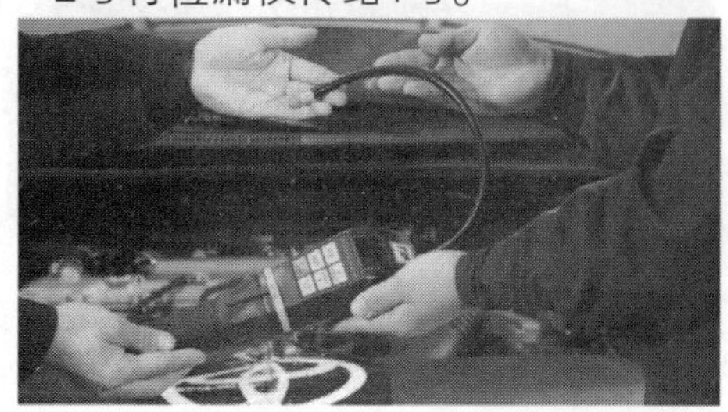

2　1号使用检漏仪，检测空调系统制冷管路是否存在泄漏现象。

提示：

（1）泄漏部位多集中在管路接头处。由于制冷剂比重大于空气，因此检漏时应将检漏仪置于管路接头下方。另外，也可将浓肥皂水涂抹在管路接头处，如有气泡产生，证明该处泄漏。

（2）管路泄漏故障排除后，空调制冷系统方可投入使用。

3　2号起动发动机，并使空调制冷系统工作。1号通过观察窗，查看制冷剂的加注量是否适当。

提示：如果管路中有少量气泡产生，证明制冷剂的加注量适当，如果管路中无气泡产生，证明制冷剂的加注量过多或无制冷剂；如果管路中有大量气泡产生，证明制冷剂加注量过少。

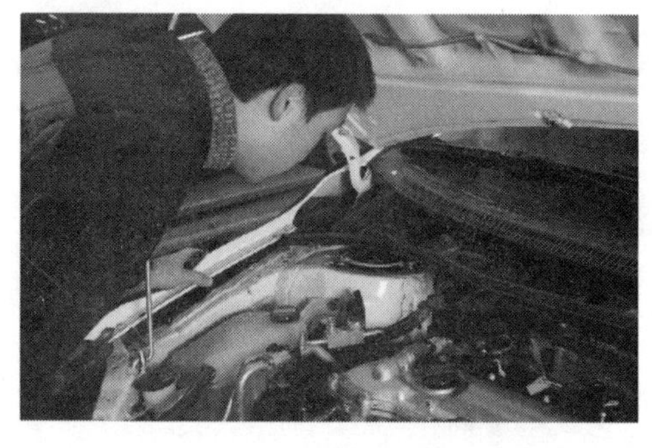

第十步　整理工位

1号、2号共同拆除护裙、驾驶室内保护罩，清洁工具和量具等，清洁地面卫生。

提示：作业项目完成后，要做好工位区域的清扫、整理工作，培养良好的工作习惯。

七、考核标准

考核标准表

考核时间	序号	考核项目	满分	评分标准	得分
80min	1	作业前整理工位	3	整理遗漏酌情扣分	
	2	工位停车	2	停车不当扣2分	
	3	粘贴翼子板护裙	3	操作不当扣3分	
	4	安装驾驶室内保护罩	3	操作不当扣3分	
	5	回收加注机自检漏	4	操作不当扣4分	
	6	查找数据库	4	操作不当扣4分	
	7	连接加注机与空调管路间的软管	7	操作不当扣7分	
	8	起动发动机打开空调及鼓风机开关	6	操作不当扣6分	
	9	空调系统制冷剂的回收	10	操作不当扣10分	
	10	制冷剂的净化	5	操作不当扣5分	
	11	空调系统的抽真空	6	操作不当扣6分	
	12	系统补充冷冻机油	9	操作不当扣9分	
	13	加注制冷剂	10	操作不当扣10分	
	14	空调制冷剂系统检漏	8	检查不当扣8分	
	15	通过观察窗检查制冷剂的加注量	8	检查错误扣8分	
	16	检漏仪的使用方法	8	使用不当扣8分	
	17	作业后整理工位	4	整理遗漏酌情扣分	
	18	遵守相关安全规范	因违规操作造成人身伤害和设备事故的，总分按0分计		
分数合计			100		

第九章　其他电气设备

第一节　需 用 知 识

一、电动车窗

1 电动车窗的作用及组成

电动车窗是指以电为动力使车窗玻璃自动升降的门窗，它是由驾驶人或乘客操纵开关接通车窗升降电动机的电路，电动机通过一系列的机械传动产生动力，使车窗玻璃按要求进行升降，其优点是操作简便，有利于行车安全。如图9-1所示，为常见的四门电动车窗系统。主开关装于驾驶侧，有四个按键，可操作四个车门的电动车窗；副开关装在乘客侧及后座，仅能操作一个车门的电动车窗。

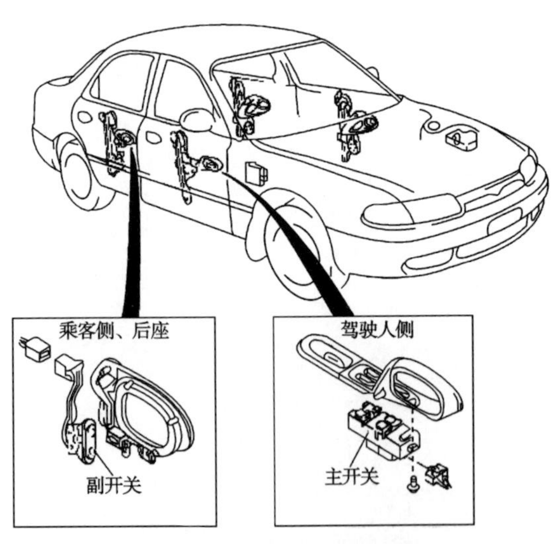

图9-1　4门电动车窗系统

主开关或副开关由手指操作时，车窗才能升起，手指离开开关时，车窗停止移动，以避免车窗突然关闭；主开关或副开关由手指按下时，车窗下降，手指离开开关时，车窗停止移动。但主开关驾驶侧车窗开关为两段式，如图9-2所示，第一段与其他开关作用相同，按下第二段时驾驶侧车窗会自动地一次下降至最低位置。

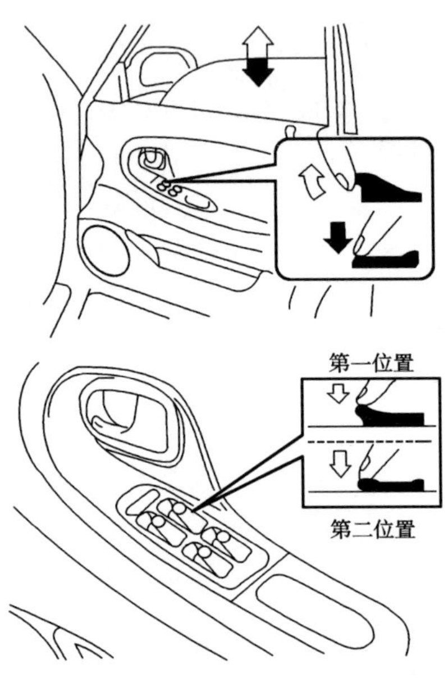

图9-2　主开关处驾驶侧的作用

2 电动车窗主要部件的构造

电动车窗一般由车窗、玻璃升降器、电动机和开关等部件组成。

（1）电动机。现代汽车的电动车窗常由可左右旋转的串联式电动机来操作。如图9-3所示，磁场线圈有两条方向相反的线圈，也称左转用线圈和右转用线圈，当不同的磁场线圈通电时，电枢的转动方向不相同，使电动车窗向上或向下。

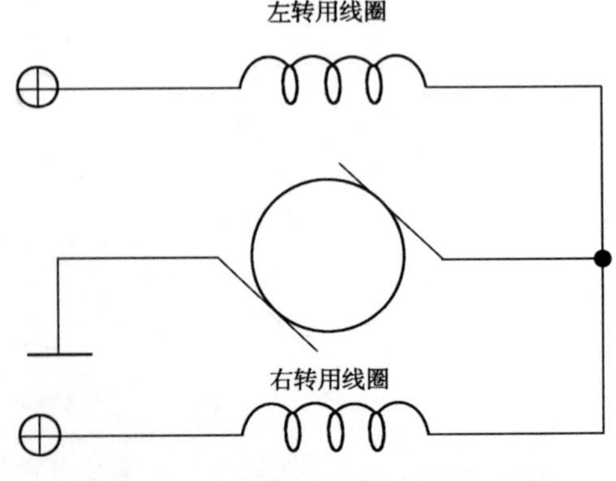

图9-3　左右都能旋转的串联电动机

（2）玻璃升降器。玻璃升降器安装在车门内，是实现车窗打开或关闭的装置。一般采用X形机构主动臂的摆动使车窗作升降运动，如图9-4所示。旋转手动式调节器手柄或按下电动玻璃升降器开关使车窗开始运动。电动式是通过电动机驱动减速齿轮运动，带动主动臂运动的。手动式是利用钢索拖动玻璃托架沿导槽上下移动。在玻璃与车门之间的玻璃导槽内嵌入橡胶制的密封条，作用是防止雨水等沿着玻璃导槽流进车内。进入的雨水通过车门下的小孔流出。

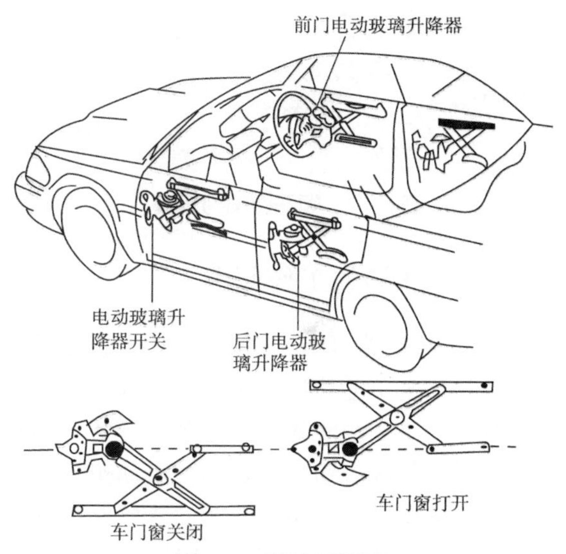

图9-4　玻璃升降器

二、电动后视镜

对于电动后视镜的调节，驾驶人只需操作开关便能将外面的后视镜调整到合适的位置，如图9-5所示。

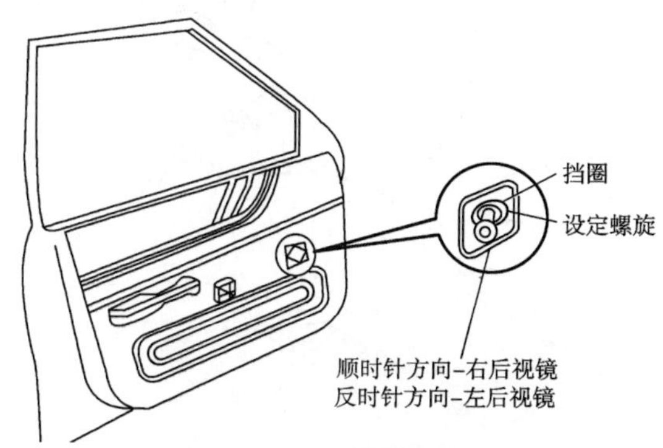

图9-5　电动后视镜的开关

电动后视镜的结构，如图9-6所示，电动机可以使后视镜折叠成与汽车平行的方向。电动机等机械部分安装在车门内。调节角度用的电动机有两台，隐藏后视镜用的电动机有一台。

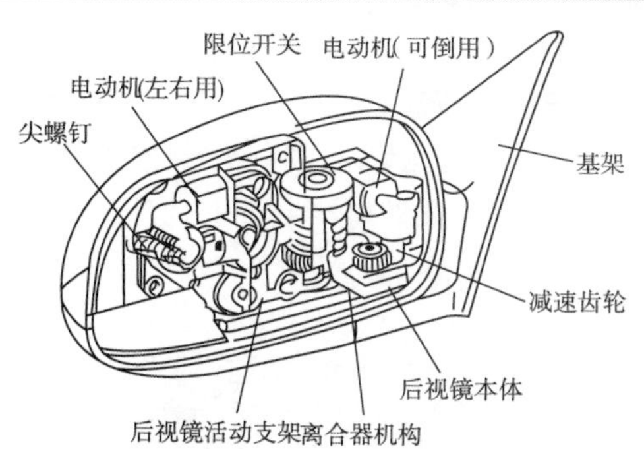

图9-6　电动后视镜的结构

如图9-7所示，为带有超声波雨点清除装置的后视镜。在镜面内侧的压电振动子振动使雨点雾化，而加热板加热后除去镜面上的小雨点，保持后视镜表面光滑清晰。

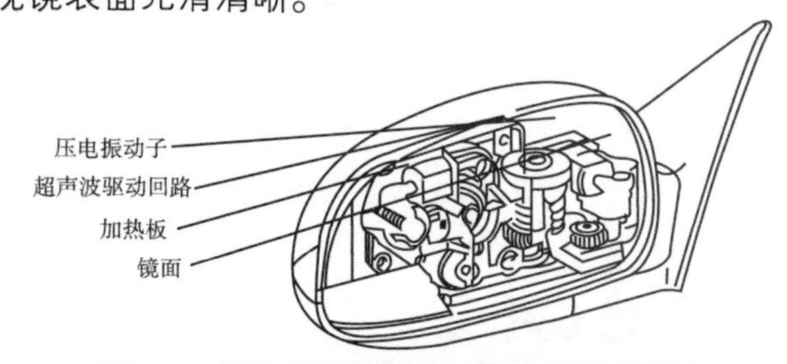

图9-7　带有超声波雨点清除装置的后视镜

为防止车门后视镜在后方车辆前照灯的照射下产生眩光，妨碍驾驶人对后方的观察，而出现了内后视镜。利用镀铬材料，感知周围亮度与后方灯光的亮度，通过内后视镜中EC元件的电化学反应使后视镜表面着色，以控制后视镜的反射率，如图9-8所示。

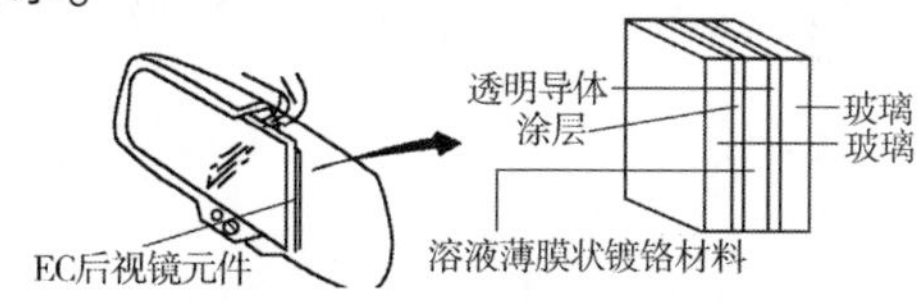

图9-8　自动防眩目后视镜

三、电动天窗

有些乘用车为了提高乘坐舒适性，安装了电动天窗（图9-9）。天窗使用电动控制装置将其打开或关闭。

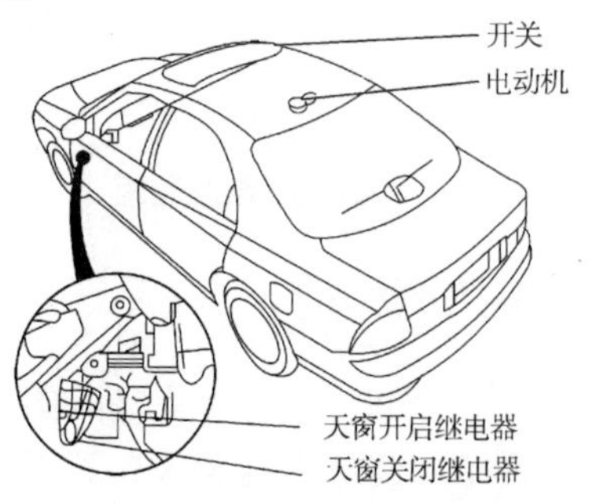

图9-9　电动天窗元件的位置

如图9-10所示，为天窗的连杆机构，铰接销穿过后导向体的槽中并固定在约束点上，后导向体以铰接销为支点前后运动，实现天窗的打开或关闭。天窗遮阳板采用玻璃材料制成，为实现轻量化也有采用树脂材料制成的。

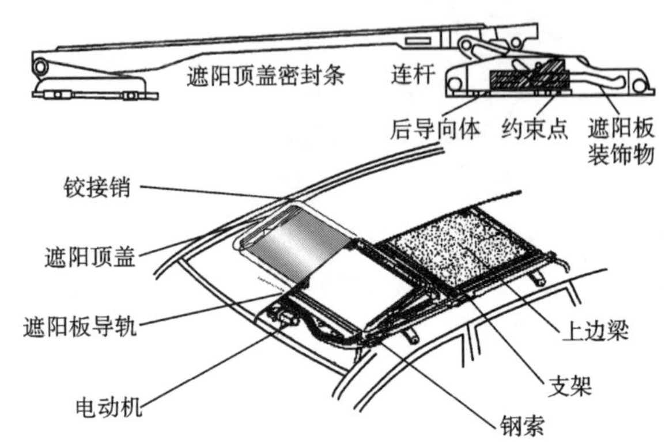

图9-10　天窗的结构

四、电动座椅

1 电动座椅的功能

现代汽车追求方便及舒适性，驾驶座椅已渐采用电动调整，以适合不同身高及驾驶习性的驾驶人的要求。电动座椅具有前后移动、前端升降、后端升降及前后端同时升降的功能，如图9-11所示。

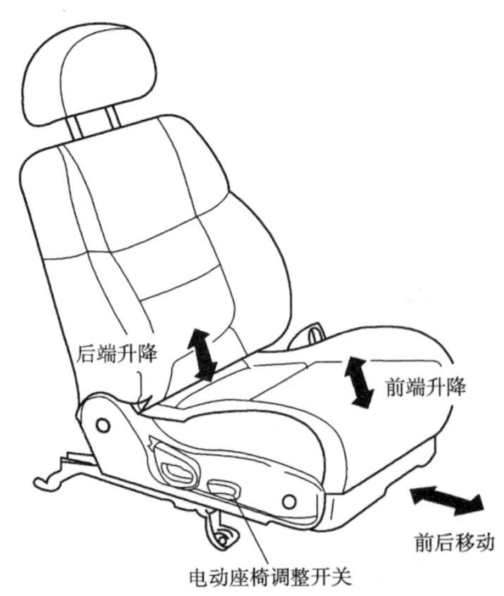

图9-11　电动座椅的功能

2 电动座椅的构造

电动座椅的构造如图9-12所示，由电动机、齿轮箱、滑动螺栓、连杆机构及调整开关等组成。电动机有三个，分别是前后移动电动机、前端升降电动机及后端升降电动机。每一个电动机都装有断电器，以防止线路过度负荷。

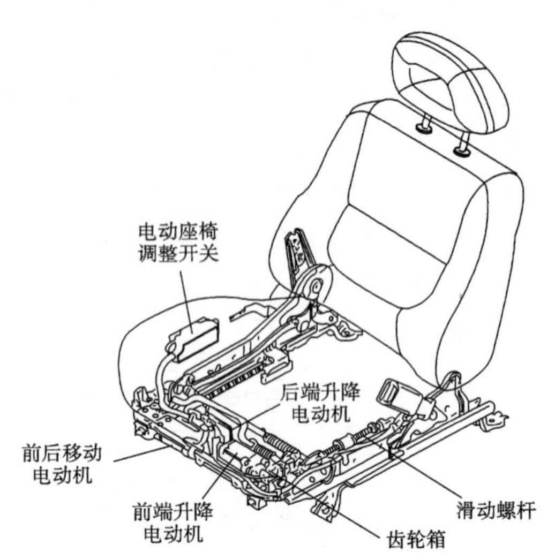

图9-12　电动座椅的构造

3 电动座椅的工作原理

（1）座椅前后移动。当电动座椅调整开关往前推时，前后移动电动机开始运转，齿轮箱内的螺旋齿轮随之转动，使滑动螺栓也跟随旋转，因滑动螺母是固定在上端滑动器上，因此电动机与滑动螺栓的转动，使固定在上端滑动器的座椅整个往前移动，其移动量有230mm，图9-13所示的黑色箭头表各机件的作用方向。

当电动座椅调整开关往后推时，电动机反转，使整个座椅往后移动，图9-13所示的白色箭头表各机件的作用方向。

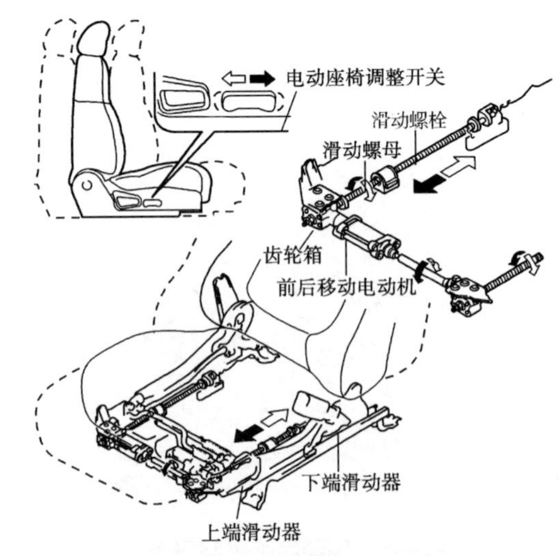

图9-13　电动座椅的前后移动

（2）座椅前端升降。当电动座椅调整开关前端向上拉时，前端升降电动机开始运转，齿轮箱内的螺旋齿轮随之转动，使移动螺栓A向后移动。装在移动螺栓A上的连杆沿着支点向前转动，使装在座椅骨架上的连杆及椅垫前端升高，其升高量为30mm，图9-14所示的黑色箭头表示各机件的作用方向。

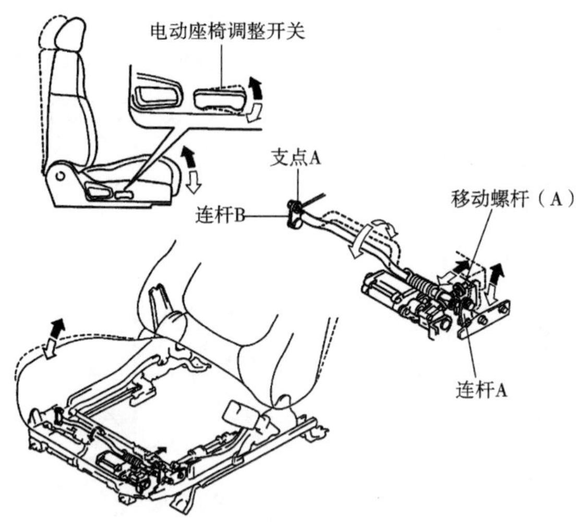

图9-14　电动座椅的前端升降

当电动座椅调整开关前端向下压时，前端升降电动机反转，使椅垫前端下降，图9-14所示的白色箭头表示各机件的作用方向。

（3）座椅后端升降。当电动座椅调整开关后端向上拉时，后端升降电动机开始运转，齿轮箱内的螺旋齿轮随之转动，使移动螺栓B向前移动。装在移动螺栓B上的连杆向前移动，且装在座椅骨架上的连杆沿着支点向前转动，使连杆及座椅后端升高，其升高量为30mm，图9-15所示的黑色箭头表示各机件的作用方向。

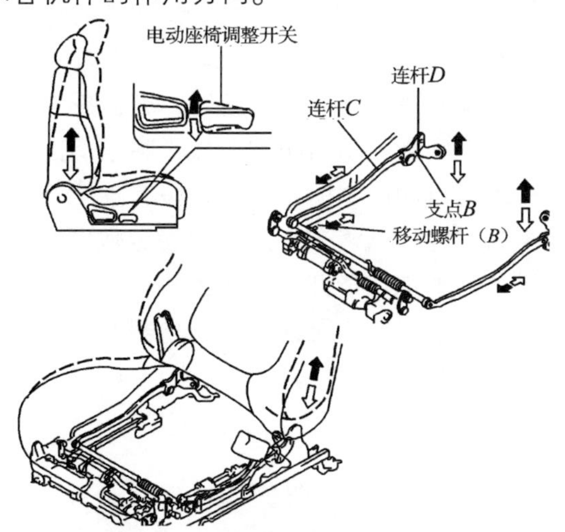

图9-15　电动座椅的后端升降

当电动座椅调整开关后端向下压时，后端升降电动机反转，使座椅后端下降，图9-15所示的白色箭头表示各机件的作用方向。

（4）座椅前后端同时升降。当拉起整个电动座椅的调整开关时，前后端升降电动机同时作用，使整个座椅上升，如图9-16所示。当压下整个电动座椅的调整开关时，前后端升降电动机同时反转，使整个座椅下降。

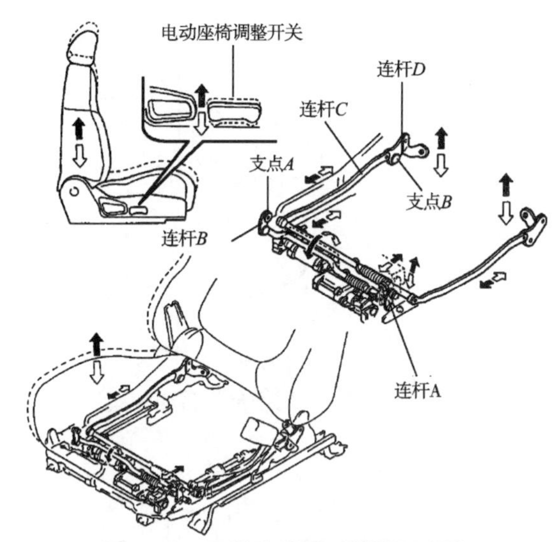

图9-16　电动座椅前后端同时升降

五、中央控制门锁

中央控制门锁简称中控锁，为提高汽车使用的便利性和行车的安全性，现代汽车越来越多地安装中央控制门锁。当驾驶人锁住其身边的车门时，其他车门也同时锁住，驾驶人可通过门锁开关同时打开各个车门，也可单独打开某个车门。当行车速度达到一定时，各个车门能自行锁上，防止乘员误操作车门把手而导致车门打开。除在驾驶人身边车门以外，还在其他门设置单独的弹簧锁开关，可独立地控制一个车门的打开和锁住。

中央控制门锁主要由执行机构和控制电路等组成。

1 执行机构

执行机构主要包括车门门锁、车门门锁传动机构和车门门锁驱动装置。

（1）车门门锁及门锁传动机构。车门门锁及门锁传动机构主要由车门按钮、连接杆、门锁开关、车门锁芯、钥匙、锁杆、门锁锁扣等组成。如图9-17所示。当用钥匙插入车门锁芯后，门锁开关电路接通，使执行机构动作驱动连接杆（或直接扳动车门按钮，拉动连接杆），使门锁锁扣进行开启或锁止。

（2）车门门锁驱动装置。车门门锁驱动装置是指车门锁止（或开启）的动力装置，常见的有电动式和电磁式两种。

图9-18所示的是电动式车门门锁驱动装置，它由双向永磁电动机、齿轮和齿条等组成，电动机旋转带动齿条伸出或缩回完成车门锁止（或开启）。

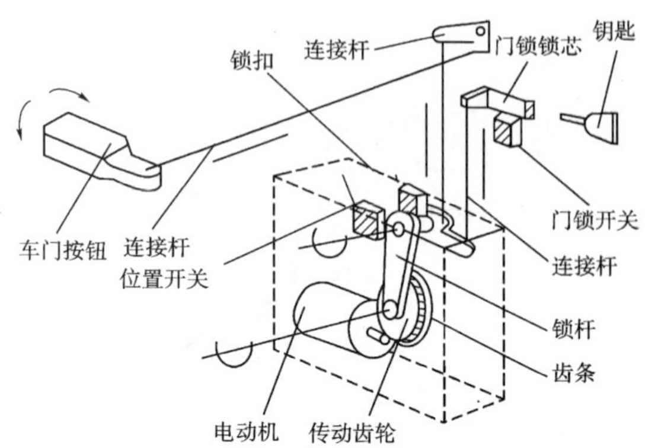

图9-17 车门锁及其传动机构

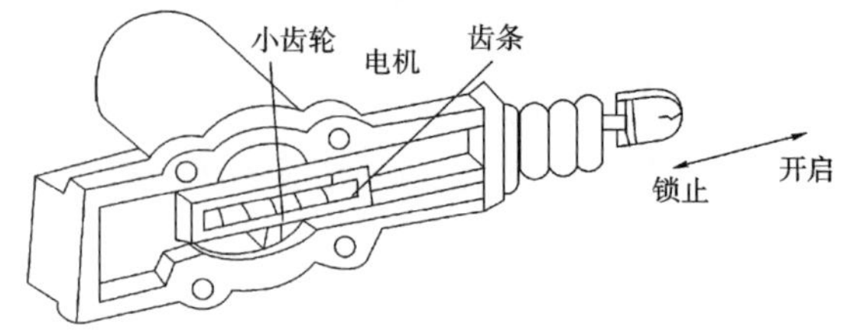

图9-18 电动式门锁驱动装置

图9-19所示的是电磁式车门门锁驱动装置，其工作原理是分别对锁止车门线圈和开启车门线圈进行通电，即可锁止或开启车门。

2 控制电路

控制电路主要由门锁开关、定时装置和继电器等组成。

（1）门锁开关。门锁开关用于控制中央控制门锁系统各车门和行李舱锁止或开启。当用钥匙拨动门锁锁芯转过一定的角度时，即可接通门锁执行机构的电路，通过门锁电动机运转（或电磁线圈吸、拉）将门锁锁止或开启。

（2）定时装置。定时装置的基本原理是利用电容器的充放电特性，来控制执行机构的通电时间，使车门锁锁止或开启。当电容器放电结束时，继电器的电流中断，从而切断了驱动装置的电流，以便保护车门锁维持在锁止或开启状态，驱动装置不会过载。

（3）继电器。由于在控制电路中的大部分线路所需要的电流较小，而中央控制门锁执行机构所流过的电流较大，所以必须在电路中安装继电器，让执行机构所流过较大电流由继电器触点提供，从而提高控制电路的安全性能和使用寿命。

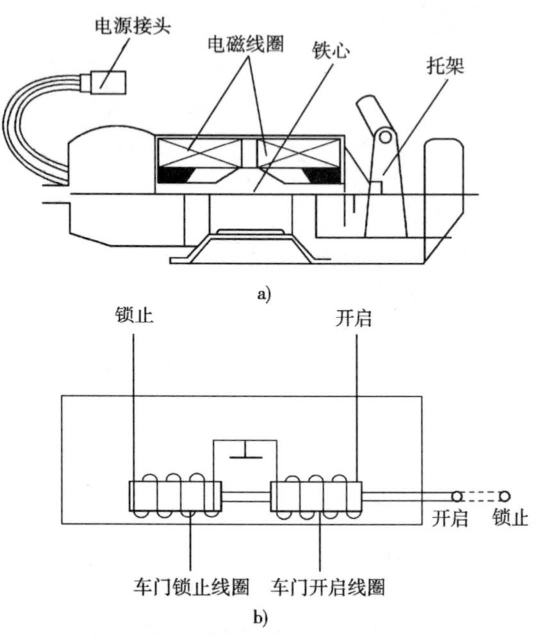

图9-19 电磁式车门门锁驱动装置

3 中央控制门锁基本工作原理

中央控制门锁基本工作原理如图9-20所示。当门锁开关置于锁止位置时，锁门继电器线圈通电，触点闭合，执行机构工作，将所有的车门锁止；当门锁开关置于开启位置时，开启继电器线圈通电，触点闭合，执行机构工作，将所有的门锁开启。在带有自动门锁的汽车上，设有速度传感器和电子控制线路，当汽车车速达到设定数值时（相当于图示中的附加功能开关，输入一个较高的车速电信号），电子控制电路使锁门继电器线路通电，锁止所有的车门。

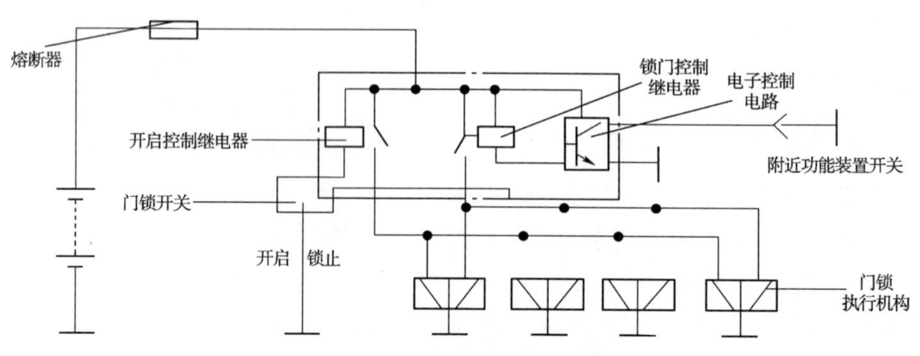

图9-20 电控门锁电路原理图

第二节　常见维修项目

任　务　检查和更换后视镜

一、技术标准与要求

（1）安装丰田卡罗拉轿车配件套使用的后视镜。

（2）点火开关关闭状态下，方可拆装后视镜。

（3）后视镜固定螺母紧固力矩符合规定。

二、实训时间：30min

三、实训教学目标

（1）了解更换后视镜的重要性。

（2）熟悉汽车电动后视镜控制系统的组成和作用。

（3）掌握更换后视镜的操作技能。

四、实训器材

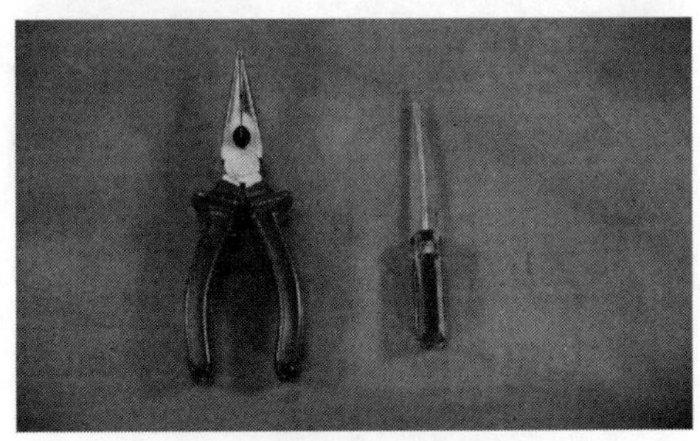

一字螺丝刀，尖嘴钳

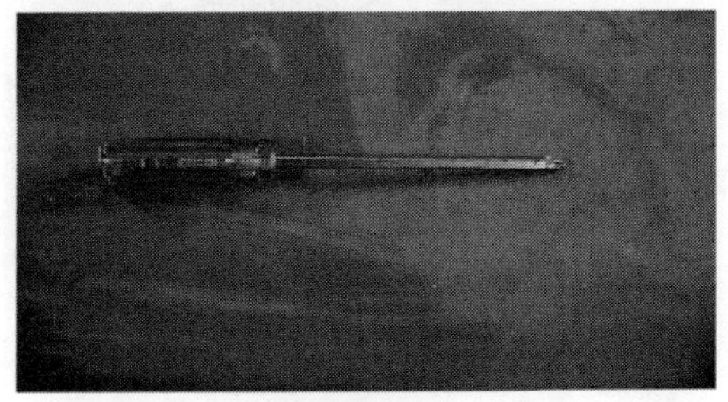

十字螺丝刀

其他工具及器材：ϕ10mm短套筒扳手、接杆、棘轮扳手、扭力扳手、电笔、绝缘胶布、驾驶室内保护罩、翼子板护裙等。

五、教学组织

（1）教学组织形式：

每辆车安排4名学生参与实训，两名学生为一组。一组操作，一组观察学习。

（2）学生站位分工和要求：

两名学生一组，按照1号、2号进行编号，1号为主，2号为辅。

（3）实训教师职责：

讲解操作步骤和注意事项；下达“操作开始”口令；工位间巡视、检查、指导和纠正错误。

（4）学生职责变换：

两名学生实行职责变换制度，即第一遍1号为主，2号为辅；第二遍2号为主，1号为辅。

六、操作步骤

第一步　事前准备

1　车辆进入工位前，参训学生将工位区域清理干净，排除障碍物，准备好相关的工具、物品等。

提示：培养良好的工作习惯，做好事前准备，有利于安全操作和提高工作效率。

2　将车辆停驻在举升机平台的中央位置。

提示：车辆停驻于举升机平台的中央位置，为车辆的安全举升做好准备。

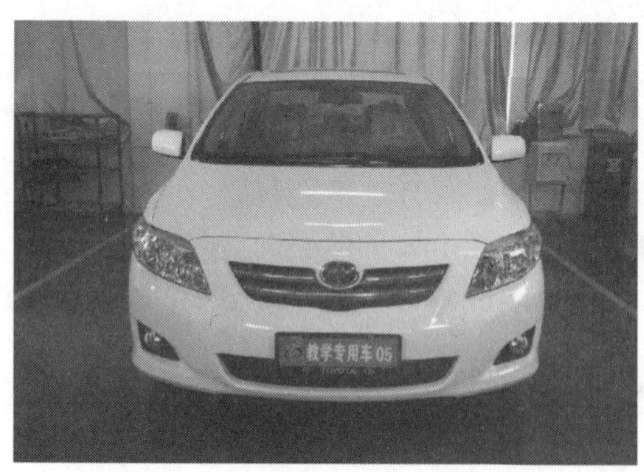

3 1号打开车门锁。

提示：用遥控钥匙打开电动门锁，为进入驾驶室操作做好准备。

4 1号和2号共同安装车轮挡块。

提示：为保证车辆在工位上可靠停驻，防止出现溜滑，造成安全事故，要安装车轮挡块。

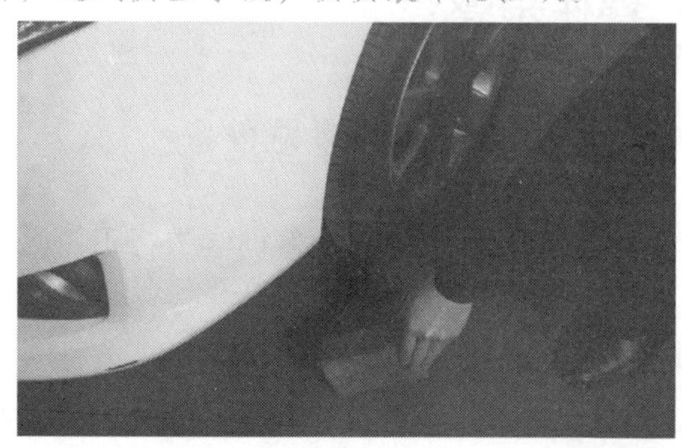

5 2号安装尾气收集管。

提示：为防止尾气污染环境，保护人体健康，要安装尾气收集管。

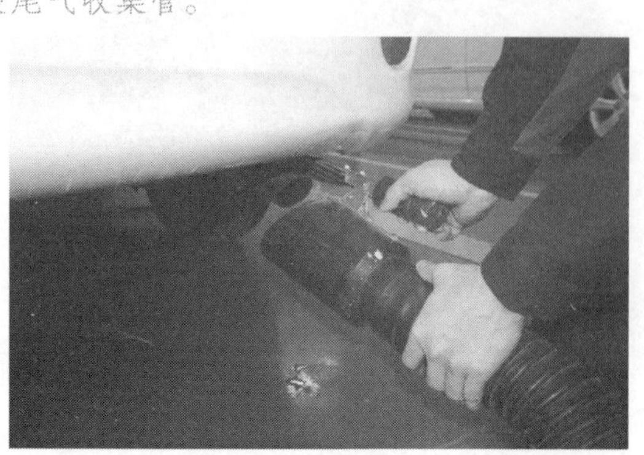

6 2号打开车门。

提示：左手拉车门把手打开车门后，带好三件套，准备进入车辆。

7 2号拉起发动机罩释放杆。

提示：拉起发动机罩释放杆时，用力不要过猛，否则容易导致释放杆盖损坏。

8 2号安装地板垫。

提示：铺设地板垫的主要目的是便于清除维修人员带入驾驶室内的脏物与杂物，保持驾驶室内地板清洁。

9 2号安装座椅套。

提示：安装座椅套时，用力要均匀，拉齐座椅套，使之整齐、美观。

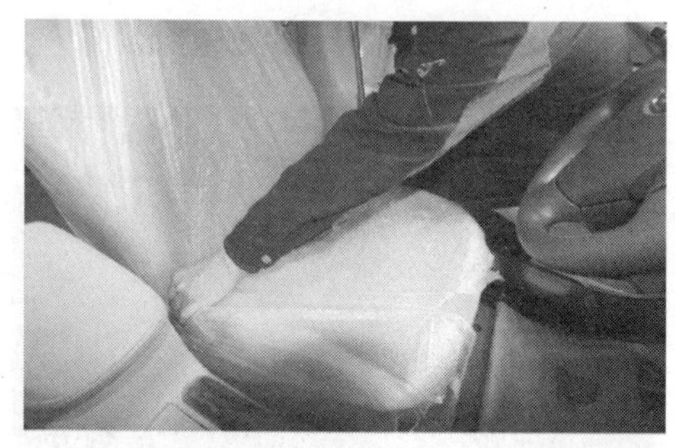

10 2号安装转向盘套。

提示：转向盘套是由薄塑料制成的，极易破损。安装转向盘套时，不要生拉硬拽，否则会造成转向盘套破损。

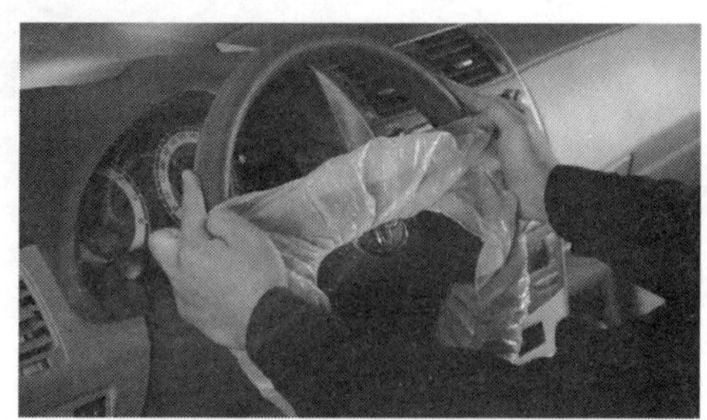

11　2号将点火开关旋至“ON”，打开主驾驶侧电动车窗。

提示：打开主驾驶侧电动车窗，是为了车内通风以及当钥匙掉在车里时可以打开车门。

12　2号将变速杆置于P挡。

提示：发动机带挡操作属于违规操作，危险性极大。因此，发动机起动前应将变速杆置于P挡。

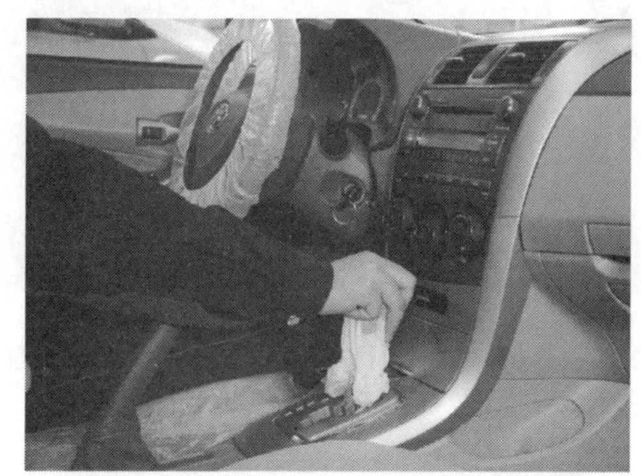

13　2号拉紧驻车制动杆。

提示：为保证车辆在工位上的可靠停驻，防止出现溜滑事故，因此，要拉紧驻车制动杆。

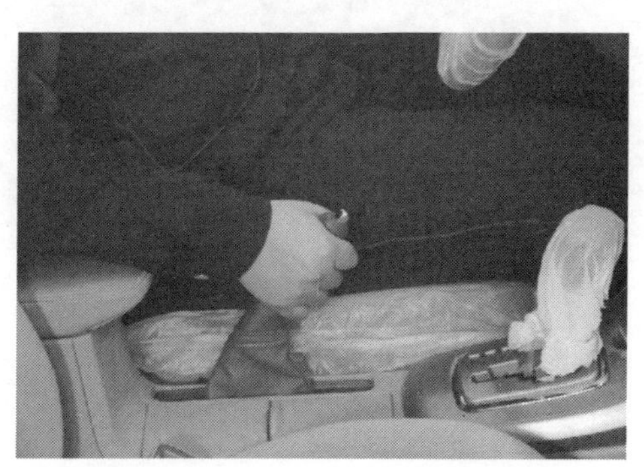

第二步　拆卸前门内门把框

2号将头部缠有保护胶带的一字螺丝刀传递给1号，脱开3个卡爪拆下前门内门把框。

提示：使用螺丝刀撬动时应注意，防止内门把框表面的损伤。

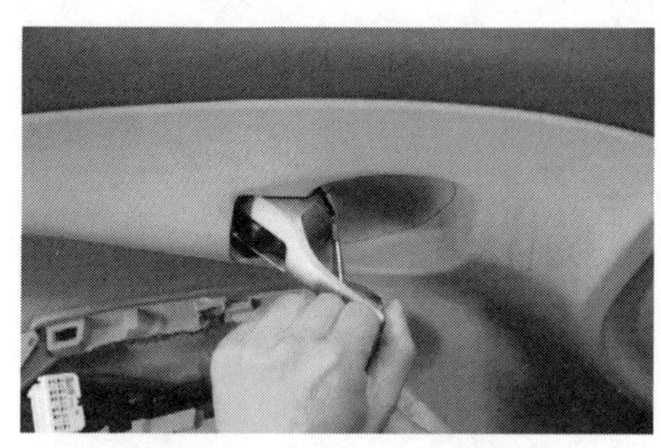

第三步　拆卸前扶手座上板

1　2号将头部缠有保护胶带的一字螺丝刀传递给1号，脱开2个卡子和6个卡爪，拆下前扶手座上板。

提示：使用起子撬动时应注意，防止前扶手座上板表面的损伤。

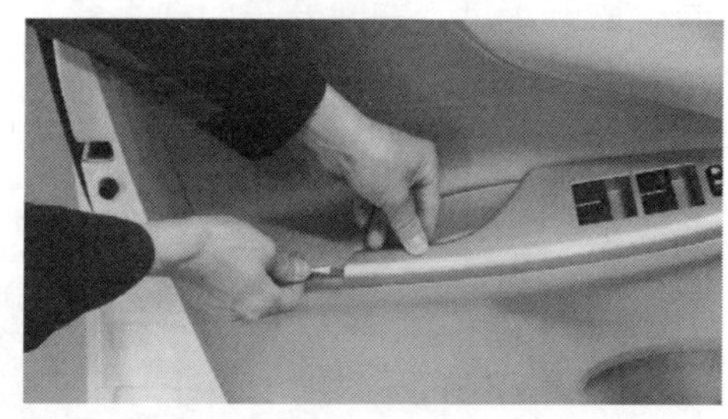

2　1号断开连接器。

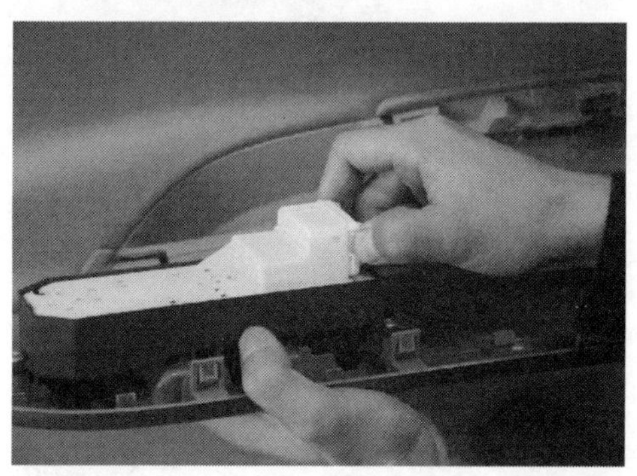

第四步　拆卸门控灯总成

1　2号将头部缠有保护胶带的一字螺丝刀传递给1号，脱开卡爪，拆下门控灯总成。

提示：使用螺丝刀撬动时应注意，防止前门板表面的损伤。

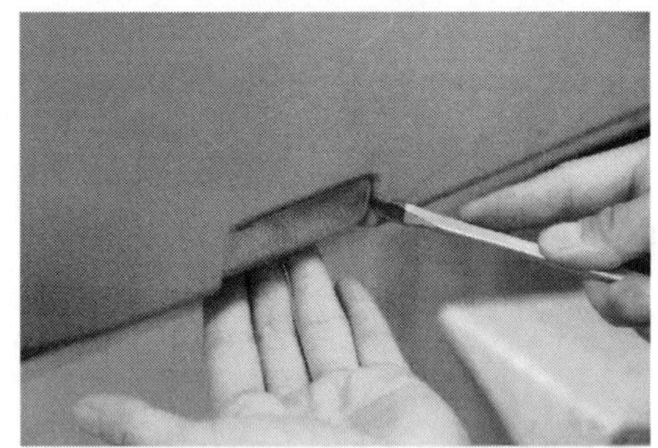

2　1号断开连接器。

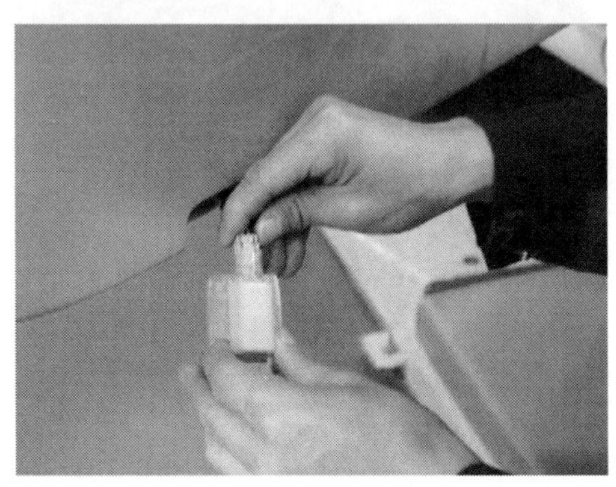

第五步　拆卸前门装饰板分总成

1　2号将头部缠有保护胶带的一字螺丝刀传递给1号，脱开卡爪，并断开车门扶手套。

提示：使用起子撬动时应注意，防止前门扶手套表面的损伤。

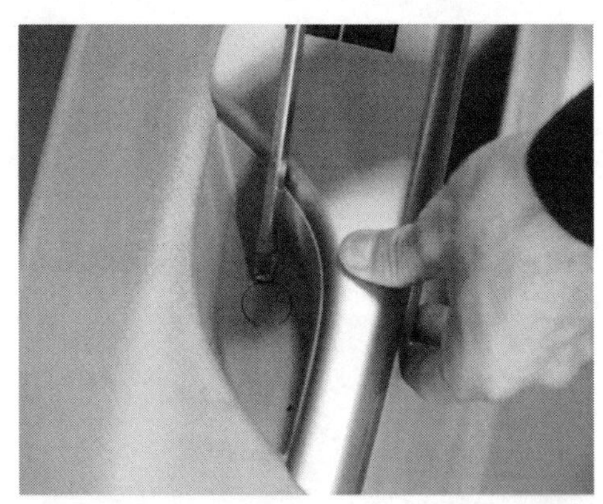

2　1号拆下2个螺钉。

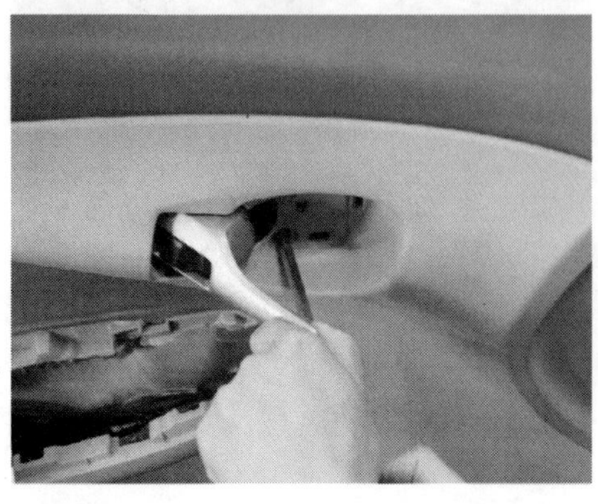

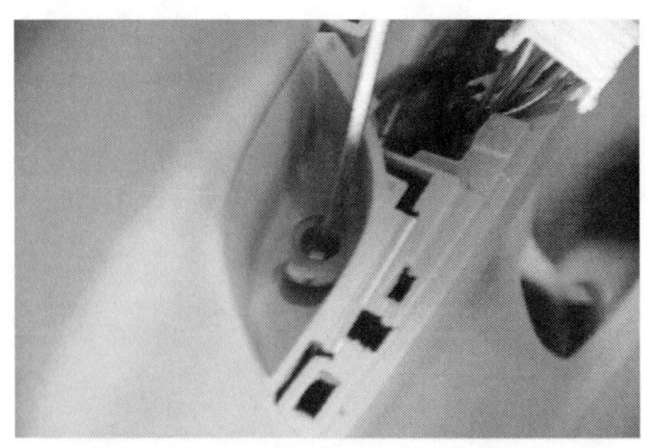

3　1号使用卡子拆卸工具，脱开9个卡子。

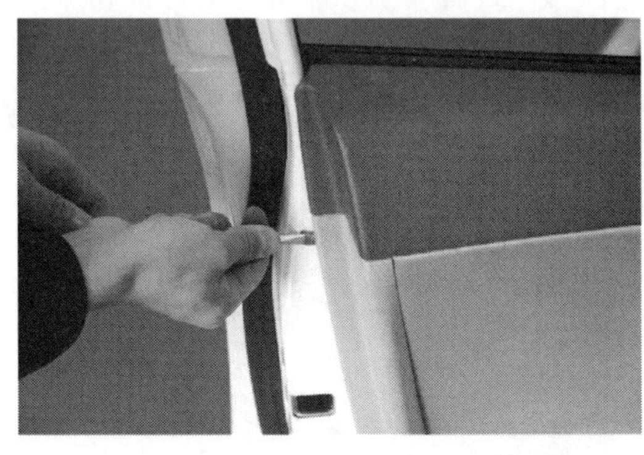

4　1号脱开5个卡爪并从前门玻璃内密封条上分开前门装饰板分总成。

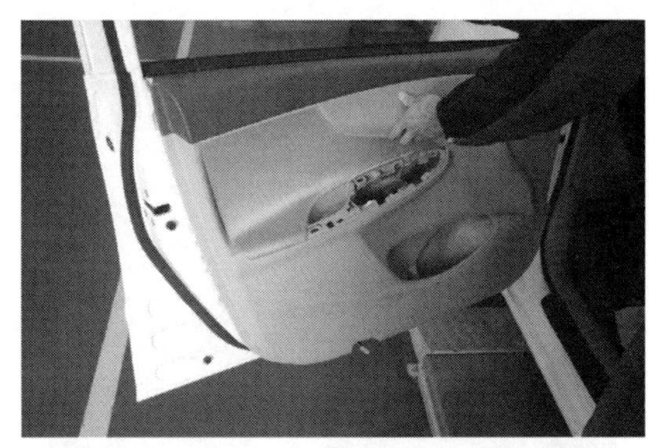

5　1号脱开2个卡爪，并断开前门内把手分总成。

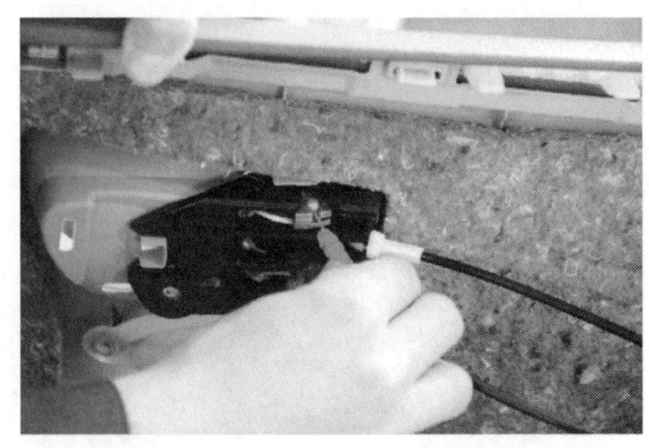

第六步　拆卸扬声器总成

1号脱开3个卡爪并拆下2个扬声器。

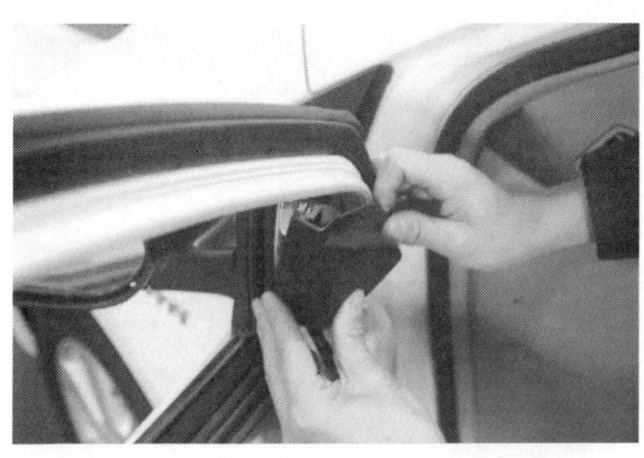

第七步　拆卸带盖的车外后视镜总成

1　1号断开连接器。

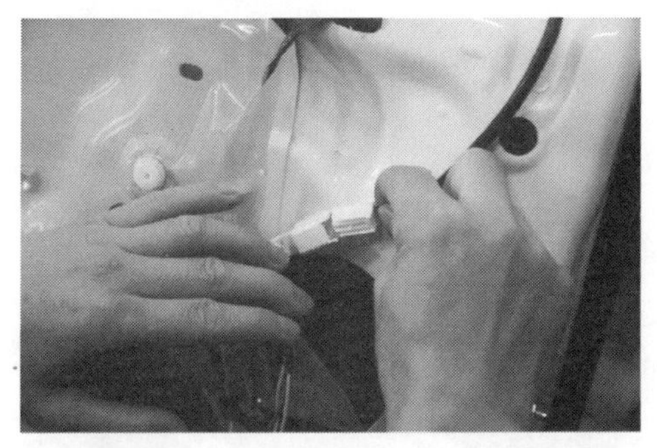

2　1号拆下3个螺栓。

3　1号拆下带盖的车外后视镜总成。

提示： 在拆卸后视镜盖时应注意防止塑料卡爪的损伤。

第八步　拆卸车外后视镜玻璃

1　1号用胶带粘到车门后视镜的遮阳板底部，推动后视镜面的上部，使其倾斜，并用拆卸工具脱开2个卡爪。

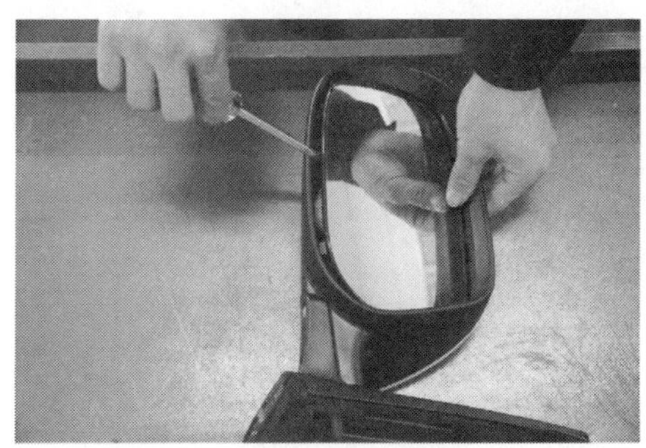

2　1号脱开车外后视镜上部的2个导销，断开连接器，并拆下车外后视镜玻璃。

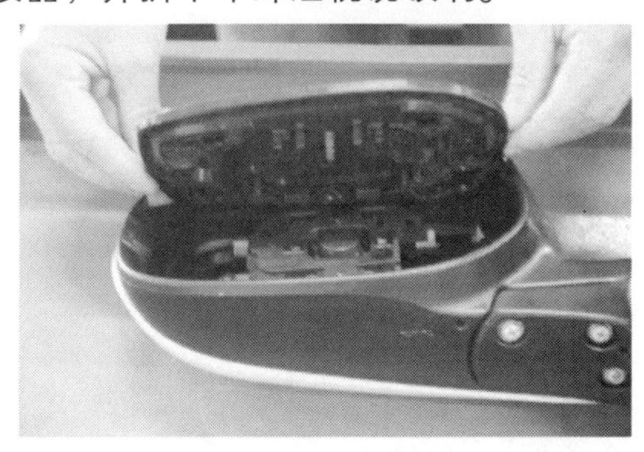

第九步　拆卸车外后视镜盖

1　拆卸车外后视镜玻璃。

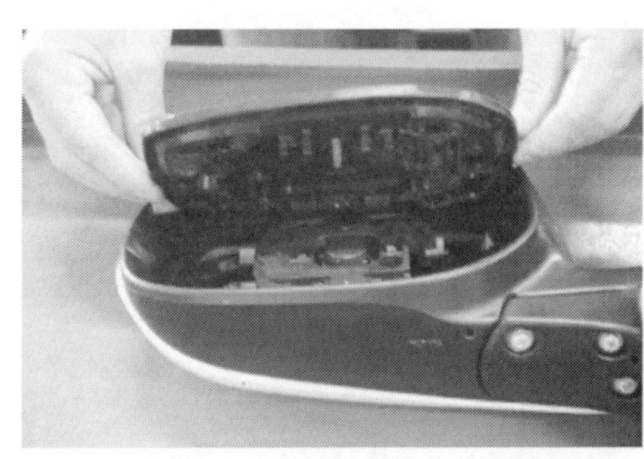

2　脱开7个卡爪，并将车外后视镜盖从带盖的车外后视镜总成上拆下。

第十步　检查左侧车外后视镜总成

1　断开后视镜连接器。

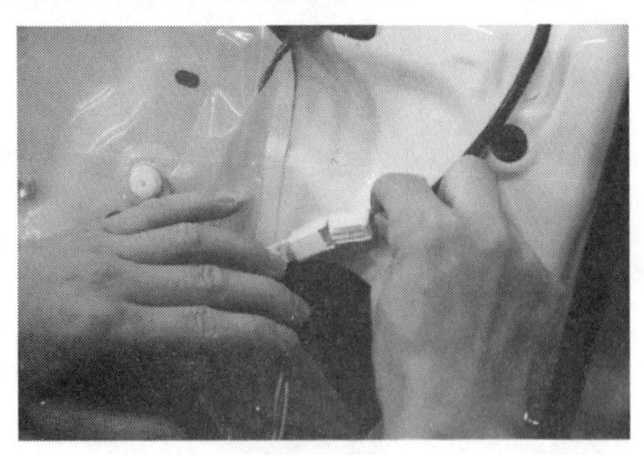

2 施加蓄电池电压并检查后视镜的工作情况。

提示：端子5蓄电池正极，端子4接蓄电池负极，上翻为正常。如果结果不符合规定，更换后视镜总成。

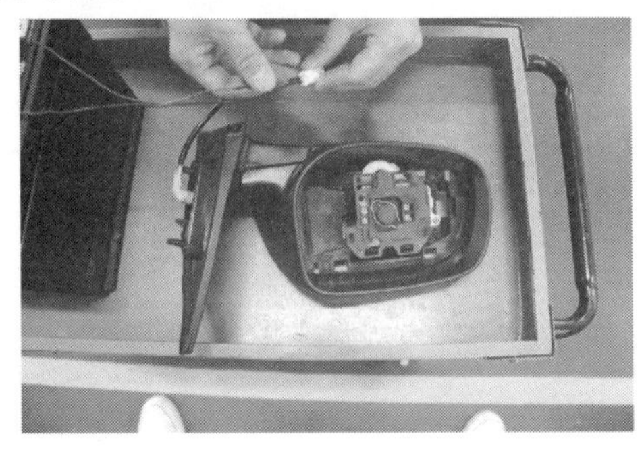

3 施加蓄电池电压并检查后视镜的工作情况。

提示：端子5蓄电池负极，端子4接蓄电池正极，上翻为正常。如果结果不符合规定，更换后视镜总成。

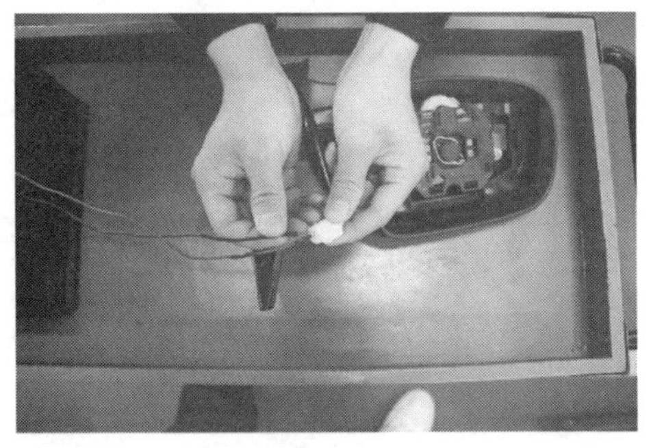

4 加蓄电池电压并检查后视镜的工作情况。

提示：端子3接蓄电池正极，端子4接蓄电池负极，左转为正常。如果结果不符合规定，更换后视镜总成。

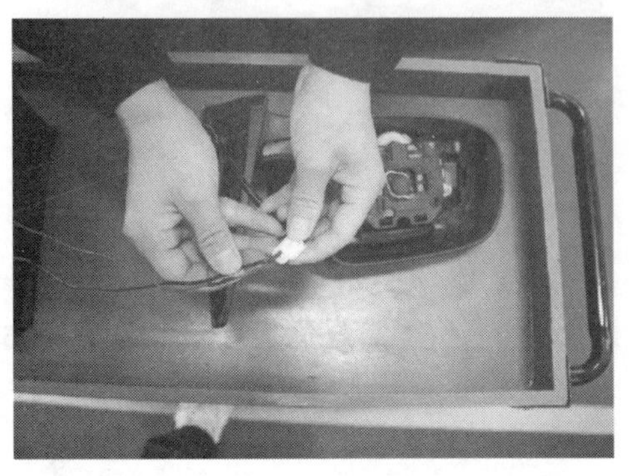

5 施加蓄电池电压并检查后视镜的工作情况。

提示：端子3接蓄电池负极，端子4接蓄电池正极，右转为正常。如果结果不符合规定，更换后视镜总成。

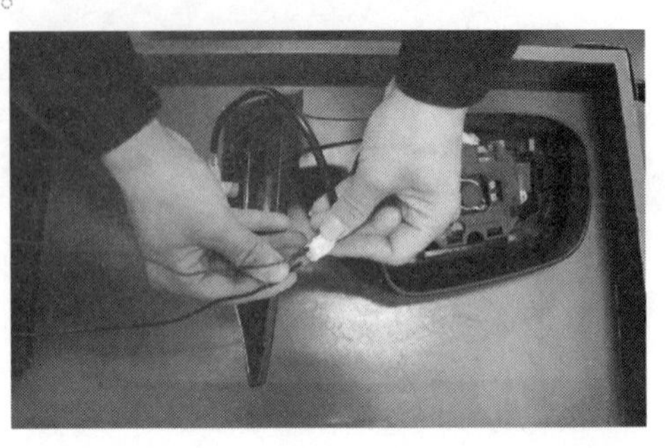

第十一步　安装车外后视镜盖

接合7个卡爪，以将车外后视镜盖安装至带盖的车外的后视镜总成。

第十二步　安装车外后视镜玻璃

将车外后视镜上部的2个导销，接合到车外后视镜，并将车外后视镜玻璃下部的2个卡爪接合到车外后视镜。

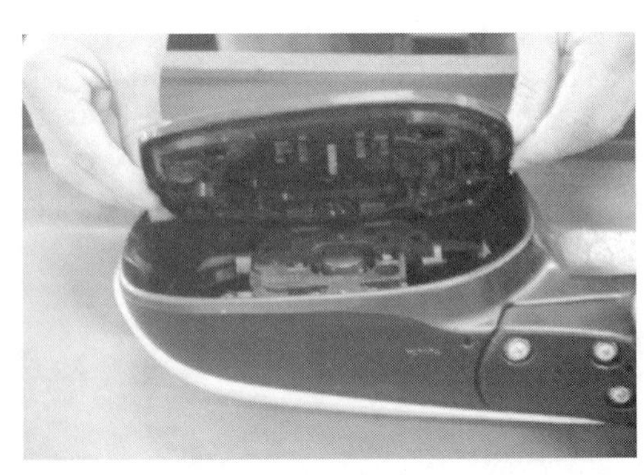

第十三步　带盖的车外后视镜总成

1 接合卡爪，并暂时安装带盖的车外后视镜总成，并安装3个螺栓。

提示：拧紧力矩为9.0N·m。

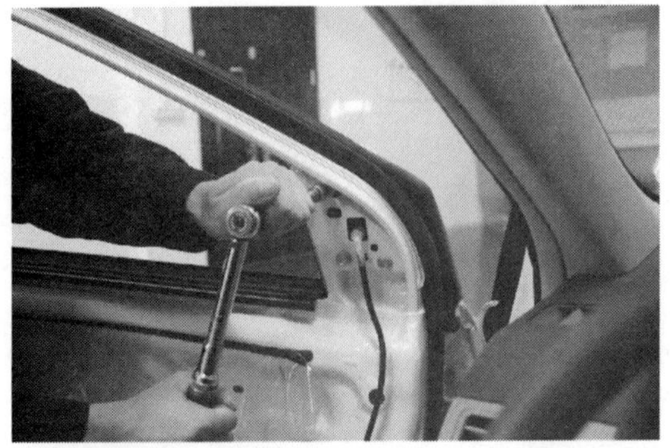

2　连接连接器。

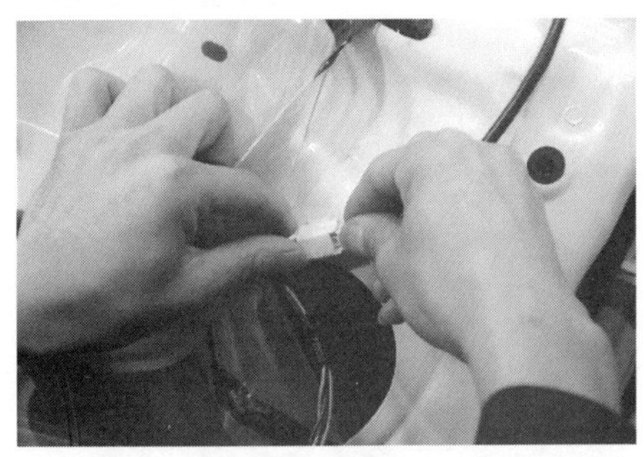

3　安装3个卡爪及2号扬声器。

第十四步　安装前门装饰板分总成

1　接合2个卡爪，并连接前门内把手分总成。

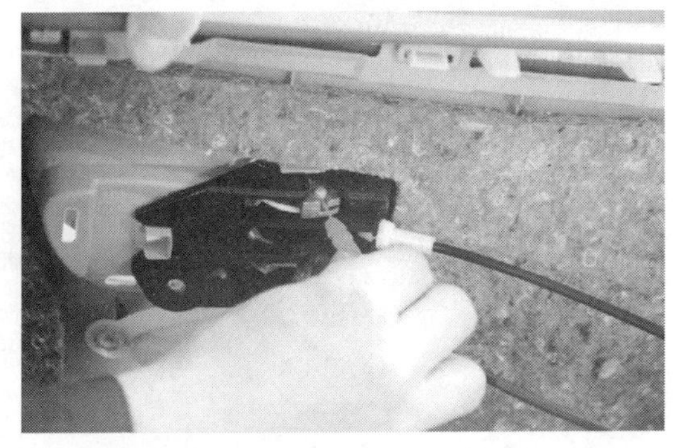

2　用前门玻璃内密封条上的5个卡爪接合前门装饰板，接合9个卡子，将前门装饰板安装到前门板上。

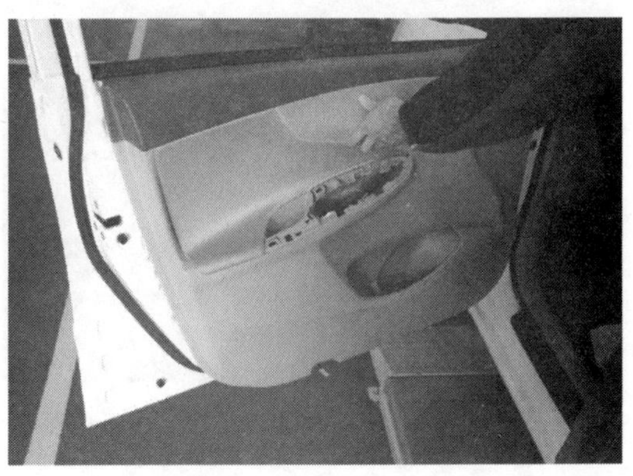

3　安装2个螺钉。

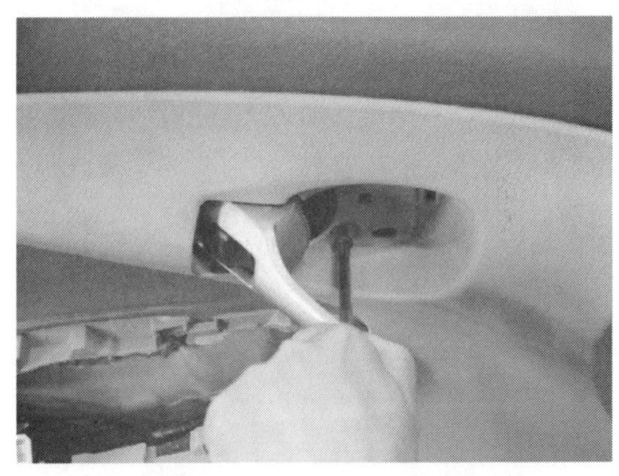

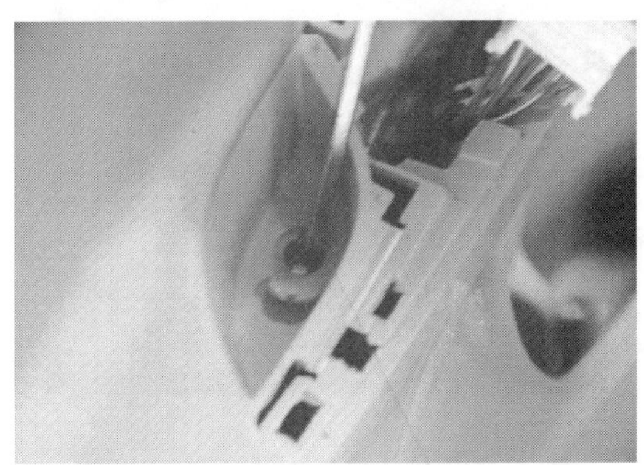

4　接合卡爪，连接车门扶手套。

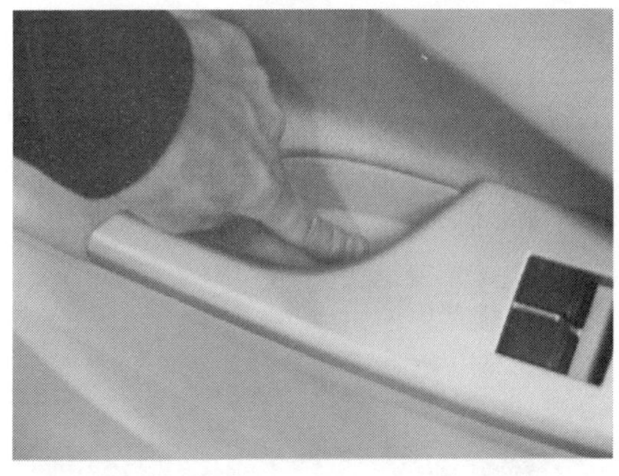

5　脱开5个卡爪并从前门玻璃内密封条上分

开前门装饰板分总成。

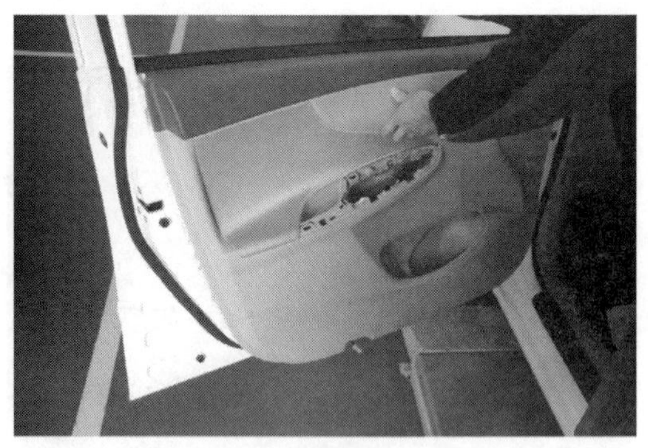

第十五步　安装门控灯总成

1　连接连接器。

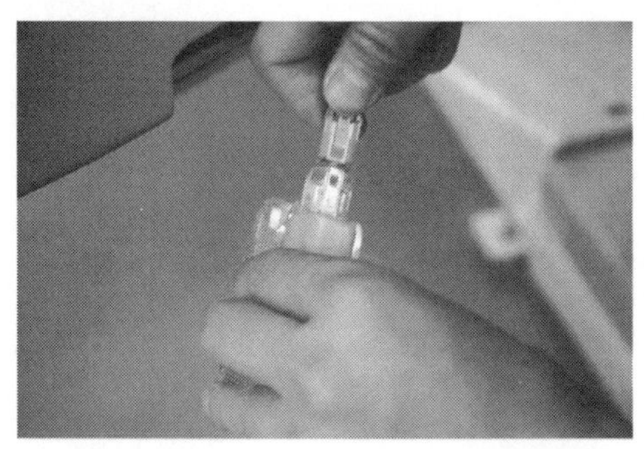

2　接合卡爪，安装门控灯总成。

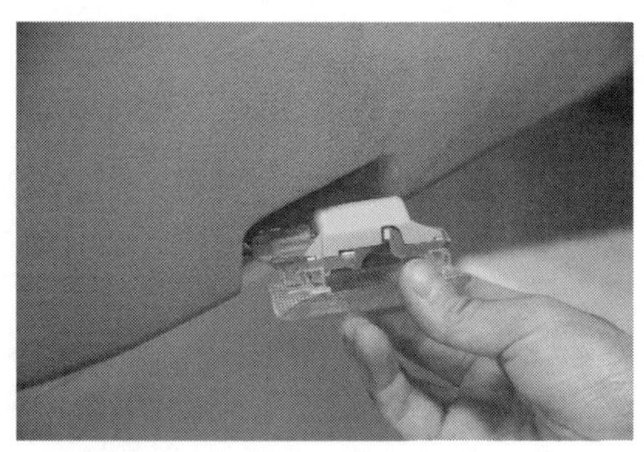

第十六步　安装前扶手座上板

1　连接连接器。

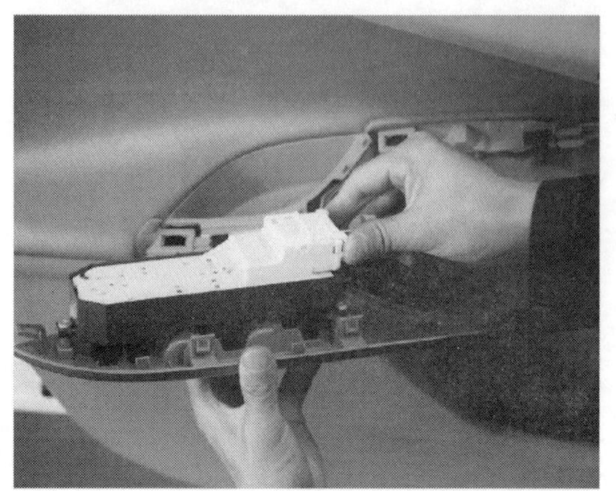

2　接合2个卡子和6个卡爪，安装前扶手座上板。

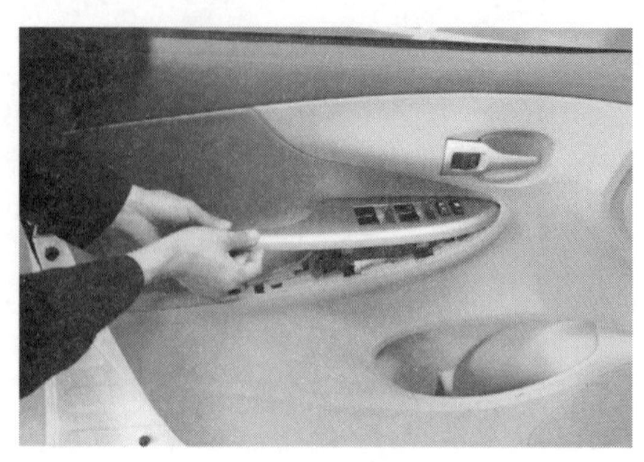

第十七步　安装前门内把手框

接合3个卡爪，安装前门把手框。

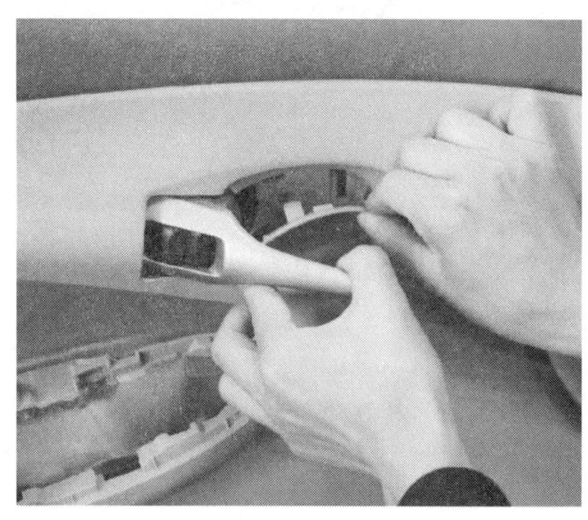

第十八步　整理工位

1号、2号共同拆卸驾驶室内保护罩，清理工具等，清洁地面卫生。

提示：作业项目完成后，要做好工位的清扫、整理工作，培养良好的工作习惯。

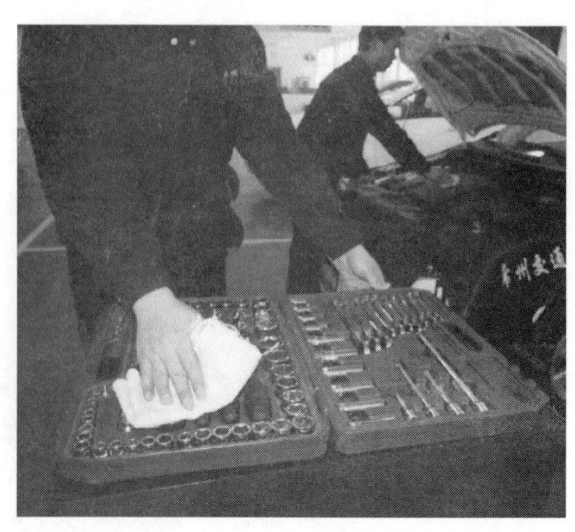

七、考核标准

考 核 标 准 表

考核时间	序　号	考核项目	满　分	评分标准	得　分
30min	1	作业前整理工位	4	整理遗漏酌情扣分	
	2	粘贴翼子板护裙	4	操作不当扣4分	
	3	安装驾驶室内保护罩	4	操作不当扣4分	
	4	拆装前门内门把手框	6	操作不当扣6分	
	5	拆装前扶手座上板	3	操作不当扣3分	
	6	拆装门控灯总成	5	操作不当扣5分	
	7	拆装前门装饰板分总成	6	操作不当扣6分	
	8	拆装2号喇叭	15	操作不当扣15分	
	9	拆装带盖的车外后视镜总成	10	操作不当扣10分	
	10	拆装后视镜玻璃	5	操作不当扣5分	
	11	拆装后视镜盖	10	操作不当扣10分	
	12	检查车外后视镜总成	20	操作不当扣3分	
	13	零件摆放	5	操作不当酌情扣分	
	14	作业后整理工位	3	整理遗漏酌情扣分	
	15	遵守相关安全规范	因违规操作造成人身伤害和设备事故的，总分按0分计		
分数合计			100		